现代上海研究论丛

Xian Dai Shang Hai Yan Jiu Lun Cong

现代上海研究中心

主编　徐建刚

副主编　严爱云

谢黎萍（常务）

上海书店出版社

SHANGHAI BOOKSTORE PUBLISHING HOUSE

图书在版编目（CIP）数据

现代上海研究论丛. 第 14 辑／现代上海研究中心，
徐建刚主编. —上海：上海书店出版社，2018.6
（现代上海研究论丛）
ISBN 978－7－5458－1660－0

Ⅰ.①现… Ⅱ.①现… ②徐… Ⅲ.①上海—地方史
—现代—文集 Ⅳ.①K295.1－53

中国版本图书馆 CIP 数据核字（2018）第 123572 号

责任编辑　邓小娇
装帧设计　郦书径

现代上海研究论丛
（第 14 辑）
现代上海研究中心
徐建刚　主编

出　　版　上海书店出版社
　　　　　（200001　上海福建中路 193 号）
发　　行　上海人民出版社发行中心
印　　刷　上海叶大印务发展有限公司
开　　本　889×1193mm　1/32
印　　张　13.75
版　　次　2018 年 6 月第 1 版
印　　次　2018 年 6 月第 1 次印刷
ISBN 978－7－5458－1660－0/K·313
定　　价　68.00 元

目　　录

洋泾浜：一条城中河的
兴盛与消亡

马长林

　　在 19 世纪初老上海城厢内外水系中有多条河浜,洋泾浜即是其中之一。1843 年上海开埠前,地处上海老城北面的洋泾浜纯粹是一条农村河道,两岸是一片农田。上海开埠后,英法租界先后在洋泾浜南北两岸辟设,特别是 1853 年上海小刀会起义后,各地绅商富豪为逃避战争的灾难进入租界,带动了洋泾浜两岸市面逐渐兴旺,洋泾浜浜南沿河边修筑了孔子路,浜北修筑了松江路。洋泾浜河道上自黄浦江入口迤西三里多距离内,最多时建有 14 座桥梁,其中主要的有外洋泾桥(近外滩)、里洋泾桥(今四川路口)、三洋泾桥(今江西路口)、三茅阁桥(今河南路口)、带钩桥(又称桂香桥、今山东路口)、郑家木桥(今福建路口)、东新桥(又谓新桥、今浙江路口)、西新桥(又名北八仙桥、今云南路口)等,可见两岸交往之繁忙。于是洋泾浜作为英、法两租界的界河,作为上海中心城区一条繁忙的水道,名声远扬,一度成为上海洋场的代名词。近代上海城区建设和发展,使洋泾浜这条不宽的城中河承载了超负荷的压力,随着时间的推移,河道污染问题日益突出。洋泾浜两岸的租界当局虽然为开展疏浚、保持洋泾浜水道畅通等进行了合作,但利益博弈使这种合作充满变数,由是使洋泾浜问题越来越严重。到 20 世纪初,上海城市化进程的加速发展,使积累已久的洋泾浜问题终于得到彻底解决。

本文主要从近代上海城市史发展的视野,对洋泾浜问题的产生和解决作一梳理,并提出一些粗浅的看法,以求教于方家。

一、洋泾浜的功能和名声

洋泾浜,地处黄浦江西岸,又名西洋泾浜,①其东端汇入黄浦江,西端接北长浜、周泾,中途北接寺浜,全长 1.6 公里,浜身蜿蜒弯曲,东段河面宽不足 40 米,中段和西段宽 60 余米。它是老上海城厢内外水网中一条小的分支,其水从黄浦江引入,西流至周泾与肇嘉浜相连,经肇嘉浜又流入黄浦江,中途与寺浜相接,通吴淞江。

原始状态的洋泾浜像这一水网中的其他河浜一样,担负着循环水流、灌溉农田、提供民间生活用水、泄洪以及承载水上运输等功能。1845 年英租界辟设后,为了解决租界内新修道路与街区排水问题,从一开始即规划和铺设城区下水道,以便将租界内道路积水,包括城市生活污水,通过这些下水道和排水管排入黄浦江、苏州河和洋泾浜。为了保持这些下水道的畅通,主持下水道建设的外国工程师在设计时充分考虑利用黄浦江潮水对下水道进行冲洗。即当潮水特别是大潮来临时,利用潮水反冲进入下水道,将管内沉积的污泥等冲洗掉。早在英租界道路码头委员会管理时期,该委员会就曾经向英租界租地人会议提交一份建造排水系统的报告,该排水系统主要包括一条直径为 3 英尺的砖砌主下水道,南从洋泾浜起,北至苏州河,在每条东西向的道路则建立砖砌的分支下水道与主干道连通,在主下水道的两端设置防洪闸,以截断涨潮潮水的倒灌,同时,利用下水道固有的坡度,加上每年不定时地利用潮水进行一两次冲洗,以清除下水道内沉积的垃圾。② 1862 年公

① 古代时期黄浦江将洋泾浜分割成两段,在黄浦江之东的这条洋泾浜被称为"东洋泾浜",因地处浦东,没有西洋泾浜出名。
② 《上海租界志》,上海社会科学出版社 2001 年版,第 445—446 页。

共租界地下排水系统建造时，基本上按照上述思路来实施。在主干下水道南端通洋泾浜处配备了潮闸，每个月关闸两次，即在潮水水位最高时关闸 6 至 8 小时，而在低潮位时，则利用洋泾浜的水来冲洗整个主下水道。1868 年，公共租界工部局制订了租界中区下水道建设规划，确定南北向道路的管道为总管，东西向管道为支管，以九江路为界，将雨水分别排向洋泾浜和苏州河。① 随着租界城区道路建设展开，下水道铺设也逐渐增多，据记载，1873 年，在公共租界，建成的各种口径的污水下水道和排水道长度达 12600 多英尺，其中向洋泾浜排水的占一半以上。② 而在法租界，1862 年时，则通过填高道路、让横向道路具有少许坡度等方式，把雨水排入洋泾浜。③ 到 1900 年时，从公共租界通向洋泾浜的下水道多达 64 条，从法租界通向此浜的下水道为 65 条。④

　　除了排水功能，洋泾浜因为紧靠租界两岸，故水上运输十分繁忙，常年在洋泾浜上行走的主要包括装运砖头、石灰、稻草、木材、棉花梗（供烧火）、煤炭的小船，垃圾船与粪船，还有装载本地乘客与行李的小船。粪便处理是两租界每天都必须进行的事情，租界早期阶段，在洋泾浜运行的粪船，约占公共租界全部粪船的 30%。

　　由于水路运输方便等因素，洋泾浜两岸建筑发展迅速。特别是小刀会起义爆发后租界由"华洋分居"变为"华洋杂居"，大批华人在洋泾浜两岸居住下来。同外滩是外商洋行集中区相区别，洋泾浜沿岸则成为华洋休闲区，戏院、餐馆、茶楼、旅馆和风月场所纷纷在此开设。上海第一家西式茶楼——丽水园（位于今上海自然博物馆处），第一家京戏馆"满庭芳"（位于今广东路）等，均首先在洋泾浜畔出现。一些高档旅馆也开设在洋泾浜旁边，如著名的长

① 《上海租界志》，第 446—447 页。
② 参阅《上海租界志》第 448—449 页。
③ 《上海租界志》，第 452 页。
④ 上海市档案馆藏租界档案：U1－2－256，P102 关于洋泾浜卫生状况的报告（1903 年 5 月宝医生联合诊所）。

发栈旅馆,开设在二洋泾桥北塊(今四川中路与四川南路交界处)。当时此类大的客栈大抵是"高大洋房,铺排阔绰。一寓之大,可容千人。每轮舟抵埠,栈中接客者各持招纸,争先上船兜揽","客一进栈,则写船票、购货物、雇车轿,皆可托帐房经手,即问柳寻花,徵歌命酒,亦皆有人指引。"①外国人开设的青楼、酒店,也多在二洋泾桥一带。洋泾浜以北的第一条大马路四马路(今福州路)上,则饭店和茶楼云集,当时有人登上四马路上五层楼茶楼俯视其下,"见夫轿如风,人车如走马,马车如飞龙,如滚波涛,如千万军旌旗摇闪而过。"②可见街市之热闹。不少竹枝词形象地描绘了当时洋泾浜一带风花雪月的情景:

洋泾浜畔柳千条,雁齿分排第几桥。最是月明风露夜,家家传出玉人箫。③

洋泾桥下水成纹,雁齿栏杆两道分。却羡女郎无个事,终朝车马自纷纷。④

玉笛琼萧处处在,洋泾桥畔胜秦淮。此间便是朝歌邑,不信人称宝善街。三层楼阁似仙居,绮丽风情画不如。最是动人流盼处,夕阳时节卷帘初。⑤

洋泾风景仅堪夸,到处笙歌到处花。地火荧荧天不夜,秦淮怎敢此繁华。⑥

因为地处租界中心区的洋泾浜一带繁华和热闹,"洋泾浜"一词因此被人们作为上海洋场的代名词。"古明洲来游客"曾作"洋泾浜竹枝词",主要就是描写当时在上海洋场做生意的情景:

---

① 葛元煦等著《沪游杂记　淞南梦影录　沪游梦影》,上海古籍出版社1989年版,第143页。

② 葛元煦等著《沪游杂记　淞南梦影录　沪游梦影》,第159页。

③ 顾炳权编著《上海洋场竹枝词》,上海书店出版社1996年版,第72页。

④ 顾炳权编著《上海洋场竹枝词》,第406页。

⑤ 《申报》同治十一年六月十四日。

⑥ 《申报》同治十一年七月初九日。

湖丝通事噪申江，生意年来别有腔。生怕卖丝难着力，两条好汉合成双。……刚值船开第一天，洋行过磅莫迟延。轿班吆喝装官腔，忘却东家赚佣钱。……明知沪上交情薄，司马先官候补班。①

1849年从江苏长州（今吴县）来到上海，在英国传教士麦都思开设的墨海书馆谋事的著名文人王韬，在他写日记记叙当时上海的风土人情时，常把上海租界称为"洋泾一隅地"。当时《申报》上刊登的一些有关上海租界内的社会新闻，也多以"上海之洋泾浜"开首叙之，如"烟馆异书"条新闻记："上海之洋泾浜，其开张烟馆者，所用走堂皆系少年妇女，容色仅中人，而妆饰妖丽……""戏院琐谈"条记："洋泾浜戏院林立，其最著名者为丹桂茶园、金桂轩，皆京班也……""不禁讲茶戏语"条记："洋泾浜之茶肆繁多，大小不等，几于棋布星罗……"②包括租界当局发布的告示，也将洋泾浜代指为租界。如1872年公共租界管理机构工部局发布的一个关于保护街道的告示称：

"照得上海洋泾浜各街道多搭盖席篷遮日，每逢天雨时雨水侵渍席上，滴落于地，街道甚受损坏。今晓谕各处行店知悉，倘遇天雨，居篷下者必将其篷卷开，免致雨滴坏路。毋违。切切特示。"③

洋泾浜沿岸因为外国租界开辟后西方文化的移植和中西交往，产生了许多内地城镇从没见过的现象，这使洋泾浜的名声逐渐远扬。某些条约章程的名称也用洋泾浜来命名，如有关在租界设立清政府处理华人诉讼案件司法机构的章程，被称为《洋泾浜设官会审章程》等。包括在租界里流行的带有当地特色的英语，被称为"洋泾浜英语"，靠着当时大量出版物的介绍和一些语言学校的培训，帮助了不少华人在短时间里掌握，由此成为上海英租界内中西

---

① 顾炳权编著《上海洋场竹枝词》，第397页。
② 《申报》同治十一年四月十六日，四月二十九日，五月十四日。
③ 《申报》同治十一年五月廿四日。

交往的通用外语。凡此种种,都使洋泾浜闻名于世。

二、洋泾浜问题的提出

作为一条自然河道,为保持其畅通和清澈,河中沉积淤泥的清除是一个永恒的主题。由于洋泾浜在租界开辟后承担了比此前更多的功能,其淤泥的沉积速度明显加快。1864 年,即在英租界辟设近二十年后,洋泾浜两岸的租界当局开始研究如何有效清理洋泾浜问题。经过将近两年的联络和谈判,1866 年 5 月,双方开始了合作疏浚事项。1867 年 2 月,公共租界工部局工务委员会同法租界公董局工务委员会签订了一份金额达 5000 两白银的合同,以彻底疏浚洋泾浜。洋泾浜作为两租界之外的水道,严格讲并不属于租界范围,因此上海道台对于洋泾浜疏浚也作出了姿态,答应分担部分疏浚费用 2000 两白银。①

十年后,洋泾浜污染问题再次被提出。1877 年 4 月 23 日,公共租界工部局卫生稽查员在工部局董事会会议上提交的一份由卫生官签署意见的报告称:洋泾浜的目前情况成为社会危害的根源。会议记录在案:卫生官与代理测量员在商谈之后得出了结论,现无法可想,只有等冬季来临后加以改进。②

同年 6 月 18 日,工部局工务委员会向董事会报告了该委员会在当月 14 日的会议上研究了卫生官最近的建议之后所作出的决定:在洋泾浜河口筑一条堤坝,使浜内有足够水量可以淹没河床。就他们所能理解的来看,目前除了等待之外,没有什么可做的。在这期间,要做好一切准备,一俟可以无碍地搅动河泥时,就立即开工。董事会认为除此之外也别无他法。③

---

① 《工部局董事会会议录》,1867 年 2 月 11 日会议,上海古籍出版 2001 年版。
② 《工部局董事会会议录》,1877 年 4 月 23 日会议。
③ 《工部局董事会会议录》,1877 年 6 月 18 日会议。

疏浚洋泾浜的合作在又一个十年后开设。1886 年 8 月,公共租界工部局收到了法租界公董局总办的来信,内附公董局工程师布朗亭就拟议中的洋泾浜疏浚问题草拟的一份报告。信中称,公董局准备在他们工程师指导与监督之下进行此项工程。布朗亭建议:工程应使用祥生洋行的一艘蒸汽挖泥船,此船具有足够的马力,每天能挖出约 300 吨淤泥,每天租金为 25 两,包括燃煤费用在内。他估计需要挖出的淤泥约为 8000 立方米,工程日期需要 30 天,全部工程需花费 1360 两,包括其他一切费用在内可能需要 1800 两。工部局董事会同意了公董局的此项建议,认为他们提出的预算非常合理,并致函公董局总办,表示同意这项工程由公董局工程师指导进行,费用由两租界当局共同负担。①

不久公董局致函工部局称,公董局已与祥生洋行签订了合同,以 1450 两的价格将洋泾浜从黄浦江至泥城浜一段浚深 2 英尺,挖出的烂泥堆存于该浜两岸,由公董局运走。此项工程将于本月 15 日开工,争取尽快结束。②

1887 年 4 月,疏浚工程完工,公董局总办致函工部局,内附疏浚工程及搬运挖出的河泥所付费用的详细帐目,总数达 3231.50 两,要求工部局开一张 1615.75 两的支票,这是工部局应该负担的一半费用。3231.50 两这笔费用大大超出了原先公董局提出的与祥生洋行所签疏浚洋泾浜的合同金额,那份合同确定疏浚费用为 1450 两,挖出来的烂泥搬运费为 300 两,总共费用约为 1800 两,因此工部局董事会议决定暂不付款,先请公董局解释为什么费用竟如此高昂。③

对此公董局董事会去信解释说,公董局在与祥生洋行签订疏浚洋泾浜合同时,估计全洋泾浜需要挖出的烂泥不足两英尺厚,而

---

① 《工部局董事会会议录》,1886 年 8 月 23 日、30 日会议。
② 《工部局董事会会议录》,1886 年 11 月 11 日会议。
③ 《工部局董事会会议录》,1887 年 4 月 25 日会议。

实际数量足足增加了一倍。不久又发现那台蒸汽挖泥机不能在规定日期内完成这项工程。在这种情况下,公董局决定在疏浚到洋泾浜第三号桥时,中止执行与祥生洋行所签合同,随即与一名华人另签合同来完成这项疏浚工程,直至泥城浜为止。其价格为 1300两,把烂泥搬运到公墓的费用为 834.10 两,祥生洋行用挖泥机完成的工程的费用为 483.33 两,把烂泥搬运到公墓的费用为 614.07两,两段工程加起来共计 3231.50 两。看到这样的解释后,工部局董事会认为这些费用合理,感到自应按原来的协议负担一半费用,因此决定给予公董局签发一张 1615.75 两的支票。①

也许是这次疏浚费用结算支付中的这一小插曲,使公董局感到不快,因此自这次疏浚后,14 年没有对洋泾浜进行疏浚,于是问题又变得严重起来。

三、日趋严重的水质污染

1887 年疏浚时所挖淤泥厚度已是将近两英尺的一倍,由于自1887 年以后洋泾浜一直没有疏浚,浜内大量淤泥沉积,以致在靠近护城河一端,其河床比黄浦江正常的低潮水位高出 4 英尺。② 1892 年 8 月,位于公共租界内的丰裕洋行和其他人致函工部局,提请注意洋泾浜在低潮时的污浊状况,它散发出令人作呕的臭味,要求工部局在可能条件下清除那里的污染。③

1903 年 5 月,一个医生联合诊所在关于洋泾浜卫生状况的报告中指出:这一水道被如此地淤塞,即使在涨潮时水也很浅,特别是在上游的终点。在一天的大部分时间里,这里是一条浅的、开放式的下水道,里面是黑的发臭的污物,它们将该浜的 4 到 5 成的深

---

① 《工部局董事会会议录》,1887 年 5 月 16 日会议。
② 上海市档案馆藏租界档案:U1-2-256,梅恩致工部局总董函。
③ 《工部局董事会会议录》,1892 年 8 月 9 日会议。

度,约半英里,填满,就在法租界外面。这是租界周围最脏最臭的
地方之一。而且越来越糟,就在这里与邻近上海的最最令人作呕
的河浜相连,即南市护城河。

报告还指出：洋泾浜污物的构成很清楚地表明,大部分是由
向其排水的大量地区的液体排泄物组成,这种污物与抽水马桶的
污物不相上下。事实上,如果一个人在每天早些时候路过两租界
的华人居住区,就会发现有上百只夜桶在这敞开的排水沟洗刷,而
这必定要产生大量的污物。该浜的状况确实表明大量的污染物是
无法处理的有机物,它积存在那里要延续几个星期。部分污物还
被沉入河床,特别是在靠近岸坡较低的那段,与上面可及范围内带
过来的沉积物形成黑泥,在所有的时候,特别是在热天发出难闻的
恶臭。

洋泾浜的现状不能不说是导致现在疾病的不卫生根源。在该
浜积存的污物暴露在阳光下,沿岸为住家与商铺,由此成为传播白
喉、败血性咽喉炎、伤寒、腹泻、痢疾与霍乱的条件。[①] 有人甚至担
心：洋泾浜地区"可能有一天会变成一个真正的瘟疫区"。

四、问题的彻底解决

情况已如此严重,法租界当局决定采取措施。1902 年 6 月 5
日,公董局考虑到洋泾浜岸边的糟糕状况,决定在短时间内进行重
建,将该浜建成涵洞,此决议也得到了法租界纳税人的批准。据此
公董局工程师乔勒特会见了公共租界工部局总工程师梅恩,商谈
共同铺设涵洞之事。乔勒特把看来足以满足洋泾浜那部分排水管
道指给梅恩看(这部分排水管道由法租界当局修建),并对整条洋
泾浜排水管道的费用作了预算,总计为 25—30 万两。乔勒特表

---

① 上海市档案馆藏租界档案：U1-2-256,关于洋泾浜卫生状况的报告。

示：如果排水管道建成，将使原洋泾浜所占约 31 亩 5 分的土地得
到利用，按照当时市价每亩 8500 两计，填浜后仅土地的增值为
267750 两，这将远远超过预算的工程款。由此他得出结论：将洋
泾浜全面封盖是唯一的最令人满意的办法。①

对于公董局的这一计划，工部局却不认同。

工部局工程师梅恩在对公董局的计划进行论证时提出了他的
看法。他认为：法租界对该浜的现状负有一定的责任，近几年他
们拒绝与公共租界在疏浚计划上进行合作，因为靠法租界一边较
大部分洋泾浜的堤岸处于很糟糕的状况，以至于不能安全地进行
疏浚工程。

梅恩还认为，将洋泾浜建成涵洞，将废除沿两租界长达 2 英里
的滨水区，也会带来一系列问题。原先的河道消除了，粪船将从何
处通出去，建筑材料将在何处上岸？如果建筑材料不从洋泾浜运
输进入，将会全面提高建筑费用，同时也将增加租界道路的损耗。
另外，在公共租界中区南半部收集的粪便都是通过洋泾浜运出的，
一旦该浜被封死，这些粪便全部要从苏州河运出，这就要增加运输
费用，而且粪便在城区内运输一直是受到指责的有碍卫生的问题，
如此则不卫生的状况会在更大的区域内扩展开来。

梅恩因此认为让公共租界的纳税人花费 20 万银两的时机尚
不成熟，他表示：凭他长期从事租界内基本公共工程的阅历，从公
共工程的角度来看，可以断言，目前 20 万两用在其他公共工程上
会使纳税人得到更多的利益。至于补救的办法，首先要做的是彻
底清理该浜，改善潮水的流入。他坚持认为，较明智的办法是改
善、延伸目前的河浜系统。② 从公共租界方面来考虑，梅恩的意见
也不无道理。

---

① 上海市档案馆藏租界档案：U1 - 2 - 256。
② 上海市档案馆藏租界档案：U1 - 2 - 256。

　　1903年3月11日,公共租界纳税人会讨论了有关洋泾浜建涵洞之事,最后认为公董局提出的计划"过于奢侈",决定暂缓考虑。反对此项计划的理由来自多方面:如不在沪的地产业主的代表以各种借口反对这一改善,诸如关闭便于来访者行李搬运的水道会给本地旅馆带来不便等,还有一种理由认为:"洋泾浜提供了一个广阔的码头线,它提供了一个装卸垃圾与粪便方便而僻静的地点。"①

　　由此1903年8月14日工部局总办濮兰德在给麦边的信中说:当将洋泾浜建成涵洞一事视为是毗邻该浜地区土地面积大增并可得利的公共工程时,现任董事会认为,基于卫生、财政与通常的行政管理方面来考虑,拟用于该项工程的大笔基金支出是没有正当理由的,而且在其他方面,为其他目的急需要更多的支出。濮兰德在此信中毫不掩饰他所持法租界将会因此项工程得益的看法:"我不得不提请您注意的事实是自1898年以来,当地的状况以及两租界当局在发展方面的各自需要与各自方针都发生了重大改变。洋泾浜以北的租界已经拓展,而同时法租界的'内地'也正在迅速开辟。在这种不断变化的形势下,拟建的林荫大道给土地业主与法租界一侧带来的利益大大超过其自增。"②

　　由于工部局不同意合作,公董局设想的填没洋泾浜一事因此搁浅。1909年此议再次被提出,然在当年召开的公共租界纳税人会议上,填没洋泾浜的方案"再次遭到强烈反对,拥有较多地产的纳税人以100票的多数否决了该项提案"。③ 1913年法租界公董局又重提此事,这一次公董局的决心很大,决定如果工部局再反对的话就自行出资在洋泾浜排管。1914年4月,公董局致函工部

---

　　①　上海市档案馆藏租界档案:U1-2-256。
　　②　上海市档案馆藏租界档案:U1-2-256。
　　③　《上海租界志》,第169页。

局,提议立即填平洋泾浜,铺设地下管道,其费用为白银 128000
两。[①] 与以往不同的是,这一次工部局的态度有了明显变化,在 5
月 13 日召开的董事会会议上,董事们一致赞同填平洋泾浜。[②] 此
后,由工部局全体董事和一些职员等 26 人署名提议召开公共租界
全体纳税人会讨论此事。6 月 4 日,在召开的公共租界纳税人特
别会议上,赞成和反对两派进行了辩论。赞成派说:近年以来洋
泾浜及泥城浜仅便于弃置垃圾,其污秽触目刺鼻,炎夏尤甚,颇碍
卫生,虽有潮流不足清洁之,凡施行新法卫生之城断不能容,足为
模范租界之污点。而沿洋泾浜筑一孔道,则公共租界与法租界两
区之交通均可便利。至于埋置沟管增添电灯各费虽约需银二十余
万两,然新路既成地产之价必为大涨,以增入之捐抵付各费,当能
有余,故可不必以工部局增重负担为虑。而反对派则认为:阴沟
之危险往往更甚于暴露之沟道,填浜筑路后最重要的一事是粪船
将移泊苏州河一带,而医院、旅馆、领事馆、公园近在咫尺,何独不
为之计乎? 再加近来沪上商业疲滞,转机无日,工部局新屋及新公
园等需费既巨,若复以巨款从事此举,未免过求奢华。[③] 两派意见
虽针锋相对,但赞成派占了绝对多数。最后会议以 380 票对 2 票
(一说 3 票)通过决议,批准并授权工部局与公董局协商,将洋泾浜
和泥城浜改为大道。[④]

　　当年 9 月 30 日,工部局董事会召开会议,批准了工程师的建
议,即对洋泾浜及泥城浜两条河道原来排管的计划作某些修改,以
4 英尺 6 英寸的管道取代原来建议要用的分级管道,估计由此将
额外支出白银 8030 两。[⑤] 10 月 7 日,工部局董事会决定在 10 月

①　《工部局董事会会议录》,1914 年 4 月 29 日会议。
②　《工部局董事会会议录》,1914 年 5 月 13 日会议。
③　《申报》,1914 年 6 月 5 日。
④　《上海租界志》,第 170 页。
⑤　《工部局董事会会议录》,1914 年 9 月 30 日会议。

10 日部分封闭洋泾浜,并在 10 月 24 日永久封闭。后因公董局建议,在 11 月 1 日正式封闭此河道,不准船只航行。①

填浜筑路工程由公董局和工部局分别从洋泾浜东西两头开始,公董局从外滩一头向西填筑,工部局从泥城浜一头向东填筑。至 1917 年,工程完工,原先的洋泾浜河道连同两旁的松江路和孔子路,一并筑成一条宽畅的大道,路面宽 27.5 米,名为爱多亚路,路旁的人行道也有 5.49 米宽,直至 1943 年两租界消亡,此路一直是上海城区仅次于外滩滨江大道最宽的马路。

五、结 语

洋泾浜作为上海老城北面一条普通的河道,其命运发生大变化,主要是因为上海开埠后外国租界的辟设。洋泾浜两岸租界设立后,近代城市基础设施建设以及繁华的都市生活,都对洋泾浜的自然生态产生重大影响。洋泾浜地区城市化的急速发展,使洋泾浜承担了巨大的压力。众多城市下水道将城市生活污水排入,加剧了洋泾浜淤泥大量沉积。解决洋泾浜淤泥沉积问题实际上并不困难,只要坚持定期进行疏浚,应该能够使河道保持其良好状态。但是洋泾浜位于两租界的交界使问题变得复杂起来。疏浚需要两租界当局的紧密合作,然由于历史的原因,两租界当局在有关需要合作的事情上却经常充满矛盾。

梅朋和傅立德在他们所著的《上海法租界史》中写道:在 1873—1874 年修建洋泾浜和护城河上桥梁的工程中,"公董局和工部局之间的争吵已经变成真正的吵架了,而且这种冲突恶化到了需要双方领事当局干涉的程度。"②这两个市政机构之间的关系

---

① 《工部局董事会会议录》,1914 年 10 月 21 日会议。
② [法]梅朋、傅立德著《上海法租界史》,上海社会科学出版社 2007 年版,第322 页。

本来就是时好时坏,有时候会因为修筑洋泾浜上桥梁等问题"变得相当紧张",两个机构董事会为某一问题来往的公函会"变成笔战"。① 双方的这种争执关系,在相当程度上影响了像洋泾浜河道疏浚问题的及时解决。公董局、工部局之间之所以会发生争执,在于两方面都认为自己代表欧洲大国,都以老大自居,考虑问题多从自身的利益出发。

洋泾浜沉积淤泥和污染问题的解决,除了受两租界当局合作程度的制约,也受到地产商的制约。在洋泾浜上铺设涵洞计划最初是法租界当局提出的,但几十年来一直遭到公共租界纳税人会的否决,其中地产商的态度是重要因素。拥有洋泾浜北岸松江路以及附近一带土地的地产商,对洋泾浜一旦填没后自身利益是处于担忧状态的,在没有确实保证的前提下,要求他们对此方案投赞成票显然是不可能的。而1914年筑路建议之所以被公共租界纳税人特别会议批准,地产商态度的转变当是一大因素。当时《申报》就报道说:"据旅沪西人各方面之调查,一说谓有势力之地主近在洋泾浜路松江路一带置地甚多,故力主填浜筑路,希冀地产涨价。又一说谓租界当局西人亦望地产涨价,因得多收地捐。"②这两种说法都不无道理。由此也可见上海城市化进程在一定程度上受到西方商人们的制约。

但是上海城市化发展的进程又使洋泾浜问题的解决成为必然。原先工部局和公共租界的大部分纳税人对填没洋泾浜方案一直是持反对态度的,然当1913年工部局收到公董局决定再次填没洋泾浜通知时,周边地区自然状况发生的极大变化,使他们不得不改变以往的反对态度。上海地方自治期间,自治机关城厢内外总工程局在华界开始了城市化建设,1906年填没黑桥浜,筑成福佑

① [法]梅朋、傅立德著《上海法租界史》,第343、345页。
② 《申报》1914年5月31日。

路,填没亭桥浜,筑成亭桥路(今亭桥街);1908年填没新开河筑成新开河路;1908年后又填没城厢内外主干河道肇嘉浜东段、方浜等,建成今肇周路、复兴东路、白渡路、方浜中路、方浜东路等新式道路。在这同时,法租界内不少小河浜也被填没而筑成道路,原本同洋泾浜相通的周泾在1900年被填没,由此使洋泾浜往南的循环水系通道完全堵塞,这更加剧了洋泾浜自身水质状况的恶化。而此时周边高楼林立、街市热闹的情景,同中心城区仍贯穿着一条水浅又充满污染和臭气的河道是极不适应的,必须尽快改变这种状况势必成为大多数人的共识。所以公共租界纳税人会在无数次否决后在1914年爽快地同意填没洋泾浜,也就不奇怪了。

洋泾浜问题的解决,因两租界当局想法不一致而拖延,也因两租界当局最后的合作而取得大效果。20世纪初期的两租界当局,财政税收数额巨大,因此在填没洋泾浜工程中,凭着两租界当局雄厚的实力,铺设的下水道是当时上海下水道中口径最大的,达1.35米,直径几乎有一人之高,路面铺设的材料也是当时最好的沥青材料。因为是两租界当局分头各自进行的工程,双方都想在这条新筑成的大道上显示自己的实力,由此使这条新铺设的马路成为当时一景,被当时报纸称为"远东最优良的马路之一"。

从今天城市景观亲水河道的作用和城市记忆保留来说,我们不免会为这条曾经名声远扬的洋泾浜的消失而感到遗憾,然而从当时洋泾浜被污染的状况看,其被填没似乎是必然的选择。洋泾浜从兴盛到消亡的这段历史,确实很值得我们玩味。她非典型地反映出:在特殊的历史时期,上海城区作为两租界交界的这一著名河道,如何在城市化进程中,最终被改变了命运。

（作者系上海档案馆研究员、原副馆长）

舆论、真相与民族情感

——1906 年上海中西"报战"及其历史意蕴

杨雄威

1904 年《警钟日报》一篇社论写道:"个人之思想,以言论表之,社会之思想,以报表之。有一种社会,各有其表之之报……及有一大问题出,为各种社会之所注意,则必占各报之主要部分,而论旨之冲突,于是烈矣,是谓报战。"[①]两年后爆发的南昌教案便是中外舆论界瞩目的"一大问题",中西报界围绕南昌知县江召棠的死因等问题分化成两个阵营,进行了长达数月之久的激战。中方阵营主他杀说,认为南昌知县江召棠死于法国天主教神甫王安之(Jean M. Lacruche)之手,错在天主教。西方阵营主自杀说,认为江召棠于教堂自刎以诬赖天主教,错在知县。揆诸史实,双方实则各走极端。据此以观,报馆对新闻素材的取舍便是个值得注意的问题。本文以上海中西报馆之间这场报战为个案,揭示晚清的舆论、真相与民族情感之间的关联。

一、报战的史事

1906 年,江西省南昌县知县江召棠应法国天主教神甫王安之的邀请,前往教堂赴宴,并探讨两起旧教案遗留下来的法律问题。

---

① 《说报战》,《警钟日报》1904 年 3 月 16 日,第 1 版。

期间江召棠咽喉为刀剪所伤,外界传言是王安之所为。三日后,愤怒的民众在百花洲聚会时,场面失控,从而引发了著名的南昌教案。王安之和五个法国教员被殴打致死。一所新教教堂也受到牵连,英国牧师金传安(Rev. Kingham)一家三口死于非命。数日后江召棠亦伤重不治。随后中法双方进行了长达数月之久的谈判,期间江西巡抚、藩司和臬司都受到惩处,最终签订的合同认定江召棠死于自刎,对死者王安之则不予抚恤。这昭示了江召棠被逼自刎这一事实。

1906年的南昌教案作为一起公共事件,吸引了国内外大量报刊的持续性关注,尤其以上海的报界为最。那么,报界如何报道这起案例,又如何就案件的真相产生两种针锋相对的看法,从而制造了南昌教案两种截然不同的舆论形象? 在业已考证真相的基础上,①本节对报刊的报道进行概述,以凸显舆论与真相之间的落差。

上海作为一个繁华的开埠城市,当时拥有英法德日等多个国家的多家外文报馆。而数量更为众多的"华字报",也纷纷托庇于上海的租界。② 翻检1906年上海中西各报,几乎所有的报纸都报道了南昌教案,③并在江令死因问题上形成了泾渭分明的两个立场。但争论主要在4家报纸之间展开,一边是代表中国立场的《时报》和《南方报》,一边是代表西方列强立场的《字林西报》(North

---

① 　关于南昌教案的真相,可参看笔者《"独其一死可塞责":江召棠之死与清末南昌教案》(《史林》2009年第6期)一文。

② 　在近代中国,所谓的"华字报"并非均为华人创办,且许多报纸虽为华人创办,却由于政治原因不得不托名于外国人之下。关于上海的报纸情况,可见胡道静:《上海新闻事业之史的发展》,上海通志馆,1935年;马光仁:《上海新闻史》,复旦大学出版社,1996年;上海新闻志编委会编《上海新闻志》,上海社会科学院出版社2000年版。

③ 　当时的《文汇西报》(Shanghai Mercury)、《捷报》(China Gazette)、《上海泰晤士报》(Shanghai Times)、《以色列信使》(Isreal's Messenger)和《同文沪报》等,上海图书馆并未收藏,不知是否存世。其中《文汇西报》的相关报道曾广为他报征引,但从中文报纸的资料反观,该报并未卷入此次报战的中心。

China Daily News)和《中法新汇报》(*L'Echo de Chine*)。前两者为华人所经营之华字报,力主他杀论;后两者分别为英人和法人所办之西文报,力主自杀论。其余上海各报也大体以中西为畛域"相与扬波而濡沫"①,参与到江召棠死因的争论中来。

对《南方报》和《时报》的奋勇当先,当时的读者颇有体会,《南方报》刊登的一份南昌来信就说:"贵《南方报》及《时报》日来之论说极为确当。"②所谓的"确当",正是就其力主他杀论而言。因此换个角度看,此二报的论说就从确当变成了激愤。尤其是《南方报》,在王安之已身死半月之后竟有"江令已死,首恶王安之又不知存亡"之论③。

相反,在法国天主教控制下的《中法新汇报》则一味偏袒王安之而攻击江召棠。通观该报这一时期的报道,看不到法国人的丝毫反思,故《时报》训斥它"何不一自反乎"。④ 实际上,恰恰就在《南方报》说出王安之"不知存亡"的过激之言的同日,《中法新汇报》也刊载了本报记者发自南昌的一封通信,竟提到江令仍然未死,正藏匿在朋友家,⑤显然已是意气之语。

上述三报自始至终都立场坚定,相比之下,《字林西报》有过一个明显的转折。最初它常刊发不利于天主教的文章,显得比较"中立",⑥但从3月15日编辑评论明确表态后,一直力主自杀说,其中一位署名 L.O.的作者尤其热衷于批判中国报纸。

报战是围绕江令自杀抑或他杀问题展开的,双方各有论据。

---

① 《说报战》,《警钟日报》1904年3月16日,第1版。
② 《南昌来稿》,《南方报》1906年3月26日,第1页新闻。
③ 宝:《敬告今日办理南昌教案者》,《南方报》1906年3月11日,第1页新闻。
④ 《南昌大教案二十二志》,《时报》1906年3月23日,第2版。
⑤ Correspondance, *L'Echo de Chine*, 11 mars 1906, p.2.
⑥ 初期本报常刊用江西新教传教士的记载,后者曾被《南方报》称为"旁观中立者",见下文。在中国人看来是中立,在法国人就未必,《字林西报》本身也不喜欢这个词,它每期第六版的评论文章前便刊印一条"公正而不中立"(Impartial, not Neutral)的座右铭。

持他杀论的中国报纸,最有力、最常用的论据就是凶器问题。针对《南方报》的英文版提到的凶器问题,《字林西报》的编辑近乎无理地辩驳说,"江自己隐藏凶器,是一个很合理的解释,以免被人看出它不属于教堂。"①由于天主教把责任推卸得过于干净,即使英医验伤单见诸报端之后,《时报》仍能以凶器问题质疑,"此刀此剪从何而来,又何以至今尚寻不获,岂江令重伤后尚能拾而弃之耶? 且使江令果为自刎,当日王刘等岂有不挟此凶器以为证据者耶?"②

上海西报则从国民性、个人品质和验伤单三方面来论证自杀说。在南昌教案中,西报对中国国民性的批判,主要集中在面子问题上。《中法新汇报》对南昌事件首次回应中便认定江令因面子问题而自杀,《字林西报》当日即转载此文。后者于 3 月 5 日撰文推测说江令死于面子。十日后,该报态度不再模棱两可,明确断言江令系因要面子而自杀,《中法新汇报》次日也转载此文。此后两报又先后于 4 月 2 日和 5 月 11 日提到"面子"一词。③ 此外,西报还认为以自杀相报复是中国的一种常见文化现象。3 月 15 日的《字林西报》便说,江令试图通过自杀来使教堂陷入困境,"这在中国是一种常见的复仇方式。"④次日该报的一封来信跟进道:江令的自杀行为,"在中国的涉讼者身上很常见,以致在中国人的隐秘内心中,都明白江令的伤是怎么回事。"⑤《德文新报》(Der Ostasiatische Lloyed)也讨论了中国的自杀现象,说自杀在中国是常事,尤其对于女人来说,当被丈夫误解或被虐待时就自杀。⑥

虽然江召棠的死因始终都是中西各报报道、评论和争执的焦

---

① "The Nanchang Massacre," North China Daily News, March 15, 1906, p.7.

② 《南昌大教案四十七志》,《时报》1906 年 4 月 21 日,第 2 版。

③ "The Nanchang Massacre," North China Daily News, April 2, 1906, p.6. L'Affaire de Nantchang, L' Echo de Chine, 11 mai 1906, p.1.

④ "The Nanchang Massacre," North China Daily News, March 15, 1906, p.7.

⑤ L.O., "The Native Press and the Nanchang Murders," North China Daily News, March 16, 1906, p.7.

⑥ Der Nan-changer Zwischenfall, Der Ostasiatische Lloyed, 16. März 1906, p.498.

点,但从 1906 年 2 月到 7 月,上海报界高密度大容量的报道涉及
了南昌教案的方方面面。近距离审视其文本,头绪无比繁杂,如不
加大力剪裁,则必成乱麻;若剪裁过度,则又必失具象之美、过程之
真。笔者此前曾专门撰文详述之。① 总之,舆论界对南昌教案进
行了深入而广泛的报道,但中西报馆之间的针锋相对提示我们,此
案的舆论与真相存在巨大的张力。

二、舆 论 与 真 相

江召棠遇刺的第二日,上海的报馆便收到江召棠在教堂被刺
的电报,并登载于次日的报纸。最初的消息极不确切,《时报》将
王安之误作王国安,②而《中外日报》则将江令被刺伤误作被人殴
伤,③《南方报》自己也不敢相信,其第 4 页新闻即其英文版在报道
时声称对此"持全部保留态度"。④《字林西报》同日引述《南方
报》此文时,也特地提到它这一态度。⑤ 实际上,关于南昌教案新
闻报道的真实性问题,在此次报战中普遍存在。

当时新闻界尚未形成向新闻当事人求证的习惯,其信息源往
往是单一的,自然难以避免一面之词。西报曾分别披露了《南方
报》和《时报》之所以坚定维护他杀论的一些内幕。3 月 31 日,《字
林西报》刊登的一篇署名麦斯尼(W. Mesny)的来信说,《南方报》
的所有者蔡钧和主笔文公达均系江西人,可能因此才乐于为江令
开脱。还讽刺说,蔡钧这类政客就跟战国时代的纵横家一样善逞

---

①　笔者在文中不避繁琐,力图通过对文本的整理加工,某种程度上再现当年报战
的具象与过程,以有助于重返历史现场。参见笔者《南昌教案与上海中西报战》,《历史
研究》2009 年第 2 期。

②　《电报》,《时报》1906 年 2 月 24 日,第 2 版。

③　《江西首县在天主堂被殴》,《中外日报》1906 年 2 月 24 日,第 2 版。

④　《南方报》,1906 年 2 月 24 日,第 4 页新闻。

⑤　No title, *North China Daily News*, February 24, 1906, p.7.

口舌之利。① 4月2日,《字林西报》的评论文章更根据这封来信将
《南方报》称为"江西喉舌"。并声称本报已经得知,最初上海报纸
所登之江令被教士所刺的消息,并非来自这些报纸的记者,而是直
接来自巡抚衙门。② 第二天《中法新汇报》和《时报》分别转载此
文。③ 后者加按语说,"按南昌令于正月廿九日在法教堂被戕一
事,本馆于翌日即得访员专电报告,现有电底足据,并非由江西抚
署发来。不知《字林西报》何所据而云然也。于此等事尚作捕风
捉影之谈,则其余所论更何足信! 故译之以见西报之真面
目。"④但《时报》的辩解并未否认其消息源的片面性。实际上,它
与《南方报》在论战中所使用的大量证据,非来自江西官绅,即来
自案发早期的新教传教士。特别是《南方报》,它确实是由江西人
开办的,主笔当中亦有江西人。因此才有江西人来函请上海江西
商会和《南方报》公鉴,⑤落款则是"江西同人"。⑥

　　主自杀论的报纸存在的问题与此如出一辙。《中法新汇报》
是法国天主教主办,其消息源皆来自天主教一方。《字林西报》案
发早期采纳了南昌新教传教士的一些观点,后来态度转变,便不再
接收来自这个群体的信息。实际上,南昌的新教与天主教有着深
深的宿怨。特别需要提及的是天主教徒英敛之主办的天津《大公
报》。《大公报》在南昌教案报道中专取教方观点,引来国内读者
的不满。有读者专门致信予以谴责,该报遂作文自辩。对于为何
刊登天主教的来稿,文章辩解说:"前稿之登,不过如两造对簿,各
持一说,以俟裁判。"对于来稿的真实性,文章则做了如下见解:

　　① 　W. Mesny, "Behind the Scenes at the Nanfangpao," *North China Daily News*,
March 31, 1906, p.7.
　　② 　"The Nanchang Massacre," *North China Daily News*, April 2, 1906, p.6.
　　③ 　Revue de la Presse: Presse Locale, *L'Echo de Chine*, 3 avril 1906, p.5.
　　④ 　《南昌大教案三十三志》,《时报》1906年4月3日,第2版。
　　⑤ 　《要件》,《南方报》1906年3月26日,第1页新闻。
　　⑥ 　《要件》(续),《南方报》1906年3月27日,第1页新闻。

"诚如尊函所谓,并未目睹云云,此最为持平之论,而一切意见之词,均无谓矣。自南昌教案发起以来,即所闻异辞,所见异辞,即当事者旬月切磋尚不能折衷一是,况局外之人,但凭一家之言即断断据为如山之铁案,岂有当乎? 岂有当乎?"①所闻与所见皆为异辞,故根据该报标榜的"有闻必录"原则,将异辞作忠实记录。此说显然不足以服众,因为其所闻与所见,皆明显存在今日所谓的"选择性失明"现象。

一个西方人曾论及中国舆论与中法战争的关系:"在战争期间中国的报纸是一种毫不妥协的沙文主义,即使有灾难,即使它不能胜任,这一点也无法改变……为什么中法战争热能够保持? 报纸和官员都隐瞒真相并迎合大众口味。"②那么,本土报纸对南昌教案的报道是否也有隐瞒真相的情况?

应当说,在华字报对南昌教案的报道中,违背真相的事例不算罕见。《京话日报》是其中的典型,《南方报》也曾经出现过"江令已死,首恶王安之又不知存亡"的离奇报道。各报对验伤单的反向报道也相当普遍,即声称西医的尸检结果为他杀,实则西医尸检报告中已确认为自杀。张之洞都似曾对这些报道信以为真,还专门致电梁鼎芬进行核实,其后,在写给军机处的报告中,也截取西医报告的部分内容,得出他杀的结论。

问题是,主张他杀说的"本土报纸",究竟是否知道江召棠自杀的真相? 退而言之,究竟是否一直相信江召棠是他杀? 或者,是否对他杀说产生过怀疑? 时在英国的汪大燮曾向汪康年致信询问说"南昌教案,报载情形未知确否"。③ 汪大燮对江召棠的死因有疑惑,报人自然也会有疑惑。且汪大燮询问同为局外人的汪康年,可见对报纸信息的不信任。各个报人与报馆的认知不能一概而

---

① 《答来函》,《大公报》1906 年 4 月 18 日,第 2 版。
② *China in Transformation*, pp.121 – 122.
③ 《汪康年师友书札》第 1 册,第 847 页。

论,但总的说来,一方面,鉴于国人包括报人对法国强权和朝廷媚外的固有认识,即使得到官方信息,也未必相信。另一方面,报馆即使综合各种信息,得出了自刎的判断,也未必实录。现在来看,《中外日报》便曾疑及江召棠的死因,以致披露江召棠初一日早晨在教堂写给余肇康的八字手书。但这种情况在报战时期极其罕见。

南昌教案案发之后,国内舆论界曾希望借助报馆之力,阐明真相,伸张正义。如《南方报》即谓:"闻大令受伤后,有亲笔所书冤状四纸,上呈胡抚,已经胡抚用西法拍出。何不分送各报馆,刊登报端,俾成铁案,使法人无所藉口?乃胡抚竟见不及此,殊属不解。"①问题是真相未必尽如人意。

那么,当报纸猜到或者确认真相后,它为什么会继续坚持下去?且看汪大燮私信所言:"若认自刎,损名失体,为天下笑,且后患无穷,不知究做何了结也。"②汪大燮的话,对理解华字报的处境和态度不无帮助。华字报从一开始便与西报及各天主教喉舌两军对垒,针锋相对,很难再中途倒戈承认自刎。从这个角度也可以审视余肇康的变化。最初他对江召棠的加功之说满腹狐疑,在谈判初期即放弃对加功一层的争执,但最后却说:"乃以外人要挟,竟将江令亲笔所谓加功二字一笔抹煞,何以服死者而塞清议耶!"③余肇康出此反复,很大程度上是舆论和清议的压力使然,弄假成真,骑虎难下。

报纸关于他杀的报道,很大程度上会左右读者的视听,却无法左右谈判结果。《大公报》曾讥讽舆论效力有限:"盖以为果有被刺之冤,则由国际交涉而昭雪之,对付之,执公法以争辩之,自有水落石出之一日,所谓颠扑不破、南山可移此案不可易者是已。岂其

---

① 《南昌教案汇志》,《南方报》1906年4月12日,第1页新闻。
② 上海图书馆编《汪康年师友书札》第1册,第847页。
③ 余肇康:《敏斋日记》第30本,丙午三月二十九日,湖南省博物馆藏,稿本。

众口一词、捉风捕影、随声附和而遂能援以定狱哉?"①《复报》更是以苛刻的语气否定了舆论的功效,说"南昌教案,以一教民戕杀官吏,牵动国际,激发公愤,以全国之舆论,经半年之交涉,乃仅仅以自刎二字含糊了结"。反问"今日南昌之事,不可谓无一致之舆论,试问有丝毫之影响否耶"。②《复报》因政府承认自刎而呼吁民众"改弦更张"推翻清廷,也是国内华字报大力鼓吹他杀说的一个副产品。对大多数来说,南昌教案合同成了朝廷媚外和列强强权的一个典型例证。

三、舆论与情感

通常认为,报馆深刻影响了晚清士人对于公共事务真相和情境的判断。不过需要注意的是,正如前述引文中西人指责中国报界"迎合大众口味",报馆与公众之间并非是单纯的引导和被引导关系,双方时常在民族主义的情感下一拍即合,形成共识与共谋。从这个角度讲,报馆确实代表了"舆论"本身。报馆在南昌教案这一公共事件中的表现,充分体现了它与公众之间的情感同构关系。

南昌教案发生后,国内华字报异口同声地坚持他杀说,而中国的言路也几乎人人以他杀立论。那么,中国的舆论为何要坚持他杀说? 这需要从二十九日江召棠案发后国人的心理说起。正如江苏某知县的陈言:"即如二月二十九日江西南昌大教案一出,稍有寸心肝者,莫不为之狂极忿极。"③各华字报最初的激烈"论说"也都反映了国人普遍的心理。张之洞通过电报向江西大吏提议,此时"正宜以民情众怒抵制彼族"。这恐怕也正是报人的想法。

---

① 《答来函》,《大公报》1906 年 4 月 18 日,第 2 版。
② 《南昌教案之结果》,《复报》1906 年第 4 号,中国开国纪元四千六百四年七月十五日,第 21 页。
③ 台湾"中研院"近代史研究所编《教务教案档》第 7 辑(2),第 778 页。

因此,中方报纸对于信息的取舍,确实涉嫌迎合大众口味。迎合大众这一说法对当时的报人来说是个陌生的概念,引导舆论才是流行的思想,梁启超所谓的"舆论之母"表达的就是这个意思。不过迎合与引导往往并非截然对立,如民国时期章士钊批评清末"梁任公献媚小生,从风而靡天下病之"①。据此提示,引导与迎合颇有暗合处。无论迎合还是引导,读者即受众对信息的采择无疑是一个需要考察的维度。民初蔡元培曾谓:"有一事焉,与吾人之所预期者相迎合,则乍接而辄认为真;又有一事焉,与吾人之所预期者相抗拒,则屡闻尚疑其伪。"②在南昌教案中,正如《南方报》所说,"就法国人言之,必信教士之言;而就中国人言之,则必信江令之言。"③这是报纸能够成功引导读者的一个情感和心理基础。

中方报馆在报道中,不断使用情绪化的表述,以鼓动读者的民族情感。最典型的就是刊登江召棠肖像事。在 3 月 17 日,《南方报》、《时报》和《新闻报》等同时登出江召棠受伤后的肖像,江仰面闭目,双唇张开,脖颈刃伤历历在目。《新闻报》配发解说称,"吾人见此像者当惊而醒,不当惧而怯;当悲而奋,不当怒而仇。当无忘,当永永无忘;吾人能永永无忘,则此像即自强之铁券!"④这段话后来被《南昌教案记略》一书刊于扉页以警醒读者,18 日的《中法新汇报》也注意到这段话并加以概述⑤。《德文新报》3 月 23 日出版的新一期周报也提到,上周几乎所有上海报纸都刊登了江召棠的照片,这无疑不是偶然的,而是一个有预谋的行动;并对中国

①   章士钊:《东西文化及其哲学——答梁漱溟》(1925 年 8 月 1 日),《章士钊全集》第 5 卷,上海文汇出版社 2000 年版,第 86 页。

②   蔡元培:《〈国民杂志〉序》,张汝伦编:《蔡元培文选》,上海远东出版社 2012 年版,第 327 页。

③   宝:《为南昌教案责难江抚》(续),《南方报》1906 年 4 月 1 日,第 1 页新闻。

④   《江西南昌县知县江大令兆棠受刃伤之像》,《新闻报》1906 年 3 月 17 日,第 1 张。

⑤   Revue de la Presse Chinoise, *L'Echo de Chine*, 17 mars 1906, p.2.

报纸的普遍排外趋向提出批评①。有趣的是,3 月 19 日的《字林西报》刊载 L.O.写于 17 日的来信,绕过其他报纸,专门攻击《南方报》称:"今日《南方报》刊登了已故江令的照片,喉部伤口完全暴露,非常恐怖。印制这样一副照片,品位和政策都成问题。"②作者认为那些盯着这张恐怖相片看的人,将不再思考谁是凶手这样的问题。因为《南方报》之前早就误导了他们。在这些读者眼里,每一个传教士都成了能犯下这种罪行的人。L.O.仅把矛头对准《南方报》,或许与他的阅报范围有关,当 5 月 4 日他再次刊文提到肖像问题时,已经把批判范围扩展到整个的上海华字报,称这些报纸流通于整个中国,已经种下了未来暴乱和屠杀的种子③。L.O.在 19 日的来信中还曾质问,为什么他们不同时刊印那些死于暴民之手的外国受害者的照片呢。其实,就在此信写成的第二天,《南方报》和《时报》也刊登了王安之的尸照。但两报加于尸照的题目分别为"刺杀南昌县令之凶手王安之"和"南昌教案祸首法教士王安之像"④。两相对比,黑白分明,无疑会极大地激起读者的愤怒之情。

　　《大公报》因偏袒天主教而激起读者怒火。两个读者致函北京的《中华报》,对英敛之和《大公报》进行措辞严厉的攻击。英敛之署名还击道:"但恐得达君等鼓吹激动之目的,则庚子之祸不难复见于今日,不知诚何心矣!况今以爱书未定之案,彼此皆为局外,何申申愤詈,一若挟九世之仇者乎?"⑤"九世之仇"的说法虽显夸张,但也提出情感动员的一个关键特征:即建立爱恨分明的敌

　　① Politische Rundschau im Osten, *Der Ostasiatische Lloyed*, 23. März 1906, P.545.
　　② L.O., "The Nanchang Massacre," *North China Daily News*, March 19, 1906, p.8.
　　③ L.O., "The Nanchang Massacre," *North China Daily News*, May 4, 1906, p.8.
　　④ 《刺杀南昌县令之凶手王安之》,《南方报》1906 年 3 月 18 日,第 1 页新闻;《南昌大教案十八志》,《时报》1906 年 3 月 18 日,第 2 版。
　　⑤ "无标题",《大公报》1906 年 4 月 21 日,第 6 版。

我关系。后来毛泽东论述革命的敌友问题,便是这一特征的延伸和升华。

西方报纸一味批评江召棠而无视王安之的责任,也有其坚实的心理基础。正如《南方报》英文版所讽刺的:"外国公众很容易就接受了对江令毫无证据的指责,因为他们认为中国人已经卑劣和邪恶到无可救药的地步。但如果有人说传教士犯了罪,每个人都会喊:难以置信,不可能,中国人在撒谎! 这种毫无根据的道德优越性假设,很让中国人反感。我们只知道,世界史上一些最黑暗的罪恶都是以天主教和西方文明的名义犯下的。"①

查中法南昌教案合同,中国虽承认江令愤急自刎,被害的六名法国人却唯独王安之不恤。这正是中国报纸所说的"糊涂"结局。②梁鼎芬致江令挽联的上联称:"何物贼君卿,死状难明,疑案凭谁垂定论?"合同显然并未令人信服地解答梁鼎芬的疑问。这进一步提示中国报纸的激愤情绪不是没有来由。

前述英敛之担心报馆的"鼓吹激动"会造成类似义和团的恶果,这一说法显然忽略了历史的多种可能性。6月底,中法南昌教案合同在京议结。《新闻报》评论道,"南昌一案,今已议结,几于掬西江之水不能洗此耻,聚皎日之光不能白此冤。"③同日,《南方报》英文版也悲愤地感叹道:"谁会想到事件竟会如此结局? 根据当前的事态看,我们觉得自己的努力很荒谬。啊,世界太疯狂,老天不开眼!"这两种说法亦过于悲观。汪大燮曾批评"报纸则临事一骂",④但问题是报纸事事必骂,从而塑造了近代中国浪漫主义政治文化。受此影响而形成的历史认知和历史记忆推动了民族国家的建构。中国从"一盘散沙"到"铁板一块",未经点滴积累何得

---

① "A Reply to Mr. L. O.,"《南方报》1906年3月17日,第4页新闻。
② 《电报一》,《时报》1906年5月23日,第2版。
③ 《书南昌教案合同后》,《新闻报》1906年6月27日,第1张。
④ 上海图书馆编《汪康年师友书札》第1册,第851页。汪之原文意在批判国人之无恒心,但他这个"骂"字,恰好把报纸易流于偏激的特点捉个正着。

而成？从这一点上说，《南方报》的努力可能并不是"荒谬"的。

四、报馆与民气

在这次报战期间，西报曾数落说，中国报纸"极其确信没有外国人读他们的汉语新闻栏目，因此毫无根据地向中国读者散布恶毒的陈述"[1]。而报纸发表了谎言之后，"没有其他信息渠道的中国人会对谎言信以为真。"[2]这样的批评大体并不过分，中国报纸一些明显失实的报道，怕是有意为之。这一现象需要在民族主义语境下加以审视。

在清末，"民气"屡被提起，如《东方杂志》中便经常出现鼓动民气的文章。梁启超在著名的《新民说》中写道："一国中大多数人，对于国家之尊荣及公众之权利，为严重之保障，常凛然有介胄不可犯之色，若是者谓之民气。民气者，国家所以自存之一要素也。"[3]梁启超认为光有民气还不行，民气必须与民力、民智、民德"相待"，方能成就新民。"民气"在这里是塑造公民和建构民族国家的工具，在实践中"民气"更多用于对外。官僚士大夫愈发意识到清政府的力量已不足以同列强相抗，是以寄望于民气。《外交报》便曾撰文指出，爱国"势力可以无量，而外交当局之所得而凭藉者，其亦可以无量"。因此"吾愿外交当局，鉴于民气之大可凭藉，而深悟外交之本体，实在国民"。[4] 这里提到的民气，显然是用来对抗列强的武器。近代史上有许多关键概念都是外

① L.O., "The Native Press and the Nanchang Murders," *North China Daily News*, March 16, 1906, p.7.

② L.O., "The Native Press and the Nanchang Murders," *North China Daily News*, May 4, 1906, p.8.

③ 梁启超：《梁启超全集》第 3 卷，北京出版社 1999 年版，第 725 页。

④ 《论民气之关系于外交》，《外交报》乙巳年第三十号，第 130 期，光绪三十一年十一月十五日，第 4 页。

来词,"民气"则是传统概念被运用到新语境的一个典型例子,这个新语境就是民族主义的兴起。有着革命色彩的《复报》从南昌教案中看到了"民气之渐可用",希望用它来"播民族之风潮"。① 中国的民族主义在庚子后的几年里,无论从思想还是从行动上都蔚为风潮,与此相对应的正是时人对"民气"一词的高频率使用。

在时人看来,晚清民气的盛衰经历过很大的转折。据《津报》某作者的观察,甲午前民智未开"遂构成一麻木不仁之时局"。"甲午以后,迭受大创,刺激殊甚……其弊也操之过急,见之不真,遂致肆口传闻,反构成一民气嚣张、人心不静之时局。"②这一观察更符合当时的主流认知,国人心态和思想以甲午战争为界碑发生巨大变迁。作者香雪亦在《汇报》撰文说中国先前民气消沉,但"二十世纪之天下,吾黄种人已不忧心死,而特忧气浮"。③

在南昌教案交涉期间,《汇报》不止一次对民气嚣张表示担忧。如果说它有替天主教辩护的嫌疑,那么且看上海《时报》以疾病比喻中国民气的变化的一段论说:"中国从前之病,是为麻痹不仁,即投以渴剂,其病状忽易而为疯癫狂痫,病虽不同,其为病则一也。"此文意在提倡白话报,其结论是"白话日报者,其为救中国最得力之药石乎"。④ 无论是麻痹不仁还是疯癫狂痫,都是疾病,而白话报则是"得力之药石"。

《时报》之论白话报,很大程度上是针对社会下层民众而言。如果把视野投放到整个晚清报界,会发现它与民气的兴起有着直

---

① 《南昌教案之感情》,《复报》1906年第2号,中国纪元四千六百四年闰四月二十五日,第36页。

② 《论今日人心之不静》,《津报》1906年6月11日,第3版。

③ 香雪:《论谣言排外之原因与关系》,《汇报》第9年(1906年)第9号,第137页。

④ 上元顾金:《论今日亟宜多创浅易之白话日报》,《时报》1906年5月13日,第1版。

接的关联。出版于 1912 年的《转型中的中国》一书第五章专门提到了中国的"本土报纸",说在新进化的因素中没有什么比中国的报纸更值得注意,虽尚处于其幼年时期,它已经展示出勃勃生机。因此,它对这个王朝进程的影响必须得到严肃的考虑。作者指出:"邮政和其他通信方式的完善已促进了期刊印刷品的流通,结果是真正的民族国家意识和公共舆论的基础在中国的第一次诞生。"[①]这显然是西方视野下的观察和判断,但民族主义正是当时中国报人的一个奋斗目标。梁启超在一篇文章中说:"报馆者,摧陷专制之戈矛,防卫国民之甲胄也。"[②]建构民族国家,是报馆的奋斗目标。

日俄战争期间,夏曾佑致信报人汪康年说"今日之报馆,一以安天下之心,一以作天下之气"。[③] 在"求变"心理风行一时的清末,少有报馆"安天下之心",而纷纷以"作天下之气"是求。报人梁启超便是其一,他认为:"报馆者,救一时明一义者也。故某以为业报馆者,既认定一目的,则宜以极端之议论出之,虽稍偏稍激焉而不为病。"[④]梁启超以此为报馆引导舆论的方式,正是一种"作天下之气"。后人对当时报纸之喧嚣与激进,亦当由此处入手,方能明其本意与价值。

南昌教案发生后,远在日本留学的宋教仁得知消息后,也给予了关切。1906 年 5 月 11 日,他的日记提到:"阅《电报新闻》,载有中村进午论南昌教案一篇,痛诋法人之无道,遂译之出,拟送于内地报馆登之,以壮国人之气焉。"[⑤]5 月 16 日又记道,"作

① Archibald R. Colquhoun, *China in Transformation*, Harper & Brothers, 1912, pp.107 – 112.

② 梁启超:《梁启超全集》第 4 卷,第 969 页。

③ 上海图书馆编《汪康年师友书札》第 2 册,第 1378 页。

④ 梁启超:《梁启超全集》第 4 卷,第 970 页。

⑤ 湖南省哲学社会科学研究所古代近代史研究室校注《宋教仁日记》,湖南人民出版社 1980 年版,第 178—179 页。

《清俄谈判与俄人之野心》成。复写致《津报》信,言以文换报之事由。遂以清俄谈判文与前译中村氏《南昌事件概论》同封缄中,寄往该报馆焉。"①翻检此后一段时间的《津报》,并无《南昌事件概论》一文,但国内报界能够"壮国人之气"的相关报道不胜枚举。报人"作天下之气"设想确实得到了实现,前文所说的民气骤动便有报纸的一份功劳。

不难看到,此次报战是在20世纪初中国民族主义盛行的背景下爆发的。它距义和团运动相去仅仅五六年,中外瞩目的抵制美货运动也刚刚落幕,轰动一时的上海会审公堂案甚至还未尘埃落定。翻检南昌教案交涉期间的西报译文和原文,"排外"(Anti-foreign)一词甚为流行,西方人对中国排外情绪的担忧颇为普遍。② 此际许多国人正对中国"媚外"现象的流行表示担忧,对于这个"排外"名号自然很难释怀:"是我方且忧媚外而外人反以我为排外也。排之与媚,其相去岂可以道里计哉?"③

媚与排同时加诸中国一身,归根究底是权力与话语之间的共谋。1905年,香雪在《汇报》感叹道:"夫今世界,一强权世界,世界强权,其言论亦强权,益者以为损,利者以为害。"④将排外之名加于中国,正是西方列强言论强权的体现。对此,时人曾一语道破,称强国排外就是爱国,弱国爱国即为排外。⑤ 正是有鉴于此,中国的报人才下决心"一定要争回这说话的权柄"。⑥ 为了这个"说话

---

① 湖南省哲学社会科学研究所古代近代史研究室校注《宋教仁日记》,第181页。
② 比如早在惨剧发生两天后,《字林西报》就提到,南昌素有排外之名。见:"Murder of Missionaries at Nanchang Kiangsi," *North China Daily News*, February 27, 1906, p.7.另,《外交报》有多篇译文在论述中国的排外问题。
③ 《论外人之误解》,《时报》1906年3月29日,第1版。
④ 香雪:《书某报自由党人论华工后》(续),《汇报》第8年第32号,1905年5月31日,第254页。
⑤ 《论中国维新不宜排外》,《外交报》1906年11月11日,第16页。
⑥ 《答锦州赵礼南先生来函并谢曾孟二兄》,《京话日报》,1905年2月4日。

的权柄"，时人还曾有创立西文报的设想。① 此次报战中冲锋在前的《南方报》第 4 页新闻便是这种努力的产物。

广而言之，发生在 1906 年的这次报战，正是中国舆论界与西方列强争夺话语权的一次努力。值得深思的是，此次报战固然强化了国人的民族情感，也为本国政府的媚外形象填写了重重的一笔。它对于近代中国历史进程的影响，未必全在历史行动者的意图之内。

（作者系上海大学历史系讲师）

---

① 如汤寿潜和熊希龄都有此主张，报纸上也出现这样的鼓吹，其主旨皆在于争夺对外交涉之话语权。见：《瞿鸿禨朋僚书牍选》上，《近代史资料》总第 108 期，第 4—5 页；《熊观察希龄呈学部拟设寰球通报社文》，《时报》1907 年 5 月 14 日，第 1 版；《论中国亟宜自设西文报》，《华字汇报》1905 年 8 月 7 日，第 5 页。

北四川路越界筑路区与
中国进步文化策源

徐　明

四川北路,原名"北四川路",位于上海市区苏州河以北,南起北苏州路、北至东江湾路,全长约 3.8 公里。历史上的北四川路,不仅是著名的商业街,也是红色印记和海派风情交织辉映的文化街。尤其是从今武进路至东江湾路、方圆约 2 平方公里的区域,亦即历史上所谓"北四川路越界筑路区",源于租界扩张,具有"半租界"的显著特点,在中国革命和中共党史上、在先进思想的传播和左翼文化的发展中,做出过重要的贡献,具有举足轻重的地位。细究北四川路越界筑路区的成因、演变及历史特征,有助于我们更清晰地认识和理解近现代上海与中国革命、进步文化之间的不解之缘。

一、进步文化的策源地

今天的四川北路及周边地区隶属于上海市虹口区。根据虹口区党史和文物保护部门 2017 年最新统计,全区共有革命旧址遗址 49 处,左翼文化运动重要旧址遗址 32 处,合计 81 处。这些与中国革命和中共发展历程密切相关的重要旧址遗址,大多分布在今四川北路和提篮桥北外滩一带。历史上,这两个地方正是租界或受租界影响的区域。

相比之下,武进路以北的四川北路中北部地区,革命旧址遗址和左翼文化运动的历史痕迹更加集中。在这片南北长约 2 公里、东西宽约 1 公里的狭长形区域内,密集分布着 52 处重要的旧址遗址、名人故居,约占虹口区红色文化遗址总量的三分之二,堪称中国进步文化策源地。其中,既有中国共产党第四次全国代表大会、上海工人第三次武装起义、左翼作家联盟等重要历史事件的发生地,也有中共中央宣传部、中共上海区委(江浙区委)、中共江苏省委、上海总工会等党的重要机关办公场所,更有陈独秀、瞿秋白、周恩来、罗亦农、赵世炎等早期共产党人和鲁迅、郭沫若、茅盾、叶圣陶、沈尹默等进步文化名人的工作和生活场所。这片影响了中国近现代史的街区,就是历史上的北四川路越界筑路区。

二、"越界筑路"与公共租界的扩张

北四川路越界筑路区的形成,源于上海租界的扩张。所谓"越界筑路",是 19 世纪末、20 世纪初伴随上海租界扩张和城市发展所出现的独特历史现象。租界扩张与"越界筑路"如影随形、相伴始终。

北四川路地处苏州河北的虹口地区。无论道路本身的延展,还是越界筑路区的形成,都离不开公共租界在沪北地区的扩张。

1847 年,美国代理领事曾向苏松太道麟桂申请划虹口一带为美国租界。次年,美国牧师圣公会主教文惠廉(William Jones Boone)在虹口购地居住,并建造教堂,继而"向上海道台商请准许虹口为该国之租界"①。清咸丰十年(1860 年),美国人华尔在苏

---

① 徐公肃、邱瑾璋:《上海公共租界制度》,1933 年版,转引自蒯世勋等编:《上海公共租界史稿》,上海人民出版社 1980 年版,第 68 页。

松太道吴煦的赞助下,在上海成立洋枪队,并于租界内外修筑"军路"。华尔的后继者戈登也多次下令修筑界外军路。为了镇压共同的敌人太平军,清政府默许了租界当局的越界筑路行为。"……游说洋兵助剿,增辟邑治障山门,并筑西郊马路,以利军行。"①此为越界筑路之始。

此后60多年间,上海的租界多次扩界,野蛮生长。扩界的手段主要有两种:一种是租界当局通过谈判与中国政府达成协议后,修改《上海土地章程》,扩展并确定租界四至,如1848年英租界的扩展、1860年以后美租界四至的划定、1899年公共租界四至的确定,以及20世纪法租界的扩展。另一种则是先筑路,造成事实上的扩界,而后通过谈判,将越界筑路地区全部或部分划入租界。"以之为先声,继之以扩界,相辅而行。"②

1863年,领袖领事、美国领事熙华德(Seward)与上海道台黄芳订立章程,规定美租界四至:"西面从护界河(泥城浜)对岸之点(今西藏北路南端)起,向东沿苏州河及黄浦江,到杨树浦,沿杨树浦向北三里为止,从此向西划一直线,回到护界河对岸的起点。"③同年9月21日,英、美租界合并为英美公共租界。

1873年,熙华德(Seward)提出,"租界西面应从苏州河北岸原定地点一直向北到内地三里处,然后再向东划一直线连接租界东界的北段。"④上海道台未予同意。熙华德再提议,"从租界西面苏州河北岸原定起点划一直线到靶子场稍北处,再由此划一直线到原定租界东界的北端。"⑤上海道台仍未同意。尽管如此,工部局事实上已经将其控制范围扩充到这一地区,这条新的分界线即所谓"熙华德线"(Seward Line)。

①　[民国]《上海县续志》卷15,第4页。
②　[民国]《上海县续志》卷15,第4页。
③　蒯世勋等著:《上海公共租界史稿》,上海人民出版社1980年版,第366页。
④⑤　《上海租界志》编纂委员会编:《上海租界志》,上海社会科学院出版社2001年版。

　　1893 年,上海道台聂缉椝、美国领事廖那特各派 3 人组成划界委员会,共同处理熙华德线事宜。经勘界,双方基本依熙华德线正式划定边界,树立界石,并订立《上海新定虹口租界章程》①。公共租界面积扩充至 10676 亩。1897 年,工部局企图再次扩界:"西界扩至梵王渡,东界扩至周家嘴角,南面包括浦东,北面直达宝山县境。"②被上海道台蔡钧拒绝。1899 年 3 月,英、美、德三国公使以照会送达总理衙门,迫令中国政府训令南京两江总督"应允各领事及工部局所求扩充"。次月,总理衙门大臣即通知公使团,"已照照会所请,训令江督。"③根据协商,"(公共租界北区)北自虹口租界第五界石起,至上海县北边界限为止,即上海宝山两县交界之线,仍以下至周家嘴角直线上为止。"④

　　19 世纪末的这次扩界,公共租界北区和东区共增加 11377 亩,西区增加 11450 亩,加上原有的 10676 亩,总面积为 33503亩。⑤ 至此,上海公共租界名义上的扩张终告结束。

三、北四川路越界筑路区的形成

　　19 世纪末至 20 世纪初,伴随着租界扩张和越界筑路,北四川路自南向北不断延展。1877 年,公共租界工部局自里摆渡桥(今四川路桥)北堍筑路至天潼路。这段长不到百米的碎石路,习称里摆渡桥北,因与苏州河南岸的四川路相连,遂正式命名为北四川路。

　　① 《1893 年工部局报告》,第 243—244 页。
　　② 《上海租界志》编纂委员会编:《上海租界志》,上海社会科学院出版社,2001 年。
　　③ 郭泰纳夫:《上海自治区与华人》,第 32 页,转引自蒯世勋等编:《上海公共租界史稿》,上海人民出版社,1980 年版,第 472 页。
　　④ 《1899 年工部局报告》,见《申报》,光绪二十五年四月二十三日。
　　⑤ 《费唐报告》(卷一),第 30 页,转引自蒯世勋等编:《上海公共租界史稿》,上海人民出版社,1980 年版,第 478 页。

此后二十多年间,北四川路不断向北延展,直至租界华界交界处的川虹浜(又作穿洪浜,位于今武进路北侧)。

1899年重订的《上海土地章程》第六款议定,"准其购买租界以外接连之地、相隔之地,或照两下言明情愿收受(西人或中国人)之地,以使成街路及建造公园。"①这一规定,为租界当局越界筑路铺平了道路。1903年,工部局越老靶子路(今武进路),延展北四川路至宝山金家厍(今鲁迅公园)。至此,北四川路基本成型,成为贯通南北、连接沪北地区租界与华界的交通要道。同年,筑江湾路,连接北四川路与公共游泳池(今虹口游泳池)。1904年,筑黄陆路(今黄渡路)。

1908和1909年,租界当局两次提出扩界要求,都被清政府拒绝。名义上的扩张遇阻,通过越界筑路实现事实上的扩张,便成为公共租界进一步扩展势力范围的主要手段。1911年,筑施高塔路(今山阴路)、赫司克尔路(今中州路)、窦乐安路(今多伦路)。1912年,租界工部局趁辛亥革命爆发上海政局不稳,在沪西和沪北加快填浜筑路,其中包括北四川路周边的狄思威路(今溧阳路)、白保罗路(新乡路)。1913年,筑汤恩路(哈尔滨路)。1917年,筑欧嘉路(海伦路)。

1913至1918年,陈贻范等北洋政府特派江苏交涉员先后就租界当局越界筑路问题提出交涉,工部局或是不予理睬,或是口头允缓而最终造成既成事实。1921年10月,工部局擅将沪北华界新民路界石拔去,辟筑北四川路西侧的福生路(今罗浮路)。至1920年代初,公共租界北区以北的北四川路周边,已形成一个由赫司克而路、欧嘉路、狄思威路、施高塔路、窦乐安路、黄陆路、江湾路等十多条马路纵横交织而成的完整的路网。仅仅二三十年光景,在名义上仍属华界的沪北地区,赫然出现了一片新

---

① 《申报》1928年2月2日。

城区。这里的道路、交通与租界相连相通,公共建筑、市政设施与租界相同或相近,甚至连许多道路街巷的名称,都与租界一样,用的是外国人名字。

这块华洋交错、亦中亦西的地方,就是北四川路越界筑路区。尽管地处租界之外,但就热闹繁华的程度而言,这里丝毫不比租界差。

一是交通便利。1907 年,外白渡桥重建,桥身改为钢桁架结构。第二年,1 路有轨电车即由静安寺经外滩过外白渡桥再沿北四川路开往虹口公园。1924 年,沪北兴市公共汽车公司先后开通1 路、2 路公共汽车,起点同在北四川路附近的天通庵。

二是房产火爆。1920 年前后,租界内部的市政建设开始趋向饱和。但随着北四川路越界向北延伸,一片片石库门、一条条新里弄如雨后春笋般出现,成为外省移民和外国侨民在上海置业的好去处。一个值得注意的现象——20 世纪前 30 年,公共租界的地价平均上涨 8 至 10 倍,但是无论如何涨,租界北区的地价都只有中区的三分之一左右。与租界相比,越界筑路区的地价和房价更具有竞争力和吸引力(见表 1)。

表 1　20 世纪初公共租界中区、北区地价比较

区　　域	1903 年地价	1930 年地价
公共租界中区	13549 两/亩	107882 两/亩
公共租界北区	4819 两/亩	37863 两/亩

三是人口密集。随着市政道路、公共设施的不断完善,北四川路越界筑路区的人口迅速增加。尽管没有精确的人口统计,但越界筑路区的人口密度丝毫不亚于租界。在这些居民中,还有不少日、英、美、葡、俄、印、德等国的侨民,人口来源和构成比其他地区更复杂(见表 2)。

表2　20世纪初公共租界北区人口增长比较　单位：人

区　　域	1900 年	1930 年	1935 年
公共租界中区	—	—	132255
公共租界西区	—	—	132947
公共租界北区	90398	174117	206578

四是商业繁荣。1896年，北四川路8号开设了上海第一家具有相当规模的和昌洋服店。1898年，新大北茶食店等商店次第开业，街市渐成。至1920年，北四川路已有茶食店40家、呢绒绸布店8家、五金颜料店11家、南货店2家、水果店2家。

> 北四川路跳舞场，中下等影戏院、粤菜馆、粤茶楼、粤妓院、日本菜馆、浴室、妓院、欧人妓院、美容院、按摩院甚多，星罗棋布，全上海除南京路、福州路以外，以北四川路为最繁盛，日夕车辆、行人拥挤。
>
> ——《上海风土杂记》

五是文化兴盛。1897年，北四川路附近的礼查饭店，实现了中国的第一次电影放映。同年，夏瑞芳等在邻近的江西北路创办了商务印书馆。1908年，西班牙人雷玛斯在乍浦路创办中国第一座电影院——虹口活动影戏园。至1930年代，上海的60余家影院，一半集中于北四川路、海宁路一带。1912年，刘海粟与友人在乍浦路创办上海图画美术院，后改称上海美术专科学校。1926年，中国第一本大型综合性新闻画报《良友》在北四川路问世。

四、"半租界"的独特社会政治空间

北四川路越界筑路区的特点，归结起来就是三个字："半租界"。所谓"半租界"，就是这块地界既不完全归租界的工部局管，也不完全归华界的民国地方政府管。大家都想管，却又都没办法彻底排除对方的势力影响。

　　从地理位置来说,越界筑路区本就在租界四至以外的华界,当然应该由中国政府管。但马路却是工部局出钱修筑的,租界当局怎么可能袖手旁观? 从管辖治理来看,越界筑路在法律上本无据可依,其地权属中国所有,但道路管理权却为租界当局所侵夺,由此造成社会管理的复杂局面。"在街头维持治安的是租界上的巡捕,而路旁范围仍由中国警察驻守,虹口北四川路就是这种情形。"[1]

　　1911 年 11 月,四川路上部分纳税人向工部局提出请求,希望增加北四川路延长段(即越界筑路区)的警力,并请求工部局警务处将警政辖区延伸至临近北四川路的小马路。次年,工部局在北四川路上租屋设立捕房。1927 年 2 月,又在狄思威路上租赁新屋设立捕房,并将 1912 年初设时的名称北四川路捕房更名为狄思威路捕房。该捕房所辖区域多为公共租界以北的界外筑路区,包括北四川路、江湾路、狄思威路、窦乐安路、施高塔路,等等。租界当局在北四川路越界筑路区设立捕房的历史事实说明,租界作为"国中之国",在相当程度上将租界内的治外法权延伸并覆盖到越界筑路区域。

　　叶圣陶一家于 1927 年搬进北四川路西侧东横浜路(今横浜路)35 弄的景云里 11 号。这里,正处于北四川路越界筑路区。其子叶至善回忆当年刚刚搬到横浜路时的情景,对北四川路一带的"半租界"特征作了令人印象深刻的描绘:"横浜东路是新筑的越界马路,从北四川路窦乐安路底'越'到宝山路东头。路是租界工部局修的,以便利交通为名就'越界'修进'华界'来了,明明是扩大地盘的蚕食政策。路面上的一切,包括巡警,都归租界。路的两旁仍是华界,只是向街的弄堂口和房屋向街的大门,得钉上租界的

　　① 　陈存仁:《抗战时代生活史》,上海人民出版社 2001 年版。

门牌,照章纳税。鲁迅先生把越界筑路称作'半租界',真个一点不错。"①

五四运动后,中国共产党成立,第一次国共合作正式建立,反帝反封建的民族革命运动风起云涌,收回租界和越界马路治权的呼声日渐高涨。

1926年5月,北洋军阀孙传芳任淞沪督办公署督办,宴请各国驻沪总领事及工部局、公董局总董,公开宣布不同意租界界址扩张,也不允许建筑越界马路。接着,收回北四川路一带及狄思威路、虹桥路等处越界马路的警税管理权。领袖领事、美国驻沪总领事克宁翰(Cunningham, E.S)即向交涉员许沅提出交涉,要求将越界筑路管理权一事与沪上各项悬案一并解决。许沅函复克宁翰表示同意,收回越界筑路管理权一事暂缓进行。同年8月底,许沅向克宁翰提出收回越界筑路管理权的要求。克宁翰复函表示领事团愿就此事与中国政府磋商,并订于9月15日开始会商。但转而又趁国民革命军开始北伐,以"时局不清,前途难测"为由,拒绝会商。

1927年3月,上海工人第三次武装起义胜利,国民革命军占领上海(华界)。上海特别市临时市政府发表声明,管辖越界马路及附近地段。但工部局毫不理睬,仍继续收取越界筑路地段的巡捕捐。9月初,交涉员郭泰祺致函克宁翰,提出抗议。1928年7月,交涉署与领事团一再交涉,领事团虽表示同意双方就收回越界马路一事进行磋商,但磋商并无进展。1930年6月,国民政府上海市公安局宣布在租界西区外各马路行使职权,克宁翰照会市政府提出责问。1932年4月,上海市政府与工部局各派2名代表,就收回越界马路再次进行会商,仍无结果。

在这样的你来我往中,北四川路越界筑路区的"半租界"身份

_____

① 叶至善:《父亲长长的一生》,四川文艺出版社2015年版。

得以固化,构成一种既不同于华界、又不同于租界的独特社会政治空间。由此,越界筑路区不仅成为民国初年北洋军阀封建统治的薄弱环节,也成为中国政府、租界当局和各方势力角逐、"过招"的中间地带,进而影响和推动了中国进步文化的策源。

五、北四川路越界筑路区
对中国进步文化策源的影响

回望在北四川路越界筑路区发生的重要历史事件,1925年1月在北四川路西侧淞沪铁路边一座石库门里召开的中国共产党第四次全国代表大会,具有特别重要的地位。在第一次国共合作的背景下,这次大会明确提出了无产阶级领导权和工农联盟问题,并且把党的基本组织由"组"改为"支部",党的领导人由"委员长"改为"总书记",明确"党员三人以上得成立一个支部",不仅有力地促进了工农群众运动的发展,加快了大革命高潮的到来,而且推动中国共产党实现了脱胎换骨的转变,从小到大,由弱到强,从一个宣传马克思主义的政治小团体转变成为真正的群众性政党。

这么重要的大会,为什么不像一大、二大那样在租界里开?而是选择在北四川路的越界筑路区域?据会议亲历者、时任中央宣传部秘书的郑超麟回忆,这幢房子,当时是委托中央宣传部的干事张伯简找来的,找房子地点的要求,是"不能在租界里,又不能离租界太远,以便一旦发现问题,就可立即撤退疏散,往租界跑"。①

郑超麟的这段回忆,形象地说明了当时中国的政治局势和虹口北四川路越界筑路区的特殊优势。作为一个以反帝反封建的民主革命纲领为指导、在秘密状态下开展工作的无产阶级政党,无论在华界还是在租界,都面临较大的风险。而北四川路越界筑路区

---

①　李蓉、叶成林:《中共四大轶事》,人民出版社2015年版,第107页。

的"半租界"状态,则为大会的安全召开提供了便利和保障。因此,中共四大在此处召开,会期长达 12 天,却没有出现任何安全问题。

许多进步人士和左翼作家也把北四川路越界筑路区当作乱世中的避难港湾。1927 年大革命失败后,茅盾、鲁迅先后定居景云里。

如前所述,景云里是四川北路附近东横浜路上的一条石库门弄堂。1927 年 8 月,茅盾冒着被国民党通缉的危险,从武汉回到上海,经好友叶圣陶帮助,住进叶家隔壁弄堂最深处的景云里 11 号半,创作了轰动文坛的《幻灭》《动摇》《追求》三部曲,并且第一次使用了笔名"茅盾",从职业革命家转变为伟大的文学家。

同年 10 月,鲁迅携许广平从广州来到上海,原本并未打算久留,结果却是在旅社住了短短 5 天后,便在三弟周建人所住的景云里租房寓居。直至 1936 年逝世,鲁迅和家人一直定居在北四川路越界筑路区。

茅盾回忆这段危险时期时说,"我隐藏在我家(景云里十一号甲)的三楼上,足不出门,整整十个月。当然,我的'隐藏'也不是绝对的,对于住在同一条弄堂里的叶圣陶、周建人我就没有保密(那时叶圣陶住在我的隔壁,周建人又住在叶圣陶的隔壁)。十月份鲁迅从广州经香港来到上海,也搬到景云里,我也没有对他保密。"①

由此可见,北四川路地区之所以会成为中国进步文化的重要策源地,越界筑路区特殊的社会政治生态至关重要,功不可没。论北四川路越界筑路区对中国进步文化策源的贡献和影响,主要是以下几方面:

一是开放多元、兼容并包的文化氛围促进了先进思想的传播。近代以来,北四川路及周边地区,集聚了一批在中国近现代史上有

---

① 茅盾、韦韬:《茅盾回忆录》(上),华文出版社 2013 年版,第 229 页。

影响的文化、出版、教育机构,营造出一种开放多元的文化生态,为先进思想的传播打下基础。19 世纪末,由传教士林乐知创办的《万国公报》,向国人介绍包括马克思在内的欧美理论家、思想家。由"五金大王"叶澄衷捐资创办的澄衷蒙学堂,是由中国人创办的最早的西式学堂。与中共四大会址仅隔一条淞沪铁路的商务印书馆,以扶助教育、译介西学为己任,成为中国最重要的现代出版机构。在北四川路周边的弄堂里,来自五湖四海的文化人,用独具个性的方式从事新闻、出版、文学、电影、戏剧、美术、音乐等不同领域的文化活动,传播先进的政治学说、社会理论、文艺思想,为进步文化的产生发展开启民智、夯实基础。1949 年,学财务做会计出身的曾联松,在山阴路上的小屋里设计了五星红旗样稿,最终从3000 多份投稿中脱颖而出,被选为中华人民共和国的国旗。

二是街巷纵横、建筑密集的城市空间便利了革命活动的开展。在北四川路越界筑路区,道路里弄密如蛛网,石库门建筑比比皆是,打开任何一处不起眼的门,都可能发现重要的革命运动旧址、遗址,或是左翼文化运动的历史痕迹。老上海大学是国共两党共同创办的革命学校,也是一所"弄堂大学",先后辗转于北四川路附近青云里、师寿坊等处,办学条件异常艰苦,却为中国革命培养了大批青年干部。上海工人第三次武装起义期间,中共中央总书记陈独秀领导中央特别委员会,坐镇北四川路安慎坊的中央宣传部;周恩来、赵世炎则于景云里和商务职工疗养院两处前线指挥部靠前指挥,率领工人、学生纠察队奋勇战斗,为起义成功奠定胜局。北四川路周边的数十条马路、成百上千条弄堂,交织成一个四通八达的城市迷宫,进可攻,退可守,为革命和进步文化活动的开展提供了空间。

三是华洋交错、多头管理的社会环境保障了进步力量的安全。越界筑路区就是"半租界"。在这片事实上的租界势力范围,帝国主义和封建军阀沆瀣一气、狼狈为奸,侵害中国领土主权,欺压广大中国人民。但同时,也不可不看到,"半租界"的特殊环境,也为中国共产党人、激进知识分子、进步文化人士提供了相对安全的立足缝隙和生存空间。中共四大在这里召开并非偶然。党的重要机关如中央宣传部、中央工农部、上海区委、江苏省委、上海总工会,纷纷选址北四川路周边地区设立办公地点,同样是经过深思熟虑。以陈独秀、瞿秋白等为代表的早期共产党人,和以鲁迅、茅盾为代表的进步文化人士,曾长期在越界筑路区居住、工作、生活,寻求必要的安全保护是其中最重要的考量因素。

四是舒适便利、优雅宜居的生活环境满足了物质精神的需求。北四川路越界筑路区不仅地价低廉,房租便宜,交通、饮食、购物都十分便捷,书店、影院、咖啡馆众多,无论工作、会友、娱乐都极其方便。鲁迅在北四川路居住生活的 10 年间,紧张的工作、写作之余,几乎每个月都要携家人或陪友人去看电影,有段时间几乎每天都要去内山书店买书、会客。无论电影院还是书店,步行也就是五六分钟、最多十来分钟。换作其他地方,很难想象能有这么方便的生活空间。又如景云里,鲁迅、周建人兄弟与茅盾、叶圣陶、冯雪峰、柔石几家前门对后门,前后左右不过十余步;相似的处境,相同的志趣,为他们沟通情感、交流思想提供了最好的环境。

正是由于具备了这些因素,在马克思主义和先进思想的传播、中国共产党的创建和早期发展、民族革命运动和工农群众运动的蓬勃发展、中国共产党领导的红色文艺发展过程中,北四川路越界筑路区成为不可或缺的存在,为中国进步文化的策源作出了难以估量的贡献。

（作者系中共四大纪念馆馆长）

国立音乐院植立上海的缘由

肖 阳

在国立音乐院成立之前,中国近代专业音乐教育历经了近八九十年时间的漫长探索。直至 1927 年 11 月 27 日国立音乐院的诞生,中国才迎来了近代历史上第一所高等音乐学府的面世,中国专业音乐教育史掀开了崭新的一页,开辟了由高等音乐学校培养音乐专门人才的道路。国立音乐学院作为"中国前此未有"的最高音乐学府,之所以能够植立上海,在 1927 年孕育而生,与其生成的社会历史环境密不可分。

一、大学院及其艺术教育委员会的创立

1927 年 4 月 18 日南京国民政府成立之后,次月 7 日上海"特别市"成立。这是南京国民政府作出的一项重大区域政治经济发展决策,成为对上海地区经济社会发展具有决定性的重大政治事件。北伐军抵沪后,上海的地位和影响力日益凸显,上海迅即成为南京国民政府的经济与金融中心。上海在其悠久的发展历史上,首次被设立为特别市,客观上为上海的发展提供了一个相对独立和具有包容性的历史机遇。上海作为中华民国特别行政区域和经济文化重镇,为 1927—1937 年国立音乐院—国立音专的诞生和发展提供了相对宽松、具有较大自由度和张力的特殊地缘。

1927 年 4 月,蔡元培出任南京国民政府教育部长,开始酝酿

大学院制。10 月 1 日,经蔡元培、李石曾、吴稚晖等人极力倡导,中华民国的最高教育行政主管部门大学院得以正式成立,蔡元培受命担任首任大学院院长。

在 1928 年发行的《大学院公报》发刊词中,蔡元培将"提起艺术的兴趣"①列入该机关成立后需努力进行的三项事务之一。蔡元培认为,"艺术者,超于利害生死之上,而自成兴趣,顾欲养成高尚、勇敢与舍己为群之思想者,非艺术不为功。本院是以有艺术教育委员会,负计划全国艺术教育之责,并直接设立音乐院"②。蔡元培高度肯认艺术"超于利害生死之上"的独特价值和对于思想养成所具有的独特功能,并明确要统筹全国艺术教育的高度,将设立音乐院纳入大学院艺术教育委员会的规划之下。

为了倡导"美育教育"和"提起艺术的兴趣",蔡元培在组织保障上进行了科学的设计,特在大学院体制下设立相关制度和"大学院艺术教育委员会"这一组织来予以具体执行。

"大学院委员会"下设 9 个专门委员会③。其他专门委员会中审查教科书委员会与艺术教育委员会较为关联,其下设音乐、图画、手工、体操组审查音乐相关教科书。

"艺术教育委员会"作为大学院的专门委员会之一,对于国家艺术发展具有全局引领和统筹谋划作用,是国家最高的艺术教育组织。《大学院艺术教育委员会组织条例》第一条明确规定其"专管计划全国艺术教育及有关艺术之公共建设事宜"④的职能,强调全国艺术教育与艺术的公共建设两项重要任务。该委员会设"十

---

① 《大学院公报》1928 年第 1 卷第 1 期,第 11—13 页。

② 《大学院公报》发刊词(1928 年 1 月),载高平叔:《蔡元培美育论集》,湖南教育出版社 1987 年版,第 192 页。

③ 参考《中华民国大学院组织系统图》,载《大学院公报》1928 年第 1 卷第 1 期,第 95 页。为政治教育、教育经费计划、考试制度、科学教育、艺术教育、华侨教育、译名统一、体育指导、其他专门九个专门委员会。

④ 《大学院艺术教育委员会组织条例》,载大学院:《大学院公报》1928 年第 1 卷第 1 期,第 71 页。

一人至二十人,均由大学院院长函聘之……学校教育组、社会教育组、书报编审组主任为当然委员"①。"大学院委员会下设的教育行政处下,共设学校教育组、社会教育组、法令统计组、图书馆组、国际出版品交换组、书报编审组六个小组。学校教育组下设普通教育股和专门教育股;社会教育组下设校外教育股和政治训练股;书报编审组下设有编译股和审查股。组织条例规定,学校教育组、社会教育组和书报编审组的主任三人,均为委员会的当然委员"②。这种横向关联的组织设计为有效管理全国各校的艺术教育,提供了制度层面的保障。

大学院艺术教育委员会下设"艺术教育研究委员会"(下设调查股和规划股)、"艺术教育编审委员会"(下设审查股和编译股)、"美术展览会筹备委员会"三个分组委员会。大学院艺术教育委员会与这三个分组委员会,构成一个纵向的三级艺术教育结构的组织体系。③

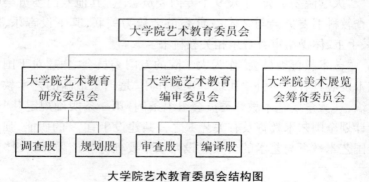

大学院艺术教育委员会结构图

①　　贺晓舟、熊建新、邓瑛:《大学院艺术教育体制的确立》,载《浙江艺术职业学院学报》2011 年第 9 卷第 1 期。
②　　贺晓舟、熊建新、邓瑛:《大学院艺术教育体制的确立》,载《浙江艺术职业学院学报》2011 年第 9 卷第 1 期。
③　　《大学院艺术教育委员会组织条例》,载大学院:《大学院公报》1928 年第 1 卷第 1 期,第 71—72 页。

大学院艺术教育委员会,在成立之初共有 11 名委员。萧友梅作为知名的留德音乐家,是其中之一,并委任为国立音乐院筹备员,负责开院筹备工作。其实,早在 1927 年 7 月北平九校快要关门且南京国民政府大学院将要成立之际,萧友梅即决意抵沪,向蔡元培提出于大学院成立之时,"在上海创设一间音乐院"之要求。萧友梅此次向蔡元培提出创办国立音乐院议案的理由除了"音乐一门非独立设立不可"[①]之外,更明确"藉此纪念大学院"。[②] 这一提议,不仅契合了蔡元培一直以来倡导的美育思想,更是与其在推进大学院制度及大学院艺术教育委员会的"计划与实行"并举的战略筹划一拍即合。国立音乐院在蔡元培就任大学院院长的次月,在上海宣告成立,并由蔡元培亲自出任首任院长,成为大学院重视艺术的"顺产儿",也成为仅存一年之久的大学院的珍贵诞生纪念和重要历史遗产。

二、萧友梅的音乐院梦

国立音乐院的设立与前述社会历史环境的大背景紧密相连外,之所以能在 1927 年的上海诞生,也有诸多其他因素的影响。

正如《国立音乐院一览》(1928 年度)的"缘起"一文所说,"国家音乐学院之设,世界各国,固已不少先例。即在吾国,古代教育,礼乐亦与书数并重。秦火而后,乐经虽亡,而乐府、教坊、清商、和声之设专署,历代无阙。乐教至赖以一息仅存者,谓非由于此等专设机关之力不可也。"可见,国内有识之士从世界音乐发展大势和民族传统的视角出发,认为专设国家音乐学院非常必要。尤其是

---

① 萧友梅:《本校五周年纪念感言》,载《国立音乐专科学校五周年纪念刊》(1932 年度),第 8 页。
② 萧友梅:《本校五周年纪念感言》,载《国立音乐专科学校五周年纪念刊》(1932 年度),第 8 页。

"自海通以来,西乐输入"的大背景下,"国内教育界乃益感于保存旧乐,创造新声,非专设高等音乐教育机关,不足肩此重任。"国立北京大学、女子高师和艺术专门等学校,也都有音乐专科或音乐学系之设,为中国音乐教育创设了新生命。但由于1927年暑假,北京教育当局,决议合并国立九校,北大及艺专之音乐系,都面临摧残之势。①北大音乐传习所被迫停办,对于视音乐教育如生命的萧友梅来说是致命的打击。但萧友梅对音乐事业一如既往地执着,并不曾放弃自己痴迷音乐教育的梦想。诚如刘靖之教授所言,"萧氏最可贵的气质是在他对音乐的热爱和坚定不移,对名利淡泊,对升官仕途不感兴趣:他大可以在任孙中山先生临时总统府秘书和广东省教育科科长时(一九一二),通过他与孙中山的关系,扶摇而上,但他却选择再度出国进修教育和音乐;他也可以在刘哲取消北京各院校音乐系、停办北大音乐传习所时(一九二六),舍音乐教育而谋一官半职,对于两度留学的哲学博士的萧友梅来说,在当时并不困难"②,但萧友梅却近乎顽固地选择前往上海,奔走呼吁,致力于尝试建立他夙兴夜寐、心驰神往的国立音乐院。

应该说,这与萧友梅在北京大学音乐传习所时期就一直孕育而未能获得机缘的音乐院梦想关系密切。在1923年《音乐传习所对于本校的希望》一文中,萧友梅创设"音乐院"、广招音乐俊彦、网罗艺林先进的梦想一览无余,只可惜机缘不具,未能实现。但他的"三种希望"的火花一直藏于心中。第一,创立"音乐院"的梦想。在萧友梅看来,"昔日北大'音乐传习所'这个名字,在开办时候仓卒间从西名'conservatory of music'译来,当时没有料到于学生的生活上有一种影响。原来叫'传习所'这种教育机关在我国学制上是没有的,因为用这种名字的学堂,毕业年限是很随便的,有

①　根据《国立音乐院一览》(1928年度)中的《缘起》一文整理而成。
②　刘靖之:《萧友梅的音乐思想与实践》,载刘靖之:《刘靖之谈乐》,(台北)乐韵出版社1996年版,第445页。

的差不多和一个讲习会的样子,几个月就可以修了。因为有这种情形,本所的学生到本籍教育厅请津贴的时候,常常被驳。"①但大学评议会并没有因为萧友梅的种种解释和祈求,通过其提议改"音乐传习所"为"音乐院"的议案。第二,广招音乐俊彦的梦想。萧友梅在"音乐传习所"时,"希望把学额稍为加多。据去年的提议,传习所只有学额40名,现在虽然有学生44名,但是其中有12名是本校本、预科学生在本所兼习乐器的,不能完全算本所的学生。学额增多当然经费也要加多,因为音乐一门是个人教授的,多一个学额,就要加多教员授课一小时。"②由于传习所的局限性,大量招收音乐人才难以成为现实。第三,网罗艺林先进的梦想。萧友梅"希望添聘乐队乐师。"承担"提倡各种科学与艺术的责任,所以兼办一个管弦乐队,当然也是我们的义务。"③

　　"人有善愿,天必佑之"④。国民政府大学院在1927年10月于南京成立。萧友梅即在"国民政府将要成立,同时北平九校快要关门"⑤之际,"决意南来,向蔡先生提出一个要求,请他于大学院成立时,在上海创设一间音乐院,一来觉得音乐一门非独立不可;二来藉此也可以纪念大学院一下。"⑥

　　由于一直以来蔡元培对于音乐教育的重视,加之前述十月成立的大学院"以提倡科学艺术为宗旨",蔡元培向大学院提出的这一议案"仰赖当局之贤明,国立音乐院的创办计划,得于是时通过。

　　① 萧友梅:《音乐传习所对于本校的希望》,载《北京大学廿五周年纪念刊》,1923年,第73—74页。
　　② 萧友梅:《音乐传习所对于本校的希望》,载《北京大学廿五周年纪念刊》,1923年,第74页。
　　③ 萧友梅:《音乐传习所对于本校的希望》,载《北京大学廿五周年纪念刊》,1923年,第75页。
　　④ 邹斌:《增广贤文》,线装书局2010年版,第115页。
　　⑤ 萧友梅:《本校五周纪念感言》,载《国立音乐专科学校五周纪念刊》(1932年度),第8页。
　　⑥ 萧友梅:《本校五周纪念感言》,载《国立音乐专科学校五周纪念刊》(1932年度),第8页。

自是年(1927年)十月间有财政部拨到开办费后,即由萧友梅先生负责筹备"①。

三、上海独有的地缘优势

萧友梅之所以将国立音乐院选在上海,除了之前所述各项原因外,与上海独有的优势也有很大关系。

上海之所以独具特色,因为其城市的骤起与租界不可分割。上海不同于伦敦和巴黎等由传统中心城市渐变而成的近代大都市;不同于纽约这一在主权自主的环境下形成的移民城市;抑不同于香港这一完全在英国殖民统治下发展起的新兴城市。② 上海的发展与租界特有的政治、经济和文化环境紧密相连,是在中西文化交汇交锋交融之中,由中外移民共同缔造的现代都市。因租界而备受瞩目的近代上海,不仅工商业在全国乃至世界举足轻重,而且文化社会生活也别开生面,20世纪20、30年代已成了中国名副其实的文化中心城市。正如美国作家白鲁询所说:

> "在两次世界大战之间,上海乃是整个亚洲最繁华和国际化的大都会。上海的显赫不仅在于国际金融和贸易;在艺术和文化领域,上海也远居其他一切亚洲城市之上。当时东京被掌握在迷头迷脑的军国主义者手中;马尼拉像个美国乡村俱乐部;巴达维亚、河内、新加坡和仰光只不过是些殖民地行政机构中心;只有加尔各答才有一点文化气息,但却仍远远落后于上海。"③

租界作为上海这个特别市的"化外之地",自治性的特性明显。在近代中国,租界有"国中之国"、"化外之地"之称,租界政治

①　《缘起》,载《国立音乐院一览》(1928年度)。
②　张仲礼:《东南沿海城市与中国近代化》,上海人民出版社1996年版,第38页。
③　[美]白鲁询:《中国民族主义与现代化》,载香港《二十一世纪》1992年总第9期。

上自成一统,具有某种高度的自治性特质,基本以西方政治体制和管理模式施行城市管理,具有"小政府、大社会"的特点。20 世纪 30 年代的费唐报告提出,租界制度的两大基础是自治和法制。早期租界当局在对华人实行殖民统治的基础下尝试对租界进行"自治"管理,后期更是接纳华人市民参政,租界秩序井然,文化融洽,各安其事,为租界经济和文化的发展创造了较为宽松的社会环境;与此同时,中外一体、权责统一、自治自享的近代市民意识和自治文化,在租界的政治社会文化环境中逐渐得到培养,传统的依附性减弱,诸事自立自为的独立意识得到强化。其管理权独立于上海市政府之外,公共租界由工部局行使管理职责,法租界由公董局行使管理权,在特殊市政条例和租界奉行的言论出版自由原则保障下,客观上强化了中国文化传统的边缘性,弱化了对西方文化的排拒,为具有现代性的西方文化系统迅速、自由地输入上海提供了便利条件,为中国新文化发展提供了独特而宽松的发展空间。在音乐方面,租界作为中西文化共存、交流和融合的熔炉,为中国近现代音乐的转型和萌芽创造了历史性的条件。

　　讨论租界对中国近代音乐产生和发展的影响,必然绕不开享誉亚洲的上海工部局管弦乐队,该乐队在中国专业音乐教育的发展进程中,具有先导性和结点性的重要意义。上海工部局乐队,是当下"上海交响乐团"的前身,1879 年成立,命名"公共乐队",是一支小型的业余的管乐队,由法国长笛演奏家让·雷木萨(Remusat)任指挥,主要面向租界中的欧洲人演出西方古典音乐。1907 年工部局将其改组,扩展为 39—40 人编制的管弦乐队,德国指挥布克(Buck)执棒,安排了 8 位德奥乐师担任乐队各声部首席,开始出现较正规的管弦乐队演出。[1] 1919 年,在新任指挥、意大利钢琴家

---

　　①　汤亚汀:《〈上海工部局乐队史〉写作三题:"音乐上海学"的阐释、建构与隐喻》,载《音乐艺术》2012 年第 1 期。

梅百器(Paci)的带领下,工部局乐队以"欧洲城市乐队的高标准"①进行重组,并吸纳了大批欧洲乐师,逐步成长为享有"远东第一"美誉且逐步对华人开放的交响乐队。上海工部局乐队每年10月至翌年5月的音乐季,所集聚的大量高质量音乐演出,也潜移默化地对上海市民的生活方式,产生着越来越重要的影响与改变。

因而,萧友梅在《听过上海市政厅大乐音乐会后的感想》一文中谈到,"国民政府大学院要创办一个音乐院,我更要主张设在上海。因为学音乐者必定先有一种熏陶,方可容易领略(尤其是学新音乐)。"②萧友梅直言"上海市政厅的管弦大乐队,是上海惟一的宝贝。"③从萧友梅听过市政厅音乐会之后发表的感想看来,工部局乐队是萧友梅选择上海作为国立音乐院创立地的重要考量之一。一来,工部局乐队繁盛时期的优渥工资待遇,使其成为当时众多欧洲优秀音乐家心仪的对象,再者,战争的缘故,导致大批白俄音乐家与犹太籍音乐家逃难至上海租界,成为工部局乐队里性价比较高的新生力量,他们往往因"能者多劳",在特定的历史时期扮演了演奏家与音乐教师的"双重"角色,使得工部局乐队成为孕育中国近代音乐教育第一代传承人的国际化专业机构。从后来的实际情况来看,不无夸张地说,中国近代著名的音乐表演艺术家,几乎都与工部局乐队的优秀演奏家们,有着或多或少地学派传承关系。

由上可知,租界制度下上海工部局乐队在中国专业音乐教育的发展进程中具有不容抹煞的重要价值。工部局乐队对于国立音乐院的创立和发展来说,具有近水楼台的独特价值,不仅可以为学

---

①　《跨越三个实际的光荣与梦想》,参见上海交响乐团官方网站。
②　萧友梅:《听过上海市政厅大乐音乐会后的感想》,载北京大学音乐研究会:《音乐杂志》1928年第1卷第1期,第5页。
③　萧友梅:《听过上海市政厅大乐音乐会后的感想》,载北京大学音乐研究会:《音乐杂志》1928年第1卷第1期,第6页。

校发展提供充足而专业的国际化大牌师资,为学校师生的作品获得一个具有世界影响力的专业演出舞台,还可以为在校师生提供免费学习的音乐季排练观摩、实习,乃至于进入工部局乐队就业等机会。

　　除了工部局之外,大量的教会学校的建立也为上海音乐教育的发展创造了良好的土壤。根据《南京条约》和《五口通商章程》的规定,1843 年 11 月 17 日上海正式开埠。1844 年 10 月 24 日,法国强迫清政府签订的《黄埔条约》规定:"凡佛兰西人至五口地方居住,无论人数多寡,……可以建造礼堂、医院、周急院、学房……"①。1845 年起,租界正式在沪设立,一方面为外国侨民的经商、传教提供了便利,使上海的影响力迅速上升,中外贸易中心由此逐渐从广州转移到上海;另一方面,传教活动在中国自由发展,教会学校的出现及音乐课堂在教会学校的普遍兴起,使上海逐步成为西方文化输入及中西文化融合创新发展的窗口,成为具有开放心态的爱国知识分子学习西方文明的大学堂,西方音乐教育开始在上海兴起。

　　与此同时,在教会学校、中式学堂之外,新式专门学校和外侨私人音乐学校的兴起对上海音乐社会的形成也具有重要的推动作用。20 世纪 20 年代中期起,大批白俄科学家与艺术家开始从哈尔滨南下移居上海,以期在远东最主要的国际大都会里谋求更大的发展。1924—1927 年间,俄侨在上海也开办了一批音乐学校,如:1924 年在上海开办的 3 所主要招收外国学员的俄侨私立声乐学校(Vokal'nye Studii)——奥尔苏菲耶娃(Olsuf'eva, Miss)音乐学校、沃琳娜(Voina, Miss)音乐学校、谢利瓦诺夫(Selivanov, P.F.)音乐学校,1926 年开办的托姆斯卡娅(Tomskaia, A.M.)音乐学校,

---

　　①　陈学恂:《中国近代教育大事记》(1889—1911),上海教育出版社 1981 年版,第 3 页。

以及此后开办的布尔斯卡娅(Burskaia, V.)声乐学校、捷利亚科夫斯卡娅(Teliakovskaia, Miss)声乐学校、波塔宁娜(Potanina, Miss)声乐学校、巴图林娜(Baturina, S. A.)声乐学校、克雷洛娃(Krylova, M.G.)声乐学校、列维京娜(Levitina, E.)声乐与钢琴学校、斯拉维亚诺娃(Slavianova, N.N.)声乐学校、斯捷利尼茨卡娅(Stel'nitskaia, T.A.)钢琴学校、瓦尔拉莫夫(Varlamov, V.I.)声乐学校。[①] 这些办学较成功的俄侨私人音乐学校,为上海的音乐社会提供了相当坚实的教育基础,这也是萧友梅将学校校址最初选定在上海俄侨聚集的法租界陶尔斐斯路 56 号的重要缘由之一。

结　语

1927 年 11 月 27 日,国立音乐院在上海法租界陶尔斐斯路 56 号终于正式成立。院长蔡元培在国立音乐院创立的训词中,强调了大学院与国立音乐院设立的深层联系,因为"大学院原以提倡科学为宗旨,故于日前军事倥偬,财赋支绌之际,亦勉为其难,创办此音乐院,适音乐专家萧友梅先生来沪,正好托其筹备一切。幸亏最短期间,规模粗具,而告成立"。针对"招考已逾学期","来学者不多"的现实,蔡元培院长直陈"不愁学者不多,因我国国民对于音乐情感甚为丰富,历史上已有证明,远至唐虞。命夔典乐,已知有音乐提倡之必要,其后散见于乐记及各史礼乐志者,尤源源不绝。"继而对"历来未曾有专设一研究机关,以备孜求讨论之用,遂使理论及技术两方面,均若存若亡,无具体的刊物,留与后人研究而改良增进"表达惋惜与痛心。对于宋代音乐家姜白石等"制为调谱","自乐其乐",则仅为"一种著述而已",称不上"有系统的完全

①　该段内容整理自汪之成:《俄侨音乐家在上海》(1920—1940)之"第五章　俄侨专业音乐学校与实力音乐教育",上海音乐学院出版社 2007 年版,第 86—87 页。

学术",难当"普及民众"之任。蔡元培追思昔日与萧友梅创办音乐传习所提倡音乐之历史,勉励国立音乐院诸君"勿以为现在来学者不多,院舍亦狭窄,稍抱不安之感,古人谓作始简,将毕钜;只要教者学者及办事人,皆以一番热诚毅力,相策相辅,黾勉精进,则必日起有功,学者济济,术业成就,可拭目而待,并且艺术无国界,尤其是音乐,原系世界的产物,当然特具一大同色彩。"训词充分表达了蔡元培对国立音乐院发展前景及中国民族音乐发展的信心。此外,蔡元培对于当时的音乐发展格局有着深刻而清醒的认识,指出"现在音乐之完美,当推欧美各国,作品成绩,及其法则,可谓日异而月不同。其供给贡献于吾人,至精且备",充分肯定了学习西乐的必要性,但需要强调的是,蔡元培并未拜倒在西方音乐面前而不能自拔,相反,他发出了"吾人如果勇猛精进,日新不已,则不虽大有创作,而回向以供给贡献于欧美,亦非绝不可能"的壮志豪情,对国立音乐院的未来"怀抱无穷之希望"。①

蔡元培之于萧友梅,犹如钟子期之于伯牙。作为蔡元培思想理论最忠实、最积极的贯彻者,萧友梅的美育主张和音乐情怀,当属蔡元培最理解,其音乐主张和实践大都是在蔡元培的关心与支持下才能得以实现。蔡元培与萧友梅志同道合,相得益彰。萧友梅"希望政府设立一个音乐院已经有好几年了"②,未曾想到在时局纷乱之下能够遂愿,不胜欣喜。筹备经过从 1927 年 5—6 月萧友梅向蔡元培提议要设立音乐院起,当即获得蔡元培赞同,因为如前所述,蔡元培向来提倡美育并且重视音乐教育,由于时机未成熟,未能在暑假后立刻开办。所以适逢 10 月初旬大学院成立时萧友梅决定借机开办,但由于当时财政部尚未筹得经费,一时仍未能

---

① 此段整理自吴伯超:《国立音乐院成立记》,载国乐改进社:《音乐杂志》1928 年第 1 卷第 2 期,第 1 页。

② 吴伯超:《国立音乐院成立记》,载国乐改进社:《音乐杂志》1928 年第 1 卷第 2 期,第 1 页。

从事筹备。后来在 10 月 24 日，杨杏佛向萧友梅交付款项并嘱托从速筹备。萧友梅在收到这笔款项后，立刻草拟招生简章，26 日起登报招生，11 月 1 日起报名，10 日至 12 日考试，对于考完后外埠来信要求补考，学校同意其请并在 21、22 日两天举行。前后两次入学试验，共取录预科、专修科、选科 23 人。[①]

　　首批招生的进行及一周之后开院礼的举行，标志着中国近代历史上第一所高等音乐学府的诞生。这所师法西方单科高等音乐学校办学模式，以独立建制的形式创立的中国近代第一所高等专业音乐院校，是蔡元培、萧友梅为代表的国立音乐院—国立音专人对于中国近现代高等音乐教育最大的贡献。

（作者系上海音乐学院校史馆办公室主任）

---

① 　此段整理自吴伯超：《国立音乐院成立记》，载国乐改进社：《音乐杂志》1928年第 1 卷第 2 期，第 2 页。

1905—1937 年间吴淞地区
八所大学的初步考证

朱晓明

  吴淞,长江的水上咽喉、上海的水上门户,历史上兵家、商家的必争之地。在中国近现代史上,有许多重大事件发生在吴淞。鸦片战争陈化成抗英、两次淞沪抗战的重灾区及主战场、奠定上海解放胜利基础的钳击吴淞战斗……当我们翻开波澜壮阔的历史画卷,触摸一桩桩沧桑往事时,会发现,吴淞,不仅仅是一个重大历史事件的特定地名,还是上海乃至全国有重大历史影响的、特有的"文化符号"。

  自 1840 年开埠后,上海在屈辱下对外开放,作为移民城市迅速崛起,成为中国最大的工商业中心。一批立志教育救国的志士仁人,历经劫难,顽强不屈,借助吴淞独有的地理和区位优势,兴办教育,孕育了中国最早的"大学城"之一。从 1905 年至 1937 年间,方圆 5 平方公里的吴淞镇,先后出现过复旦公学、中国公学、同济大学、国立上海医学院、吴淞政治大学、吴淞商船专科学校、吴淞水产学校、国立劳动大学农学院等 8 所院校,其中有 5 所是在吴淞创办的,在我国高等教育的百年发展史上产生过重要影响。

  由于旧中国政治腐败、经济落后、社会动荡、战乱频繁,尤其是一·二八、八一三两次日军侵华而爆发的淞沪抗战,吴淞首当其冲。当时在此的院校全部毁于日寇战火,现在已难见踪影,仅存同济路、水产路等几条当年以学校名字命名的马路延续至今。

一、复旦公学(1905—1911 年在吴淞)

　　复旦公学是今复旦大学的前身。1900 年,著名教育家马相伯将松江、青浦两地的家产,计 3000 余亩粮田赠给上海徐家汇天主教耶稣会,要求耶稣会以此为基金,在中国创办大学,并捐现洋 4 万元购卢家湾(今黄浦区)土地以建校舍。1902 年 11 月,上海南洋公学学生因反对学校当局的封建压迫,集体退学。经蔡元培介绍,一部分学生要求马相伯继续办学。马相伯遂于第二年办起震旦学院。"震旦"意为中国的曙光。办学宗旨为崇尚科学、注重文艺、不讲教理。震旦学院办出成绩以后,法国耶稣会教士以马相伯生病为由,逼其住院治疗,另派法国神父南从周管理学校,废除原有规章制度,改变课程设置。对此,爱国学生开会决定集体退学。

　　1905 年,马相伯提请南洋大臣、两江总督周馥支持,选定吴淞提镇行辕旧址为校舍,邀著名学者严复、袁希涛等人来校,共同办学。马相伯用《尚书·大传》中《卿云歌》"日月光华、旦复旦兮"中的"复旦"二字为校名,定名"复旦公学"。"复旦"二字,隐喻恢复"震旦"和复兴中华的双重含义。1905 年 9 月 14 日,复旦公学在吴淞正式开学,由此成为今天的著名学府——复旦大学办学的起点。

　　就在复旦公学创办的这一年,爱因斯坦发表了相对论,开创了科学新纪元,而我国的新学才刚刚起步,与世界的距离非常遥远;这一年,延续了 1300 年的科举制度被宣告废除,中国教育乃至中国文化,从此开始了新旧分野。复旦就是诞生在这样的历史时刻!

　　复旦公学在吴淞时期,马相伯、严复、夏敬观、高凤谦先后担任公学监督(校长)。袁观澜(袁希涛)、李登辉、周贻春等先后主持教务。1908 年,杨鋆等 8 名首届高等正科生在吴淞毕业。至 1911 年,共毕业高等正科生 4 届,计 57 人。

辛亥革命期间,复旦公学吴淞校舍被光复军司令部借用,学校一度停办。1912 年,孙中山先生鉴于复旦公学学生富于反帝精神,在政府财政十分困难的情况下,拨款 1 万元,同时由政府借上海徐家汇李鸿章祠堂为新校址,协助复旦公学复学。1913 年初,复旦公学成立校董事会,由孙中山、蔡元培、陈其美、于右任、王宠惠、曹成父等任董事,推王宠惠为董事长,聘请李登辉为校长。

1917 年,学校改为私立复旦大学,分大学部和中学部。大学部内分文、理、商 3 科。1918 年起,李登辉校长通过向社会各界募集资金,在江湾地区建设新校区,得到国内外热心教育者的踊跃赞助。先后集款约 30 余万元,如郭子彬独建子彬院,计 7 万余元;南洋兄弟烟草公司独建简公堂,计 5 万余元。1922 年迁入新校舍,即今日复旦大学总部校址(上海邯郸路 220 号)。

“日月光华,旦复旦兮。”经历了整整一个多世纪的沧桑和发展,复旦大学由一所通过民间集资自主创办起来的学校,发展成为我国最重要的高等学府之一,为祖国培养了一批又一批优秀人才,为国家发展、民族振兴、人民幸福和国家教育科学事业发展作出了重要贡献。进入新世纪,复旦大学与上海医科大学强强联合,开始了向世界一流大学迈进的新征程!

二、中国公学(1909—1936 年在吴淞)

1905 年 11 月,日本文部省颁布了《取缔清国留日学生规定》。为示抗议,中国留日学生陈天华愤而投海,另有近 2000 名留日学生集体退学回国。返回祖国后,姚宏业、王敬芳、秋瑾等人在上海积极筹备兴学,于 1906 年 2 月暂借上海新靶子路黄板桥北(今虹口区四川北路横浜桥附近)开学。取名“中国公学”,系“溶全国人才于一炉”之意。

1906 年起,两江总督端方答应每年资助 1200 元,并拨吴淞百余亩土地为中国公学的新校址。1907 年,大清银行营口经理罗诒答应提供 10 万两白银贷款用于建筑校舍。1909 年春,中国公学吴淞新校舍落成。

中国公学创办初期,学校实行民主政治,学生都是创办人,学校的一些职员也从学生中推选。学校推荐著名实业家、社会活动家张謇为董事长。这一时期,中国公学云集了一大批革命志士,在萍醴战役和黄花岗之役中牺牲的中国公学校友就有 18人之多。

1928 年 3 月,中国公学改推胡适任校长。同年 6 月改组董事会,限定校董名额为 15 人,每年改选三分之一,推选蔡元培、于右任、熊克武、胡适、杨铨、夏敬观、朱经农、马君武等为校董,蔡元培为董事长。由胡适、高一涵、刘秉麟分别担任文理学院、社会科学院、商学院的院长。当时开设的一些学科,成为今天一些高等教育学科的起源。

1932 年 1 月 28 日,日寇侵华,吴淞中国公学校舍全部毁于战火。3 月 1 日,在上海法租界辣斐德路(今复兴中路)租赁校舍办学,并由教授会代行校长职权。3 月 10 日开学,有学生 697 人。校董会于 8 月 10 日决议暂行停办,1933 年春季复课,租赁法租界贝当路(今衡山路)房屋为校舍,推熊克武暂任校长。1933 年 3 月 23日,教育部要求中国公学逐年结束,不得再招新生,于 1936 年停办。

"隔岸起飘风,浪打吴淞,血染半江红;多少英雄志士,担天下之公。"这首激昂的校歌,道出了中国公学创建的艰辛、办学者的雄心。当年一大批著名的学者、专家,云集吴淞中国公学执教,为国家培育英才。他们中有胡适、梁实秋、马君武、邵力子、李石岑、朱经农、郑振铎、舒新城、叶圣陶、朱自清、沈从文、周谷城、高一涵、罗隆基等著名教授;中国公学历年的毕业生中有张奚若、冯友兰、吴晗、吴健雄、赵超构等著名学者。

三、国立同济大学(1917—1937 年在吴淞)

同济大学的前身,是 1907 年在上海创办的德文医学堂。学校初创时,位于白克路(今凤阳路)。1908 年,由于学生增多,学校决定在今复兴中路(今上海理工大学复兴路校区)购地 12 亩自建校舍。1909 年校舍落成。1912 年建立工科,学校名称改为同济德文医工学堂,校园面积扩展至 31 亩。

1914 年初,中法两国政府商议改订上海租界条约,同济校址被划为法租界。1917 年 3 月 17 日,受第一次世界大战的影响,上海法租界当局认为同济是德国的产业,为防止德国人利用该校先进的机械制造武器,由法国捕房总巡带着捕头四五人,率领安南兵大队,荷枪实弹,包围同济,强迫德文科监督费提克召集全体师生于风雨操场,当众宣布解散学校。

1917 年 4 月 23 日,教育部下达训令,将同济德文医工学堂,改名为同济医工学校。由华人组成的校董会成为学校最高的领导机构,教学仍由德籍教师主导,由此开始了同济在吴淞的岁月。1919年,在教育部次长袁希涛主持下,由教育部拨款 1 万元,在吴淞乡购地 150 亩。1922 年 2 月,工科和机师科迁入吴淞新校舍,医学预科于 1923 年迁往吴淞。1923 年 4 月 24 日,教育部下达指令,将学校名称改为同济大学。至 1924 年春,吴淞新校舍全部落成。

吴淞时期,同济大学的各项规章制度相继建立和健全,初步形成了严谨求实的学风。主要特色有:重视基础理论教学;用德语讲课,务使学生在听、阅、讲、写各方面熟练掌握和运用;理论密切结合实际,抓紧实习环节,组织参观调查和专题报告。在吴淞时期创刊和出版的学术刊物主要有:学报《同济》(1918 年 9 月创刊)、《自觉月刊》(1920 年 2 月创刊)、《同济杂志》(1921 年 7 月创刊)、《同济医学月刊》(1925 年 10 月创刊)、《同济医学季刊》(1931 年创刊)。

　　1927 年 8 月,国民政府正式命名学校为国立同济大学。1930年,同济大学将医科、工科改称医学院、工学院。当时,医学院有教师 18 人,在校学生 204 人,居全国各医科大学之首。1929 年至1937 年间,又先后建起了生理学、药物学、生物学、病理学、细菌学等研究馆。1933 年增设高等测量系(1935 年改为测量系),成为我国民用测量学科的策源地。1936 年 4 月 1 日,柏林德国工程师学会来函,承认同济大学工学院毕业生与德国工业大学毕业生具有同等资格,同时也为该会上海分会的正式会员,享受工程师待遇。同济理学院于 1937 年成立,设生物、化学两系。至此,同济大学形成了具有医、工、理三大学院的纯实科大学,成为当年闻名世界的科学中心之一。

　　一·二八、八一三两次淞沪战争,同济大学是重灾区。从此,同济吴淞校园的废墟一步步变为了农田。抗战胜利后,同济大学于 1946 年回迁上海四平路现址。历经百年沧桑,现已发展成为我国著名的高等学府。

四、国立上海医学院(1927—1932 年在吴淞)

　　今复旦大学上海医学院(原上海医科大学)的前身。1927 年10 月在吴淞创办时称第四中山大学医学院,为国立中央大学八大学院之一,也是中国人自己创办的第一所高等医科学校。

　　第四中山大学医学院由国民政府拨定前吴淞政治大学旧址为校舍,占地 28 亩。《第四中山大学公函第三六号》档案中,记述了张乃燕校长当年指定国立吴淞政治大学校址给医学院的情形。"迳启者,本大学今指定吴淞前国立政治大学为医学院院址。兹聘先生暨乐文照、牛惠生、高镜朗先生为接收委员,请即日前往吴淞政治大学接收,负责保管为荷。除分函外,合亟奉达。至希查照。

此致颜福庆先生。张乃燕　中华民国十六年七月廿一日"。留学归国的美国耶鲁大学医学博士、著名公共卫生学家颜福庆任首任院长,1927年10月正式开学。

建院之初,教师仅数人,学生一二年级两个班共29人。学院先设解剖、生理、生化、细菌、病理、药理等6科,第二年起,陆续设立临床各科。全部课程均用英语讲授。学院提倡任教的专家、教授不私人开业,专心致力于医学人才的培养。当时学院经费相当困难,但教师们勤奋认真地教学、刻苦钻研的精神,都成为学生们身体力行的表率,开创了严谨治学的优良作风。

国立上海医学院的院训是"正谊明道",源自古代思想家董仲舒的"正其义不谋其利,明其道不谋其功"。这一院训,体现出强烈的社会责任与奉献精神。为了进一步深化这一办学理念,颜福庆院长还请著名爱国人士、教育家黄炎培先生谱写了国立上海医学院院歌,对校训作了进一步阐释。由此形成医学院的独特精神品质,培育了一大批各学科的一流人才奉献医学事业。颜福庆还大力提倡"公医制"、"为人群服务",深受社会欢迎。

1932年"一二八"淞沪战役时,吴淞校舍毁于日寇战火。一二年级学生暂借上海圣约翰大学继续上课。同年8月21日,国民政府教育部决定国立中央大学医学院独立为国立上海医学院,在上海华山路实习医院建筑临时校舍上课。同年10月,国立上海医学院迁离吴淞。

新中国成立后,学校历史翻开了新的一页。1952年10月组建上海第一医学院,1956年成为全国第一批16所重点大学之一,后改名为上海医科大学,现为复旦大学上海医学院。

五、国立吴淞政治大学(1925—1927年在吴淞)

国立政治大学,前身为国立自治学院,1923年在上海创办。

1925 年,自治学院改名为"国立政治大学",张君劢任校长。得捐款 2 万元,在吴淞狮子桥购地 120 亩新建校舍。由于学校地处吴淞,又称国立吴淞政治大学。1925 年 7 月 18 日迁入吴淞。同年 8 月 28 日,教育部批准学校组织大纲。校董事会由黄炎培、沈恩孚等 18 人组成。

国立政治大学本科设政治、生计、社会、外交四科,学制六年,其中:预科两年、本科四年,同时增加预科名额,添招男女插班生。学校聘请从美国留学归国的潘光旦(著名社会学家)、闻一多(著名文学家)等到校任教。潘光旦任教务长,闻一多任训导长。吴淞政治大学还聘请多名外国教授讲授社会学、政治史、宪法史、行政法等课程,仅 1926 年一年中添聘的就有来自德国、美国的 4 名学者,聘期一至两年不等。

吴淞政治大学办学的特点是学术气氛浓厚和联系实际进行教学、研究。每月邀请名人到校演讲一次,各种辩论会、讨论会也经常举办。据 1925 年的学校大事记记载:1 月 13 日至 20 日德国海德堡大学教授蓝德雷博士演讲《马克思唯物史观》与《社会学研究方法上之争点》;4 月 7 日至 10 日华尔德博士演讲《财产权之伦理及俄国人之大试验》;5 月 30 日蒋百里演讲《军事学》;9 月 16 日马寅初演讲《劳资问题》;10 月 27 日胡适演讲《谈谈 2500 年中国哲学》、罗隆基演讲《美国上下寻我国关税会议之态度》;12 月 16 日冯友兰演讲《所谓科学与玄学之争》。

学校还广泛收集了国内的政治、财政资料,并先从江苏省入手,征集了江苏省各县的年度预算表和财政法规,然后逐步扩大。学校市政调查会还发函给欧美各国,索取市政法规等方面的资料。学生发起组成的社会科学会,分总务、研究、演讲、出版四部,研讨社会、政治、经济、外交等理论和实际问题。学校还组织学生参观华丰、大中华纱厂。

国立政治大学的学生刊物《政治家》第一卷第三号,刊有《国立政治大学组织大纲》(第21—22页,民国十四年十二月一日出版),详细记述了学校的情形。在第三章学制第三条中确定,本大学设预科本科研究科并得附设专修科,本科设左列各科。甲、政治科;乙、生计科;丙、社会科;丁、外交科。国立自治学院原有省政、市政、乡政、社会四科,按其性质分属于上述各科。

1927年上海工人举行了第三次武装起义获得成功。吴淞政治大学学生宿舍(今泰和路100号)是吴淞工人纠察队驻地。3月23日,北伐军进入上海,国民政府派员接收吴淞政治大学,学校停办。后校舍移交给新办的第四中山大学医学院。

六、交通部吴淞商船专科学校
(1911—1937年在吴淞)

我国的近代航海史是一部帝国主义国家侵略中国的侵略史,也是中国人民反航运侵略、反航权掠夺的斗争史。1854年第二次鸦片战争,外国侵略者胁迫清政府订立《通商章程善后条约》,强行控制我国海关,制订了一系列限制我国航行发展的规章、法令。《华商购置小火轮请领牌照并拖带渡船章程》规定,中国行商购置轮船须经理船厅批准、发照,营运时只准在通商海口行驶,不准搭载客货进入江河营运,违者罚办,并将船货没收。还规定1000吨以上轮船须聘雇外国人操驾,凡聘请中国船员来担任操驾的轮船,则不发给营运执照,严禁航行。在此限令下,中国招商局所有驾、轮人员175人均由洋人担任。1861年起,在中国设办的外国航行公司有30家,委托洋商代理的外国航行公司有15家,我国内河航运营业额的80%,远洋航运营业额的98%均被外商航运公司所掠夺。吴淞商船学校就是在各界爱国人士为挽救我国航运业生死存亡的斗争中应运而生的。

1909年7月,晚清邮传部上海高等实业学堂(今上海交通大学)监督唐蔚东(唐文治),以我国"航权旁落,亟需广植航务人才,以图挽救"为名,于1911年奏准将船政科改为专科,定名为"邮传部高等商船学堂",自任学校监督,在吴淞炮台湾购地100余亩作为校址。吴淞由此成为近代中国高等航海教育的起源。

1912年1月,邮传部上海高等商船学堂改由国民政府交通部直辖,易名为吴淞商船学堂,唐文治兼任校长。1912年3月,国民政府交通部任命海军提督萨镇冰为吴淞商船学校校长。1929年9月定校名为"交通部吴淞商船专科学校",校长由交通部部长王伯群兼任。

王伯群校长亲自为学校题写了"忠信笃敬"的校训。与此同时,吴淞商船专科学校还确定了校歌。歌词是:"江潮澎湃,淞水潆洄,黉舍何崔巍,萃菁莪,讲航海,乐育英才。掌轮机,娴驾驶,乘风破浪何快哉。前进,前进,宏开海运,海运宏开。几番兴革,惨泊经营,校史何光荣。齐努力,同奋闯,有志竟成。环地球,运国货,发扬航业,谁与京。前进,前进,前程无量,无量前程。"当年有多少有志之士在这嘹亮的歌声中,昂首扬趾,奔向海洋,为祖国的航海事业贡献力量。

1932年"一二八"、1937年"八一三"淞沪战役时,吴淞首当其冲,校舍全部毁于日寇战火。

1946年10月,吴淞商船专科学校在上海东长治路505号(原雷士德工学院旧址)办学。1950年5月与上海交通大学航运管理系合并成立上海航务学院。1953年2月,上海航务学院与东北航海学院合并组建大连海运学院(今大连海事大学)。至此,中国航海高等教育翻开了新的一页。

七、江苏省立水产学校(1912—1937年在吴淞)

清朝末年,著名实业家张謇愤于"中国渔政久失,士大夫不知海权"，明确指出"渔业者,海线之标识也",力主和推进实业报国、教育救国,于光绪三十年(1904 年)向清廷商部奏议创办水产学校,以"护渔权,张海权"。民国元年(1912 年),经黄炎培襄助,由张镠在吴淞炮台湾筹建校舍,创办江苏省立水产学校。因校址在吴淞,又称"吴淞水产学校"。

学校初创时,设渔捞、制造 2 科,学制四年。1920 年增设养殖科,各招学生 30 名。1924 年增设航海科与远洋渔业科。招收高中或 10 年制小学毕业生入学,学制三年。学校确定"勤朴忠实"为校训,以培养服务人才为宗旨,从严施教。"凡品行方正、学业优良,足为同学之模范者",选拔为特等生。一学年主要科目中有一科目在丁等以下者不得晋级,学业怠惰两学年不晋级者即令退学。

"南临暹越,北接朝鲜,浩渺烟波,水共天;港湾罗列,海岸延绵,无穷宝藏,利重渔盐;嘉陵夜雨,瀛岛晴烟,万里长江,此播迁;复兴渔业责任,应同肩,切磋互勉,学术勤研;请记取建国第一前进努力着先鞭。"这首校歌,抒发了水产师生为复兴渔业重任应同肩的远大理想,胸怀海洋的博大情怀,奋勇争先的豪迈气概。

吴淞水产学校毁于侵华日军炮火。抗战胜利后,学校于 1947 年在上海复兴岛复校,定名"吴淞水产专科学校"。1951 年 5 月,学校迁入军工路 334 号(原中央水产实验所)。1952 年 8 月,成立上海水产学院,成为我国第一所本科水产高等学校。2008 年 3 月,学校更名为"上海海洋大学"。同年 10 月 12 日,主校区迁入浦东护城环路校区,现已成为以海洋、水产与食品等学科为优势和特色、多学科协调发展的高等学府,被誉为"中国现代水产教育的摇篮"。

八、国立劳动大学农学院(1927—1932 年在吴淞)

国立劳动大学,直属中华国民大学院(国民政府教育行政委员会）。创建于 1927 年 9 月。总部设在上海江湾镇,国立劳动大学农学院在吴淞泗塘桥办学。

1927 年 5 月,李石曾提议改建游民、模范工厂为国立劳动节大学,众议赞同。同年 5 月 19 日,经国民党中央政治会议第九十次会议议决创办劳动大学,派蔡元培、李石曾等 11 人组成筹备委员会。国立劳动大学农学院,先后设有社会科学系、农艺系、园艺系、农艺化学系,还有占地 350 亩的农学院附属农场。农学院建有生物与化学实验室、农科实验室、农产制造室、温室等,甚附属农场分为稻、麦、豆、林、牧、蚕桑、制造、杂作、实验等 11 区。学校还设有民众图书馆、民众茶园、民众俱乐部、民众电影院等,作为学生尤其是社会科学院学生接触民众、服务项目民众的训练场所。学校注重参加一定的体力劳动和接近工农群众、注重社会现实性的、农工的活动,学生每日需做功小时候以下的体力工作。劳动大学农学院各系,除一般农艺、农机、农化等课程外,均设有农民问题、妇女问题、土地问题、中国劳动问题、劳动立法、乡村教育、农业政策和社会调查等课程。

国立劳动大学校内中共地下党组织的活动十分活跃,当时被斥为“议论荒谬,诋毁国民党”的《革命周刊》,就是在劳动大学付印并在校内广泛行销。一度有“劳动大学几乎是共产党掌握”之说。由于劳动大学进步力量活跃,1930 年 5 月学校被当局勒令停止招生。

1931 年 4 月,劳动大学中学部学生驱逐杨嗣福主事,有 4 名学生被开除,学生罢课要求恢复被开除学生的学籍。蒋介石面谕教育部:“劳动大学办理不善,应派员调查,具报审核”。同年 6 月,教育部决定改组劳动大学。1932 年 6 月 11 日,教育部发布停办劳动大学的训令,学校被迫停办。位于吴淞泗塘桥的农学院,部分师生抗战时期在重庆参加创建复旦大学农学院,1952 年院系调整后组建为沈阳农学院。

　　从 1905 年至 1937 年间,吴淞一地先后出现过 8 所高等院校。这一中国高等教育创立发展的渊源历史,既是先辈们自强不息、不断开拓和探索的历史,也是旧中国政治腐败、经济落后、社会动荡、落后挨打悲剧的真实写照。它昭示了这样一条规律:大学的命运是同国家的命运紧紧联系在一起的,大学的发展也是同国家的发展紧紧联系在一起的;国家发展是大学发展的重要前提。新中国成立后特别是改革开放 40 年来,在中国共产党的领导下,我国社会主义现代化建设取得了举世瞩目的伟大成就,中华民族昂首屹立于世界民族之林,正在朝着实现中华民族伟大复兴"中国梦"的新征程阔步迈进。百年前吴淞"大学城"探索创办、艰辛发展的历史,是先辈们留给我们的一笔宝贵精神财富,对于我们今天进一步做好中华优秀历史文化的传承和弘扬,也具有积极的借鉴意义,值得研究和发掘。

　　　　(作者单位:中共上海市宝山区委党史研究室)

民国时期华侨运动员参加在沪举办全国运动会的历史考察

李 迅

新中国成立以前,大多数华侨都保留中国国籍,所以当国内举办全国运动会等体育大赛时,华侨团体纷纷组成高水平运动队回国参赛。20世纪初至1949年,旧中国共举办了7届全国运动会。华侨运动员参加了每一届比赛,特别是在第六、七届上海举行的全运会上取得了优异成绩,涌现了邓银娇、黄社基、黄两正、吴传玉等蜚声海内外的优秀运动员。华人华侨与国内人民一道,以自己的不懈努力,为洗刷"东亚病夫"这个耻辱,为我国体育运动的发展和进步,作出了巨大的贡献。

一、各地华侨率先接受现代运动理念

旅居海外的华侨、华人分布在全世界五大洲,亚洲华侨华人自古至今一直占世界华侨华人数量的绝大多数。历史上,由于地理便捷和美洲、欧洲、大洋洲等发达地区歧视性政策等原因,中国侨居海外人口的绝大多数分布在亚洲。根据民国政府统计数据分析:亚洲华侨华人人数在20世纪30年代为721万,占世界华侨华人总数754.2万的95.60%。根据1949年后我国统计数据分析:亚洲华侨华人人数在20世纪50年代初为1166.7万,占世界华侨华人总数1209.5万的96.46%;2000年为3294万,占世界华侨华人总数 3974.6 万的 82.88%；2007 年为 3548 万，占世界华侨华人总数 4543 万的 78.10。[1]

早期华侨奔赴海外谋生，生活很困苦。海外华人华侨以吃苦耐劳和坚韧、诚信的品格为基础，在长期努力下经济状况开始好转，到 20 世纪初期，地位逐步有所提升。特别是个人的创业有所成就，具有了一定的资本，逐渐对体育运动萌生兴趣。此外，促使华人华侨关注体育的另一重要原因是华侨的自强精神。当时，广大华侨都期望把自己的子弟培养成为"坚其意志，晔其智慧，强其体魄"的人才，并能在体育运动成绩上超过外国人，甩掉"东亚病夫"的帽子。另有一因素也不能忽视，华侨旅居的地区体育大都比较发达，尤其是欧美地区，是许多体育运动项目的发祥地，运动竞技水平较高，体育运动给社会带来的好处使海外华人深得体会。东南亚曾经是西方资本主义国家的殖民地，其体育发展也深受西方体育的影响，技术水平也较高。耳濡目染之下，华侨华人逐渐接受了这些运动，并且把这些地区的体育活动作为榜样来学习，既可强身健体亦可丰富自己的文化生活。

新中国成立以前，大多数的华侨都保留中国国籍，所以当国内举办全国运动会等体育大赛时，华侨团体纷纷组成高水平运动队回国参赛，且成绩不俗。

二、华侨参加了每一届全运会

20 世纪初至 1949 年，旧中国共举办了 7 届全国运动会（以下简称全运会）。[2]

---

①　刘国福：《侨情变化与侨务政策》，暨南大学出版社 2013 年版，第 82 页。

②　参见中华文化通志编委会：《中华文化通志·体育志》，上海人民出版社 2010 年版，第 199—202 页；Andrew D. Morris, Marrow of the Nation: a History of Sport and Physical Cuhure in Republican China (Berkeley, CA: University of California Press. 2004)。

　　1910 年在南京举行了清朝末年和民国初期的第一届全运会，当时的名称叫作"全国学校区分队第一次体育同盟会"，民国初年被追认为现在的名称。这次运动会从 1910 年 10 月 18 日到 22 日在南洋劝业场共进行了 5 天比赛，每天观众有 4 万多人。参加这次运动会的运动员共 140 人，他们分别代表华北、上海、华南、吴宁（苏州、南京）和武汉 5 个地区。比赛项目有田径、足球、网球、篮球 4 项。这次运动会是中国历史上第一次全国规模的运动会。

　　第二届全运会于 1914 年 5 月 21 日至 22 日在北京天坛举行。主办者是 1912 年成立的"北京体育竞进会"。实际负责人是该会的名誉秘书、北京基督教青年会干事侯哥兰德（A. H. Hougland）。运动会参加者分东、西、南、北 4 部，运动员共 96 人，全部男性。比赛项目参照远东运动会规定为田径、篮球、足球、队球（即排球）、棒球、网球 6 项。

　　第三届全运会于 1924 年 5 月 22—24 日在湖北省武昌举行。由"全国业余运动联合会"主办，参加单位按华东、华南、华北和华中 4 个区参赛，运动员 340 余人。比赛项目有田径、足球、棒球、排球、篮球和网球。表演项目有游泳、女子球类、童子军活动、国术、器械体操等。

　　前三届全运会是民间团体所办，其影响力和参赛选手较少，社会关注度也较低。但据一些资料记载，每一届均有华侨选手参加，①如马尼拉华侨青年队参加了第三届全运会篮球比赛。② 网球、棒球等项目，由于国内开展的不广泛，参赛选手也多为华侨选手和留学生，他们在祖国的体育舞台上开始崭露头角。③

　　华侨组团参加全运会从第四届开始。这届全运会于 1930 年 4 月 1 日至 10 日在杭州市举行。这是国民党政府主办的第一届全

　　① 吴同永编：《华侨对祖国的贡献》，福建省侨务干部学校，第 295 页。
　　② 郑斌：《旧中国历届全运会篮球比赛概况》2000 年 5 月，第 36 页。
　　③ 谢相和：《大学网球教程》，四川大学出版社 2013 年版，第 19 页；北京未来新世纪教育科学发展中心：《棒球》，新疆青少年出版社 2007 年版，第 2 页。

运会。参赛的有 14 个省 7 个特别市及华侨团体共 22 个单位,运
动员 1640 人(男 1219 人,女 421 人)。其中上海 198 人,江西 159
人,湖南 152 人,浙江 125 人,辽宁 123 人,南京 113 人,湖北 110
人,北平(即今北京)104 人,天津 92 人,河南 91 人,广东 87 人,江
苏 79 人,香港 65 人,福建 49 人,青岛 19 人,东特区(哈尔滨)19
人,山东 14 人,绥远 12 人,四川 10 人,河北 9 人,日本神户华侨 10
人。① 特别是旅居日本神户的华侨,组队前来参加全运会的篮球
比赛,颇受国人的注意。而素以足球称雄全国的香港足球队,因远
征海外,不及赶来参加,也略显美中不足。②

三、马华队扬威第六届上海全运会

　　1935 年 10 月 10 日至 20 日在上海举行了第六届全运会,这是
就中国举办的最为成功的全运会,对于当时处于国难的中国而言,
意义重大。大会开幕式运动员入场时,东北 5 省市的代表队都穿
黑色丧服,以抗议日本帝国主义侵略我东北各省,在场观众无不动
容。该届参加单位共有 38 支,其中包括了各省、市、特区,以及远
自南洋马来亚、爪哇以及菲律宾之华侨。国内各省、区中除了甘
肃、宁夏两省因在剿匪外,其余如边陲之新疆省及蒙古、西藏二区
均有派代表参赛。到会选手与职员共有 2689 人,竞赛分为 17 门
类、75 个项目,创造新纪录者有 19 项之多。③

　　其中,非常引人注目的就是著名侨领胡文虎率领的马来亚华
侨队。他们不但赶回国内参赛,而且组成了男选手 75 人,女选手
42 人的庞大阵容。马华队参加的项目计有:男子田径、全能运动、
女子田径、足球、男子篮球、女子篮球、男子排球、女子排球、男子网

①　曹守和:《浙江体育史》,杭州出版社 2014 年版,第 154 页。
②　吴文忠:《中国体育发展史》,国立教育资料馆出版社 1981 年版,第 137 页。
③　赵子云:《民国第六届全运会话旧》,《文史春秋》2008 年 9 月,第 35 页。

球、女子网球、男子游泳、女子游泳。从人员构成来看,女子队有13 人来自新加坡,12 人来自槟城,6 人来自雪兰莪,6 人来自柔佛,3人来自霹雳;男子队则有25 人来自新加坡,16 人来自槟城,6 人来自霹雳,4 人来自雪兰莪,2 人来自森美兰,1 人来自柔佛,1 人来自马六甲,还有 16 人组成的足球队。①

马华队一经亮相,表现极其惊艳,共夺得 5 枚金牌。男选手林惠俊的男子百米仰泳,以 1 分 23 秒 5 的成绩创造了全国新纪录。女选手邓银娇在女子跳远比赛中以 5.06 米的成绩打破了同年 5月在上海举行的第 5 届国际田径运动会(万国运动会)上海运动员卢淑珍创造的 4.90 米的女子跳远全国纪录,并获女子跳远第 1名。② 为此,她还登上了上海勤奋体育月报社所出版《第六届全国运动会专号》的封面。邓银娇生于暹罗,久住槟城,毕业于马来亚福建女子中学。她曾在第三届马来亚华侨运动会上,获 50 米,100米、200 米和跳远四项冠军,其中跳远成绩最好达 5.12 米。她在六届全运会创造的 5.06 米这个纪录,直到 1949 年后才被打破。③

马华队获金牌运动员一览表④

选　手	组别与门类	项　目	成　绩	备　注
叶遂安	男子田赛	跳　远	6.76 米	
傅金城	男子径赛	二百米	20.9 秒	
杨维莫	男子游泳	四百米自由式	5 分 23 秒 2	
林惠俊	男子游泳	一百米仰泳	1 分 23 秒 5	全国新纪录
邓银娇	女子田赛	跳　远	5.06 米	全国新纪录

---

① 《申报·体育消息》,1935 年 10 月第 6 页。
② 沈仪婷:《谱写虎标传奇:胡文虎及其创业文化史》,世界科技出版社 2013 年版,第 255 页。
③ 樊渝杰:《体育人名辞典》,海天出版社 1991 年版,第 11 页。
④ 沈仪婷:《谱写虎标传奇:胡文虎及其创业文化史》,世界科技出版社 2013 年版,第 255 页。

此外,在被列为表演项目的举重比赛中,共有北平、上海、福建、河南4省市和马来亚华侨代表队派出的14名运动员参加。比赛的结果,5个级别的冠军全部被马华队收入囊中。这5个级别的冠军和总成绩是:次轻量级,黄龙德,486磅;轻量级,梅树椿,473磅;中量级,黄社基,500.5磅;轻重量级,黄社基,508磅;重量级,黄社基,524.5磅。其中,时年23岁的黄社基一人得3个冠军。尽管今天看来,表演比赛的水平不高,但它开创了中国竞技举重的新纪元,所以这5个冠军被确认为当时的全国纪录。一个运动队包揽全部项目金牌,这在民国全运会历史上还是首次。①

四、海外华侨代表队称雄第七届上海全运会

1948年5月,旧中国最后一次全运会再次在上海举行,58个单位(32个省,12个市,1个地区(香港),8个华侨团体以及海军、陆军、空军、联勤、警察),男女选手2677人(其中女496人)参赛,竞赛项目:男子有田径、游泳、举重、拳击、足球、篮球、排球、网球、垒球、乒乓球及摔角等。女子有田径、游泳、篮球、排球、垒球、网球、乒乓球及摔角等。这届运动会取消全能和国术,新增项目有乒乓球、摔角、拳击、举重等4项,表演项目有器械运动,男子水球、入水(跳水)、男子棒球、射箭、拳术、羽毛球、竞走和小型足球等。

这届运动会参照奥林匹克运动会惯例,以火炬接力跑为前奏。火炬接力队伍由交通大学的60多名运动员组成,于5月2日下午从南京出发,途径汤山、句容、无锡、常熟、太仓等地,于5月5日下午3时到达上海市体育场开幕式现场。总的来说,这届全运会举办于南京国民政府撤离大陆前一年,政府已经拿不出多少经费,全靠民间资助。由于经费短缺,许多工作人员都是临时拉来的,所

---

①　钱光鉴、杨世勇:《亚洲举重史》,人民体育出版社1996年版,第40页。

以,组织工作凌乱。开幕式当天,到会观众近 10 万人,由于筹备工作欠周,江湾地区交通阻塞,秩序混乱,体育场东、西司令台栏杆均被挤断,30 余人被挤伤,被挤掉鞋、包、眼镜、手表者,不计其数。因组织工作紊乱,赛事纠纷也不断,足球决赛竟判出三个并列冠军(陆军队、警察队、香港队)。官场中吃空额的作风也蔓延到赛场,虚报的裁判员和工作人员多达数十人。①

该届运动会是抗战胜利后举行的,参加单位遍及全国各地和世界上许多地方的华侨团体,特别是东北各省市和二战后回归祖国的台湾省代表团的参加,令国人欣喜。海外华侨代表队有菲律宾、马来亚、印尼、安南(今越南)、暹罗(今泰国)等。比赛的结果:男子团体总分,香港代表队第 1 名,马来亚华侨代表队第 2 名,菲律宾华侨代表队第 3 名,印尼华侨代表队第 4 名;女子团体总分,香港代表队第 1 名,台湾代表队第 2 名,马来亚华侨代表队第 3 名,暹罗华侨代表队第 4 名。可以说,海外华侨代表队称雄本届全运会。②

虽然该届全运会,由于战后经济水平下降,整体成绩一般,但是华侨队中一些运动员还是努力赛出了好成绩。如男子跨栏跑比赛中,马来亚的华侨选手黄两正大显风采,他以破全运会纪录的 16.0 秒夺得男子 110 米高栏比赛冠军,并以破全国纪录的 57.9 秒的成绩夺得男子 400 米中栏比赛冠军。由于在这次全运会上的出色表现,黄两正被推选为参加第 14 届伦敦奥运会的 3 位田径选手之一。③ 另一位年仅 19 岁的华侨运动员,在百米自由泳预赛、复赛中,一天两破全国纪录,成了头号新闻人物。此后他还为新中国在国际大赛中夺得了第一枚金牌,这就是吴传玉。

---

① 《上海体育志》编纂委员会:《上海体育志》,上海社会科学院出版社 1996 年版,第 416—417 页。
② 成都体育学院体育史研究室:《中国近代体育史简编》,人民体育出版社 1981 年版,第 135 页。
③ 文超:《中国田径运动史》,华南理工大学出版社 2014 年版,第 73 页。

吴传玉,1928年出生在千岛之国印度尼西亚东爪哇一个叫沙拉笛加的小镇。父亲是华侨,靠着开一间小餐具店养家糊口。在这梭罗河边的小镇上,住着印度尼西亚的爪哇族、马都拉族人,还有不少中国侨民和荷兰人。吴传玉从小喜欢游泳,父亲很支持他。当时,在三宝垄这一带,荷兰人称霸泳坛,小传玉决心要和他们争个上下高低,所以他练起游泳来有个拼命的架势,一招一式地认真苦练。吴传玉13岁时,在一次游泳比赛中扬眉吐气!震得那些轻视中国人的洋人目瞪口呆!《三宝垄日报》在新闻中报道:"200米蝶泳创印尼新纪录:2分44秒9。吴传玉初露头角,压倒泳坛荷兰冠军。"从此,吴传玉的名气一天天大了起来,不久便成了泳坛名将。

1948年,吴传玉作为海外华侨运动员代表,参加了第七届全运会并取得好成绩。1951年,吴传玉回到祖国定居。他看到新中国日新月异的变化,看到新中国国际地位的日益提高,深深感到做一名中国人的自豪,训练越发刻苦。1953年,在罗马尼亚首都布加勒斯特举行的第4届世界青年联欢节游泳比赛中,在与苏联、捷克斯洛伐克、匈牙利等国如云高手的激烈角逐中,吴传玉一马当先,战胜所有对手,首先抵达终点,为新中国在国际大赛中夺得了第一枚金牌!布加勒斯特的电台向全世界广播:"这是中国有史以来第一次在国际体坛上扬眉吐气!"吴传玉也成了中国体育界的一个传奇。1954年,他又在第十二届世界大学生运动会游泳比赛中,获得100米仰泳和100米蝶泳两项亚军,随后又当选为第一届全国人大代表。同年10月29日赴匈牙利学习途中,不幸因飞机失事遇难,年仅26岁。①

回顾民国时期海外华侨参加全国运动会的历史,可以看出,即

① 《吴传玉赤心报国》,徐敏:《中国风华少年谱(下卷)》,福建少年儿童出版社1997年版,第357页。

便在国力孱弱、政治动荡的旧中国,在海外华人华侨的积极努力和推动下,还是对祖国体育乃至经济社会文化发展起到了显著的带动效应。在这过程中,华人华侨不仅把国外一些先进的竞技技术和运动项目引进中国,积极传播更加适应现代生活的体育理念,而且对倡导敢于突破传统、勇为天下先,以及开放竞争、开拓进取的精神也起到了很大的宣传推动作用。海外华侨与国内人民一道,以自己的不懈努力,为洗刷"东亚病夫"这个耻辱,为我国体育运动的发展和进步,作出了巨大的贡献。而这其中,特别是在上海举办的全运会上,华侨队大放异彩,明星辈出,也给上海人民留下了深刻的印象。

（作者单位：中共上海市委统战部宣传处）

首家上市公司"PT 水仙"
退市的来龙去脉

范永进

企业上市不容易,上市后退市更难。上市是"生",是好事,大家都愿意出力帮忙。退市是"死",是得罪人的事,是承担风险的事,谁都不愿意出头。如今,上市公司退市能被普遍接受和认同,但在 2001 年处置第一家上市公司退市时,方方面面有如临大敌的感觉。在上海市政府上市公司资产重组领导小组办公室工作期间,笔者有机会参与了第一家退市公司处置的全过程。

一、退市工作提到议事日程

在我国证券市场制度建设中,退市制度的建立和实施是一个重要的环节。虽然早在 1993 年颁布的《公司法》中就规定了上市公司暂停上市和终止上市的条件,但是我国上市公司实际上一直处于"有进无退"的状态,直到 2001 年 2 月 22 日《亏损上市公司暂停上市和终止上市实施办法》推出,才标志着我国退市制度的正式实施。

中国股市要不要建立退市制度?在当时是有不同意见的。

我国股票市场在初期是典型的卖方市场。在这种供小于求的市场上,上市公司的投资价值既包括市场价值,也包括"壳"资源价值,背后还有稳定压倒一切的时代背景,这就使得保"壳"大战与资产重组成为我国证券市场长盛不衰的话题,而退市机制反倒无从谈起。

如果把中国证券市场比作一塘池水的话,那么在 2001 年以前,这个池子只修建了"注水口",却没有"出水口"。退市,无论是对于上市公司,还是对投资者来说,包括其他各个方面,都是一件新鲜而陌生的事。

造成这种现象的重要原因之一,是当时法律制度的滞后。我国是先有证券市场,后有公司法。因此,虽然早在 90 年代初,中国证券市场就出现了亏损上市公司,但尚无相应法律予以规范。公司法出台后,对于上市公司的退市问题制定了专门条款,规定了 4 种情况下应当暂停上市。但由于规定过于笼统,而且退市缺乏后续配套措施,因此,该条款当时并没有得到很好的落实。

1998 年年报披露后,A 股市场上已经开始出现连续三年亏损的上市公司,在这种情况下,执行法律要求,建立退市制度已经迫在眉睫。不过,在很多细节还没有得到明确的背景下,退市工作的进行需要循序渐进,证券交易所也为此做了一些铺垫工作。

沪深交易所推出了上市公司 ST、PT 制度。即上市公司连续两年亏损用 ST 符号提示,连续三年亏损则用 PT 符号提示。PT 公司的股票交易也从正常的连续竞价交易转为特别转让交易,仅限于在每周的周五进行。后来,鉴于"PT"类股票的投机猖獗,两市交易所又再次规定:"PT"个股每次交易的涨幅仍限制在 5%,跌幅不限。尽管如此,在 PT 制度下,一个公司必须要达到连续 6 年亏损,才能做到真正退市。退市之艰难由此可见一斑。

2001 年年初,退市工作的呼声越来越大。一个大背景是,这一年朱镕基总理明确提出要整顿金融秩序、加大监管力度。根据总理当时的要求,周小川挂帅的证监会年初也加大了退市工作的力度,从上至下都体现了推进退市工作的决心。证监会将退市工作提上议事日程,多次通过不同渠道带信,希望上海带头摘牌,并与上海重组办等部门保持了工作沟通。2001 年 2 月 22 日,证监会发布了《亏损上市公司暂停上市和终止上市实施办法》,明确 PT 公司若继续亏损且无切实可行的重组方案,都将在 2001 年 4 月底面临退市。

当年 3 月,证监会权威人士和工作人员专程来沪,具体研究退市工作。证监会希望上海支持证监会的工作,在 2001 年 4 月底前选择本市一家 PT 公司在全国首先进行退市试点。证监会认为:一是 2000 年 9 月以来,主板市场新发的股票已集中到上海,深圳创业板一时难以设立,找深圳做工作较难;二是上海是中国证券市场的发源地,在证券市场发展方面一直走在前列,上海首先进行退市试点条件比较成熟。上海方面表示理解,强调:这一年上海有 APEC 等两个国际会议,确保社会稳定至关重要;另外,为避免矛盾集中于上海,上海可先退一家,深圳应尽快跟着退一家;第三,为有利于稳定工作,上海抓紧做好其余 3 家 PT 公司的重组,建议证监会给予宽限期,以便岔开时间,分解矛盾,避开会议高峰。证监会对上海方面提出的要求也表示理解和支持。

二、"水仙"成为首家退市公司

真的要开始退市了。首先面临的问题就是到底哪家退? 当时上海共有 4 家 PT 公司,即 PT 水仙、PT 农商社、PT 双鹿和 PT 网点。根据证监会对上海提出的先退一家的要求,先后考虑过 PT 农商社和 PT 双鹿,但都由于存在与大股东关联交易及担保等问题,如退市将严重拖累大股东。经各方反复研究,倾向于工业类 PT 公司中先退一家。

2001 年 3 月 28 日,市领导召开专题会议,听取并同意重组办《关于证监会退市规定对本市 PT 上市公司影响情况的汇报》。会议决定 PT 水仙先退。

上海人对水仙这个牌子特别有感情,很多人家里的第一台洗衣机就是水仙双缸洗衣机。水仙电器的崛起是在20世纪80年代中期,1992年发行股票。进入90年代,中国家电行业竞争日趋激烈,海尔、小天鹅、荣事达纷纷崛起,水仙在这场竞争刚开始时还逐步扩大了市场优势,产品市场占有率超过了12%,成为中国洗衣机行业的领头羊。1993年,水仙电器的上市更让企业的竞争能力进一步增强。大家也都很诧异,为什么在1995年水仙突然效益大幅下降,并一步步滑向亏损深渊?

后来大家在总结经验教训时认为,新品开发落后于同行以及在上海惠而浦水仙有限公司的大笔投资失误,可能是造成水仙电器亏损的主要原因。

上海惠而浦水仙有限公司是1995年3月上海水仙与美国惠而浦公司合资建立的,该合资项目计划总投资7500万美元,中方占45%的股权。当时预期此合资公司可在三年里形成年产50万台新一代全自动、滚筒式洗衣机的生产能力。

但是没想到,合资公司连续亏损。1996年亏损2446.1万元,1997年亏损高达5239.5万元。1997年年底水仙的管理层终于决定"丢车保帅",出让25%合资公司的股份,为公司1998年上半年挽回投资收益4332.5万元,但即使只留下20%的股权,惠而浦水仙1998年、1999年依然产生了巨额亏损。

与惠而浦水仙类似,水仙的另一个合资项目——水仙能率也在2000年6月成为外方完全控股的公司,其合作方日本能率株式会社是日本著名的燃气具制造公司,热水器产品规格之多、技术之先进在日本国内也占据领先地位。

应当说,水仙当初选择外资合作对象时还是相当认真的,其选择的对象无论从国际知名度还是在专业技术上都堪称出类拔萃,但是最后水仙反而因合资蒙受了巨额亏损。

PT水仙应收账款最高时为4.7亿元,在艰苦努力下,2000年降到2.3亿元。如果此时切实加大对销售部门的管理和清欠力度,水仙可能还有一线生机。公司有关部门似乎也意识到这一点,并对分布全国的销售部门进行全方位的调研,发现下属销售部门和人员存在克扣修理费、私设小金库等行为,且一些销售部门账目非常混乱。公司此时如果对这些行为进行清理整顿,水仙或许也还会有转机,遗憾的是事后证明公司在这方面的工作力度是非常不够的。

冰冻三尺非一日之寒。无论是巨额应收款问题,还是水仙的合资失败,最终还是归结到企业的内部管理。于是,水仙就面临被红牌罚出了。

三、上市公司退市之路不好走

鉴于PT公司退市属全国首次,涉及范围广,人员多,风险大,事关股民切身利益和社会稳定,如处理不慎,极有可能发生股民群体性上访、闹事。为避免矛盾过于集中,市领导在专题会上明确,在总体把握上,先退一家,其余3家力求做好重组。为确保退市后企业内部稳定和生产经营正常进行,公司内部要重点做好"三不",即职工目前工作现状不变、企业的组织结构和法人治理结构不变、债权债务不变。对退市后可能会引起银行等债权人对PT公司资产、账户进行拍卖或查封的,希望法院对此类案件尽可能做到"四缓",即没立案的缓立案,没审理的缓审理,没资产保全的缓保全,没执行的缓执行。退市后对流通股股民宣传解释口径问题,主要争取证监会有个统一说法,要点是:1.退市是依法进行的;2.退市不是破产,股份今后仍可转让;3.投资风险早已多次释放。会议最后明确由黄奇帆、李关良、柴俊勇负责成立本市退市工作执行小组,黄奇帆牵头,有关各方参加。

2001年4月5日,证监会召开主席办公会专题研究了上海首家PT公司退市问题。屠光绍秘书长专门向市退市工作执行小组做了通报,要求上海加快退市工作进程,确保按规定时间摘牌。

2001年4月9日,徐匡迪市长听取退市工作汇报,指出退市有利于证券市场的规范发展,同时要求确保第一家PT公司退市工作顺利实施,认真做好"三不""四缓"等工作,确保稳定。

2001年4月10日,退市工作执行小组召开会议布置工作,有关部门组成的工作小组开始集中办公,退市工作进入了实质性的操作阶段。整个工作主要分三条线展开:

第一条线是上海证管办、上交所和上海重组办等单位为主,重点做好与证监会联系和沟通工作,按证监会的要求,具体落实退市工作的时间节点、工作进程、解释口径等问题。这项工作由上海重组办负责。

第二条线是市经委、轻工集团和PT水仙公司领导负责做好退市PT公司内部职工稳定和股民接待工作。为进一步统一思想,工业党委、市经委和轻工集团做了大量工作,对公司有关负责人提出了"四项纪律"和"四项保障"。公司落实专人组成四套班子,分别负责股民接待、职工稳定、生产经营和债权人稳定等工作。

第三条线是柴俊勇主要负责整个退市过程中的稳定工作。市公安局就做好退市过程中的稳定工作拟订了预案并进行了布置。市高院就落实"四缓"问题与最高院进行了联系。

2001年4月21日,上交所否定了PT水仙的宽限期申请,4月23日证监会正式下达退市决定,4月24日证监会发表谈话,4月25日上交所发表谈话,说明否定水仙宽限期申请的理由,4月26日PT水仙公司按规定公布《终止上市公告》。

当时上海证券交易所同时接到了3家PT公司提出宽限期的申请,在经审慎审议和质询后,交易所认为,PT农商社、PT网点对债务重组作出了安排,提出了比较切实可行的资产重组和扭亏措施,使其中期盈利存在可能性,因此,交易所同意给予这两家公司宽限期。而PT水仙从其提供的材料和对其质询的情况看，没有债权人对债务重组的承诺，没有重组各方对在有限的时间内完成资产重组必备程序的保证，无法认定其在中期可能盈利。因此，为切实保护潜在投资者和社会公众的利益，交易所最终决定不给予PT水仙宽限期。

其实当时水仙为了避免退市，也作出了很多努力，公司曾连续4次寻找重组方，包括在披露年报的最后关头，还在和深圳一家公司谈判，但最终都因为债务重组不能完成而失败了。确实很可惜，但是也没有办法。

接下去券商这里就忙开了。水仙1993年上市的时候，承销商是申银万国证券公司。8年后，当水仙退出这个舞台来到新设的"三板"时，身边依然还是申银万国。

因为是第一只退市的股票，券商也没有可以参照的先例，一切都是摸索着进行。水仙当时还发行了B股，所以情况特别复杂。退市之前所有的股东都要凭开户证明亲自到证券公司办理确权手续。可是当时B股市场相当不规范，大多数人都是拿境外亲友或朋友的证件开的户。现在要在短时间内找到这些开户的人几乎是不可能的，而且每个人的情况都不一样，一个比一个复杂。当时证券公司只能根据每个人不同的情况，特事特办。

退市之后叫什么名字？也是个问题。水仙在主板时叫水仙A、水仙B，退后证监会明确规定公司名字不能和在主板时一样。这个名字该怎么改呢？毕竟还是同一个公司，总不能叫别的名字吧。最后绞尽脑汁，想出一个既相同又不同的名字"水仙A转、水仙B转"。

当时水仙在上交所主板时是A股、B股分开开户的，那么现在退到深交所的代办股份转让市场是需要开一个户还是两个户？水仙B股原来在上证所是用美元交易的，而代办股份转让系统与深圳交易所相连接，深圳B股是用港币交易的，那么水仙退下来后究竟该用美元交易还是港币交易？这样的问题每天层出不穷，大家只能一个一个想办法解决。

2001 年 12 月 10 日，上海水仙电器股份有限公司在摘牌 8 个月后，终于在三板开始其 A、B 股股份的转让。上午 9 点 30 分，股市开盘。一些买了水仙惨遭退市的股民一看在三板还能交易，觉得能拿回一些钱是一些，赶紧卖出。但也有一些战略投资者相信水仙终有一天会重组，开始大量买入。因此当天的成交量很大。这一天的交易，标志着中国证券市场从"进入"到"退出"的完整机制已初步具备。

四、退市制度的意义及其思考

PT 水仙终于退出了主板交易市场。这对 PT 水仙而言固然可悲，但对整个证券市场并非无益。回顾"PT 水仙"退市全过程，应该说是"有惊无险"。此后，根据"PT 水仙"退市经验，总结形成了上海市退市处置预案。中国证监会有关领导对上海的处置预案给予了高度评价，并开始在全国推广。可以这样说，现在各地的退市处置预案，应该都借鉴了上海当时的经验。

PT 水仙的退市，确实起到了"杀一儆百"的效果。从首家退市公司至今，沪深两市已经有 91 家退市公司，其中沪市有 48 家，深市有 43 家，退市制度得到了良好的执行。

水仙的退市让上市公司有了压力，让股民也认识到买股票的风险。不过这还不算真正的退市，因为公司并没有破产清算而只是换了个地方——到三板去交易。将来，还应该有真正的破产清算。

在成熟的资本市场中，都有非常成熟的退市机制。例如，美国的主要市场有纽约证券交易所（NYSE），美国证券交易所（AMEX）和纳斯达克市场（NASDAQ），三个市场上市条件依次递减。股票可以从 NYSE 退市到 NASDAQ，可以从 AMEX 市场退市到 NASDAQ，从 NASDAQ 市场退市到三板市场。推行退市制度的目的在于通过退出机制，实行优胜劣汰，提高上市公司整体质量。

事实上，水仙的退市，在当年已经给那些连续亏损的上市公司制造了极大的压力，初步起到了效果。在水仙退市后，当年已经连续 4 年亏损的 PT 公司们意识到了监管层强力推进退市制度的决心，纷纷加快了资产重组的步伐，不少在交易所给予的宽限期内实现了扭亏为盈，成功实现了恢复上市。更重要的是，这些当初千疮百孔的 PT 公司在恢复上市后，主动从发展中求生存，逐步恢复了正常的经营能力，至今仍健康生存在证券市场之中。

（作者系上海爱建集团股份有限公司党委书记、
副董事长，1999 年至 2002 年担任上海上市公司
资产重组领导小组办公室主任）

上海民间外交实践

唐为红

当今世界,经济全球化、社会信息化继续向广度和深度双向扩展,世界各国相互依赖,向着你中有我、我中有你的命运共同体迈进。随着中国国际地位的不断提高、对外开放的日益深化,中国与国际社会的联系正愈发密切。经过近40年的改革开放,我国已形成了全方位、多层次、宽领域的对外开放格局。这一变化为国内开展多形式、多渠道、多领域的对外交流奠定了坚实的经济基础和社会基础,也必然导致对外交流主体多元化的新格局。本文尝试对民间外交的概念、特征、作用进行分析,并结合上海的实践对民间外交的发展进行思考。

一、民间外交的内涵、外延与特点、作用

(一)民间外交的内涵、外延

对于民间外交的准确称谓和概念界定,学术界尚未达成统一。国内学者一般认为"民间外交"与"人民外交"同源,且英文都被译作 People to people Diplomacy。新中国成立之初,人民外交作为具有中国特色的外交手段,作为整体外交的一部分,为我国打开外交封锁,争取在国际体系中的应有地位发挥了重要作用。改革开放后,对外关系出现重大调整,对外战略、对外交往的指导思想、政策和策略都围绕着改革开放和社会主义现代化建设的布局重新进行

部署,意识形态意味较淡的民间外交概念逐步取代人民外交概念。

西方国家近似的概念有"公民外交"(Civil Diplomacy)、"公民间的外交"(Civilian Diplomacy)或"多轨外交"(Multi-track Diplomacy)等①。传统意义上,外交一般被认为是"以主权国家为主体,通过正式代表国家的机构与人员的官方行为,使用交涉、谈判和其他和平方式对外行使主权,处理国家间关系和参与国际事务的行为"②。周恩来总理1957年时提出:"中国的外交是官方的、半官方的和民间的三者结合起来的外交"。③ 时任国务院副总理兼外交部长陈毅曾提出:"灵活运用政府外交和民间外交两种形式,特别是广泛开展民间外交,是新中国在国际关系中的一个创举。"④2012年5月习近平主席在会见全国友协第十届全国理事会代表时指出,"民间外交是增进人民友谊、促进国家关系发展的基础性工作,是国家总体外交的重要组成部分"。

国内学者对民间外交的定义尚缺乏统一认识,但一般认为民间外交具有主体的非官方性和客体的对外性的特征。主体的"非官方性"指的是由不具有国家正式外交资格的行为体实施的。从这个意义上讲,半官方的机构、团体和民间的企业、社会组织、个人都可以成为民间外交的主体,这符合我们国家的实际情况和现实需求,同时有利于发挥我们的体制特色。客体的"对外性",指的是民间外交的对象主要是外国的社会,包括各类非政府的机构、团体、企业、个人等。张志洲认为,狭义的民间外交概念,就是指行为主体和对象都是非官方、非政府的社会团体、机构和个人;广义的民间外交概念则指,凡是行为主体或对象,只要有一方不是官方或

① 张胜军:《新世纪中国民间外交研究:问题、理论和意义》,《国际观察》2008年第5期,第14页。
② 鲁毅等:《外交学概论》,世界知识出版社1997年版,第5页。
③ 中共中央文献编辑委员会:《周恩来选集》,人民出版社1984年版,第88页。
④ 刘庚寅:《民间外交四十年》,《新中国外交风云录》(第5辑),世界知识出版社1999年版,第201页。

政府,就属于民间外交。苏淑民认为:"民间外交的主体或对象,只要有一方是不具有国家正式外交资格的行为体即可。"①

因此,笔者认为,民间外交内涵、外延的变化是和其所面临的国内外环境的转变密切相关的。在当前中国社会日趋多元、对外交流日益多渠道、多层次的情况下,"由不具有国家正式外交资格的机构、组织或个人所进行的,有利于本国国家利益和人类共同利益的对外交往活动"都可以认为属于民间外交范畴。民间外交是国家总体外交的重要组成部分,是政府外交的基础力量和最重要补充。

民间外交寓于一般的民间交流中,但又不同于一般的民间交流。民间外交强调"自为",以增进人民友好、促进交流合作为目的,以有利于国家利益、有利于人类共同利益为根本原则。民间外交是在民间交流的基础上,有组织、有目的乃至机制化地开展民间层次的对外交往活动。

大量的民间对外交往不具有服务国家总体外交的目的性,从这个意义上讲,"自发"的民间交流不宜泛化为民间外交。但不可否认,很多民间自发的行为是很"自觉"地产生了增进人民友谊、促进相互理解,进而有利于国家利益、有利于人类共同利益的效果。因此,刻意将这些民间交往行为划出民间外交范畴,不利于形成真正的符合民众需求、顺应全球化、信息化时代环境的民间外交格局。相反,吸引更广泛的民间参与,引导、启发、培育更多"自发"行为的"自觉"意识,支持其获得更多的资源和平台,是民间外交发展的重要任务和潜力所在。

（二）民间外交的特点与作用

按上述定义,民间外交是一个适用范围非常广泛,内容形式极其丰富的概念。相对于官方外交而言,民间外交具有以下特点:

① 苏淑民:《新中国民间外交研究》,中国经济出版社 2011 年版,第 35 页。

（1）主体的人民性。民间外交以人民为主体，通过各种交流来促进人民之间的友谊、团结与合作，以此来促进国家间关系的改善与发展①。

（2）基础的稳定性。民间外交注重通过民间的交流和沟通来增强人民之间的理解和信任，具有广泛的社会基础，也为国家间关系和国际合作奠定了稳定的基础。

（3）效果的长期性。正因为民间外交重在交友、交心，特点是润物无声，静水深流，细水长流，其目标是世世代代的友好，并往往能历经几代人的努力。因此，开展民间外交工作，其长远意义就是前人栽树，后人乘凉。

（4）内容、对象的广泛性。官方外交一般侧重于政治领域，而民间外交可涉足的领域则涵盖社会生活的各个方面。

（5）形式的灵活性。与官方外交不同，民间外交不是通过外交谈判和签订各种条约、协定来规范双方的权利和义务，而是通过不拘形式的平等协商和灵活多样的交流形式来自愿增进双方的理解和信任。

正是因为民间外交具有上述特点，使其能在促进各国民众相互了解、不同文明交流互鉴中发挥重要作用，为官方外交发挥补充作用。中国民间外交在不同历史时期为增进中国与世界相互了解、促进中外友好关系和互利合作、维护和拓展国家利益、提升国际形象等发挥了独特作用。

（三）中国共产党历届领导集体的民间外交思想

早在新中国诞生之前，中国共产党就十分重视做国际友人的工作，交了一大批朋友，比如白求恩、斯特朗、斯诺、路易·艾黎等。新中国民间外交思想的形成大致可分为以下三个时期：

---

① 蔡拓，吕晓莉：《构建"和谐世界"的民间力量——关注中国民间外交的发展》，《学习与探索》2006年第6期，第59—64页。

第一个时期，毛泽东、周恩来提出"人民外交"、"以民促官"思想。新中国成立初期，由于世界格局的影响，我国与其他国家建立外交关系的活动空间非常小，民间外交配合政府外交的主要任务是"立足"。以毛泽东为核心的第一代中央领导集体创造了"人民外交"这种全新的外交形式，主要方针是"民间先行，以民促官"。第二个时期，邓小平提出民间外交为经济建设服务的思想。党的十一届三中全会后，我国进入对内改革、对外开放、建设有中国特色社会主义的新的历史时期，中国外交开始由"经济为外交服务"项"外交为经济服务"的转变。邓小平在 1984 年曾经提出，通过民间渠道对外开放，有助于利用国内和国际两个市场、两类资源，吸收和借鉴人类社会创造的一切文明成果，以加快中国的社会主义建设。[1]

第三个时期，冷战结束后，国际形势和中国外交的任务都发生了新变化，以江泽民、胡锦涛、习近平为总书记的最近几届中央领导集体提出"以人为本"、开展"人文外交"、推动构建和谐世界的思想。[2] 既体现了与时俱进的创新性，又体现了新中国民间外交思想不可分割的连续性。[3] 习近平 2012 年 5 月在会见全国友协第十届全国理事会代表时指出，"民间外交是增进人民友谊、促进国家关系发展的基础性工作，是国家总体外交的重要组成部分"。"在新世纪新阶段，民间外交的任务更加繁重、作用更加突出、舞台更加广阔。"2014 年 5 月 15 日，习近平在中国国际友好大会暨中国人民对外友好协会成立 60 周年纪念活动上指出："民间外交是推进文明交流互鉴最深厚的力量"，"民间外交要开拓创新，多领域、多渠道、多层次开展民间对外友好交流"。习近平在讲话中从实现中华民族伟大复兴的中国梦、促进世界和平与发展的高度，系

①　苏淑民：《新中国民间外交思想的发展及其渊源》，《人民论坛》2014 年 3 月。
②　李进军：《中国特色民间外交：认识与建议》，《公共外交季刊》2013 年第 4 期。
③　苏淑民：《新中国民间外交思想的发展及其渊源》，《人民论坛》2014 年 3 月。

统阐述了人民友好事业的重要意义,进一步明确了新时期民间外交的地位、作用和努力方向。[1]

(四)相关概念辨析

从"人民外交"、"公众外交"、"国民外交"到"民间外交"、"公共外交"、"城市外交",从"经济外交"、"文化外交"到"环境外交"、"体育外交"……各种关于外交的概念,针对对外交往所涉及的不同内容和主题,或参与对外交往的不同主体、机构和方式,使"外交"一词的外延不断得到扩展。

(1)公共外交

公共外交(Public Diplomacy)一词最早出现在美国,指一国政府直接与他国的民众交流,目的在于影响他国民众的观念,着眼于创造一个关于国家政策、行动和政治经济体系的良好形象。[2] 赵启正等结合中国实践和研究现状,将公共外交界定为"一国的政府、企业、社会组织、公众等各方从各种角度向外国公众表达本国国情,说明本国政策,解释外国对本国的不解之处,并同时在国际交流中了解对方的有关观点,目的是提升本国的形象,改善外国公众对本国的态度,进而影响外国政府对本国的政策"。[3]

可以看出,公共外交的概念在中国有所发展,但其侧重点是对外宣传,塑造良好国际形象,主体也主要强调的是政府,或"中央政府授权地方政府和其他社会部门"。[4] 俞新天认为,中国公共外交的战略目标是帮助各国社会公正理解中国的现实状况、内外政策和未来走向,从更长远来看,是促使国际公众相信、接受和支持中国的和平崛起,从更深层次来看,是让各国公众认识到不仅能与中

---

[1] 李小林:《谱写民间外交事业的新篇章》,《求是》2014 年第 15 期。

[2] Eytan Gilboa: Mass Communication and Diplomacy: A Theoretical Framework, Communiation Theory 10, 3, August, 2000, p.291.

[3] 赵启正、雷蔚真:《中国公共外交发展报告 2015》总报告,社会科学文献出版社 2015 年版,第 4 页。

[4] 赵可金:《公共外交的理论与实践》,上海辞书出版社 2007 年版,第 15 页。

国合作共赢,而且能与中国人民心灵相通,共同创造更加美好和谐的世界。①

(2)城市外交

城市外交是指城市政府在国家主权和总体外交战略的框架内,为实现国家总体发展战略,推进城市建设发展,在中央政府的授权或政府的授权下所从事的国际交往活动。②

城市平台上参与城市对外交往的主体日趋多元,不仅政府部门,还包括各种半官方和民间的社会团体、企业、个人等。因此,城市外交兼具政府外交和民间外交的双重特性,并且为民间外交的开展提供了广阔的平台。

城市外交主要有三种形式:缔结国际友好城市、建立或参与城市间国际组织以及各国城市直接对外进行经济、文化等交往。③ 国际友好城市是城市外交的重要载体,建立友好城市关系是一种地方政府行为,但建立这种关系的目的是搭建两个城市间在各个领域开展友好交流合作的平台,而这些交流合作都是由地方或民间的企业、经济部门或事业单位完成的。在此意义上,将由地方政府确定、以开展民间友好交流合作为目的的友好城市活动纳入民间外交的范畴是必要的。④

1973 年 6 月和 11 月,天津市与日本神户市,上海市与日本横滨市先后建立友好城市关系。友好城市的建立,有效地促进了双方的地方政府之间、团体之间的友好交往,促进了人民之间的了解与友谊。截至 2017 年 5 月,我国有 31 个省、自治区、直辖市(不包

① 俞新天:《构建中国公共外交理论的思考》,《海风文思集》,上海人民出版社 2013 年版,第 131 页。
② 李小林、李新玉:《城市外交:理论与实践》,社科文献出版社 2015 年版,第 30 页。
③ 龚铁鹰:《国际关系视野中的城市——地位、功能及政治走向》,《世界经济与政治》2004 年第 8 期,第 41 页。
④ 苏淑民:《新中国民间外交研究》,中国经济出版社 2011 年版,第 96 页。

括台湾省及港、澳特别行政区)和 476 个城市与五大洲 135 个国家的 508 个省(州、县、大区、道等)和 1593 个城市建立了 2432 对友好城市(省州)关系①。

二、当前民间外交面临的国际、国内环境特征

当今世界正处在重要的历史转折时期。和平、发展、合作和共赢的潮流势不可挡。与此同时,国际格局变化导致大国博弈加剧,地区热点失控,恐怖势力猖獗,而经济发展减速、环境恶化以及资源、能源供需失衡等全球性议题也日益凸显。应对这些威胁和挑战,不仅需要各国政府相互协调、通力合作,共担责任,共享利益,更需要各国人民相互信任,加强沟通,携手合作,同舟共济。

民间外交面临的国际环境发生较大变化。一方面,经济全球化和社会信息化深入发展,各国民间社会空前发展,新媒体大大提高了民意对政府决策的影响力,民间力量对国际关系的影响与日俱增。另一方面,逆全球化思潮日益突出,极端主义和民粹主义思潮削弱了理性的全球合作。环境、能源、妇女儿童、移民、卫生等全球性议题日益凸显,全球公共问题错综复杂,全球治理已成共识。越来越多的人认识到全球问题的解决需要民间参与。

国内方面,党的十八大以来,中国积极推动构建以合作共赢为核心的新型国际关系,提出了人类命运共同体这个具有包容性的愿景,倡导共商、共建、共享等全球治理原则和路径,并以"一带一路"作为推动发展合作的国际公共产品。深化与发展中国家团结与合作,倡导"亲、诚、惠、容"的周边外交理念。"中国梦"和新型"义利观",丰富和发展了中国特色的大国外交理论,也为中国民

---

① 中国国际友好城市联合会网站, http://www.cifca.org.cn/Web/YouChengTongJi.aspx。

间外交的发展提供了新的价值理念。

随着中国综合国力的增强和国际地位的提升,中国面临的外部环境发生复杂变化,中国外交也正经历一系列重大转变:中国国家利益的分布从以往主要集中在本土向本土与海外并重的方向转变;中国国家实力的建设从硬实力向软硬两种实力并重的方向转变;中国对现行国际体系和秩序的参与从以熟悉适应为主,向逐步适应与引导塑造并重的方向转变。外交工作的运行模式,从以往单一、并行、各自为政的方向向多种外交形式有机融合、立体化推进的方向转变。①

面对中国进入和平发展和民族复兴的新阶段,面对周边外交、全球治理、全面小康建设、"一带一路"等新主题,民间外交迎来了新机遇。民间外交可以发挥灵活机动、形式多样、渠道多、覆盖面广的特点,人民团体和社会组织、智库、企业等发挥各自优势,在参与国际事务中传播中国的传统文化和价值观念,体现中国风格,分享中国经验。通过与国际社会沟通、交流、合作,与官方外交有效互动、相辅相成,弥补官方外交的局限性和不足,为中国发展营造和平友好的外部环境,夯实国外、国内民意基础。

同时,中国社会的日益多元化和社会力量的发展壮大为民间外交发展提供了充分的渠道和支点,提供了坚实的社会基础。截至 2016 年底,全国共有社会组织近 68 万个,国内网民规模已近 7 亿。出国游客和留学生的规模迅速扩大,2016 年出境旅游人数达 1.22 亿人次,出国留学人员总数为 54.45 万人。民间外交不仅是国家总体外交的一部分,也日益成为人民需要的融入国际社会、与世界交流对话的方式。

2016 年 7 月 5 日,二十国集团民间社会会议(C20 会议)在青岛举行,成为中国社会组织国际化发展的又一里程碑。2016 年 8

---

① 李进军,在中联部"中国特色民间外交理论与实践"研讨会上的发言。

月中办、国办印发《关于改革社会组织管理制度促进社会组织健康有序发展的意见》，特别提出"要走出一条中国特色社会组织发展之路"，9月《中华人民共和国慈善法》开始施行，《社会团体登记管理条例》《基金会管理条例》《民办非企业单位登记管理暂行条例》等开始修订，2017起1月1日《境外非政府组织境内活动管理法》开始施行，一系列法规的出台和完善为社会组织开展国际交流与合作提供了制度保障和行动依据，让更多的社会组织参与民间外交成为可能。

三、上海民间外交：回顾、发展与展望

作为中国开埠最早的城市，上海具有民间对外交往的悠久历史和独特优势。新中国成立之后，特别是改革开放近40年来，上海的经济发展和社会进步为民间对外交往创造了非常有利的环境，日益形成在党的领导下，政府搭台、民间唱戏的良好局面，建立了一批高水平的人才队伍，打造了一批有社会影响和国际知名度的交流品牌，建立了与国际友好城市间的交流网络，呈现出基础稳定、主体多元、方式灵活、平台多样、理念包容等特点，形成全方位、宽领域、多层次的持续发展的态势。在服务国家的总体外交、提升城市的国际形象、展现市民的精神风貌和促进上海与国际社会的交流、沟通、合作方面，发挥了积极的作用。

（一）历史悠久的上海民间外交

上海是中国民间外交的重镇。在各个历史时期，上海都是中国对外进行民间友好交往的窗口。中美建交前的"乒乓外交"、中日恢复邦交前的"芭蕾外交"，上海都参与其中。1953年，新中国第一部彩色戏曲艺术片《梁山伯与祝英台》诞生于上海，由上海电影制片厂摄制，袁雪芬、范瑞娟主演，被国际上誉为东方的《罗密欧与朱丽叶》。1954年，周恩来总理将此版《梁山伯与祝英台》带至

日内瓦会议,并亲自改写影片说明书。影片登上国际舞台后,赢得热烈反响。

从新中国成立后到改革开放前,各类人民团体、群团组织是开展民间外交的主要机构。以 1956 年 9 月 13 日成立的上海市人民对外友好协会(简称"上海市友协")为例,其成立之时正值新中国建立不久。为了让更多国家和人民了解、同情和支持新中国,遵循毛泽东、周恩来提出的"民间先行,以民促官"的方针,上海市友协在广阔的世界舞台上积极开展对外民间友好活动和文化交流,接待了大量外国代表团和友好人士,组织了大量文艺演出、展览展示等文化交流活动,增进了上海人民与世界各国人民的相互了解和友谊,扩大了中国以及上海在国际上的影响。[①]

1978 年以来,随着改革开放不断深入,经济建设飞速发展,人民群众精神文化需求日益增长,民间外交工作也进入一个新的发展时期,民间经济、文化交流蓬勃开展,民间外交不断开拓新渠道,创新工作方式,将重心向经济建设与社会服务方向转移。

(二) 蓬勃发展的上海民间外交

随着 20 世纪 90 年代中国步入改革开放的快车道,浦东开发开放,中国经济改革和对外开放全面深化。上海民间外交立足上海,牵线搭桥,继续不断拉近中国人民与世界人民的距离。民间外交日益呈现出主体多元、平台多样的立体化发展态势。

配合总体外交,服务改革开放。民间外交工作,特别是政府部门主导的对外交往,体现了服务国家总体外交的宗旨,紧紧围绕党和国家中心工作展开,与政府外交举措形成合力,充分发挥增信释疑、凝聚共识、扩大合作的作用。例如上海多年来配合国家建交周年纪念、中外互办国家年、语言年、旅游年等举办大型国际文化活

---

① 《民间外交璀璨六十年——上海市人民对外友好协会简史》,《上海外事》2016 年第 5 期,第 4—10 页。

动、人文交流活动,弘扬了中华传统文化,提升了国家整体形象,增进了人民友好。活跃的对外交往带动了地方的经济社会发展,促进了各领域的交流合作。

涉外基数增大,交流基础稳定。丰富的历史资源,不断扩大的涉外基数,日益活跃的国际交流,构成上海民间外交稳定的基础。截至 2017 年 6 月,上海市已与世界上 57 个国家的 83 个市(省、州、大区、道、府、县或区)建立了友好城市关系或友好交流关系①,签署的友好城市合作协议涵盖了经贸、科技、环保、教育、文化等领域合作项目近 200 项;上海市友协与 350 个外国友好组织建立友好关系,覆盖 104 个国家。截至 2017 年 5 月,在上海市民政部门注册登记的社会组织共 14492 家,其中社会团体 4012 家、民办非企业单位 10095 家、基金会 385 家。② 在沪外国常住人口 17.26 万人,永久居留外国人 3027 人,另有临时来沪外国人 467.12 万人次。在沪留学生人数逾 6 万人,其中长期学习的 4 万余人。中外合作办学机构和项目累计达 191 个。新办外国人就业证 2 万余人次,实际在沪持外国人就业证 8 万余人。每年在沪举办的国际性会议、展会、论坛等达 600 余批。

参与主体多元,多方协作共赢。社会形态的多元化和民众参与意识的增强,促进了我国民间组织的快速发展。上海的民间外交逐步形成以对外友协等传统民间外交团体为主力军,各种企业、社会组织、学校和科研机构、个人等广泛参与的官民并举的多元参与格局。政府部门在一些活动,尤其是大型交流活动中往往担当组织和协调的角色,传统民间外交组织作为承上启下、连接中外的桥梁,发挥重要的引领作用。近年来,越来越多的企业重视企业

---

① 上海外事,http://www.shfao.gov.cn/wsb/node466/node548/node549/index.html。

② 上海社会组织,http://www.shstj.gov.cn/node2/node3/n8/n132/u8ai12937.html,2017 年 6 月 14 日。

品牌形象和国际知名度的提升,表现出利用自身专业优势在民间对外交往中发挥作用的积极意愿和作用。快速发展的社会组织,以其专业性、灵活性和创造性成为政府、企业的良好合作伙伴。"官方搭台,民间唱戏"的思路和做法以更富有活力的方式得到发展。

渠道平台多样,形式内容丰富。海纳百川是上海的城市精神,也体现上海民间外交的特质。民间外交涉及的领域涵盖政治、经济、贸易、科技、文化、教育、卫生、旅游、体育等经济社会发展的方方面面。友好城市为民间外交搭建了联通世界的平台,各类友好团体为民间外交建立了稳定的、多层次的交流渠道。大型活动、参观考察、项目合作、学术交流、演出展览等,形式多样的民间交流活动有效地增进了与各国人民之间的理解和友谊,提升了上海城市的国际形象和知名度,产生了广泛的国际影响。有关机构组织派遣的援外医疗队、海外青年志愿者、发挥海外侨胞和在沪外国人友好使者作用等,都为民间外交提供了大有可为的新空间。

(三) 机遇与挑战并存的上海民间外交

机遇和使命。随着中国综合国力不断增强、国际地位显著提升,中国国家利益的实现越来越离不开国际舞台,民间外交发展迎来新的历史性机遇。民间外交静水深流,深耕细作,润物无声,在维护国家形象、增强国家软实力方面发挥日益重要的作用。

上海正处在加快建成国际经济、金融、贸易、航运"四个中心"和社会主义现代化国际大都市,步入全面深化改革、加快创新发展的新时期。上海民间外交面临主动服务"四个中心"、自贸试验区和具有全球影响力的科技创新中心建设,围绕上海发展现实需求,深化互利共赢格局的新使命,并最终服务于包容和可持续发展的卓越的全球城市的建设目标。在国家对地方民间外交提出更高要求的形势下,上海不能浅尝辄止,固步自封,必须确立更高的目标,争取有更大的作为。

　　民间外交既是中华民族实现中国梦的需要,是实现人类命运共同体的需要,也是上海从国际化大都市向全球城市的长远发展需要。上海的民间外交既要服务国家总体外交和国家发展战略,也要有上海地方特点和特色,服务上海的经济社会发展,提升上海城市精神的国际影响力,增强上海参与国际竞争的软实力。

　　优势和不足。上海是一个全方位开放的、特大型的国际化都市,拥有开展民间外交得天独厚的宝贵资源。1955 年波兰率先在上海设立了总领事馆,截至 2017 年 7 月上海共有 75 家外国总领事馆。1964 年开通的上海——卡拉奇航线,是当时中国前往非社会主义国家的唯一空中通道。1972 年发表的中美《上海公报》是迄今为止中国最重要的双边外交文件。2001 年成立的“上海合作组织”则是首个以中国城市命名的国际组织。1986 年日本媒体开始入驻上海,截至 2017 年 7 月已有 17 个国家 76 家在沪外国媒体;1973 年上海与日本横滨市建立友好城市,截至 2017 年 7 月拥有83 个友好城市,53 家外国地方政府办事处。作为上海世博会的精神遗产,2013 年 12 月联合国大会通过了设立“世界城市日”的决议,这是首个由中国政府倡议设立的国际日。2013 年中国(上海)自由贸易试验区成立,体现了上海在改革和发展方面的综合优势。

　　但另一方面,上海民间外交的发展与国际化大都市的地位相比,还有一定的差距,还存在一些不足。现有的民间外交资源和上海得天独厚的国际资源尚未得到有效的利用和整合,尤其是作为民间外交重要主体的民间社会组织、民营企业的力量还没有得到充分培育。自浦东开发开放以来,上海经历了快速发展的阶段,经济总量、城市治理、产业创新等领域取得了巨大成就,开放的城市激发了民间交往的巨大热情,大量优质涉外工作资源蕴藏在民间。民间外交主体多元化的同时,资源碎片化、活动随意化现象也时有发生。因此,整合民间外交资源,统筹民间对外交往工作,分类梳理、重点跟踪、推动政府和民间两种资源的良性互动,成为民间外交工作的重要课题。

2013 年 5 月 28 日,习近平在会见美国洛杉矶市长时强调,中美关系根基在地方、在民间、在基层。中美关系发展离不开地方交流合作,更离不开两国人民广泛参与和积极支持。双方要从地方做起、从民间做起、从基层做起,发挥地方特色,实现优势互补,通过实实在在的合作,夯实中美关系的社会基础。因此,如何协同民间力量参与,让民间拥有更多的资源,做更多的事,是发展民间外交必须正视的问题。

同时,上海和全国各地一样,已经开展了大量民间外交实践,但理论研究仍然不足。在实践进行到一定阶段时,需要有理论指导,需要对已有的实践加以总结和系统化,提高实践的自觉性和主动性。"提高指导下的普及"和"普及基础上的提高"历来是相辅相成的。民间外交需要加强理论研究,需要有民间外交的普及读本,让民间外交进入课堂,进入民众的心里。

展望与建议。面对中国进入和平发展和民族复兴的新阶段,面对周边外交、全球治理、全面小康社会、"一带一路"等新主题,面对主动服务"四个中心"、自贸试验区和具有全球影响力的科创中心建设、并最终服务于包容和可持续发展的全球城市建设目标的新使命,上海民间外交要以更加开阔的视野和开阔的胸怀实现新的发展。

一是把人类命运共同体理念作为统领民间外交的思想基础,继续以维护世界和平为使命,将中国的发展与世界的发展联系起来,"立天下之正位,行天下之大道。"

二是立足上海国际化大都市的特色,明确重点发展方向,与国家总体外交更好地衔接,与全球治理和全球城市治理领域更密切结合,与改革开放的大局更紧密地结合。

三是完善机制体制建设。加强党的领导,政府部门发挥主导作用,群团组织发挥引领作用,以国家利益为导向确保民间外交的发展方向，以完善制度规范民间外交主体的行为，以扩大资源提供加强民间力量的能力建设，以平台建设帮助民间力量走出去，扩大国际影响和可见度，以人才培养和舆论引导为核心厚植民间外交的社会基础。

四是聚焦发展议题，拓展新的空间。秉持创新、协调、绿色、开放、共享五大理念，让民间外交成为助推经济社会发展的力量；通过民间交往与合作的项目化、具体化，推动各国共迎挑战、共享机遇、共创繁荣，使民间外交真正惠及民生。

五是尊重多元文化，促进理解包容。尊重各国的历史传统和文化传承，尊重人民选择不同生活方式和发展道路的权利，反对一切狭隘的民族主义、民粹主义和文化原教旨主义，让民间外交成为开放、包容，推动学习和互鉴，化解偏见与隔阂的大熔炉。鼓励教育、文艺、科技、卫生领域的国际合作，推动多元文化传播与交融。

六是广泛开展青少年交流。鼓励各国的青年一代立足本国，面向世界，拥有开放的胸襟，包容的心态，宽广的视野，勇于担当的使命感；要鼓励青少年通过游学、留学、国际志愿者行动，积极参加各种国际交流和合作，增加对异文化和他国民众的沟通与理解。

（作者系上海国际问题研究院比较政治与
公共政策研究所副所长）

建设有限有效和法治政府
发挥好市场配置资源作用

王思政

"十三五"规划展开了一张新蓝图,新的规划理念、规划目标、指标和任务落实落地,对政府自身的执政能力提出了新要求,面对建设有限政府、有效政府、法治政府、网上政府这一新挑战。只有深化改革,并将各项改革举措系统集成,才能释放新活力,获得发展的新契机。而经济和社会的发展,需要提高资源特别是稀缺资源的配置效率。

一、加快政府职能转变

一是处理好政府与市场的关系。一方面,市场的事让市场干。实践和理论均已证明,市场配置资源是最有效的形式,尤其是在微观经济层面。"十三五"期间,要建立完善各类要素市场,规划发展期货、拍卖、产权、数据等特种交易市场,健全市场体系,规范市场秩序。2016年下半年起,摩拜单车风靡沪上大街小巷。这种便捷便宜、无固定停车点的互联网自行车受到了青年消费者的喜爱,对于缓解交通压力、解决"最后一公里通行堵点"、打击"黑车盛行痛点"、带动实体经济发展和节能减排等起到了积极作用。几年前,杭州市政府发起的"市政自行车"是个很好的创意,在全国多个城市被仿效,但由于手续繁琐,使用不便,试行多年,一直停留在形象工程阶段,难以真正推广。摩拜单车由企业运作,风投助力,互联网平台配置资源,市场推动,创新驱动,最终形成有效供给。摩拜单车有三大创新获得大家的共识:一是"新模式"解决了便捷、便宜和绿色等"老问题";二是"新动能"突破了调动社会资本减轻政府压力的"老瓶颈";三是"新技术"救活"老产业",采用轴传动、无辐条、实心胎和遥控锁等技术,使传统自行车产业获得新生。目前摩拜单车虽然还存在一些问题,但是只要看清方向,顺应规律和人性,这些问题能够在规范中发展,在发展中规范。

　　另一方面,要发挥好中国特色社会主义制度的优越性,认清创新转型阶段政府发挥好宏观调控作用的必要性。例如,无论在经济发达国家还是在新兴经济体国家,企业对绝大多数公共基础设施投资意愿低下,政府根据轻重缓急,合理安排好事关国计民生的重大基础设施建设投资是理所应当的。前不久在经济学界,关于政府是否应该制定产业政策和科创扶持政策等,讨论非常激烈。纵观各国发展历史,无论何种所有制国家,当某一产业处于落后地位时,以政策支持推动其获得突破提升,被无数案例证明是相当有效的。当年的美国、苏联、德国、日本、韩国如此,中国的发展更是如此。卡尔·波兰尼曾在《大转型》一书中指出:没有自然而生的自由放任,也从来没有自然而生的自由市场。

　　二是建立有限、有效、法治和网上政府。建设有限政府,政府不再包打天下,除了发挥好主导作用外,还要发挥好企业的社会责任,以及第三方组织和市民个人参与社会治理的作用。在条件成熟的有关功能区和领域,探索建立"法定机构"和理事会类似机构,专业的事让专业的人干,创新的事让创新的机构办,形成多方参与、业界共治的管理服务新模式。2016 年 8 月,浦东成立陆家嘴"金融城理事会",其中业界代表占 90% 多,外资机构又占了其中 30%,体现了市场主体地位。而原有的管委会退出政府序列,变身为企业化运作的金融发展局。其作为一个新的法定机构,也是理事会的执行机构,提供市场化、专业化服务。

建设有效政府,缩小政府部门规模,合并职能重叠的部门,一件事一个部门为主管,进一步简政放权,全面建立权力清单、责任清单和标准清单,完善精简行业准入的"负面清单",建立政府采购服务的"合格供应商"制度,政府部门管理的重心由审批向服务和监管转移,从而提高行政效率、提高服务和事中事后监管的能力。进一步理顺市区两级政府管理体制,建立市区两级政府事权与支出责任相匹配的财税体制,强化区政府对本区域经济社会发展治理协调服务职能。

建设法治政府,加强建制立法,进一步减少乃至杜绝"国家权力部门化、部门权利个人化"的现象,发挥好人大、政协参政议政和监督作用。完善行政监察制度、问责制度和绩效管理制度,为提高行政效能增强制度和法律保障。

建设网上政府。世界已进入网络时代,市民已成为"网民、微民",他们已占人口大多数,网络购物、理财、就医、社交、相亲等盛行,甚至买菜买早点都用手机支付,真可谓有网走遍天下,无网寸步难行。政府如果不去"虚拟基层"深入体察民情民意,不跨越"数字鸿沟",就会造成新的脱离群众,失去执政之基。加快建立完善服务规范、体验便捷、建设集约、资源共享的虚拟"政务超市",是又一个当务之急。

三是提高执政能力与精准施策,服务好企业和公众。提高执政能力的前提是转变执政理念和思路。经过近40年改革开放,我国经济社会发生巨大变化,发展的红利快速累积,经济总量稳坐全球第二位置,成为"世界工厂",外贸进出口和外汇储备全球第一,连续5年成为全球最大的客源输出国,世界500强企业成倍增长。在无数个"第一"的背后,除了自豪骄傲,还应多些警惕警醒,多些冷静的思考。当个人、企业、政府的财富收入成数十倍、甚至百倍增长时,如果还是用旧有的方法手段去打理,那一定不会有好的效果。一个地方政府的税收从百亿上升到千亿级,再上升到万亿级的规模,一定要用新的理念思路武装头脑,调整组织架构和人力资源配置,改革管理流程,调整收入和支出的重点,增加新的制度供给。

实施精准施策和精细化管理还要顺应人性的特点。多年以前,在上海大建设时代,乱倒渣土成为城市恶疾。政府相关部门做了大量调查研究,采取不少措施,路政、城管、警察、罚款多管齐下,但收效甚微。后来在付费制度上做了个小小的改革,将渣土由"装点付费"改为"卸点付费",立马收到了四两拨千斤的效果。2010年广州为了成功举办亚运会,政府给市民发了一个免费乘公交地铁的优惠礼包。结果受不乘白不乘本性的驱使,坐地铁的人次增长一倍,安全隐患频出,4天后礼包收回,"仁政"不仁。以上几个案例给我们的启示是,政府要精准施策,还要抓住人性的特点和弱点,才能建立有效的激励和约束机制。如果政策与制度的设计与人性对着干、扭着干,往往会事倍功半。现在大家都会说,一个好的制度或政策要使坏人不能做坏事;使好人不想做坏事。但要做到对症下药精准施策还需下大力气。

政府体制改革、转变职能的目的是为了发展社会生产力,调动企业和民众的积极性,根本目的还是为了发展经济。企业是经济的细胞,是一种无处不在的神奇组织,是迄今为止最有效的经济组织形式。它能移运用各种生产要素开展生产经营活动,向市场提供最多的就业岗位,提供最多的商品和服务,向政府提供最多的税收。政府有了税收才能为民众提供完善的基础设施和公共服务等公共产品。此外企业也是最主要的创新主体。近年来的发展规律表明,大量的创新已从500强企业转向初创企业,因此,我们不但需要顶天立地的大型企业,还要呵护铺天盖地的中小微企业。

二、发挥市场化资源配置优势

市场与政府两种机制的交织与互补作用,是现代市场经济健康运行的必要条件。党的十八届三中全会指出,经济体制改革的核心问题是处理好政府和市场的关系,使市场在资源配置中起决定性作用和更好发挥政府作用。党的十九大报告又把"使市场在资源配置中起决定性作用和更好发挥政府作用"这句话拆开,在当中加上逗号,进一步表明我们党坚持社会主义市场经济改革的决心和立场。从三个切入点作些分析。

一是聚焦培育服务贸易的重点,做好服务贸易的国际收支平衡。关于博物馆等公办展览场馆的门票收费问题是值得讨论的。全世界大多数的博物馆基本上都是第一大或者第二大吸引旅游客源的场所。近年来上海博物馆吸引了越来越多的外国人前往参观浏览,还不要门票,享受超国民待遇。当然,这个免票是因为多年前国家文化部有一个规定。但是,这个规定是有点争议的,我国还没发展到这个阶段,实际上有点太超前。

由于工作和兴趣关系,笔者几乎把全球前十大或者说二十大的博物馆全部看了一遍、考察了一遍,多的看了六七遍。现在全球只有英国伦敦、美国华盛顿的一些博物馆是免费的,而其他大多数博物馆都是收费的,比如说纽约大都会,巴黎的卢浮宫、凡尔赛、奥赛、蓬皮杜,意大利佛罗伦萨的乌菲兹,马德里的普拉多等等。

本轮金融经济危机以来,我国货物贸易的顺差已经大幅度收窄。虽然上海的国际服务贸易创汇在全国领先,但是服务贸易创汇逆差仍在继续扩大。贸易转型是必然趋势。如果货物贸易将来也像欧美一样出现逆差,服务贸易不能扭转逆差,国际收支平衡会不会出现问题。

进行一下国际对比,会发现一个很有意思的现象:在发达国家大城市博物馆门口，一辆一辆的大巴开过来，里面相当大的比例都是中国人。而上博门口一辆一辆大巴拉过来的外国人日益增多。我们买国外奢侈品已经花了这么多钱，境外服务贸易消费也在快速上升，自己的东西对外反而是免费的。国际贸易最终需要平衡，适当对"特展"等收取门票，有利于"上博"等场馆维持一个好的观展环境，打造成国际一流的旅游目的地。何况当今人们还有个偏见，认为免费的没有好东西。

二是进一步改革制度和政策的设计，来抑制圈地的冲动。目前做什么项目都得征地，拿到一块地就万事大吉，哪怕项目建成后经营亏本了，以后卖掉地仍然赚钱。

一个好的制度有伟大的力量，能起到四两拨千斤的作用。很多人觉得，上海搞自贸区没有实质内容，没有优惠政策，就不来了，我们的宣传也存在一定的偏向。实际上，审批权的改革是一件非常重要、重大的事。具体有三个方面的建议：第一，在制造业方面，可以在制度设计、政策的支持上更多倾向于收购兼并，而不是一味再搞"绿地投资"。全世界FDI投资里面80%左右都是收购兼并，而不是"绿地投资"。改革开放近40年，到今天制造业仍然是以"绿地投资"为主。这需要各委办的引导资金都要做一些调整。第二，在基础设施领域和公用设施领域，要探索特许经营权的问题。如浦东的威望迪水厂项目，虽然有过经验教训，但还是可以进一步探索。这样做也是为了减少圈地的冲动。第三，在社会事业领域，要进一步解决好所有权和经营权分离的问题。上海有不少社会文化事业项目可以交给第三方、专业的公司来经营。这方面我们已经有了比较成功的探索，比如奔驰文化中心探索所有权和经营权的分离；科技馆输出管理运营经验，将自然博物馆和天文馆纳入麾下；以及迪士尼项目，都做了类似的尝试。

三是进一步解放思想，用国际惯例来配置好上海的无形资源。这一点我们现在做得很不够，认识还停留在工业经济时代、跟有形的东西打交道的层面。上海一直讲自身是缺乏资源的,所谓没有资源实际上是没有有形的资源。所以我们老是盯着土地财政,盯着看得见摸得着的东西。但是,世界经济发展到服务经济阶段,特别是到了知识经济的阶段,其规律恰恰在于,大量的无形资源已浮出了水面,变得越来越重要。这种无形资源恰恰是大都市里才有的。比如数据信息资源,比如碳排放交易权的资源,包括上海早年已经做了很好尝试的汽车牌照资源的拍卖等等。还有一些新的资源,大多数非专业人士可能意识不到它的价值。比如,现在最多的创新集中在互联网经济领域,尤其是移动互联网。

以前社会商品零售额是我们观察评估消费的重要指标,现如今信息数据消费成为新的风向标。以微信为例,2016 年底微信活跃用户已近 9 亿,提供的直接和间接就业岗位 1000 多万,拉动的信息数据消费 1700 多亿元,占中国信息消费总规模的 4.54%,每天上微信平台的人数达 30 亿人次,创造了天文数字。到 2017 年六月底,微信的月活跃用户已达 9.63 亿人次。什么是活跃用户,有两个维度的指标。一个是感受度,活跃用户每天早上起床后先刷微信后刷牙,每晚上床前刷完牙再刷一遍微信,有人起夜时还要瞄一眼微信。一个是技术指标,活跃用户平均每四分钟低一下头刷微信,一天要低二百多次。微信有句口号叫“连接一切”,但似乎叫“微信 is everything”更确切。马化腾在微信发明之初说,“发明微信是为了用好每个人的碎片化时间”。现在这句话应该改一下,微信已使每个人的学习、工作和休闲时间全部被碎片化,微信重新发明了存量时间,与一百多年前爱迪生发明灯泡,延长了人类学习、工作和休闲娱乐时间有异曲同工之妙。

随着互联网的普及,知识经济飞速发展,新文明开始“依网而生”,许多企业进入“无数而不生,无网而不胜”的新时代。移动互联网的时代对我们又提出了新的挑战、新的需求。如果说在固网时代,宽带网是固网的高速公路,那么到了移动互联网阶段,无线频率就是新的高速公路。然而现在这条高速路有一个重大的瓶颈制约,资源比宽带资源更加的紧缺。由于传统的体制因素,无线频谱资源为警方、军方、文广、航空和政府应急指挥等部门分头垄断。比如说文广用的资源 700 兆赫,电视信号"模转数"之后,某种程度上说这个资源已闲置。如果能把 700 兆赫的资源拿出来进行市场化的运作,或者说与移动运营商合作用于 wifi,全上海的基站理论上可减少一半,信号传播效率会大大提升。

现在诸如此类的无形资源在大都市里越来越多,我们要用开放前瞻的理念、鼓足改革的勇气去探索。上海牌照拍卖到今天还有很多争议,实践证明这件事情做得非常对,是一项前瞻开创性的工作,这样的资源交易将会越来越多,我们一定要下决心去挖掘。在无形资源的市场化配置方面,美国就做得非常成功,如一场无线频率资源拍卖会,高的时候收入可超 200 亿美元。

三、改革探索的关键:创新+制度

改革的路线图已经铺就。对上海来说,如何结合实际进行探索突破,寻找到供给侧改革的发力点,是关键。2016 年底,上海第三产业占 GDP 比重为 70% 左右,服务经济已成经济发展第一支柱;在新产业领域,传统的优势制造业也已走在转型升级前列,创新产业的高地逐渐形成。

从深层次看,要把重点聚焦在制度改革和创新力度上,增加"有效创新供给"。面对市民层出不穷、更新换代的需求变化,我们正面临着新一轮的商品和服务短缺。而新的"短缺"背后,真正缺的是创新力量,是制度改革。创新本身就是一种引领需求增长、推动经济发展的核心供给。如今在供给侧结构性改革的要求下,透析上海 70% 左右的三产比重,会发现其中真正能"创造需求、引领消费"的服务业创新还不够多。同样在产业领域,能创造需求的

"爆款产品",还不够丰富。

　　要努力扩大这些领域的有效供给,才能解决人民日益增长的美好生活需要和不平衡不充分的发展之间的矛盾,需要切实落实转变发展理念。在创新发展理念引领下,上海通过打造具有全球影响力的科创中心,可以带动营造激励创新的体制机制环境,推进科技创新、产业创新、管理创新等,以创新来推动结构性改革。

　　与创新供给相伴的制度安排,同样可以成为一种重要供给。在增加服务有效供给方面,上海下一轮发展,需要结合超大城市实际,大力提高基本公共服务均等化。而要实现基本公共服务供给有效增加,关键在制度改革。基本公共服务清单化、标准化、合格供应商制度和财政补贴制度以及统一需求评估等,都是需要探索的制度改革内容。以养老领域为例,过去上海以增加床位供给为主,"十三五"期间,将把重点放在制度建设之上,"制度供给"将比单纯的"床位供给"带来更有效的市场供给增长。

　　浦东开发开放初期,建金桥出口加工区,造了一片工厂;后来建陆家嘴金融贸易区,造了一群高楼,现如今建上海自贸区,建立了一套看不见、摸不着制度。但这套制度是与国际惯例最接轨的制度,是能够配置全球资源的制度,目前已有100多项在全国复制推广。正是上海作为改革开放先行者、创新发展排头兵,更需要在建立有限有效法治和网上政府中率先探索出一条新路。

(作者系上海市发展改革委员会巡视员)

关于上海推进供给侧结构性改革的思考与建议

魏 陆 王晓艳

供给侧结构性改革是中央对我国经济发展新阶段的深刻把握,是适应和引领经济发展新常态的主动选择,是贯彻落实"创新、协调、绿色、开放、共享"五大发展理念的重要举措。作为全国改革开放的排头兵和创新发展的先行者,对标国际一流城市以及上海未来发展宏伟目标,上海推进供给侧结构性改革具有紧迫性,必须深刻认识上海"三去一降一补"面临的形势和任务,立足更高起点、更宽视野和更严标准,通过供给侧结构性改革加快上海经济转型升级和新旧增长动能转换,以结构调整为主攻方向,以政府自身改革为突破口,用好自贸区和科创中心两大创新平台,全面提升上海经济供给质量和效率,为全国经济整体提质增效作出新贡献。

一、上海加快推进供给侧结构性改革具有紧迫性

从字面来看,供给侧结构性改革这一战略包括"供给侧、结构性、改革"三大要素,供给侧是这一战略的出发点,结构性是这一战略的着力点,改革是这一战略的落脚点。上海发展阶段高(人均生产总值突破10万元,服务业比重接近70%,城镇化率超过90%,已进入后工业化社会),目标任务重(对标纽约、伦敦、东京等国际一流城市,2020年要基本建成具有全球资源配置能力的国际经济、

金融、贸易和航运中心），底线约束严（将严守常住人口 2500 万、建设土地 3185 平方公里、能源环境、城市安全等 4 条底线），相比全国其他地方，在更高起点上通过改革解决自身发展的供给侧结构性问题更具有紧迫性。

（一）供给质量和效率与国际一流城市相比仍有较大的差距

大城市是高端生产要素集聚的地方，其人均 GDP 和生产效率明显高于全国平均水平，有标杆和示范带动作用。与国际一流城市相比，上海在经济供给质量和效率方面仍存在较大差距。从综合经济实力看，上海的 GDP 总量与纽约、东京的差距仍很大，虽然面积是纽约和东京的 8 倍和 3 倍，然而 GDP 总量仅为后两者的约 1/2 和 2/5，表明上海作为国际大都市的经济中心地位和资源集聚效应仍有待增强。从要素投入产出效率来看，2014 年上海的全员劳动生产率仅是纽约、东京的约 1/6 和 1/4，地均产出仅是纽约、东京的约 1/20 和 1/7，人均 GDP 仅是纽约、东京的约 1/5 和 1/4，但是上海开发强度已接近 50%，而东京的开发强度不到 30%，香港也只有 21%（见表 1）；同时，上海的人均能耗为 4.7 吨标煤，比伦敦、纽约等国际大都市高 50% 以上。上海与国际一流城市供给质量和效率的差距明显大于总量的差距，这背后反映了上海经济的结构性矛盾和发展方式问题，在当前人口、土地和资源环境等有形要素的供给到了"天花板"的情况下，上海要成为全球性的经济中心城市，必须通过供给侧结构性改革加快转变经济发展模式，使技术创新和制度创新等无形要素成为推动经济增长的主动力，提高全要素生产率，实现有底线的持续增长。

表 1　上海与国际大都市供给效率比较（2014 年）

指标（2014 年）	上海	纽约	东京	香港	新加坡
GDP（亿美元）	3625	6470	8775	2909	3079
GDP 占本国比重（%）	3.7	3.71	19.1	2.9	—

（续表）

指标（2014 年）	上海	纽约	东京	香港	新加坡
常住人口（万人）	2425	840	1350	724	547
人均 GDP（万美元）	1.49	7.7	6.5	4.02	5.63
全员劳动生产率（万美元/人）	2.7	17.5	11.6	7.8	9.9
陆域面积（平方公里）	6340	789	2188	1104	716
地均产出（亿美元/平方公里）	0.57	8.2	4.01	2.63	4.3
开发强度（%）	49.2	—	29.4	21.0	—

注：（1）纽约数据口径均为纽约市行政区域，来源为纽约市官方发布的规划报告《ONE NEW YORK：THE PLAN FOR A STRONG AND JUST CITY》。（2）东京数据口径均为东京都行政区域，来源为东京都总务局统计部网站。（3）香港和新加坡数据来源为世界银行。（4）地均产出数据按照 GDP 除以该行政区陆域面积计算。（5）开发强度按照建设用地面积除以该行政区陆域面积计算。

（二）新旧产业增长动能转换正处在关键时期

供给侧结构性改革的根本目的是通过供给侧的结构性调整优化，提高市场竞争力，进而提高全要素生产率。[1] 从城市发展历史进程看，产业结构调整升级是上海经济发展的永恒命题。2008 年以后，面对国际金融危机的多重挑战，上海大力实施创新驱动、转型发展战略，经济发展质量在全国处于领先水平。但是，应该清醒地看到，目前上海的发展模式仍较为粗放，经济增长较多地依赖人口、土地要素投入和环境容量超负荷承载，如 2005—2014 年间，常住人口从 1890 万猛增到 2425 万，建设用地从 2400 平方公里增加到 3100 多平方公里，经济增长仍过多地依赖重化工业增长、房地产业发展、加工型劳动密集型产业和固定资产投资的拉动，减少"四个依赖"的目标远没有实现。当前上海传统产业优势减弱，增

---

[1]　王晓芳、权飞过：《供给侧结构性改革背景下的创新路径选择》，上海经济研究，2016 年第 3 期，第 3—12 页。

速放缓,先进制造、专业服务等高端产业的规模、质量较国际一流城市尚有不小的差距。2016 年,上海经济增速为 6.8%,但是规模以上工业增加值仅增长 0.8%,6 个重点行业工业总产值仅增长 1.9%;前期确定的战略性新兴产业,由于国际国内市场需求下滑、产业政策不适应、同质低水平竞争等多种原因,发展势头不理想,战略性新兴产业制造业总产值仅比上年同期增长 2.7%,无法弥补传统产业结构调整形成的缺口。上海必须加快结构调整,推动传统产业优化升级,大力发展战略性新兴产业,早日实现新旧产业增长动能的转换。

(三)政府管理方式还有很多不适应新形势要求的地方

新常态下,中国面临的结构性矛盾和问题背后,归根结底是体制机制的瓶颈。多数产能过剩行业与政府背后的推手是分不开的,多数短板是由于政府职能的缺位造成的。如果仍然采取政府直接干预的方式去解决那些原本就是政府过度干预造成的问题,结果可能适得其反。① 对照市场发展趋势、企业现实需求,上海政府对市场的干预较多,原有的一些政府管理方式已经滞后,主要表现为"四个不适应":一是工业用地方式不适应。进入服务经济时代,项目小型化、服务化趋势明显,技术周期变化快,对于供地方式灵活度和匹配度的要求更高,传统的工业供地"招拍挂"制度采用单一"价高者得"的方式,适合产能短缺背景下快速引进大项目做大产能,但是难以适应服务经济时代快速变化的市场需求和产业融合趋势。二是财政资金支持方式不适应。财政专项资金较多、较散,分散在发改委、经信委、科委等多个政府部门手中,统筹使用力度不够,普惠性竞争性政策欠缺,政府产业基金、引导基金的市场化、专业化运作水平不够,财政资金使用效率不高。三是招商引

---

① 陈奇斌:《供给侧结构性改革中的政府与市场》,《学术研究》2016 年第 6 期,第 104—109 页。

资机制不适应。园区之间招商水平参差不齐,在招商引资上存在拼资源、拼政策的低水平竞争,存在不择手段、不惜代价、拉到篮里都是菜的粗放式招商,招商队伍的专业化程度不高,难以针对产业链和价值链所需有效招商。四是产业政策不适应。以战略性新兴产业为例,当前的战略性新兴产业政策较为明显地延续了传统的产业政策工具,各地政策相似度高,过度投资和重复建设的问题已经暴露。传统政府角色和管理方式已经难以适应市场环境和技术的快速变化,上海必须加快政府管理方式转变,进一步简政放权,适应市场在资源配置中起决定性作用的要求。

二、当前上海"三去一降一补"面临的形势与任务

供给侧结构性改革具有长期性和系统性,当务之急是要按照中央部署,切实抓好"去产能、去库存、去杠杆、降成本、补短板"五大重点任务。上海在这些方面既有与全国相同的共性问题,也有自身特有的个性问题,但主要是自身长期积累的矛盾和问题。造成这些问题既有市场原因,也有政府原因,但主要是政府体制机制不健全导致的,准确认识上海"三去一降一补"面临的形势与任务有助于我们提高对策的有效性和针对性

(一) 在去产能方面,虽然上海产能过剩和僵尸企业问题并不突出,但是结构调整任务仍然十分艰巨

国家去产能的重点主要集中在钢铁、煤炭、水泥、电解铝、平板玻璃、船舶等行业,并要求加快处置僵尸企业,通过兼并重组、破产清算等方式实现市场出清。在这方面,上海与全国的情况差异较大,不存在绝对过剩的劣势产能。"十一五"和"十二五"期间,上海持续推进产业结构战略性调整,平板玻璃、电解铝、铁合金等"三高一低"行业已实现全行业退出,以电子信息产品代工为代表的劳动密集型产业加速向市外转移,钢铁、水泥等重化工行业产能规模

已大大缩减。但是,按照疏解城市非核心功能的战略要求,未来上海的结构调整任务仍然十分艰巨,全市仍存在不少"三高一低"劣势产能企业,劳动密集型产业退出还有空间,重化工业控产能和去产能还有很大余地,结构调整进入攻坚期。以钢铁行业为例,根据2012年宝钢集团与市政府签署的协议,计划在2013—2017年减少粗钢产能660万吨、铁产能580万吨,截至2015年末已累计关停粗钢产能700多万吨。虽然阶段性控减目标已经提前实现,但对照国际大都市产业结构,上海重化工业比重仍然偏高,仍有必要研究未来10年重化工业结构调整目标,为效率和附加值更高的新产业腾挪环境和资源空间。

（二）去库存方面,上海不存在房地产总量过剩的问题,但是需要重点关注区域分化结构性矛盾

上海并不存在房地产总量过剩的问题,相反还存在供给不足的矛盾。但同时,上海要重点关注房地产市场区域分化存在的潜在风险:住宅市场方面,主要是远郊大型居住社区空置率较高。调研发现,市区居民在郊区大型居住社区的入住率约为40%—50%,部分社区出租率高达60%,出现规模化的"出租飞地"现象。商办楼宇方面,核心商务区与非核心商务区的两极分化日趋加剧。调研发现,原静安区商办楼宇空置率一直控制在5%以内,而奉贤区商办楼宇空置率超过50%。这背后反映了大都市产业空间布局的非均衡性,中心城区服务业集聚度高、楼宇资源供不应求,远郊地区服务业集聚度差、楼宇空置率高。有研究机构根据上海第三次经济普查数据,对上海4个重点产业就业密度的空间分布做了分析,发现金融业高度集聚在距市中心3公里范围内,文化创意产业集聚在距市中心8公里范围内外,科技产业集聚在距市中心12公里范围内外,而制造业分布在距市中心15公里范围之外,四大产业布局总体呈现"3、8、12、15"的特征。国际上,即使被公认为"新城战略"非常成功的东京,在过去十几年中,其中心城区的产

业集聚度仍在不断加强。① 因此，无论是市场规律还是国际经验，都道出了产业发展和布局的客观规律性，各郊区县应摆脱单一的"商办楼情结"，加强对产业空间布局集聚规律的研究，因地制宜发展适合本行政区的特色产业，避免同质化竞争。

（三）去杠杆方面，上海债务率明显低于全国，应利用好资金优势服务上海和全国经济转型升级

据上海市财政局公布数据，截至 2016 年末，上海地方政府债务余额为 4486 亿元，按审计口径计算的债务率为 43.5%，明显低于全国平均水平。从偿债能力看，2016 年全市一般公共预算收入超过 6000 亿元，增速位居全国第一位，财政状况良好。同时，上海债务投向结构较好，债务资产质量较高，在已支出的政府负有偿还责任的债务中，用于市政建设、土地收储、交通运输设施建设、保障性住房、生态建设等基础性和公益性项目的支出占比超过 90%，债务所对应资产为实体性资产，未来部分资产有变现能力，属于"优质资产"。"十三五"期间，上海的城市建设任务还很重，应抓住当前利率水平低、推进债务置换的有利时机，结合上海自身财力状况，用好资金杠杆加大城市基础设施、城乡环境、社会民生等领域投入，为城市新一轮发展提供有力支撑。同时，上海应把推进国际金融中心建设与全国去杠杆任务有机结合，大力发展多层次资本市场，为全国经济转型扮演好融资者的角色。

（四）降成本方面，上海的着力点是降低制度性交易成本，打造法治化、国际化、便利化的营商环境

国家推进"降成本"，主要是通过降低企业税费负担、物流成本和制度性交易成本等多种"组合拳"方式，帮助实体经济企业缓解成本上升压力，增强竞争力。上海作为国际大都市，高端产业集

---

① 李万峰：《日本东京新城建设的主要经验》，《党政视野》2015 年第 3 期，第 44 页。

聚,商务成本高有其客观必然性,降成本并不意味着越低越好,高成本是城市的重要门槛,也是调结构的重要手段。上海降成本,重点应是降低制度性交易成本,打造法治化、国际化、便利化的营商环境,通过改善"软环境"抵消"硬成本",用高产出消化高成本。制度性交易成本,是指企业开展经营活动,与政府打交道所付出的时间、精力等隐形成本,其实质反映的是政府的公共服务效率。"营商环境"是衡量一国制度性交易成本高低的一个重要综合评价指标,从企业的实际感受度出发,反映一国政府在企业设立、经营、纳税、投融资、权益保护等各个方面的服务效率。目前,国际上公认的营商环境评价标准是世界银行发布的《全球营商环境报告》,从开办企业、办理施工许可证等 10 个方面对全球 189 个经济体的营商环境进行综合排名。根据世界银行《2016 年营商环境报告》,新加坡连续 10 年位列第 1 位,从上海与其他国际大都市的比较可以看出,随着近年来政府深化改革,上海营商环境得到持续改善,特别是在执行合同、开办企业、登记财产、跨境贸易、获得电力等方面取得明显进步,与前沿水平的距离在缩小。但对标国际先进水平,特别是与排名首位的新加坡相比,上海仍有较大差距。新加坡 10 个指标得分全部超过 70,在纳税、开办企业、获得电力、办理施工许可证 4 项上得分均超过 90,而上海只有一项指标(执行合同)超过 80 分,在小股东权益保护、办理施工许可证、获得信贷、办理破产等方面得分较低,有明显的制度性"短板"(见表 2)。

表 2　上海和部分城市营商环境主要指标比较

主要指标	新加坡	香港	伦敦	纽约	东京	上海
开办企业	96.49	98.12	94.57	91.60	86.25	77.80
办理施工许可证	92.97	84.78	78.92	75.09	71.65	46.15

（续表）

主要指标	新加坡	香港	伦敦	纽约	东京	上海
获得电力	94.34	91.62	89.12	88.10	90.54	70.34
登记财产	85.66	69.78	74.50	76.74	73.91	75.31
获得信贷	75.00	75.00	75.00	95.00	50.00	50.00
小股东权益保护	83.33	83.33	78.33	63.33	63.33	43.33
纳　税	96.56	98.71	91.34	79.60	67.18	64.82
跨境贸易	89.35	87.76	91.40	92.01	85.93	70.52
执行合同	84.91	72.57	69.36	79.06	65.26	80.08
办理破产	74.83	75.06	82.04	90.74	93.75	55.43

资料来源：世界银行《2016营商环境报告：衡量监管质量和有效性》

（五）在补短板方面，上海应重点补齐城乡发展、公共服务等领域的短板

国家补短板任务主要集中在脱贫、加强软硬基础设施建设等领域，而城乡发展不平衡、公共部门服务效率不高是上海突出的短板。一是城乡收入差距较大，据上海市统计局公布数据，2015年上海城市和农村居民家庭人均可支配收入相差29757元，农村居民收入仅约相当于城市居民收入的40%。二是农业劳动生产率较低，上海农业劳动生产率为3万元/人，仅相当于全市劳动生产率的1/6，而国际标准一般为1/2左右。三是城乡公共服务差距不小，调研发现，中心城区小学的年实际生均公用经费投入是郊区县的1.6倍，每千人执业医师数是郊区县的1.5倍，人均拥有公共文化设施面积是郊区县的1.4倍，在师资、医院、人力资源配置方面城乡差距更大。此外，按照建设高水平的全面小康社会和社会主义国际化大都市目标来看，上海公共服务的短板问题仍然比较突出,城市公共部门的服务水平和运营效率不高。① 例如电信领域,上海固定宽带平均下载速率居全国首位,达到了 12.31 兆／秒,但与首尔、纽约高达 20 兆／秒以上的平均网速相比还有很大距离。上海部分领域公共服务质量和效率不高,固然有硬件方面的原因,但管理不善、国有企业垄断经营是主因,导致市场竞争不够充分,运营效率相对较低。强化开放和竞争,提升公共部门的运营效率和服务质量,应成为上海供给侧改革的主要任务。

三、对上海加快推进供给侧结构性改革的建议

供给侧结构性改革是今后一段时间我国经济工作的重中之重,上海应以供给侧结构性改革为主线,加快实施创新转型战略,把落实中央关于"三去一降一补"等重点任务与上海实际紧密结合起来,把科技创新中心和自由贸易试验区建设国家战略与供给侧结构性改革紧密结合起来,把政府自身改革与激发市场主体活力紧密结合起来,全面提升供给体系的质量和效率,应做好以下四个方面的工作。

(一) 以加快结构调整为主攻方向,要"减法"和"加法"相结合

做好"减法"就是主动减量,通过环境综合整治、工业用地减量化,加快清理前几轮发展积淀下来的劣势产能,整治修复生态环境。包括三个层次:一是对于污染严重的"三高一低"企业,要加快成行业、整区域关停退出。这些企业产出低,付出的资源环境成本高,应在加强规划和政策约束下,运用经济、法律等多种手段加快其退出步伐。二是对于劳动密集型产业,要加快向外转移。随着成本上升和要素供给条件变化,劳动密集型产业在本市已不具

---

① 权衡:《供给侧结构性改革的经济学理论与上海实践分析》,《科学发展》2016年第 5 期,第 11—17 页。

备大规模发展条件。近年来尽管广达、昌硕、"四英"等代工型企业加速向市外转移，但退出进程不如预期，仍有空间。三是对于大量消耗资源环境的重化工业，应有更超前的谋划和动作。钢铁、石化等重化工业投入大、能耗高、环境治理难，目前上海的工业用能占全市能耗总量的55%左右，致使本市人均用能水平一直在国际大都市中居高不下，重化工业进一步"去产能"仍将是上海结构调整的"重头戏"，必须把偏重的产业结构尽快调整到位，为新经济和高端产业腾出更大空间和更多资源。同时，加大"壳体企业"清理处置力度，妥善解决企业兼并重组中面临的资产转让、土地变更、破产清算等瓶颈问题。

当然，推进供给侧结构性改革，对上海而言绝非仅做"减法"，更要着力做好"加法"，加快培育和引入增量。未来上海仍要在重点发展知识要素密集的创新经济、高端产业和总部经济上持续发力，加快打造与国际大都市地位相匹配的现代产业体系和经济形态。上海应转变政府产业培育模式，形成动态跟踪、分类扶持、精准投入的新兴产业发展机制，转换政府在新兴产业供给方面的角色定位。可以借鉴全球知名的技术咨询公司高德纳（Gartner）的技术成熟度曲线（简称"高德纳技术曲线"），研究在技术快速变化条件下，利用市场机制动态把握新产业突破方向。[1] 上海应借鉴高德纳曲线成熟经验，建立立足市场发现培育新兴产业和前沿技术的动态跟踪机制，改变政府发展战略性新兴产业的"套路"，提高产业政策"精准度"和应变能力。

（二）以政府自身改革为突破口，应处理好政府"放手"和"抓手"关系

供给侧结构性改革的核心是处理好政府与市场的关系，提高

---

① 上海科学学研究所：《积极抢占数字化技术深入发展的机遇——关于 Gartner〈2015 年度新兴技术成熟度曲线报告〉的解读》，《研究与建议》2016 年第 2 期。

供给质量和效率、加快经济结构调整必须发挥市场在人才、土地、资本、技术等资源配置中的决定性作用,充分激发市场主体创新创业的活力,政府重在提供有效的制度供给和良好的公共服务,营造符合国际标准的营商环境。正如吴敬琏在 2016 年所言:供给侧结构性改革政府要有所为有所不为,有些事情不能干。对上海来说,"放手"就是要进一步放松政府管制,充分激发市场主体的活力。市场活力是放出来的而不是管出来的,当前上海各级政府部门不同程度干预市场的习惯方式和行为犹在,一些该是企业的权力没有还给企业,一些该开放的行业开放度不够,一些可以由社会更高效提供的管理服务还统在政府自己手里,特别是一些国有企业在土地、资金、准入等方面还享受着"父爱式关照",限制了市场配置资源决定性作用的发挥。[①] "放手"要求政府部门工作人员转变过去根深蒂固的可以凌驾于市场之上的思维方式,学会尊重和敬畏市场,围绕形成高效的营商环境,进一步放松政府管制,把凡是市场能够做好的事都交给市场,使企业真正成为市场主体。

"抓手"就是要求政府切实履行好市场监管职责,为市场发挥决定性作用保驾护航。当前新经济、新技术、新业态、新模式不断涌现,对政府市场监管提出了更高的要求,一些已经放开的领域如互联网金融、医疗卫生等出现的市场乱象,说明政府有效监管不可或缺。政府监管是门"技术活",在放松事前审批管制的同时,应充分利用社会信用体系和大数据管理手段,吸引社会力量参与,形成综合监管体系,及时有效清除市场中不守规矩的害群之马。同时,在推进经济结构调整中主要应靠市场力量,但政府与市场的作用不是相互排斥的,发展创新经济需要政府营造良好的创新生态、打造一流的软硬件环境,整治环境、淘汰落后产能同样离不开各级政府有所作为,政府应创新财税支持方式,增强对产业升级的供给

---

① 　滕泰、范必等:《供给侧改革》,东方出版社 2016 年版,第 69 页。

引导;创新工业用地方式,优化土地要素配置供给;创新招商引资机制,改变产业发展模式,综合运用政府规划、政策及法律手段推动结构调整取得预期成效。

(三)用好自贸区和科创中心两大平台,打造好开放创新的"孵化器"和"发动机"

上海必须利用好自贸区和科创中心这两大体现上海供给侧结构性改革个性的国家级开放创新平台,降制度交易成本,补创新不足短板,通过制度创新和科技创新不断为供给质量和效率的提高注入新的活力和动力。制度创新是供给侧结构性改革的核心任务,上海的供给侧结构性改革首先要在体制上继续做文章。[①] 自贸区的首要任务就是政府管理体制机制创新,上海推进供给侧结构性改革应用好自贸试验区平台,将其作为探索如何降低制度交易成本的前沿阵地,积极对标国际惯例,着力破除制约生产要素自由流动、优化配置的制度性瓶颈,把面上突破难的改革放在自贸区先行先试,使在自贸区之外办不成的事在自贸区内能够高效办成,率先形成法治化、国际化、便利化的营商环境,形成一批可复制、可推广的经验,成为引领全国制度创新的"孵化器"。下一步,上海应围绕营商环境短板,以自贸区三年评估为契机,通过各项措施的系统集成在投资管理体制、贸易监管制度、金融创新制度、事中事后监管制度等方面集中推出一批新举措,搭建体制机制改革创新的"四梁八柱",为全国探索如何扫清供给侧结构性改革的体制机制障碍。

科创中心建设是实施创新驱动发展战略的重要载体,是解决我国过剩经济背景下基础创新能力不足的重大战略。重大科研基础设施对于支撑颠覆式、革命性产业技术创新具有决定性作用,其

---

① 梁绍连:《供给侧结构性改革与上海发展》,《科学发展》2016 年第 4 期,第 38—42 页。

外部溢出效应大,市场无法有效提供。上海推进供给侧结构性改革要用好科创中心平台,依托张江国家综合科学中心,积极承接重大科学设施、国家实验室等落户上海,力争在基础科技领域做出重大创新、在关键核心技术领域取得重大突破,改变我国关键领域核心技术"受制于人"的局面,使其成为推动我国基础创新的"发动机"。同时,上海要积极探索科技体制机制的创新,在重大科技基础设施运营、政府科技管理方式变革、科技成果市场转化、吸引集聚全球科技人才等影响创新供给的方面率先开展系统性的改革,充分激发创新主体活力,营造一流的创新环境。

(四) 兼顾自身"个性"和全国"共性",为全国供给体系的改善做贡献

作为全国改革开放的排头兵和创新发展的先行者,上海的供给侧结构性改革既要落实中央要求,着力解决自身"个性"的供给侧结构性问题;又要发挥自身优势,做其他地方不能做或者做不好的事情,积极为解决全国供给体系质量和效率不高的"共性"问题做贡献。上海应在以下4个方面为全国做贡献:一是树立超大城市高生产效率"标杆"。作为超大城市,上海面临的资源环境压力大,在推进供给侧结构性改革中,要注重与纽约、东京等国际大都市的对标,利用超大城市要素资源集聚的优势,通过供给结构的优化,把资源配置到生产效率高的部门,为全国探索出一条在底线约束强的情形下提高要素生产效率的解决办法,使上海成为全国乃至全球生产效率的高地。二是提供高端产业发展"标本"。上海企业创新能力强,市场开放程度高,市场容量大,有义务和有条件引领国内高端产业发展,应充分发挥经济中心城市功能,坚定不移地走高端发展之路,积极培育新供给的"种子、嫩芽",通过新供给创造新需求,探索出一条发展新产能、新供给的新路,带动全国产业和消费升级,为全国实现"中高速、中高端"做示范。三是当好供给侧结构性改革"标兵"。改革创新不是"盆景",而是有强大生

命力的"森林",作为改革开放的排头兵和创新发展的先行者,上海应整合自贸区和科创中心等不同平台的改革创新举措,为全国供给侧结构性改革拿出一整套可复制可推广的一揽子制度规范和解决方案,把自身改革创新成功经验的"盆景"培育为引领全国发展的"森林"。四是塑造超大城市宜居、宜业、宜人的"标准"。上海作为国内仅有的几个超大城市,更早、更完整地遭遇到城市转型升级过程中的政府管理难题,应塑造创新时代下超大城市"以人为本"的宜居、宜业、宜人标准,营造社会文明、环境优美、生活便利、安全有序的生活环境,打造近悦远来的创新创业服务体系和发展环境,为全国提供超大城市现代治理样板。

（作者魏陆系上海市发展改革研究院副院长、研究员;
王晓艳系上海市发展改革研究院金融研究所所长）

以习近平新时代中国特色社会主义思想为指引，建设卓越全球城市

张天明

五年来，以习近平同志为核心的党中央，统筹推进"五位一体"总体布局，协调推进"四个全面"战略布局，提出了一系列新理念新思想新战略。十九大确立的习近平新时代中国特色社会主义思想，是马克思主义中国化的最新成果，是中国特色社会主义理论体系的重要组成部分，是被实践证明的科学真理，是全党全国必须长期坚持的指导思想。市十一次党代会报告，充分体现了市委牢牢把握以习近平同志为核心的党中央对上海工作的一系列新指示新要求，站在上海发展所处的新的历史方位，对上海改革创新发展的系统谋划，充分体现了全市广大党员、干部、群众的期盼和愿望。要牢牢把握十九大和市党代会精神，把十九大报告和市党代会报告作为指导上海未来五年发展的纲领性文件，不忘初心，与时俱进，锐意进取，攻坚克难，开创建设新时代中国特色社会主义卓越全球城市新征程。

一、按照习近平治国理政理念，准确把握新时代上海发展新定位

十八大以来，以习近平同志为核心的党中央对上海工作提出

的一系列新要求、新指导。2013 年 3 月，在全国两会上海代表团审议期间，习近平提出上海要当好全国改革开放排头兵、创新发展先行者。上海始终把这个要求作为贯穿全市各项工作的主线，全力推进自贸试验区和具有全球影响力的科创中心建设两项国家战略，初步体现了当好排头兵、先行者的要求。党的十九大报告提出，中国特色社会主义进入新时代。新时代，上海当好排头兵、先行者又有新要求，对于上海各级领导干部来说，是全新课题。新时代，我国社会主要矛盾发生了变化，这一变化是关系全局、历史性的变化。面对变化，我们应当在坚持发展是第一要务的基础上，集中精力着力解决那些不协调、不充分的问题。当好排头兵、先行者，就应该在这方面走在前列。到 2040 年上海要成为令人向往的"创新之城、人文之城、生态之城"，上海将不断增强城市的吸引力、创造力、竞争力，加快向卓越的全球城市迈进。

（一）实现"两个一百年"奋斗目标，上海需要做先行者、排头兵。上海从一个小县城发展起来，曾经被称为"东方的巴黎"。20 世纪上半叶，上海在世界城市建设史上曾经占有一定辉煌的篇章，但也有颇为被人诟病的地方。现在，上海既有向世纪标杆城市发起冲击、实现二次辉煌，乃至超过上次辉煌的基础，但是，也面临着激烈的国际城市间的竞争。百舸争流，不进则退。上海仍要有危机感，清楚地把握自身所处的历史方位、发展趋势、目标转化、路径选择等。从更宏大的角度看，上海是全国的上海、是中国的窗口，上海能否实现二次辉煌，对我国实现"两个一百年"奋斗目标都有直接的联系。

全球城市是对全球经济具有中心控制功能的城市，是具有特定类型的信息中心功能的城市。在全球城市中，构成独特生产优势的主要部门是高度专业化和网络化的服务部门。而卓越全球城市的关键是"卓越"两字，意味着其在全球城市体系和价值链中的高端定位，应该具备聪明、紧凑、生态、宜居的智能化特征。

　　2016 年, 上海全市生产总值增长 6.8%, 超过 2.7 万亿元人民币。第三产业增加值占比达 70% 左右, 服务业为主的产业结构基本形成。上海是全球金融市场最齐全的城市之一, 2016 年金融市场交易总额超过 1300 万亿元(兆)人民币, 位居世界前列。上海港集装箱(货柜)吞吐量连续 7 年位居世界港口第一。航空旅客年吞吐量突破 1 亿人次, 成为中国第一个、全球第五个亿级航空城市。上海城市轨道交通运营线路长达 617 公里, 跃居全球各城市之首。2016 年上海口岸货物进出口总额超过 1 万亿美元, 占全国 28%、全球 3% 以上。上海拥有跨国公司地区总部和功能性机构 1300 多家, 为全国最多的城市之一。另外, 上海与世界上 57 个国家的 85 个城市建立了友好城市或友好交流关系, 75 个国家设立了驻沪领事机构, 87 家外国非企业经济组织在上海设立了办事处。2016 年上海的国际旅游入境者超过 850 万人次, 是中国内地城市中最多的。

　　(二)重振上海制造业雄风。党的十九大报告提出, 加快建设制造强国, 加快发展先进制造业, 推动互联网、大数据、人工智能和实体经济深度融合, 在中高端消费、创新引领、绿色低碳、共享经济、现代供应链、人力资本服务等领域培育新增长点、形成新动能。上海是我国的老工业基地。因此, 对上海来说, 不论是"四个中心"的建设还是全球科创中心的打造, 都需要制造业作为支撑。调整产业结构、优化经济发展空间, 加快供给侧结构性改革, 是上海贯彻落实"创新、协调、绿色、开放、共享"五大发展理念的重大举措, 也是坚持创新驱动发展、经济转型升级战略的主要手段。

　　(三)加快上海社会管理创新。党的十九大报告提出, 加强社会治理制度建设, 完善党委领导、政府负责、社会协同、公众参与、法治保障的社会治理体制, 提高社会治理社会化、法治化、智能化、专业化水平。2017 年 3 月, 习近平在参加全国人代会上海代表团审议时, 要求上海在推进社会治理创新上有新作为; 此前连续数年，习近平都叮嘱上海，要走出一条"符合超大城市特点和规律的社会治理新路子"，"城市管理要像绣花一样精细"。按照中央和总书记的要求，上海探索的这条治理新路，要在"当下"之余顾及"未来"，用持续换得长效，用长效体现品质。这也顺应了"国家治理体系与治理方式现代化"的大背景——从"管理"到"治理"。

（四）提升上海文化软实力。城市精神是一个城市的灵魂。习近平在上海工作时提炼总结的"海纳百川、追求卓越、开明睿智、大气谦和"的上海城市精神，深深印刻在上海前进的轨迹之中，奠定了今天上海追求的精神气质，更引领着未来城市的发展与进步。只有继续弘扬上海城市精神，积极改革创新、服务国家战略，以锐意创新的勇气、敢为人先的锐气、蓬勃向上的朝气，才能把上海建设成为令人向往的卓越的全球城市。

（五）坚定不移地扩大上海对外开放。上海将坚定不移地参与和推动经济全球化和"一带一路"战略，继续扩大开放，集聚更多跨国公司地区总部和外资研发中心，支持更多有条件的上海企业"走出去"。上海将持续建设上海成为更高水准的国际经济、金融、贸易、航运中心，到2040年迈入全球金融中心前列，货柜年输送量达到4500万标准货柜、水水中转比例达60%以上，航空旅客年输送量达1.8亿人次以上、国际客流比例提高至40%以上。上海将加快向具有全球影响力的科技创新中心进军，在2020年形成基本框架、在2030年形成核心功能。以国际视野、全球标准建设张江综合性国家科学中心，加快推进科技成果转化，加快建成亚太地区智慧财产权保护中心城市。

二、贯彻十九大和市党代会精神，
推进城市转型发展

未来五年，是实现中华民族"两个一百年"奋斗目标的关键时期,也是上海发展转型的关键时期。上海从开埠之初的小渔村、到兴起为世界五大城市(亚洲最繁华城市)、到众志成城我国工商业中心城市、到跨越式发展建设社会主义国际化大都市、到迈向具有中国特色的卓越全球城市,始终洋溢着务实进取的劲头,始终发扬着面向未来、勇立潮头的精神。描绘具有中国特色的卓越全球城市美好愿景,从建筑、到街区、到人文、到市民百姓的生产生活,人们的各方面需求得以满足,人的全面发展得到实现,既能体现"两个一百年"发展要求,又能引领未来城市的发展方向。当前,学习贯彻市党代会精神,大致可联系五方面实际,突出五个重点。

(一)突出自贸区建设这一重点,深入推进城市转型发展。2017年3月,习近平对上海提出,要在深化自贸区改革、推进科创中心建设、推进社会治理创新、全面从严治党上有新作为,不断增强城市吸引力、创造力、竞争力。"四个新作为"的要求,概括了多年来中央对上海的期许,清晰划出上海迈向未来的基本坐标。而上海围绕这些方面的努力与探索,则让人们不断参悟今天应有的改革之力、发展之策、治理之道、立身之本。自贸区以其综合制度改革优势,将成为上海未来五年发展的主战场。市党代会报告指出,今后五年,自贸区要"对标国际最高标准、最好水平,建设开放和创新融为一体的综合改革试验区,建设开放型经济体系的风险压力测试区,构建服务国家'一带一路'建设、推动市场主体走出去的桥头堡"。具有中国特色的卓越全球城市,要求既有集聚力,又有辐射力,汇聚成发展新动力,而自贸区正是两力合一力的桥头堡。包括深化投资管理体制改革、提升贸易便利化水平、加强自贸区与金融中心联动发展,创新行政管理体制等。同时,笔者认为,自贸区在促进货物贸易对外开放的同时,还应创新教育、医疗、文化等领域服务贸易管理体制,扩大服务贸易范围、提高水平,以更好地满足市民百姓对教育、医疗、文化等不断提升的需求层级,改善入学难、就医难、文化产品少等民生难题,更好地形成以服务经济为主的产业结构，更好地以上海的优势服务全国，更好地走出去、引进来。

（二）突出科创中心建设这一重点，深入推进城市创新发展。2014年5月，习近平提出上海要加快建设具有全球影响力的科技创新中心，这既是党和国家对上海工作的新要求和新期望；同时也是上海主动应对经济新常态，大力实施创新驱动发展战略的新任务和新举措。此后，上海动员全市力量，立足全球视野、国家战略和上海实际，在广泛调查研究的基础上，于2015年5月，在中共上海市委十届八次会议上通过《关于加快建设具有全球影响力的科技创新中心的意见》（以下简称"科创22条"），对上海建设具有全球影响力的科创中心做出具体部署，勾勒出科创中心建设的时间表，吹响了科创制度变革的号角。市党代会报告指出，今后五年，要"把握科技进步大方向、产业革命大趋势、集聚人才大举措，在推进科技创新、实施创新驱动发展战略方面走在全国前头、走到世界前列，加快向具有全球影响力的科技创新中心进军"。要加快建立世界一流的重大科技基础设施集群，建设一批科学城、科技园区、科研院所等。加快形成科技产业化服务体系，发展科技银行、专利交易市场、科技中介服务组织等。加快人才集聚，积极引进国际科研领军人才，完善创新人才培养、引进、使用和评价激励机制。加快发展大飞机、集成电路、装备制造、生物医药、新材料、新能源等战略性新兴产业。

（三）突出社会治理创新这一重点，深入推进社区共建自治。城市是由许多单元格组成的，每个单元格既有城市共性，又有自己的特性。如何把社区的共性与特性有机地结合起来，市党代会报告指出，今后五年，要"把握城乡社区这个重心，强化基层党组织领导，依托区域化党建平台，完善基层社会治理体系，着力提高基层治理水平和为群众办事能力。"当前，居民在住房、养老、城市安全等基本民生保障以及教育、医疗、文化体育设施等基本公共设施的规划布局等方面要求有更多的参与感、获得感,也必须正视在社会治理、城市管理方面还存在诸多问题。包括一些区域市容环境脏乱差,生活垃圾随处乱扔,生活污水、工业污水直接排入周边河流。交通拥堵、市民出行不便,数量众多的低等级道路,无法实现机动车和非机动车分离,带来安全隐患。教育资源相对不足,很难满足实际人口的基础教育需求,无证幼儿园应运而生。城乡结合部地区的镇治安案件和刑事案件总量在所属区几乎都名列前茅,地下食品加工厂较多,无证设摊、黑车、黑中介、黑诊所等非法经营应运而生。老年农民每月 700 多元的镇保收入仅能保障其基本生活,一些地区轨道交通修建引发地基下沉,居民房屋开裂、噪音超标等;部分"四高"小区质量不高,有的小区公建配套、物业管理等不到位。出现部分"空壳村"、"空白居委会"现象。应将财权、事权进一步下沉,充分发挥社区自治组织、社会公益组织、居民积极分子等社区建设各主体的作用,共享共治社区。包括加大住房供应、加快旧区旧房改造,探索多层次养老服务、促进医养结合。完善全方位食品安全监控链、加强产销对接。对化学易燃爆品、地铁、高楼消防等城市安全薄弱环节加强挖死角和预案管理。

(四)突出文化大都市建设这一重点,增添城市人文魅力。党的十九大报告提出,发展中国特色社会主义文化,就是以马克思主义为指导,坚守中华文化立场,立足当代中国现实,结合当今时代条件,发展面向现代化、面向世界、面向未来的,民族的科学的大众的社会主义文化,推动社会主义精神文明和物质文明协调发展。市党代会报告指出,城市精神凸显一个城市内涵特质,是城市的魂和根。分析把握这些新形势新要求,归根到底,就是要加快建设与国际大都市相匹配的现代公共文化服务体系。这个体系的"魂",就是社会主义核心价值观,必须让一切公共文化阵地、产品和活动,都体现核心价值观、都传递向善向上的力量,用先进文化凝聚共识、滋养心灵、温润社会;这个体系的"核",就是优质文化产品和服务,必须把丰富公共文化产品和服务的供给作为中心环节,加强对公共文化产品创作生产的引导,创新公共文化体制机制,提升公共文化服务效能;这个体系的"根",就是人民群众,必须把基本公共文化服务标准化均等化作为突破口,把群众喜欢不喜欢、满意不满意作为评判标准,眼睛向下、重心下移,让每个人都能享受文化的阳光雨露。以抓铁有痕、持之以恒的精神锻造城市精神,应大力宣传上海发展历史上为上海作出贡献的各类人物,为他们树碑立传;应努力弘扬各类好人好事、善行义举;应把城市精神融入优秀的文艺作品中,展示时代最强音。

(五)突出生态环境建设这一重点,触动城市绿意。党的十九大报告提出,必须坚持节约优先、保护优先、自然恢复为主的方针,形成节约资源和保护环境的空间格局、产业结构、生产方式、生活方式,还自然以宁静、和谐、美丽。市党代会报告指出,"生态环境没有替代品,用之不觉,失之难续。"对当前市民百姓普遍关心的生态环境问题,关键是要以改革创新的精神,拿出治理污染、改善环境的新招、实招乃至狠招来,下定决心推进循环经济、环境整治和可持续发展,使上海天更蓝水更清土壤更干净。包括提高排放底线、截污纳管、机动车电动化、植树造林等,使绿色发展理念深入人心,人人都自觉地保护环境,为城市增绿。以环保三年行动计划为抓手,滚动实施,持续投入,协调推进重点领域污染治理。聚焦治气,持续实施建设、交通等六大重点行业治污,深入推进节能低碳发展,推进国家低碳城市试点。聚焦治水,在黄浦江、苏州河整治取得实效基础上,以洁水、畅水、活水为目标,坚持标本兼治、水岸共治、区域联治,一河一策。聚焦土壤治理,依托用地全生命周期管理,强化土壤污染源头防治,有序推进重点区域土壤污染调查评估和治理修复。

三、实施"八二"战略，
建设具有中国特色卓越全球城市

习近平在党的十九大报告中指出，我国社会主要矛盾已经转化为人民日益增长的美好生活需要和不平衡不充分的发展之间的矛盾。这体现了习近平新时代中国特色社会主义思想的伟大出发点和落脚点。按照这一重要论述，上海第一个层次的民生需求是衣食，"衣食"问题是温饱阶段的问题。"衣食"方面基本解决了数量方面的问题，主要是要解决品质问题。第二个层次是住行，住行是小康阶段的问题。"住行"数量的问题解决了一部分，还有一部分数量问题没有得到解决。第三个层次提升到"德智体美"的层面，这是下一步重点要解决的问题。因此，上海有必要进一步完善中长期发展战略，实施"八二"战略。即建设"国际经济、贸易、金融、航运""四个中心"，建设具有全球影响力的"科创中心"，建设全球"教育、健康、文化""自贸区"，实施"浦东"、"虹桥"新一轮开发开放。

（一）建设"国际经济、贸易、金融、航运""四个中心"。十九大报告指出，建设现代化经济体系，必须把发展经济的着力点放在实体经济上，把提高供给体系质量作为主攻方向，显著增强我国经济质量优势。

总部经济本质上是一种服务经济，而实体经济则代表制造经济。总部经济和实体经济的关系是服务与被服务、支撑与被支撑的关系。两者的辩证关系在于：其一，发展总部经济需要实体经济的强有力支撑。回顾全球经济发展，在大力发展总部经济的经济中心城市中，无不因为失去实体经济的支撑而遗憾。如 20 世纪八九十年代的日本，因为想急切发展以金融服务业为代表的总部经济，导致巨大的产业空心化和泡沫化，最后不得不放弃以服务经济支撑日本经济发展的梦想,重回制造经济。美国也一样,自20世纪中叶以来,大量制造业企业搬出美国本土,剩下金融业为主导的总部经济,最终难以为继,引发了2008年的华尔街金融危机,现在又要回到重振制造业以恢复实体经济的旧路。国际新兴城市迪拜也是一个很好的案例,因为没有制造业支撑,原来红红火火的金融总部经济也偃旗息鼓了。其二,总部经济对实体经济有带动提升作用。主要体现在:发达的总部经济对实体经济能起到强有力的辐射带动作用,这主要通过"总部企业对产业链资源的跨区域集中配置,最终建立覆盖区域乃至全球的生产、营销网络"来实现。发达的总部经济有利于提升实体经济的能级,这主要通过"增强企业的采购、研发、投资和运营能力,促进产业链集聚发展"来实现。概言之,总部经济的发展带动提升了实体经济的自主创新和外向辐射能力。

上海要建设总部经济高地,应该努力打造优惠政策高地。政府通过适当有效的税收优惠及财政补贴等支撑政策,可以改变总部企业所能获得的收益和所承担的成本,从而确立区域相对发展优势,使得总部经济在这一地区兴起和发展。几乎所有制造业门类都可以在上海找到自己的立足点,主要是科研设计与营销物流环节。同时,从长三角一盘棋、从长江经济带联动发展、从服务"一带一路"走出去角度考虑,上海仍有巨大的发展制造业的空间,上海的总部经济正可以为长三角的制造业服务。

(二)建设具有全球影响力的"科创中心"。十九大报告指出,创新是引领发展的第一动力,是建设现代化经济体系的战略支撑。要瞄准世界科技前沿,强化基础研究,实现前瞻性基础研究、引领性原创成果重大突破。

科技是第一生产力。科教中心对一个城市竞争力的提升至关重要。一个国家如果缺少世界级的科教中心,就不可能成为世界的经济中心。在全球经济中,世界97%的专利为工业化国家所有,

70%的版权和许可证收入为发达国家的跨国公司所获得。2011年,美国的研发投入占全球的份额的33%左右,是我国的两倍半。二战后美国不但搜罗了全世界最优秀的科学家,还建立起"斯坦福大学—硅谷"的"大学城—研发—成果转化"模式,从而一举成为世界顶级科教中心,牢牢掌控着全球高端科技和经济发展的主导权。

当代,随着科技创新到成果转化这一过程不断缩短,科技竞争的主要战场在逐渐前移:从企业的生产线移到企业的研发部分,再移到大学的实验室。这就是说,传统的竞争是应用技术的竞争,主要战场在企业;未来的竞争将是前沿科技的竞争,主要战场是在大学、在实验室。因此,在未来,谁抓住了大学,谁就抓住了世界前沿科技,也就抓住了世界竞争的主导权。因此,科教中心对上海国际大都市建设极端重要,我们既要建世界的工厂(即国际经济中心),还要建世界的实验室(即国际科教高地)。唯有如此,才能始终保持领先地位。

可以依托高校、科研院所、研发中心等,对标斯坦福、MIT等国际知名大学,打造集"教育—科研—成果转化"于一体的世界一流的研发型大学城。建一流大学和实验室,关键在于汇聚一流人才。建立研发型大学、高科技园区、高层次人才社区三区联动模式,集聚高科技产业项目、高校、高科技人才等创新资源。高科技产业项目不再是传统模式中的大工厂、大厂房、大生产线、大批工人,而是以创意创新、技术研发、小规模自动化生产为主,它的成败更多取决于人才、信息、研讨等创新要素充分涌动。内核是人才高地,外围是研发转化基地,这就是上海的"硅谷",就是引领上海乃至中国未来发展的发动机。

(三)建设全球"教育、健康、文化""自贸区"。十九大报告指出,社会是在矛盾运动中前进的,有矛盾就会有斗争。从发展阶段看,目前,上海经济社会已经跃上了一个新台阶。2016上海人均

GDP 为 113731 元,接近发达国家水平,已从满足基本物质需求为主的阶段,进入了促进人的全面发展,全面提升市民生活质量、提高科教文化素养、提高医疗健康水平、丰富休闲娱乐内容为主的更高阶段。同时,必须看到,在教育、健康、文化等领域,供给还远远难以满足市民的需求,成为明显的民生短板。"哪里有排队,哪里就有需求",目前市民百姓反映强烈的"择校风"、"看病难"、文化娱乐产品单一等问题,归根结底要靠讲求质量和效益的发展来解决,靠不断地提供更多的优质服务来解决。百舸争流,当下要解决这些难题,不仅靠政府加大投入,加强教育、健康、文化等社会事业建设,促进教育、健康、文化等公平保障;也要引导调动社会各方面的积极性,兴办教育、健康、文化等公益性事业,还要调动企业和专才的积极性,发展带有赢利性质的教育、健康、文化产业,从而满足全方位、多层次的需要。

十九大报告指出,"加快发展现代服务业,瞄准国际标准提高水平"。这为上海围绕实施"四个中心"建设的国家战略,围绕建设具有全球影响力的科创中心,加快形成服务经济为主的产业结构指明了方向,是上海必须用好并且牢牢抓住的战略机遇。按照高端延伸、高效绿色、创新驱动、融合发展,加快形成服务经济为主产业结构的发展方针,坚持发挥优势,坚持发挥市场基础性作用,加快发展生产性服务业和提升生活性服务业水平,加快构建以服务业为主、战略性新兴产业引领、先进制造业支撑的新型产业体系,不断提高产业核心竞争力。还应看到,上海的教育、医疗、文化设施都居全国领先水平,拥有一流的人才队伍,服务能力和水平在国内首屈一指,具有一定的国际竞争力。加快建设教育、健康、文化等服务经济新高地,不仅能满足市民百姓多层次的生活需求,而且能服务全国,服务"一带一路",服务全球经济,成为自身的新增长点。

十九大报告指出,放宽服务业准入限制,完善市场监管体制。

应该看到,教育、健康、文化领域,事关人的"德、智、体、美"全面发展,事关人民的幸福感、获得感,不能走回头路,也不允许"试错"。因此,要借鉴国际国内一切可资借鉴的经验,特别在完善相关法律法规监管体系、保护消费者的权益不受侵犯方面筑起制度"篱笆",防止企业见财忘义、坑蒙拐骗。加快建设上海教育、健康、文化等服务经济新高地,应与中国上海自由贸易区建设结合起来,积极利用自贸区的制度优势和信息优势,促进中外合作办医、办学、办文化体育设施。加快建设上海教育、健康、文化等服务经济新高地,还应与建设具有全球影响力的科创中心结合起来,积极引进大师,建设人才高地高峰。

加快建设上海教育、健康、文化等服务经济新高地,应统筹兼顾,循序渐进。在教育方面,十九大报告指出,"支持和规范社会力量兴办教育"。建议在社会力量办学方面出台具体的规划,包括在土地资源的分配上确保对教育的投入,鼓励空置的房产土地转化为校舍,解决教育设施不足的难题。对社会力量办学给予一定的金融扶持和税收优惠政策。加强师资培养和教师人才引进,放宽户籍准入限制。鼓励校企联合兴办职业教育,大企业、大集团把技能培训作为一个新的发展方向。在健康方面,十九大报告指出,"为人民群众提供全方位全周期健康服务"。在健康管理形式、医疗行业准入、医保资源合理分配等方面加大改革力度,完善家庭医生和分级诊疗制度,鼓励兴办连锁医院,提倡合理竞争,提高服务质量,降低医疗费用。在文化方面,应按照十九大报告要求,健全现代文化产业体系和市场体系,创新生产经营机制,完善文化经济政策,培育新型文化业态。

(四)实施"浦东"、"虹桥"新一轮开发开放。21世纪浦东的功能开发,不能仅仅局限于浦东新区,而是要以浦东新区为主,包括南汇、奉贤、金山在内,统筹考虑。立足于促进浦东、浦西联动发展,发挥大浦东地区的整体带动作用,以达到功能互补、资源共享,共同推动浦东新一轮的开发开放不断向前发展。

推而广之，浦东的战略腹地还应包括江苏沿海、浙江沿海，是支撑长三角先进制造业发展的最重要 CBD，是现代服务业的高端集聚区。可以预见，大浦东地区的国际航空枢纽港和国际集装箱深水枢纽港建设，特别是深水枢纽港的建设，将极大拓展浦东的发展空间，促进大浦东地区的功能开发和经济、社会发展。

虹桥将成为"第二个浦东"。虹桥商务区处于沪宁发展轴和沪杭发展轴 Y 型的交叉点上，是连接长三角地区各城市的中点。除了建设商贸区外建设行政中心、文化教育中心、医疗中心、体育中心等，建成一个以会展商贸交易为主体产业，其他相关产业综合配套的专业性新兴商贸城。就像当年开发浦东，扩大了上海的战略空间，解决了住房难、行路难等一系列老大难问题，使上海与国际国内接轨，掀起关注上海的一轮热潮；开发虹桥，将助推上海改革开放以来的又一次腾飞，进一步扩大上海的开发空间，解决又开始积累起来的住房难、行路难等难题，使上海进一步与国际国内接轨，特别是与长三角接轨，使上海再次成为国内外关注的热点。

虹桥以建设贸易中心等服务业为主以及高新技术研发等。建立世界性的商业中心，建设以高档商品为特色、销售多种产品的多层次零售业态。集短期会展、常年商贸和高端商务等功能于一体，建成一个世界级规模的综合性商贸区、包括商品贸易、技术贸易、服务贸易、文化贸易、生态贸易等等。发展文教、体育、休闲、创意、医疗保健等服务业聚集区。

虹桥可以借助正在建设的国家会展中心，建立"中国进口交易会"。参照出口为主的广交会经验，建立以进口为主的"中国进口交易会"，将其作为国家级的国际贸易战略平台，拓展包括商品、技术、服务等在内的进口渠道，增进外需，扩大内需。

（作者单位：中共上海市委研究室）

推进长江经济带与
"一带一路"贯通的思考

中国国际经济交流中心上海分中心课题组

为实施国家长江经济带与"一带一路"建设,发挥我国区域布局优势,提出贯通国家建设的初步思考。

一、贯通长江经济带与
"一带一路"区域布局的意义

习近平在2013年9月提出了建设"一带一路"倡议。2016年在重庆召开的推动长江经济带发展座谈会上,习近平说,长江经济带今天仍然是连接丝绸之路经济带和21世纪海上丝绸之路的重要纽带。长江经济带与"一带一路",即"两带一路"建设,成为我国区域横向发展格局的重要内容。长江经济带与"一带一路"贯穿我国东部、中部、西部,有利于解决我国东中西地区实施重大生态修复工程,共抓大保护,不搞大开发,推动长江经济带发展及平衡的问题。长江经济带覆盖我国11个沿江省市,各省市资源禀赋、产业发展等都具有一定的梯度性和互补性。通过发挥长江黄金水道的经济性,推动东部产业向中西部地区转移,带动中西部地区经济发展,共同繁荣。陆上丝绸之路经济带,依托国际大通道,共同打造新亚欧大陆桥、中蒙俄、中国—中亚—西亚、中国—中南半岛等国际经济合作走廊,将促进我国东中西区域协调发展。

长江经济带与"一带一路"贯通建设,有利于我国对内对外开放的联动发展,统筹我国沿海、沿边以及内陆开放,以开放促改革,以改革促发展。"一带一路"坚持广泛开放,不限于古代丝绸之路的范围,联动各国和国际、地区组织参与,促进中国与亚欧非及世界各国互利合作,构建全方位的开放新格局。

二、贯通长江经济带与"一带一路"区域布局的选择

(一)发挥长三角与"一带一路"贯通建设中的主导作用

我国在与沿线国家共同推进"一带一路"建设中,以"五通"即政策沟通、设施联通、贸易畅通、资金融通、民心相通为主要内容,全方位推进务实合作,打造政治互信、经济融合、文化包容的利益共同体、责任共同体和命运共同体。长三角城市群拥有"外通大洋,内联深广腹地"的优越自然区位和"水陆并举、四通八达"的便捷交通条件,是我国贯通"一带一路"的交汇点、也是贯通中的支撑点。长三角城市群经济基础雄厚,货物进出口总额占全国比重的43.51%。城市群人占全国16.07%,占全国3.7%的土地,创造了全国23.53%的经济总量。长三角城市群是贯通发展轴的重要增长极、也是贯通开放的枢纽。长三角城市群辐射带动长江流域以及我国中西部地区的对内开放。成为长江经济带与"一带一路"东向开放的桥头堡。以上海为首位城市的长三角城市群,国际化程度高,可发挥上海国际航运中心、上海(中国)自由贸易试验区等优势,成为连接长江流域腹地和国际市场的枢纽。

长三角城市群是贯通建设的前沿阵地。长三角产业基础雄厚,科技创新活跃,特别是在基础设施建设、产业投资等发达,可以成为中国企业"走出去"的前沿阵地。在长三角城市群国际化程度高,在对接国际标准、国际法律法规上等软产品上具有优势。长

三角是我国区域一体化程度最高的城市群,在市场化为主导的企业合作、港口联盟、创新协同等方面积累了丰富的区域合作经验。"一带一路"建设重点是突破国家和地区障碍,可将长三角区域合作的体制机制经验推广、复制到"一带一路"等区域,加强多边或双边区域合作。

（二）发挥长江经济带与"一带一路"在贯通建设中的枢纽作用

"一带一路"的区域布局体现为"四廊一支点"。"四廊"主要为新亚欧大陆桥经济走廊、中蒙俄经济走廊、中国—中亚—西亚经济走廊和中国—中南半岛经济走廊。"一支点"为海上支点,包括环渤海、长三角、珠三角、东南沿海地区。长江经济带可以发挥重要的生产与流动功能,推广建设产业园区的发展经验,为"一带一路"的沿线国家共同建立先进的工业园区、产业园区和科技园区。共同选择最需要发展的产业项目与产品,发挥长江经济带和长三角地区的对内、对外贸易的枢纽节点作用。加快形成货物贸易和服务贸易同步发展、国际市场和国内市场相互融通的发展格局,成为链接长江经济带、"一带一路"和国际市场的枢纽节点。

长江经济带在贯通建设中,要发挥在国际航运中心建设、长江黄金水道标准化推进、江海联运和长江生态保护等核心枢纽功能。在国际航运中心功能推进方面,针对黄金水道的区域性航运中心功能不健全问题,在实施长江黄金水道航运发展中,要发挥长三角航运中心建设示范引领作用,实现上海国际航运中心、武汉长江中游航运中心和重庆长江上游航运中心为代表的长江流域上、中、下游协调发展,带动长江综合运输通道建设。重点发展长江流域航运港口体系、集疏运体系和航运服务业体系。针对长江流域航运港口规划布局不清晰问题:要明确区域性港口定位,优化港口产业结构,建设具有国际大区域、洲际区域的干线、支线汇集功能。针对长江流域航运港口不完善的集疏运体系问题:要增加铁水和水水联运比重,提高公水联运效率,建立沿江大通关制度,确立贯通长江流域的集疏运体系。针对长江流域航运服务业体系功能布局不合理问题：要聚焦航运服务功能，吸引国际航运要素集聚，优化长江流域航运服务政策环境，深化国际航运服务功能，开拓国际航运市场和专业领域。

在黄金水道标准化功能推进方面。加强黄金水道标准化功能推进，重点推进长江黄金水道航运船舶标准化、航道标准化、港口泊位标准化、航运管理与服务标准化等"四个标准化"进程。

在江海联运核心功能推进方面，要以建设上海国际航运中心为目标，在与江苏、浙江为两翼形成国际海航运中心组合港，重点与国家级新区的舟山港联合，共同建设国际江海联运服务中心。目前，上海社科院已经与浙江省咨询委员会联合开展建设国际江海联运服务中心的研究。要加强对江海联运发展的政策支持，如通过地方性适度补贴支线航运企业、政策支持江海联运技术开发等政策，推动长江江海直达运输，提高水水中转比例。要鼓励和引导内河集装箱运输发展，在集装箱船舶通行权、费收、适箱货"散改集"等方面给予政策扶持，推动内河船舶至沿海港口的直达运输。

在长江生态保护功能推进方面，强化长江水环境保护。科学确定长江河流生态系统用水总量和过程要求，全面控制水资源开发利用程度，强化水利水电工程调度运行管理，加强江河湖库水系连通、生态补水，保障生态系统用水总量、过程和水位要求。科学处理江河湖泊关系。制定长江流域江、河、湖泊保护的总体框架、明确不同类型、不同区域流域保护的重点和路径。实行湖泊—流域综合管理，将湖泊、湖滨带和湖岸线、入湖河流及流域作为不可分割的有机整体，成立跨部门、跨行政区的流域综合管理机构。建立完善的生态补偿机制。建立流域生态补偿、排污权交易和生态功能区补偿等机制的基础上，建立并完善水价机制、污染物排放的价格约束机制、污染治理的收费机制、自然资源有偿使用和价格形成机制、环境保护和生态恢复的经济补偿机制、环境保护的基础设施建设和运营的市场机制等。

（三）发挥长江经济带区域合作创新体制在贯通建设中的核心作用

长江经济带特别是长三角地区，多种合作模式的创新体制和机制，有力地推进了区域发展。这些可推广、可复制的创新体制机制向长江经济带和"一带一路"推行，将会对贯通起到核心作用。

上海自贸区建设的可推广、可复制的新体制和新机制应用，将基本形成以负面清单管理为核心的投资管理制度，以贸易便利化为重点的贸易监管制度平稳运行，以资本项目可兑换和金融服务业开放为目标的金融创新制度，以政府职能转变为导向的事中事后监管制度等，可以在投资管理制度创新、贸易监管制度创新、金融制度创新、综合监管制度创新和扩大服务业对外开放等方面运用到长江经济带和"一带一路"贯通建设中去。

江苏沿海开发的新体制和新机制应用，将在创新土地资源利用方式上，按照依法、科学、适度、有序的原则，开发和保护并重，因地制宜、合理开发滩涂资源。探索滩涂匡围和开发利用的新技术、新工艺，形成节约、高效的开发模式，以滩涂资源综合开发为重点，大力发展各具特色的临海产业的经验，将对长江经济带和"一带一路"贯通有重要的借鉴作用。

浙江舟山群岛新区全方位对外开放体制和机制，扩大了口岸开放范围，可以为探索建立适应特点的口岸监管模式，优化开放环境，创新海洋海岛管理体制和机制奠定基础。舟山群岛新区坚持开发与保护并重，全面加强海洋海岛资源管理。创新海岛保护开发模式，制定实施海洋功能区划，科学开发利用海域资源。推进海洋生态保护与修复，加大渔场保护力度等措施，对贯通建设的海洋发展具有重要的借鉴作用。

安徽创新皖江城市带建立产业转移示范先行区，创新合作共建开发园区新模式的应用，可以突破行政区划界限，跨区域合作共建开发园区,可以探索区域经济一体化的合作共建方式,赋予区域合作示范区的先行先试权,对于对接贯通将起到发展的支撑作用。

长三角区域"三级运作、统分结合"的区域合作机制,将对长江经济带和"一带一路"贯通起到核心作用。长三角区域一体化建设,关键是有一套科学合理的区域合作的协调体制与机制。实践证明,长三角的"三级运作、统分结合"的区域合作机制行之有效。所谓"三级运作、统分结合"的合作机制,就是以"省市主要领导座谈会"为决策层,负责统筹长三角区域经济、社会发展中的重大事宜。就是以"副省级区域协调会"为协调层,负责协调长三角联席会议制订的发展规划。就是以长三角各省市的委办局为主体的执行层,负责贯彻实施决策层、协调层交办的区域一体化的各项任务。

三、贯通长江经济带与"一带一路"建设的实施路径

一是共建长江经济带与"一带一路"生态文明。要推进绿色发展、循环发展、依靠节约环保带动,使资源节约型、环境友好型社会建设取得重大进展。重点在加强区域环境联防联控联治,和共同构建区域生态安全屏障的工作上下功夫。要在提高土地节约集约利用水平、提升能源资源利用效率、区域生态环境建等重点领域有所创新。

二是高起点编制贯通长江经济带与"一带一路"规划。规划要坚持以国家建设为指导,明确长江经济带与"一带一路"的空间布局和发展方向。重点要体现:跨重要区域的调控目标、需要统一布局的区域性重大基础设施、重要资源开发、经济社会发展功能区划、政策措施的统一性等内容。

三是推进长江经济带与"一带一路"地区经济结构优化升级,

实施创新驱动核心建设。借力于长三角区域的产业分工体系，推进国际化和多元化发展，加速要素配置流动，加快科技创新中心体系建设。借力于长三角的城市化进程，建设长江经济带和长三角城市群。借力于长三角城市群区域科技创新中心建设，合理定位城市群区域科技创新中心的功能与布局。

四是构建长江经济带与"一带一路"开放型经济新体制。依托长江黄金水道，加强沿江重要港口集疏运体系建。加强长江流域港口的统筹发展，建立长三角立体化交通运输体系，以上海国际航运中心引领长江黄金水道综合运输大通道建设。统筹区域内港口布局，促进沿江港航联动发展。扩大启运港退税政策试点范围。加快沿江沿海铁路通道建设，促进海铁联运取得突。提升上海在全球资源和长江流域的资源配置能力，支持资金、信息、技术等要素在跨区域流动，打造长江流域无形经济带。建立长江经济带与"一带一路"协调推进机制。

五是推进长三角世界级城市群建设。重点完善长江经济带与"一带一路"的城市群布局，促进公共服务一体化。建立区域协调的人口管理和养老保险关系转移接续沟通机制，建立地区省级医疗保险信息化管理合作平台，建立协作的食品安全联动机制，加强突发事件的联合处置和信息通报。

（执笔：郁鸿胜）

合则赢　融则通
打开文艺跨界融合新局面

马春明　王　源　王　曦　孙文杰　李　晨

习近平在党的十九大报告中向全党全国人民发出了"坚定文化自信,推动社会主义文化繁荣兴盛"的伟大号召。文运与国运相牵,文脉同国脉相连。早在 2014 年,党中央国务院率先关注到了文化领域出现了一个各文艺类别多元合作、融合共赢的新的发展趋势,并出台一系列鼓励支持这一新趋势的文件,"十三五"文化产业政策中更是明确提出未来中国文化产业全球化、"文化生产跨界化"的分析预判。而《上海 2040 艺术文化与城市发展融合规划》则明确提出,文艺将成为"创新生产力",是提升上海"全球城市"核心竞争力的关键要素。

一、星火燎原——文艺跨界融合时代已至

随着文化体制改革的不断深化,各种社会资源对文化的参与热情持续高涨,文艺生态发生重大变化,艺术门类的交际特点悄然改变,艺术与艺术之间的相互联手更加频繁,艺术与科技、经济、旅游、教育等不同界面的跨界合作更加紧密,文化产业与文化事业的互为你我、彼此融合更加明显,文艺的"跨界融合"星火燎原、水滴石穿。一个汇聚各界力量的文艺"大跨界、大融合"的时代已经到来。

这种新的趋势首先是以文艺作为支点。所谓"内容为王",优秀的文艺作品、文化活动、文化 IP,包括艺术家个体和群体,是核心竞争力;其次,以跨界融合为主要抓手,通过不同艺术门类之间、艺术与不同界面资源之间的有效、深度、多维合作,推动资源在文化领域的优化配置,从而产生更好的品牌效应、更强的互动体验、更大的衍生价值、更广泛深入的群众认同,最终助力文艺创新生产力不断提升,激发文艺创作不断前行,推动大众审美不断提高,打通文化全产业链的互联互通和多方共赢。

作为具有 67 年历史的上海市文学艺术界联合会,涵盖文学艺术界各专家协会 15 家,汇聚来自不同艺术门类的艺术家会员 18000 名。可以说,文联自身本就是一个"跨界融合"的大家庭,具备开展"跨界融合"的天然优势。同时,上海市文联也急需借助跨界融合去尝试解决一些长期存在的问题:

1. 工作重心的模糊。新时代新形势下,文联传统的"联络、服务、协调"的功能定位与服务手段面临升级需要。如何更好地协调艺术家、者、界之间的关系,如何提供更有价值和意义的服务,面对日新月异的文艺多样性发展和社会及老百姓的文化诉求,文联必须做出有力回应。

2. 品牌效应的缺失。相比专家协会,文联无论是名称还是功能都较为模糊,市民对文联更是知之甚少。这恰恰映射出其整体社会认知度的缺乏,长期以来文联对自身品牌缺乏持续有力的运作和推广。

3. 合作意识的不足。通过调研,我们发现,文联内部各协会之间彼此合作、相互融合的成功案例不多,守土意识强烈,内部壁垒坚固,导致各自为战,缺乏凝聚力,缺乏互联互通,泾渭分明,造成资源浪费、力量分散。

4. 评价体系的缺位。通过细化文联 15 家协会及直属单位活动,可以说全年 365 天天天有活动,体量非常之大,但在活动质量上却参差不齐,有些活动的举办甚至是损害文联形象的。对于活动的内容、品质、效应缺乏有力有效的评估、评价和考核机制,导致一些自娱自乐、得过且过、缺乏精益求精的现象出现。

2017年是上海市文联深化落实上海市群团改革的关键一年。如何发挥文联组织在行业建设中的导向作用,如何扩展丰富文联服务艺术家的方式和手段,在文艺思想、文艺样态出现新的转型升级的关键时刻,如何借助这股新势头,拓宽视野、创新工作,寻找文联工作新的突破点和爆点至关重要!

这些困惑及由此产生的危机感,倒逼上海市文联不得不尝试"联络、协调、服务"在内核与形式上的创新与突破,思考文联该如何丰富创新服务"家""者""界"的抓手,如何有效融入这股文艺革新大潮中凸显文联的价值,努力探寻一条打造文联品牌、提升文联服务、扩大文联影响、增加文联价值的有效途径。

为此,本课题立足上海市文联的发展现状与工作实际,关注解析文学艺术的内融合问题。如果说"不同艺术门类之间的相互交融、联手与合作构成了文学艺术的内融合",那么,是不是只要是不同艺术门类之间的简单叠加都能称之为文艺的跨界融合?怎么样的跨界融合才是有意义的呢?

二、蓄势待发——创新跨界融合时不我待

从表现形式上,文学艺术的跨界融合可分为"内融合"与"外融合"两方面。所谓"内融合"就是通过不同艺术门类之间的彼此交融、联手、合作,进而产生新的艺术组合和表现样式,给予受众新的观感体验与艺术享受,形成艺术创作、艺术表现等多方位的有效叠加和催化效应。而文艺+不同界面资源的深度跨界合作、相互依托借力,彼此推动发展,构成了文学艺术的"外融合"。

本课题组通过两个月的深入走访调研和学习发现,无论是"阿

基米德"通过互联网+平台赋予广播新的收听方式,"多少"以"客户共同参与产品设计"理念创办"一起设计"平台入驻天猫,聚橙网深耕演艺市场全产业链融资百亿继而反哺培育百姓观演市场,还是雅昌"高端会员艺术定制"服务和"艺术家管家"模式、大芬油画联手软装领域完成华丽转身,以及广东省民协"最美乡村"评选活动,网络投票过亿,在唤醒大众乡愁情怀的同时,引发新一轮的投资家乡热潮……正是不同艺术门类之间日益深化推进的内融合、文艺+互联网、+金融资本、+科技、+旅游等各界面携手共进的外融合,成就了这些璀璨夺目的文化热点。

文学艺术领域内各艺术门类之间的跨界融合可以从以下几点加以判断和衡量:

1. 创新性——文学艺术跨界融合的出发点。无论是差异性较大的艺术门类之间,还是像音乐与舞蹈、书法与美术这些本身就像是一对双生姐妹的艺术门类之间,创新性都是推动文艺跨界融合的最有力出发点。文艺需要创新,通过对传统艺术表现样式的突破与创新,进而产生更好的艺术效果和更强的互动体验,赋予艺术创新生命力是文艺跨界融合的根本出发点。

2. 主题性——文学艺术跨界融合的切入点。文学艺术的跨界融合绝不仅仅是不同艺术门类之间的简单叠加,而是围绕一个共同的主题展开的,或者说是"基于艺术个性的共性"。这个共性构成了文学艺术跨界融合的切入点,也是一个成功的跨界融合作品必不可少的黏合剂和润滑剂。

3. 差异性——文学艺术跨界融合的着力点。"基于艺术个性的共性"既需要我们寻找不同艺术表现形式彼此融合的共性,更要求我们尊重并展现出各艺术门类的个性。文学艺术跨界融合中所展现出的这种差异性特征,这种围绕共性所展现出的艺术个性使得文艺的跨界融合之作具备不一样的冲击力和魅力。

4. 时代性——文学艺术跨界融合的生命力。文艺的跨界融合是时代的发展对当下文艺发展提出的新诉求。立于高原,我们如何创造属于我们这个时代的文艺高峰? 文学艺术的跨界融合是时代发展的产物和趋势,同时,文学艺术的跨界融合应该是自然顺畅而非生拉硬拽的,是积极主动而非消极被动的,是借力合作而非彼此消耗的。

2017年第34届上海之春国际音乐节,"跨界融合"成为重要主题之一。在"汤蓓华与国际获奖学生音乐会"上进行了一场别开生面的跨界合作——"昆曲王子"张军首登"上海之春"舞台,与钢琴家汤蓓华、笛子演奏家毛宇龙合力献上一曲由编曲家金复载特意改编的《春江花月夜》。委婉的昆曲唱念,在钢琴和箫的伴奏下更显隽永,书法大师丁申阳现场泼墨草书一幅,笔随曲终,唐代诗人张若虚的《春江花月夜》跃然纸上。钢琴、昆曲、箫、书法——4种不同艺术门类亲密无间浑然天成的跨界合作,带给观众强烈的观演体验和艺术享受。

毫无疑问,文学艺术这种主动、积极、新颖的跨界融合,对于激发文艺创作、促进各艺术门类携手共进具有积极的推动作用,有助于更好地打通两根渠道:纵向上,打通了创作→舞台→受众的渠道,推动文艺创作和表现样式更贴近时代与观众需求;横向上,打通了各艺术门类互联互通的渠道,开辟出一片新的天地,推动了艺术本身的创新创造。

通过对文联15家专家协会2015、2016年度所举办的各项活动数据进行统计分析:以2016年为例,不计算各协会内部常规活动,文联各协会共计举办活动138项,其中,重大品牌活动30项,占22%;重大纪念活动及文化热点活动10项,占7%左右;联合其他单位共同举办或参与的社会活动98项,占71%。通过数据可以看出,各单位自主举办或联手其他力量合力举办的活动非常丰富,不少协会都已经有了跨界融合的思维与尝试,只是这种尝试还多为浅尝辄止,形式大于内涵,幸而我们从来都没有停下探索的脚步:上海电影家协会跨界美术联手普陀区档案馆举办"红色记忆"

建党 95 周年手绘电影海报新作及实物展;上海市舞蹈家协会融合雕塑和摄影举办"面对对面"现代舞+摄影+雕塑展演专场;上海民间文艺家协会联手儿童音乐助推优秀童谣传唱表演节目创作。更有 2017 年上海市春运第一天,上海市文联联手市文明办、市建交委、虹桥商务区管委会、市志愿者协会、上海机场(集团)有限公司等单位主办,汇集上海音乐家协会、上海市摄影家协会、上海市书法家协会、上海民间文艺家协会、上海市朗诵协会、上海市文联艺术促进中心等 6 家文联内部单位共同参与的"百姓赏艺·温暖申城——上海市文艺志愿者春运慰问暨志愿服务活动",可以说是上海市文联深入尝试"跨界融合"的经典一役。

解读这些活动,两个关键点值得关注:

1. 用跨界合作的方式走进生活。"人民群众在哪里,我们就要到哪里去",那人民群众现在在哪里呢? 在网上,在他们最日常的生活中。网络与生活是能够突破展馆和舞台的无边界平台,这些活动的成功之处,在于紧紧抓住并主动深入到了人民群众当中,制造出了空间维度和文艺样式上强烈的参与感和获得感,以跨界合作的新方式诠释了文学艺术在新时代下正确处理"天下、脚下、灯下"关系的使用说明书。

2. 用深度融合的思维扩大影响。无论以何种方式去表达新思想、呈现新样式,跨界融合首先是一种意识的跨界、思想的融合。文学艺术的跨界融合就是要通过创新尝试收获"质"与"量"上难能可贵的双丰收,在跨界中勇于创新,在融合中体现价值,既有力扩展文联的影响力和知名度,又让老百姓得到了实实在在的实惠与享受。

三、合则赢　融则通
——打造文联跨界融合新平台

以"着力打造文联品牌"并努力"让艺术家更有获得感"为两

大抓手,重点打造"两个平台、一套体系"。

(一)打造文联大活动平台

品牌是人们对一个单位文化价值的评价和认知,是一种信任,是可以触发受众心理活动的标识。而文联最大的优势恰恰就是"文联"这块品牌。打造"文联大活动平台",旨在立足文联各协会工作,在不额外增加协会负担的基础上,整合具备一定条件的协会活动,把这些活动通过有计划的统筹、融合,上升到文联活动一盘棋格局,通过"文联大活动"的集体发声形成合力,打造文联品牌效应,增强文联品牌的社会影响力。

抓手1:以重大纪念活动为抓手。2015年是纪念抗战胜利暨世界反法西斯战争70周年,据不完全统计,文联下属各协会共举办各类纪念活动12项;2016年是中国共产党建党95周年及红军长征胜利80周年,文联各协会围绕主题共开展各类纪念活动近10项。这些活动本身就具有举办时间相对集中,主题内容相对一致的特点,如果能从文联层面在时间上统筹安排、在形式上尝试合作,在宣传上整体运作,变"分散"为"集中",在特定时间段内更聚焦更精细更融合,对于打造文联活动一盘棋格局,打造文联品牌具有积极的推动作用。未来三年将围绕改革开放40周年、中华人民共和国建国70周年、五四运动100周年、浦东新区开发开放30周年等重要节点,利用文联大活动平台,打造品牌效应,增强社会影响力。

抓手2:以策划文化主题活动为抓手。文联有15家专家协会的强有力支持,有那么多的著名艺术大家和优秀艺术作品,这些文化强IP正是可以依托并有效利用的资源。可以通过"特定时间+特定主题"相融合的形式,发动文联各单位跨界合作,举办一个区别于国际艺术节、市民文化节的"文联文化日"或"文联文化周"活动。比如,可以聚焦文联的艺术大家及其弟子们,聚焦曾经深入人心的经典文艺作品,通过跨界融合的方式策划举办"穿越时空、文脉相传——致敬经典"系列活动,用跨界思维、融合手法重现大师风采、重温经典作品。

为此,我们建议成立"文联大活动部",并设立大活动专项资金。功能定位为策划、牵头、统筹、执行文联大活动,专业指导联合相关专家协会支持配合。机构设置上设"大活动执行部"和"大活动策划部"。"大活动执行部"主要负责文联大活动的组织开展,包括舞台和展厅的搭建、布展、艺术家的组织、整体的运作;"大活动策划部"负责对接了解各协会相关工作,通过和协会的深度沟通寻找活动主题,制定活动方案,联络统筹各协会共同参与文联大活动。

运作机制与步骤为:

1. 信息收集与发布阶段:大活动部应在上一年度的下半年及时向各协会发布下一年度重大纪念活动内容和时间;大活动部要注重保持和协会的良好沟通,及时了解收集各协会相关活动计划,各协会的工作热点及计划是文联大活动主题制定的重要依据。

2. 活动策划与统筹阶段:大活动部依照收集到的各协会相关工作计划内容,结合大活动策划部自身的分析预判及想法,在上一年度的年底制定活动预案,进行可行性研讨并报文联党组审议。

3. 活动落实与执行阶段:大活动部负责活动具体的执行,包括舞台或展厅的布置等等,专业指导联合相关专家协会支持配合,也可邀请相关艺术家共同参与活动的策展,充分调动协会及艺术家的积极性和参与度。

4. 活动评估与总结阶段:大活动结束后,应有专门的职能部门对活动的举办效果、社会影响力、协会参与度、艺术家获得感等进行综合评定。

(二)打造文联内融合平台——"文艺+"创意空间

上海市文联应该肩负起引领上海新的文艺思潮的责任感和使命感,成为允许并勇于进行文艺新样式尝试的桥头堡,努力增加艺术家对于文联活动的参与度和获得感。

"文艺+"创意空间以文联展厅和文艺会堂为主阵地,旨在通过举办或引入一系列主题鲜明、元素丰富的艺术创新尝试,通过增加文联内部的互联互通、精诚合作、协同作战,增强文联内部各单位的黏度和凝聚力,增加艺术家参与度,增强文联文艺跨界融合实验、转化、兑现的功能。

抓手1:"开天辟地——中华创世神话"文艺创作与文化传播工程。作为上海未来几年的重大文化工程,文联在"创世神话"的创作工作中担负着重要使命。可以将"文艺+"创意空间打造成为"创世神话"创作的试验场和发声器,努力在"创世神话"的创作过程中尝试文学艺术跨界融合的新举措,根据各单位"开天辟地——中华创世神话"的创作进度,举办"创世神话"系列展演活动。

抓手2:举办"文艺+"艺术特展。"文艺+"可以是多种艺术门类之间、艺术门类与多种界面、不同资源的有效叠加,"文艺+"艺术特展以跨界融合为引领,不仅展示艺术作品,也可以增加情景布置,更可以导入新的导赏及互动体验。重点突出"+"和"新"。比如,书法+收藏+家具+诗词、舞蹈+摄影+科技导赏、电影电视+实时翻译……努力成为文艺新思想新样式的实验场。

抓手3:丰富特展的衍生活动。在"文艺+"艺术特展的举办过程中,通过组织不同样式、不同内容的活动,丰富活动的内涵和衍生价值。比如,可以根据展览内容、针对不同人群、不同界面,举办专题沙龙研讨活动、艺术家现场展示及传习活动、媒体开放日活动,也可以邀请不同界面的社会人士举办艺术品鉴推荐活动,公益慈善活动等。以"特展"为一根主线,丰富组成这根线的每个点的内容和价值,最大限度的发挥这根线在单位时间内的多元竞争力和吸引力。

为此,我们建议:1.引入策展人机制,邀请艺术家共同参与项目的策划实施,通过艺术家的亲身参与,既可以补足协会自身专业布展的短板,也能够增加艺术家的参与度与归属感。2. 引入项目组机制,既可以由相关协会牵头,以具体内容组建项目组,也可以以课题组为单位负责策划实施或某个环节的重点落实。

运作机制与步骤为:

1. 信息收集与发布阶段:相关负责单位(可以是大活动部或相关职能处室)先期收集各协会计划举办的展演信息,沟通了解各协会的工作思路;鼓励各协会根据自身工作计划或协会内艺术家需求主动提出策展思路;课题组如有好的想法也可向相关单位沟通交流。

2. 活动策划与统筹阶段:相关负责单位可根据收集到的展演信息寻找"文艺+"创意空间的切入点;各协会也可根据实际活动方案提出相关计划寻求合作;鼓励引入艺术家策展机制,邀请相关艺术家提前介入"文艺+"创意空间的策划,借脑借力,确保"新"和"专"。

3. 活动落实与执行阶段:"文艺+"创意空间各合作方负责活动具体的执行,包括舞台或展厅的布置等等;如合作方较多可成立项目组具体落实,也可寻求文联中青年干部研修班课题组的参与。

4. 时间节点与进度打算:先期,"文艺+"创意空间可尝试每季度举办一次。上海市书法家协会 6 月的"篆刻大展"就邀请了创意工作者联合会理事、家具设计师侯正光共同参与,在活动内容的设置上亦有诸多创新尝试。2018 年争取通过预先汇总和计划,有效整合各协会资源,让文联下属 15 个专家协会都能参与到"文艺+"创意空间的活动中来。计划每年至少覆盖各协会 5—10 位艺术家。

5. 活动评估与总结阶段:活动结束后,应有专门的职能部门对活动的举办效果、社会影响力、协会参与度、艺术家获得感等进行综合评定。

(三) 价值回归、内容为王——打造文联跨界融合评价体系

文联及各协会全年大大小小百余项文化活动,可以说是红红火火、波澜壮阔。一片繁华背后,这些活动的品质是不是都过硬?是不是得到了艺术家以及人民群众的认同? 在倡导文联各单位进行跨界融合有效尝试的同时,既要尊重各单位繁重的日常工作,也要鼓励支持大家主动进行跨界融合的合作。这就需要文联党组不仅要建立一套科学系统的跨界融合工作评价体系,也应该在体制机制的建设上为各单位的跨界融合提供保障:

1. 树立"文联大家庭"的思想,培育跨界融合的主动意识;

2. 建立文联跨界融合的试错机制,保护有益的大胆尝试;

3. 设立文联跨界融合专项资金,确保跨界项目专款专用;

4. 建立跨界融合量化考核指标,促进各单位进行跨界合作;

5. 建立跨界融合综合评价体系,主要聚焦活动品质与社会效应;

6. 建立跨界融合年终奖励机制,对先进组织及个人予以表彰;

7. 建立跨界融合信息沟通机制,定期深入交流思考与问题;

8. 建立事先评估、事后评价机制,努力打造"文联出品必是精品"的业界美誉度。

作为拥有丰富艺术家资源的上海市文联,不仅要有以市场效益为核心的节点意识,更应具备以社会认同、价值回归为中心的原点价值。身处这个信息爆炸、文化跨界、多元融合、追求品牌的时代,合则赢、分则败,融则通、离则堵,只要坚守文化情怀与敬畏之心,上海文化发展的未来定会更加辉煌!

(作者单位:上海市文联 执笔:孙文杰)

城市交通规划的法治理念

——基于上海交通大整治的思考

谈 玲

交通是超大城市永恒的难题之一。近两年来,上海在补牢交通问题这块短板上,经历了从理念到技术层面的各种探索与实践,调动了所有交通参与者的力量,尤其是通过并正式实施的《上海市道路交通条例》,为上海常态化从严管理交通提供了有效的依据。作为城市脉络的城市交通,在规划期坚持什么样的法治理念,对后期的交通管理有着极大的影响作用。

法治主义是法治国家所奉行的最高理念,任何时候、任何行为都不能脱离法治主义这个前提,城市交通规划也不例外。不过由于城市交通规划的功能在于为有关行政机关提示统一的标准,因而就其性质而言,一些城市交通规划有时往往被看作仅在行政机关内部有效的一种内部规范。在行政实践中,没有具体法律根据也可以制定城市交通规划,已成为司空见惯的通例。然而,无论城市交通规划在法律上是否直接拘束行政相对人,在实践中均作为指导城市社会生活和调整城市社会关系的大纲,发挥着重要作用。对于行政相对人来说,城市交通规划具有与行政立法以及其他行政行为同样重要的意义。因此,在城市交通规划中严格贯彻法治理念具有重要的意义。

一、人权保障法治理念

城市的发达是国家经济发达的标志之一,而城市交通的繁荣又极为典型地反映着城市的发达。在某种程度上,现代城市交通的繁荣已经成为城市发达与国家经济进步的表征。在这种观念影响下,同时也是为了提高城市运行的效率,城市交通系统在构建与规划时往往强调城市的机动性,相应的,在城市交通规划上也偏重于强调"车本位"。于是乎,一方面,城市交通格局井然有序、泾渭分明,城市道路系统高度发达:不仅出现了道路环形交叉和立体交叉的规划思想,而且快速道路和交通枢纽,甚至是高架和地铁都得到了极大的发展。机动交通系统盛极一时;另一方面,城市交通规划中甚少考虑步行交通规划,甚至认为步行系统不是交通系统的组成部分,最终使得城市步行设施遭到蚕食。① 城市道路由此逐渐丧失了为人服务的功能。其结果是,不仅城市运作的效率未能得到提高——相反,在"机动性优先"思想指导下,城市的人流、物流速度不断减缓,城市交通拥堵成了普遍困扰各发达城市的难题,而且由于"人"在城市交通规划中越来越处于不利的地位,大量的城市交通弱势群体的利益受到了忽视。

尽管经济的发展、城市的现代化以及交通的发达的确是城市治理的目标,但是人权的保障却是上述任何一项目标都无法逾越的价值。或者说,人权不得因上述任何一个理由而受到恣意的抑制或减损。国家权力的行使应按照宪法所规定的范围和程序来进行,而"不得侵犯人权"更是权力行使的一条基本原则。交通规划

---

① 许传忠等:《由"车本位"到"人本位"——城市交通可持续发展探析》,载《规划师》2003 年第 9 期。

亦是如此。虽然在行政规划性质的认识上存在争议,但是规划属于行政权力的运用却是不争的事实。从法律属性看,外部行政规划以其是否产生某种特定的法律效果为目的,可以将其性质划分为行政行为性质的规划和事实行为性质的规划两类。城市规划就兼有抽象行政行为和具体行政行为的性质。因此,尊重人权构成了城市交通规划权力行使的界限。这也就是说,行政机关在进行城市交通规划时必须要考虑人权保障这一终极价值,而不能一味追求经济效益。

　　而从更为具体的层面来看,在交通规划的过程中做到尊重人权一方面要落实规划的民主参与,另一方面则需要提供切实有效的权利救济机制。交通规划实际上是各方利益的博弈,如何能保证各方利益主体均能获得畅通的意见表达途径,尤其是如何能够保证民众对于规划的决策、制定和执行能获得实质性的话语权,是保护弱势群体利益、实现保障人权的一个重要途径。而我国目前的城市交通规划却主要仍是由行政机关主导,决策随意性较强。① 虽然在这一过程中也引进了诸如听证会、向社会公开征求意见以及听取专家意见等民主决策形式,但是其不足也是明显的:(1)未能做到民众的全程参与;(2)公民所提出的意见效力较弱,且缺乏反馈机制;(3)公民对于行政机关做出的规划决定缺乏监督和制约机制。而美国的 MPO(Metropolitan Planning Organization)制度②则与我国的情况形成了鲜明的对比。在 MPO 制度之下,民众对交通规划的制定、执行等环节都得以真正发挥影响性的作用,并且每一个公共交通项目都需要受到 MPO 机制的控制,这也就极大地减小了在交通规划过程中恣意侵犯人权,

① 陈佩虹:《城市交通规划制度研究》,北京交通大学 2013 年博士学位论文,第 7 页。
② 周江评:《美国公共交通规划立法及其政策启示》,《城市交通》2006 年第 3 期,第 22—26 页。

尤其是损害少数群体利益的可能性。透过这一对比,可以发现如何真正在交通规划过程中反映民意、实现民主参与是我们需要在交通规划制度设计中着力解决的问题。而这一问题的解决对于推进交通规划中人权保障价值的实现将具有非常重要的积极意义。

在交通规划上落实人权保障理念的另一个落脚点就是建立健全有效的权利救济机制。这一权利救济机制又可以具体分为两个方面。一方面就是对公民在交通规划的民主参与程序中受损权利的救济机制。应以法律保证,在这一过程中,一旦公民的知情权、参与权、决策权与监督权等与民主参与相关的权利受到行政机关的侵犯,从而使得交通规划的民主参与受到实质性的损害,公民即能够从法院寻求到有效救济。只有公民的上述权利能得到司法的有效救济,交通规划的民主参与才能够得到切实保障。这一救济机制应该在规划程序法中作为民主参与的重要组成部分得到规定。另一方面就是对公民因交通规划而受到侵犯的其他权利的救济机制。尽管有公众参与、专家咨询等程序,但行政主体做出的交通规划还是不可能完全杜绝侵犯公民权利的情况。当这种侵犯公民权利的情况发生的时候,法律应该为公民提供足够的制度渠道以寻求司法救济。这不仅是人权保障原则的基本要求,同时也是人权中的重要内容——获得公正审判的权利的直接要求。而无论是从哪一方面来看,完善交通规划中的权利救济机制,一方面要靠完善法律法规的相关规定、杜绝立法不作为,另一方面也需要进一步完善我国的行政诉讼制度,确保司法机关具有足够的制度途径为公民提供权利救济。

总之,交通规划中贯彻法治理念在人权保障上的根本性要求就是行政主体在制定交通规划的时候应将人权保障作为最终的价值追求,不得以任何借口恣意侵犯市民的平等权、出行权、知情权等基本权利。

二、权力制约法治理念

　　"权从法出"是现代法治国家的基本理念和原则。法治的首要要求就是权力受到法律的控制,所有的权力都应该位于法律之下,而不能超越于法律之上。交通规划权力也概莫能外。而我国的现实情况却是,交通规划往往缺乏法律和制度的约束,行政机关的规划权并非均能找到法律上的授权。尽管现代国家治理的复杂性、专业性和时效性确实往往对行政机关提出了很高的要求,而法律在一些领域也的确存在滞后性和立法空白,但这些都不能够成为权力超越于法律之上的正当、合法的理由。因此,当务之急并非是为行政机关在缺乏法律授权和法律制约的情况下开展交通规划寻找借口,而应该是纠正这一现象,完善规划立法,将规划权力置于法律的控制和制约之下。而法律对规划权的制约主要应从两方面来实现,那就是程序制约和实体制约。

　　首先来看程序制约。正当程序是现代法治对于国家权力之行使提出的最为基本的要求。而这种正当程序的要求,一方面固然包括了对配置司法救济程序的要求,但更为主要的还是对行政行为本身在程序上的要求。从我国现行法律来看,虽然尚未制定《行政程序法》,但是《行政程序法》的必要性和重要性在行政法学界得到了普遍的公认,而早在 2006 年《行政程序法》即已列入人大立法规划,《行政程序法》的专家建议稿更是已提出了多个版本。在2015 年提出的最新一版《行政程序法》专家建议稿中,在第六章"行政机关特别行为程序"中专设了一节"行政规划"。① 在这一部分中,对于行政规划的界定、起草、听取意见、规划草案的公示、规

---

　　① 姜明安等:《中华人民共和国行政程序法(专家建议稿)》,http://publiclaw.blog.163.com/blog/static/2093382152015102625440356/,于 2016 年 3 月 16 日最后访问。

划的审议通过、公布及修改和废止均作出了规定,应该说涵盖面还是较为全面的。如果这一专家建议稿能成功转化为法律,那么它对于推动城市交通规划法治化的实现将起到重要的积极作用。然而就其具体内容而言,对于交通规划实现程序上的法治化仍然是非常不够的。首先,上述规定的篇幅较为有限。在这一专家建议稿中,"行政规划"仅仅占据了一节的篇幅,这也就决定了很多内容规定得较为简单,对很多程序的细节照顾不够。其次,程序设计上仍有需要改进之处。虽然在这一程序设计中对于民众参与和专家咨询都有考虑,并且设置了意见反馈机制,但是规划中所存在的民众参与上的诸多问题仍然未能得到解决。无论是从民众参与的民主代表性、参与的深度和广度、民众意见对行政机关的约束力还是从公民相关权利的救济机制来看,都还存在着相当大的需要改进的空间。就目前的情况看来,寄希望于《行政程序法》能解决交通规划在正当程序上存在的所有问题是不现实的。一方面,由于《行政程序法》影响面较大、关涉的问题较多,法律出台需要的时间也就较长,短期内无法真正对规划主体产生制约效力;另一方面,行政程序法作为综合性的程序性法律,不可能在行政规划程序的设置和规定上花费过多篇幅,也不可能规定的面面俱到。因此,就目前来看更具可行性的做法可能是针对行政规划制定专门的程序法,或者先制定相应的行政法规或地方性法规,对行政规划包括交通规划提出基础性的程序规范,待时机成熟之后再由《行政程序法》予以统筹调整。

而在具体的交通规划程序设计上,至少应该包括以下几点:(1)贯穿始终的公众参与程序,从规划的起草、制定、决定到执行、修改,都应提供足够的制度渠道保证民众对规划的有效参与,并且对上述环节中公众参与的具体形式、程序、效力等作出具体规定;(2)应在上述各个环节将公众参与作为行使规划权的强制性要件规定下来,如果缺少公众参与,则规划权的行使不得发生法律效力;(3)规划权力行使的监督程序,包括权利救济程序、人大监督程序等,特别是人大监督程序,因其是人民主权原则的直接体现,也是在我国现行法律体系下对行政权实现制约的最为有效的途径。由于城市交通规划涉及的利益面广、对民众权益影响深远,因此从预算决算案的通过到规划方案的采纳和通过等方面都应该充分体现人大对行政机关的监督。

其次,是对交通规划权力的实体制约。从实质上来讲,就是应以法律规范交通规划权,明确交通规划权的来源、行使主体、权力范围、法律责任,特别是应对权力行使的结果——交通规划的法律效力作出明确规定。上文即已指出,城市交通规划有时被看作仅在行政机关内部有效的一种内部规范;并且在行政实践中,没有具体法律根据也可以制定城市交通规划,也已成为司空见惯的通例。然而,不可否认的是,交通规划将影响相关各方的利益分配,利益相关者会密切注意规划方案对自己的利益产生的影响,规划方案很可能会由于博弈各方势力对比的转变而发生变化。[①] 无论它是否直接拘束行政相对人,但由于它对城市社会生活和整体发展所具有的重大影响,交通规划的法律效力都是应该得到明确承认的。在承认交通规划法律效力的基础上,就有必要以法律对规划权做出具体的界定。如上所述,这一界定应包括交通规划权的来源、行使主体、权力范围、法律责任等内容。具体说来,应包括:

(1)对“交通规划”做出明确界定,完成对相关行政主体的授权。只有在法律做出了明确授权的情况下,权力的行使才具有合法性,权力行使的结果能够产生法律效力才具有足够坚实的基础。

(2)明确授权的主体,即以法律明确规定交通规划事项的主管部门。长期以来,我国在交通规划上由于受分行业管理的行政

---

① 陈佩虹:《城市交通规划制度研究》,北京交通大学 2013 年博士学位论文,第145 页。

制度影响而缺乏综合性的交通规划,从而在部门协调、地方协调等方面产生了较多的矛盾。①随着 2008 年 3 月交通运输部大部制改革的展开,这一问题在很大程度上得到了改善。然而,由于交通建设往往并非仅涉及一个城市,在以建设综合交通体系为目标的今天,各地在主管部门设置上保持协调也就具有了非常重要的意义。以法律对此作出统一的规定,能够避免交通规划上地方间协调中矛盾的出现,也有利于各地交通规划的发展。

（3）对交通规划权的权限范围作出限定。权力都应该是有界限的,无边界的权力必将导致恣意和专断。而权力的界限则应由法律予以划定。对于交通规划权而言,法律除了通过对"交通规划"做出界定而明确权力调整的对象之外,还应对交通规划权的具体调整事项、范围、程度做出规定,并对其与其他权力事项,特别是城市规划事项之间的界限予以明确。

（4）明确规划权力主体在违反法律规定、越权规划及侵犯公民权利时所应承担的法律责任。有权力即应有责任。如果法律仅仅进行授权而不规定相应的法律责任,或者仅仅只是笼统的规定违法权力行为应承担法律责任却不对具体的责任形式予以明确,那么权力就将在实质上失去法律的控制而变得恣意。权力的滥用也就指日可待了。所以,应以法律对交通规划主体在违法行政时应承担的责任做出具体的规定,这样才能真正实现法律对权力的制约。

三、科学发展与可持续发展的理念

将法治理念贯穿于城市交通规划的一个根本要求就是避免行

---

① 陈佩虹:《城市交通规划制度研究》,北京交通大学 2013 年博士学位论文,第139 页。

政权力做出恣意的决定。在这里,除了上文所提到的要求行政主体在规划的过程中应充分纳入民众参与的因素,使得公民能够充分表达自己的意见并且得以对规划的决策、执行等产生实质性影响,另一个关键性的要求就是行政主体在做出规划的时候应充分尊重城市交通发展的客观规律,在规划中坚持科学发展与可持续发展的理念。

城市交通规划是一项专业性非常强的工作。因此,在城市交通规划中行政主体要实现从"管理"到"善治"的转变,关键还是在于对交通规划中"科学发展"因素的强调。与民主参与的情况相比,我国的城市交通规划长期以来还是比较侧重对规划技术科学性的强调的。[1] 这一点可以从规划编制和征求专家意见两方面得到反映。首先,从交通规划编制来说,目前我国各大城市的交通规划一般都是由具有城市规划编制资质的咨询机构完成,北京、上海、广州、沈阳、武汉、南京、深圳等城市都拥有专门的常设交通规划研究机构和一批常备的交通规划专业人员。[2] 这就为交通规划的科学性打下了相当牢固的基础。其次,除了将交通规划交由专业机构完成之外,各地在交通规划起草、编制、决策、执行和验收等环节都大量引入了专家咨询、专家评估、专家评审甚至是交通规划专家库等形式,力争在交通规划的科学性上予以进一步加强。

当然,这也并不意味着我们在交通规划的科学发展上就已经没有需要改进的地方了。虽然北京、上海、广州等城市的确是由具有城市规划编制资质的专业机构来完成城市交通规划的编制,但是拥有这样专业机构的城市毕竟只是少数,大多数城市还不具备这样的条件,而只能以专家咨询等方式稍作弥补。而即使是在拥

———————

　　① 杨洁、过秀成:《关于城市交通规划编制法治化的若干问题思考》,《东南法学》2013 年卷,第 74 页。
　　② 杨洁、过秀成:《关于城市交通规划编制法治化的若干问题思考》,《东南法学》2013 年卷,第 74 页。

有专业规划编制机构的城市,城市规划机构也还有大量其他业务需要处理,分给交通规划工作部分的精力与实践有限,并且缺乏专业人员对交通规划基础数据的长期收集、整理和研究,交通规划的针对性、有效性难以保证。① 而从专家咨询、专家评估等方面来说,虽然这些形式在各个城市的交通规划中的确有广泛的应用,也起到了非常积极的效果,但是对于完善交通规划的科学发展而言至少在以下几个方面是需要改进的:(1)对专业因素的引入未能形成常态机制;(2)无论是专家咨询还是专家评估(评审)都不具有确切的效力,对于行政主体而言只能起到"建议"的作用,是否采纳的决定权仍掌握在行政主体的手中;(3)欠缺法律规定,特别是在规划后专家评估方面欠缺法律的规定。虽然在最新一版《行政程序法(专家建议稿)》中,对于行政规划过程中的"听取专家意见"的确做出了规定,但一方面它还不具备法律效力,另一方面从相应内容来看对于落实交通规划的科学发展仍然还是不够的。

而除了对规划技术科学性的强调之外,城市交通规划还需要坚持可持续发展的理念。实际上,对于可持续性发展的强调就是"以人为本"的人权保障思想的具体体现,其实质就是要求交通规划应将着眼点放在"人的生存与发展"上,而不是放在"交通的发达"或"城市的繁荣"上。而在城市交通规划中实现可持续发展理念的途径固然有多种,但其中最重要的莫过于坚持"绿色交通"的发展理念,避免在城市交通规划中因短期的经济效益而牺牲市民在生存权、发展权上的长期利益。具体说来,这就是要求规划主体通过在交通规划中强调控制尾气排放、开发新能源交通工具、重点发展城市公共交通等措施实现城市交通的可持续性发展。例如,美国早在1955年就通过了《空气质量控制法》,此后又于1969年

---

① 杨洁、过秀成:《关于城市交通规划编制法治化的若干问题思考》,《东南法学》2013年卷,第74页。

通过了《国家环境政策法案》(NEPA)。NEPA 将联邦环境政策的终极目标是规定为"在人类和其生活的环境之间,形成一种建设性的、令人愉悦的协调"。在 NEPA 的影响下,联邦政府还成立了一个由专家组成的美国"环境质量委员会"。为进一步落实 NEPA 目标,美国还于 1970 年通过了和 NEPA 相配套的程序法——《环境质量改进法案》,从而推动了各项规划、建设活动与环境保护之间的有机关联。① 而各州也进一步在此基础上将交通规划上的可持续发展推向深化。例如加利福尼亚州即于 2006 年通过了第 32 号法令(AB32),明确了减排目标,确认了排放源头,建立了一系列综合的有针对性的措施。② 同样的,欧盟在强化绿色交通发展上也采取了有力的举措。2008 年 7 月 8 日欧盟委员会在法国斯特拉斯堡提出了一项"绿色运输"的立法建议,并在《欧洲 2020 发展纲要》中提出了《鼓励清洁能源和高效节能汽车发展》战略。③ 从成效来看,美国和欧盟的上述举措可以说都取得了较为理想的效果。

我国近年来虽然也开始强调绿色交通,但囿于立法资源、经济水平、产业结构包括治理理念等的限制,在这一领域仅可谓乏善可陈。例如,在 2014 年交通部编制的《城市公共交通规划指南》中只是在"城市公共交通发展环境分析"中轻描淡写提到了一句要从"节能环保等方面进行分析",至于如何将节能环保的要求引入交通规划,如果不能做到节能环保对交通规划的通过、评估等是否会产生影响均未提及。近年来随着经济的进一步发展,交通现代化与环境保护之间的矛盾日益突出,无论是在大气污染、噪音污染还是水污染等方面,都已经对人民的生存权、环境权等基本权利造成了严重的威胁。因此,在城市交通规划中如何贯彻落实可持续发

---

① 周江评:《美国公共交通规划立法及其政策启示》,《城市交通》2006 年第 3 期,第 24—25 页。

② 李昕:《全球暖化下的城市规划政策——以加州为例》,《国际城市规划》2011 年第 5 期,第 19 页。

③ 杨娜:《欧盟交通立法研究》,山东大学 2011 年硕士学位论文,第 33 页以下。

展的理念是我国在当下所面临的一个紧迫课题。

四、利益衡量与协调的理念

城市交通规划中法治理念中的最后一个要素就是利益衡量与协调。具体说来,利益衡量与协调就是要求在城市交通规划中基于人权保障的原则及宪法的要求来解决公共利益与私人利益之间的矛盾和冲突。这就需要行政主体和司法机关善于运用利益衡量的手法,尤其是比例原则的手法,强调城市交通规划的内容在服务公共利益的同时,应尽可能地保障行政相对人的权益,重视对公民个人利益的保护。

从人权保障的基本原则出发,私人利益作为个人权利的实质内容是应该受到规划主体慎重考虑的,不得随意牺牲。但是人权也并非是受到绝对保护、在任何情况下都不得限制的,公共利益正是构成了限制人权的一个正当理由。我国《宪法》中对基本权利行使的基本原则作出了概括规定的第 51 条即规定:"中华人民共和国公民在行使自由和权利的时候,不得损害国家的、社会的、集体的利益和其他公民的合法的自由和权利。"据此,国家得以保护和促进公共利益为理由而限制公民的基本权利。但是,《宪法》第51 条是否意味着在任何情况下,只要是为了公共利益就可以限制公民的基本权利呢? 显然不能做出肯定的回答。如果我们对《宪法》第 51 条做出如此解读,那么宪法中的基本权利条款和宪法所坚持的人权保障原则都将失去实质性的意义。结合宪法的基本原则与第 51 条的上下文对其进行解释,第 51 条所宣称的公共利益得限制公民基本权利指的只能是在对二者进行充分的利益衡量之后,需要保护的公共利益在利益衡量的天平上远远超出了需要保护的个人权益、从而允许为了公共利益而牺牲一定的私人权益这一情形。因此,利益衡量在第 51 条的解释中占据了核心的地位。

在公共利益与私人权益发生冲突的情况下,如何适用《宪法》第51条、如何解决和协调公共利益与私人权益之间的矛盾,最为主要的就要看如何进行利益衡量。

首先,在这里起到决定性作用的,是一国所采行的国家哲学和权利哲学观。对于一个奉行个人主义和自由主义的国家,在公共利益与私人权益衡量的基础上首先就会向私人权益倾斜。因为对于这样的国家而言,"国家不得侵犯个人的权利与自由"是一条首要的原则和准则,人的权利和自由相对于公共利益而言具有更高的道德正当性。而对于一个奉行集体主义或国家主义的国家而言,私人权益在与公共利益,尤其是国家安全这样重要的公共利益的衡量中就可能很难具有可以与之抗衡的分量。而这一衡量如果发生在一个以共同体主义为宪法基本原则的国家,那么在衡量之初,天平的指针就既不会向公共利益一方倾斜,也不会向私人权益一方倾斜,而是需要综合考虑具体因素以后才会做出最后的判断。我国作为一个以建设宪政为目标的社会主义国家,在对公共利益与私人利益之权衡进行考虑的时候当然不会无原则地向私人利益倾斜,但是基于宪法所明确规定的"保障人权"的基本原则,也不会无原则地向公共利益倾斜,而是应在综合考虑各种具体因素的基础上做出判断。

其次,对于利益衡量的结果发挥重要影响作用的就是利益衡量的方法。利益衡量只是一个笼统的思路,如何进行,还需要具体的方法予以指引。对于我国而言,较为适合的利益衡量方法就是比例原则。比例原则是产生于德国公法学领域的一条基本原则,也是公法领域进行利益衡量的一种基本方法。在德国,适用比例原则进行利益衡量时是遵循以下步骤来进行的:比例原则首先要求法官确认国家行为是否限制、干预了基本权利,在得出肯定回答之后,法官应进一步追问国家行为的目的与目的本身的正当性,此为比例原则的预备阶段。一旦确认国家行为目的的正当性,法官即应依次审查：（1）作为手段的国家行为是否适合于实现其目的（"适合性原则"）；（2）国家在所有对目的实现相同有效的手段中，是否选择了最温和的、对基本权利限制最少的、甚至不限制基本权利的手段（"必要性原则"）；（3）对基本权利的限制与由此得以实现的目的之间是否有合理的、适度的、成比例的、相称的、平衡的关系（"狭义的比例原则"）。① 而在城市交通规划中适用比例原则来实现利益衡量与协调，不仅要求法官在对公民权利进行救济的时候应适用比例原则，而且要求行政主体在制定、执行和修改交通规划的过程中也应以比例原则为指导来权衡、协调公共利益与私人权益之间的冲突，从而在公共利益与私人利益的平衡中不至于过于偏重公共利益而对私人权益造成不当侵害，或过于偏重私人权益而无原则地损害公共利益。

（作者单位：民进上海市委研究室）

---

① 杨登杰：《执中行权的宪法比例原则——兼与美国多元审查基准比较》，《中外法学》2015 年第 2 期，第 367—390 页。

民主党派培育和践行社会主义
核心价值观的路径和方式
——以民进上海市徐汇区委为例

邹海伟

　　社会主义核心价值观是党的十八大报告中提出的,是对社会主义核心价值体系的精炼概括和深刻阐述,其核心为"倡导富强、民主、文明、和谐,倡导自由、平等、公正、法治,倡导爱国、敬业、诚信、友善"。社会主义核心价值观的提出,从价值取向和行为准则上为当代中国提供了准确的引导。它根植于我国优秀的民族精神和优良的文化传统,体现了我国作为社会主义国家的基本道德规范和社会风尚,同时又充分契合了我国社会进步与时代发展的要求,从国家、社会、公民个人三个层面全面反映出对于兴旺发达、和谐有序、安居乐业的安定局面和幸福生活的美好向往和共同追求。作为参政党的民主党派培育践行社会主义核心价值观具有重要意义。目前民主党派主要通过加强学习提升理论水平、思想宣传工作,以及结合履行参政党职责来培育践行社会主义核心价值观。

一、民主党派培育践行社会主义
核心价值观的重要意义

(一) 有利于增进政治共识

　　培育和践行社会主义核心价值观,能够使民主党派成员更加深刻地认识到,坚持和完善中国共产党领导的多党合作和政治协商制度作为我国的基本政治制度,是我国政治理念和政治体制的重要内容,而坚持中国共产党的领导则是其中的核心内容。民主党派通过培育践行社会主义核心价值观,可以进一步增强中国特色社会主义的共同信念,进一步增强接受中国共产党领导的信心与决心,进一步增进与中国共产党团结奋斗、风雨同舟的政治共识。

(二)有利于促进自身建设

随着改革开放的深入推进,面对纷繁复杂的国内外环境,面对飞速发展的社会形势,当前人们在意识形态领域尤其在价值观方面呈现出多元化的趋势,思想观念、价值取向的多样化、差异化特点日益明显。在这种情况下,民主党派培育践行社会主义核心价值观,把社会主义核心价值观作为主流思想和舆论导向,有利于引导成员正确认识国内外形势,正确分析面对的困难和问题,统一思想,凝聚力量,从而进一步推动民主党派自身的思想建设、组织建设和制度建设,使民主党派的政治纲领得以延续,使民主党派的优良传统得以弘扬。

(三)有利于保持进步性

广泛性与进步性相统一是民主党派的重要特征之一。其进步性不仅体现在政治纲领、路线方针上,也体现在成员的整体素质和作风行动上。从历史上看,民主党派的进步性更多地体现在自觉接受中国共产党领导、热爱国家、追求民主与进步、自我教育等方面。在新形势新阶段,培育践行社会主义核心价值观则是民主党派保持进步性的时代要求和重要体现。民主党派及其成员以社会主义核心价值观这一科学理论来提升认识、转变观念、坚定信念,能够保持其政治上和思想上的进步性;在培育践行社会主义核心价值观中立足本职、脚踏实地、勤勉敬业,能够保持其工作上的进步性;在培育践行社会主义核心价值观中民主团结、求真务实、廉洁奉公,能够保持其在作风上的进步性。

二、民主党派培育践行社会主义核心
价值观的现状和面临的困难

　　为更好地了解民主党派培育践行社会主义核心价值观的现状,本课题组以上海市徐汇区民进为主,针对部分基层组织和会员。采取问卷调查和个别访谈的形式进行了调研。调研的对象主要是 2000 年以后加入民进的成员,即以中青年会员为主,约占调查对象的 60%,2000 年以前加入民进和近两三年加入民进的各占20%左右。在对调查问卷和个别访谈的情况进行分析的基础上做出如下几点思考。

(一)民主党派成员对社会主义核心价值观的认识情况

1. 基本了解社会主义核心价值观的主要内容

　　调研发现,大多数民主党派成员对社会主义核心价值观的主要内容有所了解,认为自己对此非常了解和比较了解的成员两者相加超过 90%;但也有少数成员感到对此不太了解或不清楚。就主要通过什么方式来了解社会主义核心价值观而言,通过报刊、电视、网络等新闻媒体方式的占到 70%以上,通过参加讲座、报告会、学习培训、学校教育等方式的占到 20%左右,通过其他方式的不到 10%。

2. 对于民主党派培育践行社会主义核心价值观大都持肯定和支持态度

　　调研显示,超过 95%的成员认为民主党派培育践行社会主义核心价值观适合形势要求,很有必要,与每个人密切相关,需要培育、倡导和践行;在对培育践行社会主义核心价值观的必要性方面感到说不清的仅占极少数。大多数成员认为,培育践行社会主义核心价值观,民主党派不是旁观者,而是社会主义核心价值观的建设者和参与者,应当在深刻理解、全面掌握的基础上,自觉学习、遵循社会主义核心价值观,并以此来指导民主党派的各项工作,使民主党派始终保持正确的政治方向,使民主党派的优良传统和老一辈领导人的高风亮节能够薪火相传。

3. 更加关注国家相关政策和社会问题

调研表明,认为民主党派培育践行社会主义核心价值观不能泛泛而谈,而应结合实际,落到实处的占到97%。与对于理论问题的关心程度相比较而言,大多数民主党派成员更为关注在推进国家治理与经济发展方面的相关方针政策以及相关的配套实施措施,同时对于反腐、教育、医疗、就业、物价、环保、合法权益维护等方面的社会问题关注度都比较高,对上述社会问题选择"非常关注"和"比较关注"的占比都达到80%以上。

(二) 目前采取了哪些路径和方式

结合问卷调查和访谈的情况,课题组认为目前民主党派培育践行社会主义核心价值观的路径和方式主要有以下一些。

1. 通过加强学习提升理论水平来培育践行社会主义核心价值观

民主党派普遍重视对于社会主义核心价值观理论体系的学习和领会。在实际工作中通过主委会议、全体会议、中心组学习、支部组织生活,以及通过对各级委员会委员的培训、中青年骨干成员的培训、新成员的培训等多个平台,通过精神传达、专题学习、报告会、座谈会等多种形式加强学习,不断深化对社会主义核心价值观的认识,不断提升自身的政治理论和政策水平。

2. 通过思想宣传工作来培育践行社会主义核心价值观

加强宣传思想工作是民主党派培育践行社会主义核心价值观的一个重要途径。民主党派在实践中注重充分利用既有的宣传媒体,包括外部媒体和民主党派内部报刊等宣传平台,坚持正面报道,树立典型事例,尽可能多层面、多角度地向成员宣传社会主义核心价值观的内容与理念,从而使之为更多成员所接受,所认同。

3. 通过履行职责来培育践行社会主义核心价值观

民主党派把培育践行社会主义核心价值观作为履行职责的主线贯穿其中,把社会主义核心价值观所倡导的以爱国主义为核心的民族精神和以改革创新为核心的时代精神落实到具体的履行职责行为中。在参政议政工作中,认真开展课题调研,积极反映社情民意,利用多种渠道表达所代表群体的利益诉求;在社会服务工作中,结合各自界别特点,充分发挥自身优势,积极参与医卫咨询、教育咨询、为老服务、支边支农等社会服务。

从问卷调查和访谈的情况来看,认为包括民主党派在内,培育践行社会主义核心价值观的有效途径和方式是加强社会环境建设的占到52%,认为是加强学校教育和家庭教育的占到37%,少数选择其他;在回答开展哪种活动最有利于弘扬和培育社会主义核心价值观的问题时,选择形势政策教育和革命传统文化教育活动的有46%,选择强化道德教育的占 31%,选择加强诚信教育的占23%。

(三) 存在的困难和问题

民主党派切实履行参政议政、民主监督职能,有效开展社会服务,积极培育践行社会主义核心价值观,并取得一定的成绩和经验,但也存在一些困难和问题,主要体现在以下一些方面。

1. 领导班子作用没有充分发挥

首先,民主党派领导班子成员绝大多数为兼职,本职工作比较繁忙,难以有更多的时间和精力来参加民主党派的工作,也没有更多的时间和精力来研究、探索做好民主党派工作的新方法,总结、提炼民主党派工作的新经验。因此,民主党派工作处于一般化的情况比较多,开拓创新的比较少。其次,领导班子成员虽然在自己的本职工作中多为行家里手,对自己的专业知识比较精通,但是对于开展民主党派工作所需要的统一战线知识和方针政策、对民主党派自身的历史和使命等问题缺乏应有的了解,政治理论素质有待提高,也难以谈得上履行好参政党的职能,这样的情况并不鲜见。再次,有的民主党派基层组织领导缺乏机关行政工作经验,对于领导班子成员的范围界定存在模糊认识,把领导班子成员与委员会成员混为一谈甚至存在本末倒置的极端现象,这都在不同程度上影响了领导班子成员积极性和作用的正常发挥。

2. 组织结构松散,成员比较分散

民主党派成员比较分散,多分布于行业内的各个单位,加之退休成员占到不小比例,有的基层组织退休成员甚至将近或超过一半,而且民主党派组织缺乏对成员行政上的约束力,难以对成员进行严格的组织管理,导致组织结构比较松散。比如以民进某区区委为例,数百名成员分散于各个学校、各种性质的企业单位、政府部门或事业单位等,区委即便组织全体成员参加的大型活动,也很难将成员集中,往往只有二三成人员能够正常参加活动。

3. 制度和机制有待健全,执行力度不够

仍以民进某区区委为例。虽然制定有一定的规章制度,但是需要作进一步的健全和完善,尤其是规范化工作做得远远不够,工作当中有章不循甚至无章可循的情况时有发生,缺乏相应工作机制和工作流程,工作制度形同虚设,权责不符,有职无权,职责不清,工作中越权、越级行为时常发生,执行情况差强人意,应当引起重视并加以改进。

4. 对民主党派干部的培养任用有待加强

民主党派干部也是党的干部,对于民主党派干部的培养和使用应该一视同仁。近年来,随着中央统战工作会议的召开和《中国共产党统一战线工作条例(试行)》的颁布,统一战线工作得到更多的重视和加强。但个别单位特别是基层单位党组织对统一战线政策理解不够,没有把民主党派当成朋友,而是把民主党派看成"花瓶"和摆设,对民主党派干部特别是民主党派机关干部的培养和使用没有给予足够的重视。民主党派机关干部由于职位较少，特别是对区县基层组织而言，一般都要应对"上面千条线，下面一根针"的局面，尤其是领导成员工作任务繁重，责任重大，但是在政治安排和升迁机会等方面却很难被考虑到，难以充分调动专职干部的工作积极性。

5. 活动的方式和内容有待改进

民主党派在社会主义核心价值观的培育践行中，组织活动的质量关系到自身的凝聚力和向心力。当前，民主党派的组织活动虽然比以往有了较大改观，但活动的方式多以学习为主，过于单一，活动的内容也比较枯燥，甚至存在"有活动无内容"、"有活动无方向"等问题，这些都与形势发展的要求和广大成员的需求不相符合，有待进一步改进。此外，民主党派的活动还存在其他方面的一些困难和问题，如制度化、规范化程度不够，没有固定的活动场所，组织活动往往"打一枪换一个地方"，活动创新不够，缺乏吸引力和感染力等。这些都影响了民主党派成员参加活动的积极性，造成大部分成员参加党派活动存在随意性和被动性，只有少数成员能够坚持参加活动。

三、对策建议

（一）搞好领导班子建设是民主党派培育践行社会主义核心价值观的重要前提

领导班子建设关系到民主党派的整体形象和各项工作的开展，民主党派培育践行社会主义核心价值观同样需要以加强领导班子建设作为前提和保障。选拔领导班子成员要有较高的任职资格和标准，不仅对于年龄、学历、职称、级别、任职年限等方面要有较高的要求，而且要根据实际工作的需要，从有利于开展和推动实际工作的角度出发，选拔有能力、有热情、有条件开展党派工作的同志担任班子成员。对于新走上领导班子岗位的成员,不是"扶上马"就结束,而是应当"送一程",对其提供应有的指导、支持、帮助乃至培训,帮其熟悉情况,理顺关系,使其能够尽快适应新的领导岗位。而不是非但没有提供这些支持、指导和帮助,反而一味对新的班子成员提出过多、过高要求,甚至吹毛求疵,过于苛责,这样不利于班子团结,不利于工作开展,更不利于社会主义核心价值观的培育践行。

(二)加大宣传力度,形成核心理念

加大宣传力度,引导成员自觉遵循,是民主党派培育践行社会主义核心价值观的重要途径和方式之一。要充分借助各种媒介,聚焦社会主义核心价值观的核心内容,结合时代特色、社会实际和民主党派的工作实践,向成员大力宣传社会主义核心价值观丰富的科学内涵,不断扩大宣传的深度、广度和力度。在宣传上可以采取灵活多样的方式方法,既要充分借鉴和运用经典的方法,如树立先进榜样和典型并加强宣传等,同时又要结合形势和成员的需要,运用先进的技术手段和成员更能接受的方式方法,通过不断的宣传和传播,使其能在对社会主义核心价值观全面认知、深刻理解、重点把握的基础上,在无形当中发自内心地接受之,并内化为自觉的理念和行为,逐步成为社会主义核心价值观的自觉践行者。

(三)完善制度机制,强化组织管理

民主党派培育践行社会主义核心价值观,离不开制度的约束和工作机制的保障,需要健全完善工作制度和机制,明确工作流程,强化组织管理,这也是培育践行社会主义核心价值观的重要方式。制度好,可以约束人不肆意妄为。制度不好,不能让好人做好事,甚至走向反面。民主党派作为参政党,肩负参政议政、民主监督的重要职责,建立健全奖罚分明的制度规则,强化组织管理,将规矩立在每个成员的心中,而且各级领导班子成员要带头实行,广大成员才会以对制度和机制的敬畏之心来规范言行,共同践行社

会主义核心价值观。

（四）以组织活动为载体

民主党派培育践行社会主义核心价值观,离不开全体成员的支持和参与。要做到这点,需要不断探索培育践行社会主义核心价值观的新途径和新方法。要避免以单纯说教的方式,而是应以形式多样、富有特色、为成员喜闻乐见的活动为载体,来吸引和感染广大成员。比如利用春节、中秋、国庆等重大节假日的时机,组织开展主题鲜明的庆祝、纪念活动,或者在适当时机组织成员外出学习、考察等,寓社会主义核心价值观的培育践行以丰富多彩的活动之中,不仅增强了活动的吸引力和感染力,也增强了成员的融入感、责任感和使命感,起到寓教于乐、潜移默化的作用。

（五）与关心成员发展,解决实际困难相结合

民主党派要把培育践行社会主义核心价值观与关心、帮助成员发展、解决成员实际困难相结合。要坚持以人为本的理念,切实做到理解人,尊重人,关心人。要深入到成员的思想实际、工作实际和生活实际中去,关心成员的进步与发展,了解成员的相关诉求,想方设法帮助成员解决困难,多做一些稳定人心、温暖人心的工作,把教育引导与热情帮助和用心服务结合起来,使社会主义核心价值观的培育践行更多地落到实处,取得实效。

（作者系民进上海市徐汇区委专职秘书长）

上海郊区城镇化建设的
实践和思考

吴振兴

改革开放以来,上海郊区城镇化建设步伐不断加快,一批乡镇走在城镇化建设的前列。这些镇村的领导班子,善抓机遇,敢为人先,通过改革试点,突破发展瓶颈,探索发展新路,实现科学发展,走出了一条具有鲜明特色的镇村发展之路,为郊区乃至全国农村进一步推进城镇化和新农村建设,提供了许多有益的经验和借鉴。

一、郊区城镇化发展历程回顾

由于历史和主观上的原因,在相当长的历史时期内,上海的城市工业和人口过于集中,处于超饱和状态,尤其是中心城区,工业设备陈旧,技术落后,居民居住紧张,交通阻塞,环境污染。而郊县城镇则规模过小,布点分散,设施不完善,缺乏吸引力,小城镇发展更是十分滞后。这是我国长期实行计划经济带来的后果,也是城乡二元结构直接导致的结果。

打破城乡分离,突破城乡界限,实现城乡结合,统筹规划,以城带乡,以乡促城,变城乡分割为城乡一体,变城乡脱节为互相结合,变城乡封闭为城乡通开,才能最终达到城乡协调发展、缩小差距、融为一体、共同繁荣的目的。

就整个人类社会的发展来看,城市和乡村都是变动的概念。

它们既是社会生产力发展到一定阶段的产物,又随着生产力的发展依次经历几个不可逾越的发展阶段。第一阶段是"城市乡村化"。这主要是指古代以土地、财产和农业为本的"城市"。虽然这个时期有了农业和手工业的简单分工,但城乡在地域上和经济上的分离并不明显;第二阶段是"城乡的对立化"。这时,工业高度集中于城市,城乡的地域界限明显了,形成了城市搞工业、农村搞农业的二元结构,导致城市过度繁荣、乡村逐渐凋敝;第三阶段是"城乡一体化"。1848 年马克思、恩格斯在《共产党宣言》一文中提出:"把农业和工业结合起来,促使城乡之间对立的逐步消灭。"①这个阶段的明显特点是,城乡地域界限模糊了,城乡经济开始互相渗透,形成"我中有你,你中有我"的格局。

在邓小平的直接领导和推动下,从 1978 年开始的农村改革,深刻地改变着我国的经济社会面貌。1980 年代中后期,随着改革开放的深入推进,上海郊区农村经历着一场前所未有的历史变革。农村主体产业实现了由农业向乡镇企业的转移;农村的经济结构、劳力结构和生产方式发生了深刻变化;农村商品生产发展迅猛,农副业生产开始向适度规模经营发展;原来在不同轨道上运行的城乡经济互为渗透,相互促进,推动着农村生产力水平的较快提高;新一代农民也以全新的姿态跻身商品经济大舞台,他们的思想观念、生活方式等也日益摆脱旧的习惯。可以说,打破城乡二元结构,实现城乡一体化,并不断推进工业化、城镇化和农业现代化建设,这是农村市场经济发展的必然,也是广大农民群众热切的期盼和追求。

进入 21 世纪以来,党中央、国务院高度重视农村工作和城镇化建设。2010 年 1 月党中央下发中央一号文件,文件首次把推进"城镇化"与建设社会主义新农村并列为保持经济平衡较快发展

---

① 《马克思恩格斯选集》第一卷,人民出版社 1972 年版,第 273 页。

的持久动力。2016年12月19日至20日,中央农村工作会议在北京召开。会前,习近平主持召开中央政治局常委会会议,专门研究"三农"工作并发表重要讲话。他强调指出,要始终重视"三农"工作,要准确把握新形势下"三农"工作方向,要把发展农业适度规模经营同脱贫攻坚结合起来,与推进新型城镇化相适应。李克强也明确指出,要"推动新型城镇化与农业现代化互促共进,拓展农村发展空间"。上海历届市委、市政府同样高度重视郊区城镇化建设。早在1986年市委就提出城乡一体化的口号,要求统筹规划,以城带乡,缩小差距,共同繁荣;20世纪90年代初提出"两级政府、两级管理,三级政府、三级管理"的思路;到1995年提出"三个集中",即土地向规模经营集中,工业向工业园区集中,农民居住向城镇集中的战略思路;之后又制定了宅基地置换、征地留用地等一系列政策。2016年市里又出台了促进农民向城镇集中居住的工作意见,从政策配套、财政扶持、体制机制改革等方面,作了具体明确规定。这些都有力地促进了郊区城镇化建设步伐。

二、郊区城镇化发展的实践探索

从20世纪90年代中后期开始,到进入21世纪以来、特别在党的十八大之后,上海郊区的城镇化建设步伐明显加快。一批乡镇提供了许多生动丰富的实践做法和值得思考总结的经验。回顾上海郊区城镇化建设实践,概括起来,有这么几个做法和特点。

(一)城市大发展大建设的推动

改革开放前,上海工业大部分集中在中心城区,20世纪80年代,中心城区的工业企业仍占一半以上,贡献了超过70%的工业产值。而且人口也大量集中在中心城区,1990年上海中心城区人口密度每平方公里达25428人(美国纽约市为9151人),内环线以内达39057人(纽约市曼哈顿为20237人)。人口密度过大,使上海在人均道路面积、人均公园绿地面积、污水处理率、垃圾处理率等方面与国际大都市相距甚远。长期狭隘的城市功能定位，严重阻碍了上海经济、社会的进一步发展。从 20 世纪 90 年代初开始，随着上海建设国际大都市的需要，上海开展了第一轮大规模的旧区改造和城市基础设施建设，一大批居民从中心城区陆续迁居到城郊结合部，仅南北高架、内环高架等道路建设，十年中就动迁了 280 多万人到城郊结合部的乡镇，上海中心城区的面积也得到大大扩张。这样原来环绕在中心城区边缘的一些乡镇，在市、区两级政府从政策、财力等多方面的扶持下，得到较快发展，逐步成为具有一定规模，大多能容纳十多万人口的镇。例如，上海县的虹桥、七宝镇，嘉定县的长征、桃浦镇，宝山区的淞南、大场、高境、庙行镇等，郊区约有 30 多个乡镇，在这一轮城市大发展大建设中成为城市化地区的镇。

（二）全市产业结构调整的带动

解放以后，上海市区工业企业集中度高，这既不利于城市功能的整体开发，也不利于工业企业及产品的配套和规模化。20 世纪 90 年代中后期开始，上海按照建设"一个龙头，三个中心"的城市发展战略定位，开始实施经济结构战略性调整。在产业结构方面，积极贯彻"三二一"的产业发展方针，实施"退二进三"的产业发展战略，大力发展第三产业，使其成为上海经济发展的重要增长点，并推进第二产业即制造业逐步向郊区转移。随着钢铁、石油化工、汽车和微电子四大产业先后落户到郊区，有关区县和乡镇相继建立起了与这四大产业相配套的工业园区，并带动了所在地区乡镇的发展。例如，嘉定区安亭镇把依托汽车城、服务汽车城作为全镇经济发展的突破口，在改革开放之初就同 10 多家有关国营汽车企业攀亲结眷，在和大企业的紧密联系中不断壮大和发展自己。依托上海石化工业区，金山区的金山卫、山阳、漕泾等镇，工业经济得到长足发展，城镇化建设日新月异，令人刮目相看。崇明县的长兴岛,由于造船和海洋装备工业的落户,也开始显示出发展的勃勃生机。这是由于全市产业结构新的布局和调整,给郊区一些乡镇注入了新的发展动力和活力,这些乡镇凭借独特的区位和产业优势,始终保持着良好的发展势头,城镇化建设也走在了其他乡镇的前头。

(三)大型居住区建设的拉动

进入 21 世纪以来,特别是近几年来,上海市委、市政府认真贯彻、落实中央关于规范房地产市场,加快安居工程建设的重要指示精神,全市保障性住房建设力度不断加大。早在 2003 年、2005 年本市就分两批规划了用地面积约 25 平方公里的大型居住社区建设基地,主要分布在宝山顾村、南汇周康航、嘉定江桥、浦东曹路、闵行浦江、松江泗泾和青浦华新等地区。2008 年推进了浦东三林经济适用住房基地建设,规划总建筑面积约 2600 万平方米、住宅面积约 1900 万平方米。2009 年对顾村、曹路、周康航、浦江、泗泾、江桥等 6 个大型居住区建设基地进行了拓展和扩容。2010 年本市又规划建设 23 个大型居住社区,计划用一年半时间完成土地储备,可建成约 120 万套住房。这样本市先后共确定了三期 47 片基地,规划总用地面积达 162.88 平方公里,住宅面积达 11079.99 万平方米,基本覆盖到全市 9 个郊区区县。其中,保障性住房约占新建住宅总面积的 50%,其套数约占总套数的 60% 左右,新增供应廉租房、经济适用房、公共租赁房和动迁安置房等各类保障性住房近百万套。

大型居住区的建设,是党和政府保民生、促发展的一项重要举措,为有序推进城市动迁,加快郊区城镇化建设创造了有利条件。尽管目前在推进建设过程中也存在着一些问题,但这些大型居住区所在地的乡镇,由于人口的加快集聚,交通条件的显著改善,教育、文化、医疗和各类公共服务设施得以改进和提高,以及商业服务业的逐步配套和完善,这些乡镇如嘉定区江桥镇、宝山区顾村镇、闵行区浦江镇、松江区泗泾镇、浦东新区航头镇等，已经成为市郊经济社会发展比较繁荣发达的乡镇，并由此带动了周边一大批乡镇的发展。

（四）各试点镇建设稳步推进

进入 21 世纪，上海为实施建设现代化国际大都市和"四个中心"的目标，2000 年市委提出"中心城区体现繁荣和繁华，郊区体现实力和水平"的思路，确定"十五"期间要重点建设"一城九镇"，依托重大经济项目和骨干交通设施建设，着力发展新城和中心镇，带动一般集镇建设。2006 年 1 月，上海进一步提出统筹城乡协调发展，推进"1966"全市城乡体系建设。按照这个规划目标，建设一个中心城和 9 个新城，60 个左右新市镇和 600 个左右中心村。"1966"城乡体系规划是从现代化国际大都市的体系着眼，从人口、产业、环境、资源、基础设施等诸要素出发，对上海市域范围内进行的一次重新整合布局。

2009 年市政府发文启动 10 个试点镇的开发建设，近年来，又采纳市有关部门和区县的意见，增加 2 个镇共有 12 个镇作为第二批试点镇。

按照"一城九镇"的规划目标，松江区首先启动新城建设。新城规划建设面积 60 平方公里，居住人口 100 万。经过多年努力，已先后建成由 7 所大学组成的松江大学城，竣工住宅商品房 400 多万平方米，建成了 40 多个设施一流的住宅小区，建成了占地一平方公里的泰晤士小镇等。新城的大手笔建设，以欧陆风格为基调，正在建成一座全新的城市。松江老城区以改造和保护为主，凸显了"上海之根"的历史风貌和文化特色。宝山区罗店镇，充分吸收大集团、大企业的社会资本，参与开发建设，经过 8 年多努力，北欧风貌的新镇初步建成，老镇改造也开始启动。青浦区朱家角镇，采取"保护古镇，改造老镇，建设新镇"的方针，由国内 5 家大集团、大公司筹资建设。"都市水乡朱家角，宜居城市新典范"，一个融文化、历史和现代生活气息的城镇新风貌展示在人们面前。

各区县经过多年坚持不懈的努力,在市有关部门的支持配合下,学习借鉴各试点镇开发建设经验,在推进面上城镇化建设方面,同样取得了阶段性成果。在城镇建设过程中,一些乡镇明确重点发展的产业支撑和产业导向,注重培育新兴产业,强化绿色、低碳、环保和景观风貌建设,并注重保留、保护城镇原有的自然和人文生态,注重城镇和自然环境的相互融合,塑造了各具特色的城镇风貌。

三、郊区城镇化发展的思考与启示

城镇化建设是一项复杂、繁重、艰巨的系统工程,如何制订符合国情、切合实际的城镇建设规划,如何调整和优化产业发展布局,如何加强基础设施和公共服务建设,如何走绿色、低碳环保和可持续发展道路,如何深化农村土地制度改革,如何创新投融资机制等等,这都需要全社会形成共识,密切配合,才能逐步破解城镇化建设中遇到的各种瓶颈和问题。从上面提到的一些乡镇推进城镇化建设的目标看,这些乡镇的领导班子、特别是主要领导,敢于解放思想,与时俱进,创新开拓,大胆实践,因而城镇化建设取得了明显成效。这给我们提供了许多有益的思考和启示。

(一)制订切合实际的科学规划

制订区域特色明显、空间布局合理的规划,是城镇化建设的重要环节。这些镇在上级有关部门的指导下,按照"三个集中"的要求,根据各镇的产业现状、发展基础和资源特点等,重视制订科学合理的规划,从而确保了镇区空间布局的优化。一般都有针对性地规划了三大板块,即农业板块、工业板块、居民居住板块。体现城镇形态要服从于功能的原则,做到宜工则工、宜农则农、宜商则商。例如,宝山区罗店镇在制订规划时,把罗店的发展放在全区的大局、大背景下思考,注重全局性、整体性和带动性,以宝山区域规划来带动罗店镇规划的制订和实施,以市、区重大工程项目带动城镇发展,以环境建设和调整产业结构带动城镇功能、布局的完善,以罗店历史文化的挖掘带动人气的提升,以新农村建设带动和谐社会建设。从而使镇域规划的制订,做到了起点高、科学性强,在实际操作中又能够落实落地。嘉定区外冈镇在制订规划时,坚持将"三个集中"作为一个相互联系、相互促进的统一整体,以工业向工业园区集中为关键,农民向城镇集中为核心,农用地向规模经营集中为基础,通过统筹推进,有效地使城镇化建设和工业化(产业化)、农业现代化联动发展。宝山区顾村镇,近年来着力打造彰显"人文、生态、宜居"为特色的现代化新城区,已建成 59 个住宅小区,完成 712 万平方米的房产开发总量,从而成为 2010 年 5 月开幕的上海世博会的一个参观项目,形成了"大公园、大生态、大绿化"的城镇建设新格局。

(二)有一个锐意进取的领导班子

这些乡镇都有一个好班子、一个好带头人。他们的共同特点是:一是有超前理念。无论是搞镇、村发展规划,还是招商引资、发展经济,或是关注民生、建设公共服务设施等,都能想早一步,干前一步,进行创新式发展。二是有实干精神。这些班子都能紧紧抓住经济建设这个中心不动摇,想干事、能干事,而且有干成事业的一种锐气、闯劲和魄力。三是有科学思路。这些镇、村领导班子的主要带头人,大多有科学发展的缜密思路,也善于借别人的脑袋发财,善用新人,善用高人,善用有智慧的人。例如,奉贤区南桥镇光明村围绕"低碳、生态、智慧、宜居"的城市建设和管理经验,大力培养和引进科技领军、创新创业人才和高技能人才,为促进生产服务业发展提供智力支撑。近年来,他们组建了一支优秀的大学生管理团队,其中博士生就有 8 位。由此,他们被中国产学研合作促进会专家评审确定为中国产学研合作创新示范基地试点,通过了上海市科技创业中心评审,认定为上海市科技企业孵化器基地等。四是有强烈的服务意识。这些镇能主动服务企业、关注民生、关心外地农民工。例如,嘉定区马陆镇、松江区新桥镇等,近年来规划兴建了一批"农民工公寓",让外地来沪农民有工做、有房住、子女有书读,有病也能就近诊治,使广大农民工比较好地融入了当地社区、融入了企业、融入了教育和医疗,共同为地区经济社会发展贡献力量。又如,嘉定区安亭镇近二十多年来能集聚越来越多的汽车零配件落户安亭,首先在于这个镇的领导和有关部门能为国有和合资汽车企业提供"全方位"的优良服务,包括承包这些企业的食堂,解决企业职工最头痛的"吃饭难"问题;组建出租车公司,主动为企业接送员工上下班;定向发展农副产品生产,为企业员工送去新鲜、价廉、安全的农副产品;由镇政府贷款,按工方建筑设计要求,建造一批商品房,然后转让给工方,缓解了国有企业职工住房难的矛盾,等等,从而比较好地解决了国有企业职工的后顾之忧,密切了工农关系,而安亭镇、村两级发展经济也有了可靠的依托和保障。

(三)坚持产业兴镇强镇这个基础

产业发展是城镇化的内在动力,是城镇建设的重要内容,也是城镇发展的重要支撑和基础。各镇在城镇建设中,普遍重视工业资源的整合和发展,以集体资产提升、农民增收为目标,注重转变发展方式,调整经济结构,提升质量和效益。安亭镇的快速发展,离不开汽车产业的支撑。从1958年安亭辟为上海市汽车卫星城,1959年第一辆凤凰牌轿车(后发为上海牌)试制成功,1964年上海牌开始大规模生产,1984年中国第一家中外合资的汽车制造商——上海大众汽车有限公司落户安亭,到20世纪90年代中后期汽车零部件制造走向规模化、集约化。安亭镇始终紧紧依靠依托汽车城。目前,该镇汽车制造、贸易博览、教育研究、体育休闲和新镇住宅等6大功能区建设齐头并进,"一业特强"是安亭镇经济和城镇化建设得以持续发展的强劲支撑。在市场竞争日趋激烈的情况下,怎样才能有效地吸引投资,扩大就业,促进发展,繁荣经济,这是摆在郊区各乡镇面前的一道必须回答的题目。马陆镇的做法让人欣喜又发人深思。这个镇从"筑巢引凤"到"腾笼换鸟",积极调整产业发展思路,努力突破资源瓶颈,并着眼于土地资源的二次开发,不断调整归并各类工业园区,认真做好"逼"、"挖"、"推"3篇文章:加强对现有企业的筛选,逼出效益;狠抓现有企业的产业延伸和叠加,挖出效益;抓好培育属地企业的自主创新能力,推动增效,比较好地做到了存量调整和增量优化,破解了发展瓶颈,实现了全镇工业企业的持续增长和发展,为城镇化和新农村建设积累了比较雄厚的资金实力。

(四)创造条件,主动赢得发展空间

上述列举到的这些乡镇,有的是列入本市试点镇的,可以进行农民宅基地置换试点、新农村建设试点、农村土地承包经营权流转试点等。这些镇村领导善抓机遇,勇于探索和实践,因而获得了比较好的政策环境和发展空间,赢得了率先探索城镇化建设的宝贵时间,同时还积极探索城镇化和新农村建设互促共进的多种模式。例如,奉贤区庄行镇坚持"面上打基础,点上求突破"的战略,积极探索城镇化和新农村建设的多种形式,受到了农村基层干部和农民群众的普遍欢迎,取得了较好的社会效果。这个镇:一是试点"新华模式"。通过实施村民集中建房试点和宅基地置换试点,全部拆除原来散落的农宅,集中建设配套俱全的新型住宅社区。目前,全镇3个新型社区早已建成,共建设多层住房224栋,建筑面积48.3万平方米,入住2074户、7100多人。二是完善"潘垫模式"。采取政策鼓励、投资多元等措施,大力开展改造、建造景观项目,还原江南水乡粉墙黛瓦、农民傍河而居的秀美风貌。三是探索"新叶模式"。以村宅归并为突破口,进行土地综合整治。通过土地整理全村净增耕地866亩,其中宅基地归并结余202亩,工业和公共设施用地节余 59 亩,非耕地垦复 605 亩。这几种模式的探索和实施,有力地推进了城镇化和村镇建设。奉贤区探索的经验和做法还在于:在建设战略上,他们聚焦到村单个突破,做到建一个成一个,成一个再建一个,使投入效益实现最大化;在财政投入策略上,集中各方面资金投入到道路、管线和基础设施建设,实现农村基础设施建设配套一步到位,避免反复建设和资金浪费,使投资效率实现最优化;在具体建设项目上,一些重大项目的配套建设由政府承担,或采用社会集资的办法,由大企业、大集团筹资解决。一般项目由政府搭台、企业唱戏,或让农民自己唱主角,从而比较好地解决了建设资金短缺的问题。

（五）建立、健全高效有序的领导体制和运行机制

城镇化建设是经济社会综合发展的过程,涉及方方面面,需要政府的有力指导和各部门之间的联动协调。因此,在市级层面建立一个强有力的统筹协调的组织机构和精干的工作班子,区镇级层面组建相应的机构,都是十分必要的。在推进郊区城镇化建设中,有些区镇重视组织架构的建立和运作。青浦区朱家角镇的做法是:一是受市"一城九镇"协调小组委托,成立朱家角中心镇推进协调小组。协调小组对新市镇的开发建设提出宏观指导性意见,并对每年开发建设的重点、土地出让计划、投资计划,以及镇政府与投资公司之间的职能划分、工作安排、利益分配等作出决定。二是区级层面成立朱家角投资开发管理委员会,主要职责是接受朱家角新市镇推进协调小组的委托,督促镇政府与投资公司落实协调小组提出的原则和意见,协调好各方关系,为新市镇的开发建设创造有利的舆论和政策环境。三是明晰镇政府和朱家角投资开发有限公司关系。镇政府是新市镇的管理主体,主要负责社会事业、市容卫生管理等公共性事务,负责协调镇内各方关系,做好动迁工作,确保各工程项目的顺利实施。朱家角投资公司是区级公司,作为新市镇的建设主体,主要职责是贯彻落实协调小组和管委

会的决定,通过市场化运作,推进新兴镇的开发建设。从这几年的实践来看,组建这样的领导体制和运行机制是好的,是有利于推进城镇化建设的。这就说明在城镇化建设过程中,各区县、乡镇凡是没有建立这种机构的都要尽快建立起来,凡是机构不够健全、运转不够有力的都要充实加强这个机构,并使之高效有序地运转起来,从而使上海郊区城镇化建设形成"领导重视,分工协作,狠抓落实,高效有序"的领导体制和运行机制。

城镇化是一个综合系统工程,它必将经历较长的发展过程。它的路径和模式选择也会是多方面的。各区县、乡镇都要从实际出发,选择适合当地发展需要和农民意愿的模式。正是从这个意义上,上述这些乡镇的做法和经验,是值得肯定的,也有助于从中获得有益的借鉴和启示。

(作者系中共上海市委党史研究室原副主任、研究员)

上海郊区发展第六产业研究

郁鸿胜

　　近年来,党中央、国务院提出了要围绕建设现代农业,加快转变农业发展方式,把产业链、价值链等现代产业组织方式引入农业,促进一二三产业融合互动发展的要求。一二三产业融合互动发展,就是第六产业。现阶段我国许多地方通过大力发展现代农业,优化、调整农业生产布局,农业生产方式发生了深刻转变,形成了农林水产业与加工制造业和销售、服务业等融合发展态势,为第六产业发展积累了一定基础。

　　上海要实现国际大都市战略目标,一二三产业融合互动发展第六产业,是未来的重要任务。上海第六产业的主战场在郊区,上海郊区将充分利用国际大都市提供的科技成果、现代设施和巨大的市场消费,形成高层次、多形态、宽领域的第六产业群,为建设上海全球文明城市奠定产业基础。

一、第六产业的基本概念

(一)第六产业的基本内涵

　　第六产业的基本内涵最早是由日本学者提出。20世纪90年代,日本为了振兴农业和农村,日本学者今村奈良臣首先提出了"第六产业"的概念。归纳起来第六产业的基本内涵是,一种现代农业的经营方式,是农业生产向二三产业延伸,通过一二三产的相互融合,形成集生产、加工、销售、服务一体化的完整产业链。由于将第一、第二和第三产业相加(1+2+3)或相乘(1×2×3)都等于6,所以称为"第六产业"。第六产业不仅包括初级农产品的生产过程,还包括食品加工、肥料生产过程以及流通、销售、信息服务等过程,从而形成了集生产、加工、销售、服务一体化的链条。通过第六产业的运作,农民能够和不同领域的人员合作,提高产品的文化附加值和科技附加值,从而缩小农业与其他产业的收入差距。"六次产业"不仅包括作为第一产业的农林牧水产业,还包括农产品加工制造等第二产业以及流通、销售、服务等第三产业,几乎包含了产业的方方面面。

第六产业包涵的内容十分广泛,主要有以下六个方面:一是产业融合性,主要体现在第一产业向第二三产业的延伸和渗透,在现代农业科技的作用下,使原来的传统农业与传统工业的本质区别逐渐模糊起来。二是功能的多样性。在第六产业发展中,不仅仅反映的是农业本身的基本功能,同时,又是反映经济、社会、生态集成性功能。三是资源集约性。表现为资本、设施、科技和人力资源的高度密集性。在生产经营中,处于优势地位的不仅仅依靠要素资源,更重要的是依靠技术、市场、信息等创新性资源。四是市场灵敏性。第六产业发展具有高度的规模化、产业化和市场化,市场灵敏性决定了第六产业发展的市场方向。五是生活服务性。第六产业与大城市发展相匹配,和信息化水平同步发展,就能够充分发挥生态、服务、观光、休闲、科技示范、教育等生活服务性功能。六是发展持续性。第六产业随着科技进步,采用无污染和少污染的生产方式,开发生产安全优质的绿色产品,注重环境治理,突出生态建设,节约资源。正确处理眼前利益同长远利益的关系,走农业可持续发展的道路。

（二）第六产业发展的形态特征

农业"六次产业化"的形态非常丰富,例如农副产品的直接销售、经营饭馆、文化展览、绿色观光农业等。农产品加工是主要形式,其次是农产品的直销,农村饭店、观光农园、民家住宿占比相对较小。"六次产业化"涌现了多重样式,改变了原来农产品只能直销的陈旧方式,在整个产业结构中,由第一次产业占优势比重逐级向第二次、第三次产业占优势比重演进,即产业重点依次转移,产业结构趋于高级化。"第六产业"具有如下形态特征

一是"第六产业"在本质上是产业融合的深化。它突破了原有的农业与旅游业,农业与生物制药等产业融合的边界,力图实现3种产业的一体化,以建立更大程度上的纵向产业融合组织。

二是"第六产业"需要依靠区域产业集群的力量来发展。要实现3种产业的融合,需要农产品原产地,加工方以及销售方、使用方的相互配合,而这种配合往往会超越地区的限制。因此区域间的合作显得尤为重要,合理的区域发展合作战略为"第六产业"的发展提供了基础。

三是"第六产业"的发展需要政府的政策支持以及行业协会的协作。随着国际资源价格的不断上升,农产品的生产成本逐渐上升,从事农业的利润下降。因此,政府的政策支持是必不可少的。同时由于"第六产业"的区域性协作特性,需要借助行业协会的力量进行区域间的沟通协作。

四是"第六产业"发展目的是缩小收入差距,增强农村发展活力,解决当前农业衰退的现象。通过与生物科技人员、加工厂商、运输商、消费者之间的合作,农民能够参与第二次利润分配。这一方面提高了农产品的附加价值,促进其品牌的建设;另一方面则增加了农户的收入,同时通过将科技力量以及文化内涵引人农产品,可以吸引高素质人才以及资本回流到农业,增强农村发展活力,促进城乡交流。

(三) 上海发展第六产业的重要意义

上海农业的国民生产总值目前只占到上海市的国民生产总值

的 0.7%左右,但是仍然还有 300 万左右的农民。因此,上海在建设国际大都市的进程中,在工业化、城镇化深入发展中,加快农业现代化,促进农业转型,合理调整收入分配,发展"第六产业"就具有以下几点重要意义。

一是发展第六产业有利于促进一二三产业转型发展。近年来,上海通过大力发展现代农业,优化、调整农业生产布局,农业生产方式发生深刻转变,农业产业化、组织化、集约化程度大幅提升,农业生态环境建设取得突出成效,为发展农业"第六产业"积累了一定的基础条件。上海大力发展"第六产业",在实践中不断探索农业发展新方法、新点子、新思路,对构建具有中国特色的国际大都市现代农业具有积极作用。

二是发展第六产业有利于提高农民收入。上海的农业生产承受着种植成本和土地价格不断抬升的双重挤压,农民单靠种粮利润有限。发展农业产业化经营,因地制宜的发展适合当地农村情况的农业"第六产业"组织形式,延伸农业产业链,让更多的价值留在农村,有利于增加农户的收入,促进农业的可持续发展。"地产地消"是农业"六次产业化"中最为特色的一种流通模式,是当地生产的农产品,在当地进行销售并消费。消费者能从自己身边最近的场所买到新鲜的农产品,减少了消费者支出,使消费者可以以比较便宜的价格购买农产品。生产者能够直接接触消费者,在准确、及时获得消费者需求信息的基础上进行有效率的生产,减少了流通环节,节约了流通费用,相应的也提高了生产者的收入。

三是发展第六产业有利于农业与新型产业融合发展。"第六产业"打破了原有的农业与旅游业、农业与生态环保、农业与文化产业、农业与生物制药等产业融合的边界,力图实现农业中三种产业的一体化,将农业与充分挖掘的其他产业加以糅合,通过不同行业间的相互延伸、相互渗透,最终融为一体,逐步形成新产业,以建立更大程度上的纵向产业融合组织。

四是发展第六产业有利于提高上海的农业国际竞争力。上海正处在由传统农业向现代农业的转型阶段,如何从产业融合的角度来发展现代农业,增强上海农产品的国际竞争力,对发展现代农业具有重要意义。在当前国际市场竞争激烈的情况下,只有实现产业融合,从农田到餐桌的各个环节形成紧密关联,上海的农业国际竞争力才能形成。"第六产业"转变了传统的产业生产、销售与服务方式,激励农业企业在竞争中不断进行创新,提升了企业和产业的竞争力,与此同时,也使得农业在国际市场中能够占据重要地位,国际竞争力随之提高。

(四)上海发展第六产业的目的

一是发展第六产业可以增加农产品产地的附加值。对现有食品流通体制、批发市场进行改革,推进产地直销,利用先进技术建立新型高效的物流管理、食品流通和食品安全管理等系统,并积极培育本地品牌,进一步提升农产品附加值。发展第六产业可以倡导健康的消费观念,提高民众对本地产、高质量农产品的消费比重;可以强化农产品安全,构建包括农业生产者、食品加工企业在内、涵盖产业链各个环节的科学管理体系;可以采取农产品直销,节省农产品流通费用;可以降低农业生产成本,相对地提高农产品附加值。

二是发展第六产业可以实现经营多元化。以提高农户收入为目标,实施多元化经营,同时,推进食品经营者进军农业。一方面,通过技术研发、销售、品牌开发等部门的联合,在技术、经营、加工、销售等各种外部专家的联合指导下,形成集生产和销售一体化的协作组织。另一方面,加强农业生产、加工、流通和餐饮等环节的联合,通过签订契约实现农产品在产地进行初加工。

三是发展第六产业可以发展农工商合作。坚持走农工商联合道路,实现农业产业化,提升农业现代化水平。建立集生产、加工、贸易于一体的农业商品生产基地。先进技术培育、生产繁殖优良品种、经加工精选与包装,进入国内外市场进行贸易。

四是发展第六产业可以推动技术革新。在大力推进第六产业背景下,制定农业生产技术基本研究计划,列出农业技术领域研发重点,包括推进革新性技术研究开发,加强对技术研发、普及以及产业化的支援,加强环保技术研发,建设循环型社会,加强对知识产权的保护和使用等。

五是发展第六产业可以开拓潜在需求。城市和乡村的交流与共生,发展农村的休闲农业,创造新的交流需求。一方面,旅游部门与农村地区联合起来开发体验农村生活等各种旅游品牌,吸引国内外游客到农村去。另一方面,把农村作为教育、医疗和护理场所,既可以实现教育效果,又具有休闲和疗养功能,对恢复身心机能、增进健康非常有利。

六是发展第六产业可以保护环境和发展低碳经济。丰富农业和农村功能,拓展农业农村防减水灾、蓄水、保护自然环境、生态农业旅游、文化传承、疗养休闲、保护生物多样性以及粮食供应等功能。通过发展第六产业增强农村经济活力,改善农村生产、生活条件,以维持村落功能和保护生态系统及包括景观在内的农村环境。具体措施包括:利用地方资源创造新产业、振兴以生物能源为支柱的新产业、制造和利用农村的可再生能源等。同时,重视各类环保和发展低碳农业的技术的研究开发。

七是发展第六产业可以发挥中介组织作用。发挥中介组织在第六产业发展过程中的重要作用。利用中介组织把分散经营的农户与全国统一的市场紧密联结起来,并覆盖了农业生产、流通、分配和消费的全过程,支撑现代农业发展。通过对农业生产者的有效组织,实现农户与市场的对接,使中介组织成为推动第六产业发展的重要力量。

二、上海发展第六产业的特点分析

上海第六产业具有 5 个鲜明特征

特点一,上海农业与二三产业融合升级发展。主要表现在一是在农业结构的优化调整和转型升级上取得了显著成效。农业内部种植业、林业、牧业、渔业及服务业结构由 2000 年的 41∶1∶40∶18∶2 调整为 2011 年的 52∶3∶25∶17∶3,种植业内部粮食作物、经济作物及其他作物的种植结构也有了较大幅度调整。二是促进了农业与二三产业融合发展,发展农产品精深加工业,形成了包括初级农产品的生产过程、食品加工、肥料生产过程以及流通、销售、信息服务等集生产、加工、销售、服务一体化的链条。同时,实现了农业内部多个子产业的融合、农业与旅游业的融合、农业与化学、农业与能源产业的融合,提高了农业综合效益。

特点二,上海区域特色农业明显。近年来,上海积极扶持特色农业发展,通过科技入户强化技术指导,调整特色农产品品种及种植结构,推广应用农业优质新品种,提高农产品科技含量,提升农产品附加值,区域农业向特色化发展。据统计,2011 年瓜果、花卉、草莓、鲜食玉米种植面积 57.2 万亩次,总产值 36.4 亿元,平均每亩次产值 6357 元。特色农产品中葡萄产量增加幅度最大,由 2000 年的 2.31 万吨增加到 2011 年的 9.54 万吨,10 年间增加了 3.13 倍。同时,地产特色农产品以项目建设为载体,积极推进了瓜果标准园建设,推广了生态栽培技术,进一步加强统一服务和产品全程安全管理,带动了农户实行标准化生产。

特点三,上海农业的科技支撑作用凸显。上海在种植农业、生态农业、信息技术等领域科技注重与二三产业融合创新,现代农业稳步发展,以农业为主体的第六产业层级不断提升。一是强化特色第六产业的产品科技创新,注重新品种引育与推广,构建了较为科学合理的品种结构,提升了高新技术应用。二是提升了基地经济水平。结合科技入户、专业农民培训、标准果园创建等项目,加强了农业人员科技水平,提高了产品质量安全水平。三是第六产业发展采取了生态种养模式,推广节水、节电、节油技术,农业灌溉水有效利用率、秸秆综合利用率、畜禽粪便处理利用率等得以提高,第六产业生态环境得到明显改善。

特点四,上海以农业基础设施为主体的建设项目不断加强。近年来,上海在农业设施化建设、农业装备建设、国家现代农业示范区建设、重大农业基本项目等方面取得较大进展。2010年全市设施农业覆盖率达到60%,粮食主要生产环节实现机械化,主要农作物耕种收综合机械化率为72%。新增设施粮田89.8万亩、新增设施菜田15.72万亩,同时建立了一批标准化畜牧养殖基地、标准化水产养殖基地和区域特色农产品基地,农业抗风险能力不断增强。

特点五,上海第六产业的专业合作机制不断完善。一是企业以市场为导向,充分利用各地资源,实现优势互补,形成服务全国的大格局。如孙桥现代农业、祥欣畜禽公司等。通过工程合作、品种改良、关键生产工艺和技术推广等方式,与全国各地形成网络服务格局。二是以品牌为纽带,以市场为依托,兴办农业专业合作社,链接企业和农民。如光明乳业、爱森肉食品公司等。立足于提升竞争优势,挖掘质量管理内涵,突出品牌战略,形成全方位的合作推广。

三、上海发展第六产业的基本路径

(一)上海发展第六产业的实现路径

未来上海在发展第六产业的基本路径上,要坚持走产业布局区域化、农业转型升级化、产业支撑科技化和产品开发品牌化的道路。

实现路径一,产业布局区域化。根据区域自然条件、种养习惯和经济特点,遵循特色化、专业化和规模化原则,生产比较效益高的优质特色农产品,打造区域拳头产品。一方面,突破目前农业主导产业品种多、规模小、布点散的现状,形成标准化、规模化的生产基地,支撑深加工龙头企业发展。另一方面,突破行政区划束缚,依据资源、环境、市场等条件布局农业。

实现路径二,农业转型升级化。一是三次产业融合发展。农业与制造业、服务业紧密结合,传统农业占比逐年下降,都市农业和现代农业不断提升。二是企业创新机制不断培育健全。研发投入和人才储备提升,重点突破制约产业价值链提升的关键环节,研发、设计、标准、物流、营销等农业生产性服务环节加快发展,促进生产服务化和服务知识化。三是构建新型农业经营体系,龙头企业作用将进一步提升,成为先进生产力的代表和新型农业经营体系中最具活力的主体。

实现路径三,产业支撑科技化。充分利用上海农业科技优势,开展以“新、高、特”为标志的5个新高地建设,即是种源农业新高地、装备农业新高地、生态农业新高地、农产品质量认证新高地、农业人才新高地。不断强化特色农产品科技创新,提升高新技术应用,打造现代生产基地,发挥引领示范作用。

实现路径四,产品开发品牌化。上海农产品品牌建设将更注重特色化、规模化、标准化、市场化,加快传统农业向现代农业过渡,形成产品生产、加工质量标准体系,开拓营销,实行规模化经营。同时,加大市场调研、市场细分、市场定位、市场服务和品牌保护,根据消费者购买力和价值取向涉及开发不同档次的产品,逐步形成品牌战略,应用现代营销手段扩大品牌知名度,培育消费群体,提高市场占有率。

(二)上海发展第六产业的基本模式

基本模式一,成品模式。以国内外市场为导向,外贸出口为核心,把农产品生产与加工、服务连成一体,发展农产品精深加工和农业服务业,发展农产品储藏保鲜、仓装运输与流通等产业,建立涉农经济综合体系。

基本模式二,高科技模式。以现代工业技术和信息技术为依托,体现可持续发展的,自然、科技、人文共生交融的新型科技模式。形成"研产"结合、"科企"联动,高科技集约化的发展方向,发展农产品加工、生物科技、食品加工等高科技企业。

基本模式三,精准模式。将精细、准确的现代工业生产原则贯彻于农业生产之中,利用先进技术改变自然环境条件的方式,以增加作物的产量、改良作物的品质、延长生产季节、提高作物对光能的利用率等。

基本模式四,旅游模式。合上海郊区和农业的临海、滨江、依山傍水的区域优势,着力打造综合景观带,完善餐饮、住宿、休闲娱乐等基础配套设施的建设,同时辅以品牌农产品及周边产品(如自制的手工艺品等)的推广和销售,形成生态旅游、生态农业、生态食品和综合开发利用为一体的新型农业旅游模式。

基本模式五,观光休闲模式。整合上海现代农业和郊区区域城镇景观资源,将农业生产与观光和休闲有机地结合起来,形成上海现代农业休闲观光的自然生态系列,观光休闲系列、风情体验系列、农耕文化系列、教育认知系列等。休闲农庄主要包括农业实践馆、百草园、农业科普馆、农产品销售馆等。

(三)上海发展第六产业的基本体制与机制

基本体制一,专业农户。农业生产者有的建立自己的小型农产品生产基地,直接进行农产品种植、花卉培养等生产活动并进行初步加工,包装成一定的规模,然后向当地农村或临近的城市进行直销。

基本体制二,公司+农户。将"大公司"与"小农户"联结起来。分为两种理解:一是指企业与农户以签约形式建立互惠互利的供销关系,包括合资、入股的紧密型联合,也包括不受合同约束的松散型联合。二是指以具有实力的加工、销售型企业为龙头,与农户在平等、自愿、互利的基础上签订经济合同,明确各自的权利和义务及违约责任,通过契约机制结成利益共同体,企业向农户提供产前、产中和产后服务,按合同规定收购农户生产的产品,建立稳定供销关系的合作模式。

基本体制三,公司(龙头企业)+合作社+农户(基地)。是传统"公司+农户"模式的改良,该模式下公司(企业)通过合作社这一主体来管理广大农户(社员),降低公司(企业)直接与分散农户联系的成本。同时,合作社成为连接载体,公司(企业)和农户可以共同入股合作社,公司(企业)通过合作社为农户(社员)提供多种服务,形成"生产分散在户、服务统一在社"的新型农业规模经营形态和新型农业双层经营体制。产业化经营中的农户经营、合作经营和公司经营这三种经营制度实现有机结合,制度优势得到充分的发挥。

基本体制四,公司农业。指依托农产品主导产业建立的加工或贸易公司,通过制定农产品生产标准和有偿集中"家庭承包"土地,以公司直接经营或委托专业生产合作社经营的形式,控制生产基地及产品,然后由公司统一加工(整理)、统一品牌销售的农业产业化经营方式。

(四)上海发展第六产业的基本布局

从未来发展看,上海的郊区建设在发展第六产业的基本布局上有一个较明显的规律。按照生产性服务业和消费性服务业体系分析,上海郊区有些区重点是以生产性服务业为主。比如,浦东新区、嘉定、宝山、金山等,另有些区重点是以消费性服务业为主。比如,闵行、松江、青浦、奉贤和崇明等。因此,上海的郊区建设在发展第六产业的基本布局体系上,郊区的各区县在第六产业的发展上就有了各自的特色。

浦东新区(郊区)第六产业的基本布局体系,是以高科技农业现代化为基础,以国际化大都市的观光休闲为引领,形成国内一流的第六产业成品发展模式。从浦东郊区服务业的区域布局来看,总体上分为三个板块。一是以川沙镇及周边城镇。该区域发展基本上是以生产性服务业为主,比如现代物流、国际商务和一系列专业服务,这是充分利用了原川沙县城所在地的商务优势和国际航空港的区位优势。同时大力发展房地产业和宾馆业。二是曹路、唐镇一带。该区域是兼容了生产性服务业和消费性服务业。重点发展科教、房地产和先进制造业配套服务业。曹路的大学集聚地和唐镇一旦有大的开发项目,将会形成新的消费性服务业的亮点。三是合庆等板块。该区域仍是以生产性服务业为主,重点发展物流业、科技产业和配套服务业。因此,浦东新区的郊区,总体上以国际化服务为标杆,服务流动人口和旅游、观光、休闲人口为主。

嘉定区第六产业的基本布局体系,是以快速城市化崛起的高端特色农业为基础,以发展生产性服务业为配套,形成第六产业为成品的发展模式。嘉定服务业发展总体上可以看作是"1+4+1"体系。"1"是指的嘉定新城。总体上是围绕国际汽车城服务发展生产性服务业。为汽车的配套、文化、展示、贸易、旅游、休闲做好服务。"4"是指安亭、华亭、徐行和外港。这4个城镇都是围绕汽车制造和服务做好生产性服务业的配套服务。比如,安亭是上海城镇化建设速度最快的城镇,房地产和观光休闲、旅游等项目的开发,为国际汽车城建设添光增彩。最后的"1"指的是江桥。这是一个比较成熟的城市化地区,最终还是会以消费性服务业为主。因此,嘉定区总体上是以服务快速城市化地区的城市人口为主。

宝山区第六产业的基本布局体系,是以生产性服务业的产业园区崛起为特点和基础,以交通运输业、现代物流业和商贸业发展为配套,形成第六产业为成品的发展模式。宝山区的服务业总体上可以看作是"1+2"体系。"1"是指宝山新城。它是以生产性服务业为主,如交通运输业、物流业(航运及陆运)、商贸业(钢铁贸易等),同时,宝山新城也具备了科技文化、大学集聚和城市消费的特点。"2"是指罗店、罗泾。"二罗"基本上都是以生产性服务业为主。比如精品钢研发、物流、海关口岸、跨国采购、商贸等。同时,罗店亦有房地产开发、国际会议中心等开发项目。因此,宝山区第六产业总体上是以生产性服务业相融合,第六产业成品以开拓国内市场为主。

金山区第六产业的基本布局体系,是以生产性服务业为主逐步加大消费性服务为特点,以大型物流基地、各类交易市场为基础,形成第六产业为成品的发展模式。金山区是以生产性服务业为主逐步加大消费性服务兼重的区域。按照金山区打造国际化工城的功能定位,要建立一系列与国际化工城相关的服务体系。比如,国际金融、总部经济、大型石油化工物流基地、国际会展、保税区、大型深水码头、化工仓库、各类交易市场。与此同时,要建立与之相配套的消费性服务业,如房地产开发、科研院所、文化、旅游及国际大型赛事的体育场馆等,因此,第六产业为成品的发展重点服务市内外。

闵行区第六产业的基本布局体系,是以上海城市副中心或辅城框架为基础,加大消费性服务业为主的区域,扩大农业在科技、综合商贸、历史文化传承且兼有知识型的第六产业为成品的发展模式。闵行区是上海城市化发展较快的区域,闵行区已被纳入到了上海中心城区的组成部分。闵行区基本上是以消费性服务业为主的区域,消费性服务业重点集中在房地产、科技、综合商贸、文化体育。且兼有知识型生产性服务业。从浦江和华漕来看,都具备了上述特征。比如,浦江镇形成了未来发展的卧城,同时也具备了保税物流等功能。华漕则是一个以宾馆、商业、楼宇经济、总部经济为主的消费性区域。因此,第六产业为成品的发展的市场中心,除满足上海市场以外,长三角区域是一个重要发展的区域。

松江区第六产业的基本布局体系,是以大学城以及松江新城的泰晤士小镇的开发为基础,形成典型的科技教育、宜居、旅游、影视文化、商贸、康复、养老等具有上海郊区特色的第六产业为成品的发展模式。松江区属于比较典型的消费性服务区域。从松江新城的功能定位分析,松江大学城的建设以及松江新城的泰晤士小镇的有序开发,形成了典型的消费性服务的功能格局,科技教育、房地产、旅游、影视文化、商贸、康复、养老、花卉生产和部分商务、保税物流建设等形成了具有上海郊区特色的服务业新格局。因此,第六产业成品的发展重点在上海的市内外市场。

青浦区第六产业的基本布局体系,是以旅游、观光、休闲和宜居为基础,形成以水文化、生态环境、教育、旅游、商贸、江南特色等为特点的第六产业成品发展模式。青浦区是一个以旅游、观光、休闲和宜居住为主的消费性服务区域。青浦服务业布局在上海郊区中的布局有较明显的特点,主要显示在区域面积大、布局广。比如,旅游、休闲、观光、居住的点多、量大。同时,在青浦的朱家角、华新、练塘、白鹤、赵巷、金泽等区域都具备上述服务功能。因此,第六产业成品的发展重点在于江南特色水乡文化传承的国内外市场。

奉贤区第六产业的基本布局体系,是以滨海特色、通江达海休闲度假旅游为消费特点,形成以现代高科技农业旅游、观光、种植、养殖、食品加工、包装一体化为特点的第六产业成品发展模式。奉贤区是一个具有滨海特色、通江达海休闲度假旅游特色的消费性服务业区域。奉贤未来发展的功能定位必须对奉贤通江达海的区域优势和良好的生态环境所青睐。海上城市的规划与建设更是对上海未来美好建设的期待,这些都是奉贤消费性服务业发展的趋势。目前,奉贤海湾、庄行、青村和柘林都开始建设既有良好生态环境、又具乡村特色的旅游景点。尤其是现代农业园区的规划和建设,奉贤滨海农业生态观光旅游独具特色,又为奉贤服务业发展树起了一面旗帜。因此,第六产业成品的发展重点,是代表上海现代农业融合的第六产业参与国内外竞争的水平。

崇明县第六产业的基本布局体系,是以现代都市农业与消费性服务业相结合,形成以科技农业、精准农业、观光农业、休闲农业、体验农业、旅游农业、种植农业、养殖业、食品加工业、农产品包装业为一体的第六产业成品发展模式。目前崇明的服务业仍然处在一个初级起步阶段,从崇明县的规划和建设来看,经过"十三五"或更长的时间,该区域是上海郊区最具潜力发展服务业的重点区域。从崇明未来的生态、科技等的功能定位来看,崇明陈家镇等一些重点城镇开发规划建设,可以想象一流的优美、洁净、生态绿化的美丽岛屿,将与世界一流的科技、教育规划与布局相结合,通过南北大通道的建设,连接上海、江苏等重要城市,崇明的服务业发展将成为上海21世纪的一个新亮点。因此,第六产业成品的发展重点,是代表我国现代农业融合的第六产业参与国际竞争的水平。

(作者系中国国际经济交流中心上海分中心秘书长、上海社会科学院城市与人口发展研究所原所长、研究员)

上海现代服务业集聚区
文化软实力建构与成就①

杨明刚　左文静

在依据城市地域特征和经济结构特点，积极借鉴国际大都市成功经验的基础上，上海率先在全国提出建设现代服务业集聚区的概念。"现代服务业集聚区是指按照现代城市发展理念统一规划设计，依托交通枢纽和信息网络，以商务楼宇为载体，将相关服务配套设施合理有效集中，在一定区域内形成空间布局合理、功能配套完善、交通组织科学、建筑形态新颖、生态环境协调，充分体现以人为本的，具有较强现代服务产业集群功能的区域，也称为微型 CBD"。它既反映了国际大都市发展现代服务业的一般规律，也体现了上海城市发展和加快产业结构转型升级的特点和方向。

上海服务业集聚区建设以来，注重经济硬实力和文化软实力同步发展，按照社会主义先进文化前进方向，立足海派文化特色，借鉴先进国家和地区 MCBD 的发展经验，将地域文化元素融入产业发展、大大增强了上海城市服务功能和国际竞争力，取得了初步成绩，并呈现出积极态势。其成功经验值得认真总结，主要体现在以下几个方面：

① 本文系教育部社科规划基金项目"现代服务业集聚区的文化软实力研究——以上海为例"（项目批准号 10YJC760055）及上海市设计学Ⅳ类高峰学科重大领域专项基金"产业转型背景下品牌设计研究"（项目批准号 DA18011）研究成果之一。

一、空 间 布 局

目前,上海25个现代服务业集聚区已形成了点面结合、纵横交汇的"田字型"中心城区服务业文化空间新格局,其文化的空间布局、功能定位及主要特色是:

一是特色文化集聚带。上海文化空间的主要板块以市中心区作为"花心",利用丰富文脉和记忆空间,通过整体谋划、资源置换等,集中打造东西轴线文化集聚带的环人民广场现代商务集聚区、南京西路商业商务集聚区、环东华时尚创意设计集聚区、黄浦江沿岸文化集聚带的外滩及陆家嘴金融贸易区、北外滩航运和金融服务区、滨江高端商务和文化休闲区等一批文化组团(见表1)。

表1 上海现代服务业集聚区"田字型——
两个集聚带"品牌定位与文化空间布局

文化空间布局	集聚区名称	品牌与文化功能定位
东西轴线文化集聚带	环人民广场现代商务区	海派时尚商务文化
	南京西路商业商务集聚区	商务休闲旅游文化
	环东华时尚创意产业集聚区	时尚创意产业文化
黄浦江沿岸文化集聚带	外滩及陆家嘴金融贸易区	金融贸易文化
	北外滩航运和金融服务区	航运金融文化
	滨江高端商务和文化休闲区	商务休闲文化

二是特色文化区块。与此同时,上海现代服务业集聚区文化空间的主要布局,将从内环线以内,进一步向中环线和外环线周边拓展,包括会展、科教、物流、旅游、设计、娱乐、多媒体等机构将移向市郊,编织更加开阔的大"花环",利用边缘区、近郊区和远郊区

广阔的空间,形成一批新的文化产业的战略节点(见表 2)。

表 2 上海现代服务业集聚区"田字型——多个特色
文化区块"品牌定位与文化空间布局

文化空间布局	集 聚 区 名 称	品牌与文化功能定位
多个特色文化区块(市中心、近郊区和远郊区的布局,形成强集聚、多组团、网络化的文化空间新格局)	浦东新区陆家嘴金融贸易区	金融贸易文化
	浦东新区花木国际会展集聚区	国际会展文化
	浦东新区张江高科技创意文化和信息服务业集聚区	高科技创意和信息文化
	浦东新区世博园区会展商务集聚区	会展商务文化
	黄浦区西藏路环人民广场现代商务区	现代商务文化
	黄浦区淮海中路国际时尚商务区	时尚商务文化
	静安区南京西路专业服务商务区	服务商务文化
	静安区苏河湾商业商务服务业集聚区	商业商务文化
	徐家区漕河泾高新科技产业服务区	高新科技产业文化
	徐家区徐家汇中心现代服务业集聚区	现代服务文化
	长宁区虹桥涉外商务区	涉外商务文化
	普陀区长风生态商务区	生态商务文化
	虹口区北外滩航运和金融服务集聚区	航运和金融文化
	杨浦区大连路总部研发集聚区	总部研发文化
	杨浦区江湾—五角场科教商务区	科教商务文化
	宝山区宝山钢铁物流商务区	物流商务文化
	闵行区七宝生态商务区	生态商务文化

（续表）

文化空间布局	集 聚 区 名 称	品牌与文化功能定位
多个特色文化区块（市中心、近郊区和远郊区的布局，形成强集聚、多组团、网络化的文化空间新格局）	嘉定区嘉定新城上市企业总部集聚商务区	商务文化
	金山区枫泾国际商务区	国际商务文化
	松江区松江（欢乐谷）休闲旅游区	休闲旅游文化
	松江区松江新城国际生态商务区	国际生态商务文化
	青浦区青浦赵巷商业商务区	商业商务文化
	青浦区西虹桥商贸商务集聚区	商贸商务文化
	奉贤区南桥中小企业总部商务区	商务文化
	崇明区陈家镇现代服务业集聚区	现代服务文化

2014 年 5 月将原"西虹桥商贸商务集聚区"名称调整为"虹桥商务区核心区及西虹桥商贸商务集聚区"。

三是特色文化集聚区。环人民广场商务集聚区、北外滩航运和金融服务集聚区、张江高科技创意文化和信息服务业集聚区、静安南京西路商业商务集聚区是上海现代服务业集聚区的代表，它们结合区域特征，打造各具特色文化集聚区（见表3—6）。

表 3　环人民广场现代商务集聚区

主 题	"文化+"模式	内　　　容
打造"世界影响力的演艺活力区"	■ "一中心"：世界知名的演艺活力中心	● 传统艺术的传承创新地、国际戏剧的展示交流地、原创剧目的孵化展演地、演艺跨界融合的示范引领地
	■ "五集群"：错位共融、互促共赢的五大演艺集群	● 外滩、创意码头、浦西世博、新天地、复兴路五大演艺集群
	■ 文化品牌："表演艺术新天地"	● 大世界、中国大戏院、黄浦剧场等项目改造并对外营业，拓展多元展演空间

表 4　北外滩航运和金融服务业集聚区

主　题	"文化+"模式	内　容
航运和金融文化	■ 航运和金融服务区（航运文化与金融文化主干） ■ 历史风貌区（历史与文化传承创新） ■ 现代生活区（科技文化与生态文化融合）	● 积极发展海事服务业 ● 创新发展航运电商产业 ● 积极发展航运信息咨询产业 打造一批具有国际影响力的航运专业活动及论坛品牌 ● 积极发展"三游"特色产业 高端邮轮、长江游船、游艇产业 ● 加快发展船员服务特色产业

表 5　张江高科技创意文化和信息服务业集聚区

主　题	"文化+"模式	内　容
高科技创意和信息文化	■ 文化与科技融合创新	● 确立"创意科技、创新服务、创业精神"的核心理念 ● 建设科技研发、金融扶持、企业孵化、时尚生活相融合的新型创意社区
	■ 文化与创意融合创新	● 确立网络游戏、动漫、数字内容、新媒体等四大重点领域 ● 集聚国内外文化产业的高端资源，开发原创型、高端型的文化产品和文化服务
	■ 文化与信息融合创新	● 建立和健全文化产业公共服务平台系列 ● 突出"先行先试"的示范效应

表 6　南京西路商业商务集聚区

主　题	"文化+"模式	内　容
高端商务商业文化	■ 石门路传媒产业区	● 国际媒体、广告、信息产业高地
	■ 梅泰恒高档商务购物区	● 顶级商务办公和品牌购物中心区
	■ 会展中心高档商务会展区	● 商务办公、会展、酒店服务区

（续表）

主　　题	"文化+"模式	内　　容
高端商务 商业文化	■ 静安寺文化商业区	● 中西合璧的文化旅游窗口和西区商业商务中心
	■ 协和城艺术时尚区	● 甲级写字楼、主题购物街和高级服务公寓综合区

　　@：按照上海科创中心战略要求，充分借助外部的科技优势和智力支持，鼓励南京西路开展技术、服务和商业模式的创新，推动南京西路产业间的"跨界"融合，引领培育新的经济增长点。

二、重　要　维　度

　　集聚区先进文化是集聚区的直接驱动和精神动力，是集聚区核心竞争力的重要维度。集聚区管委员或运营商与区内企业充分发挥和努力实现品牌与文化的软实力作用。其关键要素如下：

　　一是培育和践行社会主义核心价值观。上海集聚区文化软实力建设首先把集聚区文化精神纳入核心价值体系建设之中，坚持社会主义先进文化前进方向，以建设社会主义核心价值体系为根本，以满足员工精神文化需求为出发点和落脚点，适应社会主义市场经济发展要求和集聚区建设发展实际，坚持解放思想、实事求是、与时俱进，坚持贴近实际、贴近生活、贴近群众，既顺应经济全球化又体现中国特色，又重视集聚区文化软实力建设的实际情况，为推动集聚区科学发展、维护集聚区和谐稳定、促进员工全面发展，提供精神动力、舆论支持和文化条件。

　　二是创新文化事业与文化产业统筹发展。集聚区按照上海文化事业和产业共同发展的精神，用大手笔推进集聚区的文化事业和文化产业共同发展。分类指导，前提是思路上分类，关键是工作上分类，根本是方式上分类。适应文化事业的公益性特征与文化产业的经营性特征,积极探索事业产业分类指导的新思路、新办法,坚持在宏观上有分有合,因类而异;在中观上两轮驱动、两翼齐飞;在微观上一体谋划,整体推进。把集聚区文化的优秀元素,融入文化事业和文化产业发展之中,充分挖掘历史文化底蕴,将集聚区文化元素带入产业群、产业链,以集聚区文化为深层支撑,助推特色文化产业发展。

三是打响集聚区文化品牌,提升区域发展竞争力。文化品牌是现代服务业集聚区文化软实力的关键部分。现代服务业集聚区的文化品牌建设各具特色。例如,上海北外滩航运服务业集聚区正在积极打造航运文化品牌,组织开展各类有关航运的交流与文化活动。"歌诗达爱兰歌娜"号首航上海,彰显出北外滩客运的豪华气派;"哥德堡"号到港访问,体现出中瑞友谊万古长青,这些文化交流活动都已融入北外滩航运的文化品牌中。其他集聚区从自然生态、区域风貌、精神文化产品等多方面打响品牌,彰显文化凝聚力、吸引力、创新力、影响力,从而提升综合竞争力。

四是发挥集聚区文化软实力在当前转型发展中的功能。例如上海环人民广场文化产业集群建设,是以上海建设国际文化大都市为动力,以满足人民群众的文化需求和社会需求为出发点,围绕市区加快文化产业发展的总体目标,集成各方有效资源,加强集群内部的有机联系,发挥产业聚集效应和企业创新能力,带动产业结构升级和经济发展方式的优化,促进区域经济发展的核心竞争力进一步提高。

三、基 本 特 点

集聚区文化作为上海城市文化的重要组成部分,在其建设中不断丰富内涵,成为上海经济社会发展的重要精神驱动力量,作为一种区域发展的软实力,其特点十分鲜明。

一是集聚区文化软实力表现为文明传承中形成的凝聚力。集聚区文化作为上海历史传统、精神情感、地方风俗的积淀和传承，在集聚区及企业中有着重要的亲和力和凝聚力，其海派文化既有江南文化（吴越文化）的古典与雅致，又有国际大都市的现代与时尚，具有开放而又自成一体的独特风格，是形成上海民众价值取向的共同基础，是集聚区凝聚力的精神源泉。

二是集聚区文化软实力表现为区域竞争中的吸引力。集聚区文化的自然景观文化、人文优势特别是开放性、包容性的特质，增强了上海集聚区的吸引力。例如作为上海首个也是目前城市中心唯一以"生态"命名的商务区，长风生态商务区历经十多年的规划和发展，已经开始逐渐显现其吸引力。法国施耐德电气、纳尔科、瑞士维氏钢刀等全球 500 强先后进驻。区内已经拥有 5 栋税收"亿元楼"。"长风金融港"，已有 100 多家股权投资及管理企业落户，募集资金 300 多亿元，成为浦西地区私募股权投资基金最为密集的地区之一，一批高端商业地产项目也先后落户于此，都体现了上海富有吸引力的文化优势。

三是集聚区文化软实力表现为"浦江"精神映照下的统摄力。黄浦江是上海的地标，浦江文化是上海城市的符号，是上海城市发展永恒的文化主题。发扬和推崇浦江的文化智慧与精神，是科学与人文的完美统一。立足浦江沿线文化优先发展、浦江两岸文化向外滚动发展、浦江牵动全市文化均衡发展战略，对于上海社会政治生态和社会生活的有序构建起着不可替代的作用，使上海形成了安居乐业、多元文化共存、和谐发展的社会政治特点。

四是集聚区文化软实力表现为品牌资源汇聚的影响力。例如静安南京西路专业服务商务区，以龙头企业、品牌企业带动发展，全方位提升了静安南京路商圈的能级和品位；卢湾淮海中路国际时尚商务区，努力将"太平桥"建成世界 500 强企业和国际品牌的聚集地，力争成为达到国际水准的国际大都市商业商务中心；黄浦西藏路环人民广场现代商务区,突出资源整合,以信息化技术为载体,在完善现有的企业综合服务信息系统的基础上,形成"并联服务"的新格局,增强了区域美誉度和影响力。

五是集聚区文化软实力表现为对于外来文化善于吸纳转化的创造力。集聚区文化有着经久弥远的韧性与活力,善于对外来文化信息进行个性化吸纳和转化创新,本土文化、移民文化、江南士大夫文化,以及各式西方文化在此流转碰撞,成为上海文化丰富形态的组成部分。集聚区文化正是以此种"海纳百川"的开放心态吸收多元文化而不断发展形成的,并成为上海城市文化的重要分枝,可以说,集聚区的诸文化,即金融贸易文化、航运文化、高科技创意文化、商业文化、旅游文化、时尚文化、会展文化、休闲文化、生态文化等,展示了卓越的文化创造力。

六是集聚区文化软实力表现为以文化服务为核心的文化生产力。集聚区现有文化资源非常丰富,按区域,则有本土的和外来的;按资源支配主体,有政府的和民间的;按提供目的和方式,有公益性的和赢利性的;按其存在方式,有现有的文化资源与潜在的文化资源;按表现形式,有物态的、有资金的、有精神的无形的等等。以丰富的文化资源为依托,致力于文化事业和文化产业发展所形成的文化产品生产能力不断增强,成为集聚区文化软实力的重要内容。

四、主 要 做 法

通过调查及实践考察,上海现代服务业集聚区品牌与文化建设及提升文化软实力的主要做法,包括以下七个方面,其中一些做法和典型案例值得深入研究与探析。

一是企业共同愿景与集聚区发展远景规划结合,整体塑造"愿景+远景"的精神文化。集聚区文化首先必须具有表现其核心内涵的价值理念,包括正确的价值、科学的发展愿景及方法论等,通过精神凝练、服务理念提升和核心价值观的一致认同,达成管理层与企业主体的长期承诺,形成学习型与知识创新型的精神文化体系。

例如,漕河泾集聚试验区建设分成近期任务和长期愿景两大块。在远景规划中,漕河泾集聚试验区希望能突破机制体制瓶颈,谋求"三个实现",即"实现知识产权服务业发展的规模化""实现知识产权服务业对促进经济社会发展的重要价值"以及"实现知识产权体制机制的创新",并为这"三个实现"设计了实现路径。一是顶层设计,凸显"国际化、品牌化"理念。2013年5月,"科技创新,知识融合,协同发展"中欧技术转移论坛在虹桥宾馆举行,来自英国、丹麦、荷兰、比利时等欧洲国家和上海的技术转移专家,为国际技术转移结合中国科技园区建设建言献策。这是漕河泾集聚试验区为凸显"国际化、品牌化"理念,将漕河泾集聚试验区品牌打入国际的积极尝试。二是夯实基础,探索多元化知识产权服务途径。随着知识产权服务业对于经济的促进作用日益彰显,知识产权服务业已成为发展知识经济的重要支柱。漕河泾新兴技术开发区在试验区建设过程中积极探索,大胆实践,通过集聚发展,促进知识产权服务与科技经济发展的深度融合。三是借力发力,提升知识产权服务链价值。《上海漕河泾国家知识产权服务业集聚发展试验区实施方案》中明确提出:要结合漕河泾"知识产权示范园区"创建工作,着力加强知识产权信息的开发利用、知识产权托管等服务,并对托管机构给予专项补贴;推进企业知识产权标准化管理,提高知识产权管理和应用综合能力。

二是体制机制改革与服务绩效市场化评价结合,核心构建"政府+市场"的制度文化。制度文化主要包括集聚区领导体制、组织机构和管理制度三个方面。确立适合集聚区发展的特定体制基础,建立一整套灵活高效、动态监管及评价机制,系统构建政策创新与服务创新模式。

以张江高新区为例,借着大张江获批自主创新示范区的效应,政府大力提供平台服务,在不到一年的时间里,区内企业由 1.1 万余家激增至 1.6 万余家,研发机构从 800 余家增加到 1000 余家。在张江高科技园区中,园区内企业数量众多,多达 2000 多家企业,之间联系并不多,但事实上,一旦有一个平台,则可以形成更为完善的产业链。而这个平台主要建设者就是当地政府或者园区管委会,政府或园区管委会可以充当平台这个角色,甚至可以参与其中。然后管委会再帮企业开拓外面的市场。政府首先要尊重市场规律,才能形成更符合市场规律的园区文化。将张江管委会称为"物业",目的就是强调管委会服务园区内企业的定位。张江高新区下辖包括张江高科技园区以及闵行紫竹、漕河泾等"一区十二园",总面积高达 296.4 平方公里,是上海创新转型的主要载体之一,如今,"大张江"也一直在尝试着政府主要提供"平台"职能的实践。因此,制度创新不仅体现于推动现代服务业发展的集聚区管理创新,也包括运行的体制机制和服务创新。

三是通过"规范+倡导",构建集聚区行为文化。集聚区行为文化是整体导入集聚区人际关系规范系统、集聚区公共关系规范系统、集聚区行政行为规范系统、集聚区服务行为规范系统。通过规范集聚区公共关系行为、行政服务行为、企业经营行为,实现区域信息畅通、服务高效、企业经营诚实守信,倡导一种符合集聚区整体文化要求的经营行为、管理行为、服务意识和价值追求。

例如,北外滩航运和金融服务集聚区的航海行为文化,即航海文明程度的具体体现,标志着人在航海过程中的文化作用,包括人的航海意识、航海能力、航海心理和航海活动等行为方式。人作为航海实践的主要承担者,其所表现的行为方式及服务在微观层面直接体现出对文化的认同感以及文化所传递出的内涵,通过将航海文化价值观灌输到航海人的头脑中,发挥文化的渗透力,强化航海人对核心价值的认同,塑造基于五大核心价值观的职业精神,有利于提升人的服务意识与服务水平、传达文化的精神内涵。

四是场地硬件文化载体与传播形式和内容的软件设计结合,系统传达"硬件+软件"的物质文化。展示文化是集聚区文化得以传播与扩散的重要途径与手段,也是集聚区区文化建设的重要组成部分。其类型包括集聚区展示厅、企业家俱乐部、电影院、图书馆、科技馆、各种协会、集聚区刊物、广播电视和网站等,其中展示厅(展馆)可以充分展示集聚区企业品牌以及强大的研发实力,也是沟通客户和媒体的文化阵地。此外,文化活动展示还包括庆典活动、文体活动、文艺晚会、表彰会、科技论坛及研讨会等。

例如,北外滩航运和金融服务集聚区的航海物质文化,包括航海工具、航海设施、航海文化建筑和航海文学作品等。航海物质文化最能直观的展现出文化的核心价值,并且其载体作用能很好地发挥其文化扩散与宣传作用,因此上海通过大力建设航海物质文化,强化文化承载与宣传作用,扩大上海航海文化核心价值观的输出,提高其在国际航运领域的认可度,提升国际航运中心整体软实力。

五是视觉识别系统与环境设施建设结合,全面提升"标识+环境"的形象文化。视觉识别是集聚区文化塑造的形象载体,即以视觉识别系统为规范,将集聚区风格、个性以统一传播方式展现于建筑物、雕塑、造型等环境设施。

例如,陆家嘴金融城的标志性建筑和上海金融服务业的重要载体——"上海中心"(总高度632米,地上121层,地下5层,总建筑面积57.6万平方米,绿化率33%,集国际标准的甲级办公、超五星级酒店和配套设施、精品商业、观光和文化休闲娱乐、特色会议设施五大功能于一体。)"上海中心"将在优化陆家嘴地区整体规划、完善城市空间、提升上海金融中心综合配套功能、促进现代服务业集聚等方面发挥重要作用。

例如,跨国采购中心位于上海市长风生态商务区核心地带,面向苏州河,建筑总面积 145338 ㎡,是上海市外经贸委、长风生态商务区和上海跨国采购中心联合投资兴建的一座集会务、展览、办公、商务于一体的建筑综合体。项目建成后将成为中国(上海)国际跨国采购大会的基地,中国内外贸易对接的重要平台,对推动上海国际贸易中心的建设具有重要的意义。项目的建设地点、功能属性、体量、业主及建设意义决定了项目的定位——长风生态商务区标志性建筑。

此外,北外滩航运和金融服务集聚区标志建筑有北外滩世茂酒店、上海港国际客运中心、上海大厦、外白渡桥、浦江饭店等。诸多集聚区根据发展定位,充分利用各种经贸洽谈会、高端会议等重要载体,积极主动地对文化形象进行推广,使文化形象在高度聚焦中闪光发亮,成为看得见、感受到的文化竞争力。

六是知识产权激励与科技创新服务结合,不断营造"激励+服务"的创新文化。上海集聚区建立更紧密的产、学、研、用合作模式,完善风险投资的多领域与全球化机制,提升产业孵化器的联合催化功能,促进人才智力开发与增值,强化企业自主创新能力,实现可持续的创新文化。

观念是创新文化的核心,制度是创新文化的保障,并共同支配着创新主体的行为,决定着创新的模式、效率和氛围。在创新文化导向下,有助于形成和完善集聚区的创新体系,包括构建孵化器、创业资本市场和信息网络服务为内容的创业孵化体系,建立以官、产、学、资、介、贸等诸方面相互融通、有机结合的公共创新服务体系。另一方面,通过建立知识产权激励机制,增强企业技术创新的内在动力,重点引进具有自主知识产权的规模型科技企业和能快速实现产业化的高新技术项目;引进国内外科技型机构,包括科研机构、高等院校、风险投资基金和科技中介机构等,以支持科技创新,促进科技成果产业化,推动集聚区向现代化、规模化和国际化发展。

例如区域创新服务体系的建设有效强化了国际国内创新要素在杨浦的集聚,为区域产业能级提升奠定了扎实基础。随着功能性创新载体建设取得显著进展,创新服务平台搭建的稳步推进,杨浦区域创新服务体系基本形成。环同济知识经济圈为代表的科技园区将进一步完成品牌打造和能级提升;大连路总部研发集聚区将进一步引进跨国公司和国内行业龙头企业地区总部、研发中心、营销中心,形成高端资源、创新主体集聚发展的良好格局。"知识杨浦"品牌的建立和推广,将吸引更多的创新人才和企业在杨浦集聚,从而为区域产业能级提升提供强大的发展动力。

七是将产业链竞争引向区域及全球化合作,提升企业存续的共生理念,全方位打造"竞争+合作"的产业生态文化。上海集聚区重点引入和培养产业龙头企业或产业链核心企业,推进服务外包的跨区域与全球化合作,强化中介服务链条的延长和市场功能扩展,营造共生和谐的产业生态文化。

基于创新活动的复杂性,企业很难单独开展创新活动,往往需要多个相关企业及科研部门的共同参与,创新才可能获得成功,这一要求恰好为产业生态的网络特性所体现。首先,在产业生态内部,往往集聚着数量众多的相关生产企业、科研机构、商会、协会、中介机构等,在产生较强的知识与信息累积效应的同时,也大量生产企业且面临同行竞争的压力,这就为企业提供了实现创新的重要来源以及所需的物质基础,另外也使集群内的企业时刻保持创新的动力。其次,企业之间紧密的网络关系,使得生产企业和相关机构之间更容易形成一个相互学习的整体,推动了集体学习的进程,降低了学习成本。产业生态文化体现了一种竞争与合作的互动思维,以及将产业链带入更有利于企业存续和更为宽泛的"竞合"与共生空间。

例如,上海松江(欢乐谷)休闲旅游区与浙江诸暨旅游界携手互动。松江和诸暨地域相近,随着嘉绍大桥的开通,诸暨到松江相距仅 200 公里,2.5 小时车程轻松搞定;松江和诸暨人文相亲,枫桥三贤之一的杨维桢多年客居松江,为两地结下渊源。近年来,两地旅游界友好往来,深度合作。

总之,上海现代服务业集聚区根据上海文化发展的现实,顺应城市未来发展的客观需要,借助"四个中心"加速建设的历史契机,以"文化立区"的战略高度,以"大力弘扬社会主义核心价值观、充分满足市民多元文化需求"为导向,全面深入地推进"社会主义核心价值体系、公共文化服务体系和文化及创意产业体系"建设,精心打造文化魅力十足、文化特色突出、文化设施一流、文化及创意产业发达、文化精品纷呈、文化氛围浓厚的"国际大都市的现代服务业集聚区",为大幅提升上海城市文化软实力和上海"四个中心"建设提供强劲的动力支撑。

(作者杨明刚系华东理工大学教授、博士生导师;

左文静系华东理工大学硕士研究生)

参考文献

1.《上海市服务业发展"十三五"规划》,2016 年 9 月 20 日。

2. 上海市商务委员会编:《2014 上海现代服务业发展报告》,上海科学技术文献出版社 2014 年版。

3.《上海现代服务业集聚区"十二五"发展规划》,2012 年 4 月 18 日。

4. 李志平:《现代服务业集聚区形成和发展的动力机制研究》,同济大学博士学位论文,2008 年。

5. 包晓雯,冯筱:《"现代服务业集聚区"概念之辨》,《经济师》2011 年第 11 期,第 47 页。

6. 欧阳东等:《现代服务业集聚区发展规划的理论及广西实践》,《规划师》2015 年。

7. 王一川:《理解中国"国家文化软实力"》,《艺术评论》2009 年第 10 期,第 62 页。

8. 唐代兴:《文化软实力战略研究》,人民出版社 2008 年版,第 4—6 页。

9. 贾磊磊：《国家文化软实力的主要构成》，《光明日报》2007年12月7日。

10. 童世骏：《提高国家文化软实力：内涵、背景和任务》，《毛泽东邓小平理论研究》2008年第4期，第3页。

11. 汪胜洋：《东方早报》2011年7月21日。

12. 胡劲军：《城市需要文化　文化需要氛围，对营造上海城市文化氛围的思考》，《中国文化报》2013年6月13日；《用改革撬动上海文化活力》，2015年8月12日；《对国际视野下上海浦江文化发展的思考》，《中国文化报》2014年1月9日。

13. 贝兆健：《关于提升上海文化软实力的调研与思考》，《上海艺术家》2011年第5期。

14.《关于营造上海城市文化氛围的三年行动计划（2013—2015）》。

15.《我国服务业发展回顾及"十三五"发展思路和目标》，2016年8月。

16. 国务院：《国务院关于推进上海加快发展现代服务业和先进制造业建设国际金融中心和国际航运中心的意见》，2009年4月。

行传统文化大道：加强活态、活性与活力的非遗社区建设

金江波

保护与传承非物质文化遗产既是文明复兴的重大工程,同时也是提升民族文化自信的重要举措。如何锻造更富于可持续发展能力的非遗传承队伍,是当下亟待解决的关键任务。文化部、教育部开展的"中国非物质遗产传承人群研修培训计划"正是面向这一重大课题而推出的重要社会工程。上海美术学院提出"地方重塑"的社区建设理念,即"以活态的传承方式研究非遗课题,以活性的思维模式发展非遗队伍,以活力的运作机制来建设非遗社区"的思路,拓展了学科建设与研培计划融合的边界,也为高校知识系统更好服务于社会发展,帮助地方政府转型升级,提升社区住民的生活品质,增强公众的文化自信与归属感,提供了可持续探索与发展的路径。

非物质文化遗产与当地民众生活紧密相联,并随人们生活的改变而不断演化和发展。每一次重大生活方式的改变,都可能导致与过去生活方式相互依附的非物质文化遗产面临危机。从社会发展规律来看,农耕时代向工业化时代的进阶,城市化与经济全球化的进程,生活态度与生活方式的转变,日趋下降的社会需求是非遗濒危、传统手工艺生存空间压缩的主要原因。从非遗自身发展来看,文化上缺乏主流意识,思想上缺乏主导意识,人力成本上升,呈现方式陈旧等因素,也使得非遗和传统手工艺在现代生活节奏

高速发展中显得尤其脆弱和边缘化。在人类从工业文明转向信息文明的大时代背景下，如何能够提升以传统生产方式与手工劳作为主要技艺手段的非物质文化遗产的生命力，如何让非遗成为反映时代发展与文化变迁的精神载体，如何让非遗成为地方经济转型升级、文化复兴的重要资源，都是当下非遗保护与传承的重要课题。

　　英国工艺美术运动的奠基人与领导者威廉·莫里斯提倡手工技艺，重视传统手工艺的继承和挖掘。他认为，手工创造的东西比机器制作的更富有艺术气息。人类几千年来世代相传的手工艺术，必然蕴含着人类的某些共性，并为人们所接纳。① 鉴于非物质文化遗产的历史重要性和现阶段保护状况，非遗传承与复兴不仅迫在眉睫，更成为"地方重塑、文化自信"的核心领域。地方重塑的目的是通过行之有效的创新机制建立，带给地方可持续发展的内在动力，使重塑转向自我生长，从而获得长效的复兴之路。② 对于非遗来说，重新赋予其生命活力与成长动力，是实现非遗在现代社会复兴的使命。

一、以活态的传承方式研究非遗课题

　　非物质文化遗产不但是人类文明的遗产，更是生活中活态之"美"的资源。它是凝结人类生活智慧、体现人类生活方式衍变的传统文化主体。"活态流变"是非物质文化遗产重要的传承特征。非遗文化在千百年传承过程中始终以一种"活"的形态流变着，基于社区的活态文化土壤是非遗生命力得以存续的基本条件。《保护非物质文化遗产的伦理原则》强调："非物质文化遗产的动态和

---

① 王受之：《世界现代设计史》，中国青年出版社 2002 年版。
② 金江波：《地方重塑：非遗传承与乡村复兴》，《公共艺术》2016 年第 2 期。

鲜活本质应持续获得尊重。"①

　　非遗研究是系统性的全局课题,非遗复兴也是文明复兴的大工程。在非遗文化的传承与保护工作中,挖掘其文化内涵,提升其文化价值,增强其文化发展的生命力,发挥传承人的主体作用,是研究工作的主要目标。从系统学角度看,"文化的多样性"是活态环境的重要特征。研究地域生活方式,研究地区族群生活习性是研究非遗活态传承的重要依据。尊重地域文化特色,保护非物质文化遗产主体人群的生活方式是非物质文化遗产延续与传承至今最基本的条件。从社会学角度看,非物质文化遗产是世代相传的人类生活方式的提炼与总和,凝结了生活的智慧,也反映了材料、技艺与生活的共生关系,可以说没有生活就没有非遗。作为呈现生活智慧的非遗传承与发展,也随着生活方式的演变而不断自我更新与自我演变。在社区移民与人口流动的社会结构变迁中,地域特性、文化风格、生活生产工具及生产力方式也不断融合变革。但其内在的文明属性、文化内涵和信仰方式等非遗的核心要素依旧是社区文明与文化价值的本质特色。这些特色绵延传续主要是由其生命力的主体"传承人"薪火相传流传至今的,故提升传承人的可持续发展能力,助推其紧随时代步伐,积极融入当代文明发展,牢牢把握时代趋势的传承人群,是推动非物质文化遗产可持续发展的工作要务。文化部、教育部"强基础、增学养、拓眼界"的非遗传承人群研修研习培训计划(以下简称研培计划)应时代要求而生。

　　十八届五中全会精神和"十三五"规划建议明确提出,要"构建中华优秀传统文化传承体系,加强文化遗产保护,振兴传统工艺"。研培计划就是着眼于完善传承链条、提高传承能力、增强传

―――――――――――――

①　《保护非物质文化遗产的伦理原则》,联合国教科文组织亚太地区非物质文化遗产国际培训中心,http://www.crihap.cn/2016－10/31/content_27228556.htm。

承后劲的一个新举措。建立科学有效的非遗传承机制，是落实党中央、国务院文件精神，贯彻《非遗法》，履行《公约》的重要措施。①"通过社会教育和学校教育，使非物质文化遗产代表作的传承后继有人。"②在非物质文化遗产保护和传承的过程中，把握住文化遗产民族性、地域性的本质特征和社区住民们认同的特性，在时代发展的大势下，提倡非遗文化为改变生活理念服务，提倡非遗美学为提升当代生活品质服务，提倡非遗技艺为融入当代生活功用服务，为创作富有当代精神与当代风范的新非遗作品而一起去勇于探索。

2015 年 11 月 12 日，由中国文化部、教育部主办，上海美术学院承办的"中国非物质文化遗产传承人群研修培训计划（果洛培训班）"在上海美院正式拉开帷幕。来自青海省果洛地区的 47 名藏族学员在校园内完成了为期一个月的课程。果洛非遗班的培训过程正是活态传承方式的一种实践，它既是异地双向文化互惠的过程，更是人才队伍活性互动、情感认同的过程。高校的知识系统及师生们的参与，提振了非遗传承人对作为传承主体价值的信心。校园文化与专业研创力量的介入为提升非遗传承人的传习能力提供了新的教学平台，使传承人获得比原先传承系统下更为丰富的研究视野与系统支持，更懂得坚持传承发展的意义。而来自不同地区的非遗传人走进校园与青年学子互融交流，又引导师生们关注民间社区，关注现实生活，关注传统遗产保护与学科建设的互联互补关系，从而形成非遗人才与知识专业队伍跨领域跨专业研究非遗课题的协同发展、互惠合作的长效机制。通过让非遗走进校园与社区，搭建了多方面的交流平台，为非遗注入了时代元素，使

①　《文化部非遗司负责人就非遗传承人群研培计划答记者问》，《光明日报》，2016 年 2 月 26 日 8 版。
②　国务院办公厅《关于加强我国非物质文化遗产保护工作的意见》第三部分，2005 年 3 月 26 日。

非遗走进生活成为"活态"的文化生活方式。

二、以活性的思维模式发展非遗队伍

"后继有人"是实现非遗活态传承的前提条件。正如联合国《保护非物质文化遗产公约》第十五条中指出："国家在开展保护非物质文化遗产的活动时,应努力确保创造、延续和传承这种遗产的社区、群体,有时是个人的最大限度的参与,并吸收他们积极地参与有关的管理"。① 非物质文化遗产需要依靠传承人开展授徒、传艺、交流等活动才能得以保护、延续。

现代的非遗传承队伍不应仅仅只有世代相传的非遗传承人或者是传统手工艺从业者这些个体,而是应该以建立非遗文化自信为核心,构筑文化生态系统,组建一支由非遗传统手工艺者、当代设计师和国际艺术家组成的非遗文化发展团队,三者之间构成"传统文脉、时尚元素、当代创意"为一体的相互学习与养成的关系。

一方面,将作为地方文脉资源的非遗内涵和精神价值辐射至当代设计师和国际艺术家,让他们主动参与到非遗传承和复兴事业里来,通过非遗传承人讲座、非遗课堂、非遗沙龙等方式,让设计师在充分了解非遗技艺的基础上与传承人共同牵手创作。2015年上海公共艺术协同创新中心(PACC)开展的羌绣保护传承项目中,时装设计师秦旭牵手羌绣 90 后传承人张居悦,共同创作完成了一套浪漫的黑色法式礼服。张君悦带着村子里的 4 位从未走出过大山的羌族妇女,以青山蓝天为背景,在羌楼廊前一针一线赶制绣片,成为礼服中最富温度、最具手艺魅力的点睛之笔。秦旭带着这套羌绣礼服与来自中国的时尚设计力量齐聚巴黎,在高级定制圣地 Les Suites 进行为期一周的展示,将羌绣带上国际时尚文化舞台。同年,上海公共艺术协同创新中心创办了国内首期拉丁美洲手工艺创意工作营,引入来自拉丁美洲 9 个国家地区的 13 位手工艺大师和匠人,传授富有异域风情特色的手工技艺,交流来自拉丁美洲的非遗传承发展的经验和模式,带动了中国与国际非遗手工艺的对话与交流格局,为发展中国家的非遗手工艺在当代社会中的传承与复兴提供相互借鉴、协同合作和创新发展的机遇。

另一方面,参与工作营活动的设计师和艺术家带来的创新思维和创意理念丰富了工作营的教学内涵,也成为非遗传承人提升自我可持续发展能力的学习路径。"当美发自自然之时,当美与民众交融之时,并且成为生活的一部分时,才是最适合这个时代的人类生活。"①让非遗传承人在与专业人士的互动交流中,学会剖析梳理非遗手工艺技艺的美学形态,让艺术的创造力及表现美的能力走进非遗人群的思维空间里,让非遗的技艺更具现代美学的视觉特征,从而更好地融入现代生活,最终成为"懂国际文创发展趋势、明创意思维方法方式、辩艺术设计创作规律、知文化传承价值"的非遗传承人群。

2016 年由上海公共艺术协同创新中心(PACC)所领衔打造的莫干山公共艺术创客基地,在浙江省德清县莫干山镇如期开展了国际当代艺术家驻地计划、跨界设计师工作营计划、非遗手工创意作坊等系列活动。文化部、教育部中国非物质文化遗产传承人群培训研修计划(竹艺研修班)暨"一竹一世界"国际竹创意设计工作营进驻基地展开为期一个月的研修研习行动。

竹艺研修班的非遗手工艺传承人们与来自阿根廷公共艺术家、荷兰当代设计师、新西兰当代艺术家和工作营的师生们等研创力量,携手研究共同创作。几方面的研创力量融合在一起,共同为

---

① ［日］柳宗悦:《日本手工艺》,张鲁译,广西师范大学出版社 2011 年版。

莫干山地区的传统竹艺类别、手工艺技艺门类等进行梳理，并走访当地的竹扇工艺品厂、竹制品工作坊等传统产制的企业机构，调研企业的发展困惑与分析其产品的竞争力，寻找其问题与对策。

期间，本地区竹编传承人宣国维老先生也饶有兴趣地一起参与到研修班的课堂活动里来，进一步传授多年累积的莫干山各种竹艺编织技艺。来自全国各地的竹艺技艺在研修过程中充分交流融合，互补长短，并与国内外的艺术家设计师一道发掘莫干山竹文化资源，提升竹文化的技艺创新水平，研创出一系列既具有传统手工技艺元素，又富当代审美情趣，更具时下日用功能特点的竹艺新产品，成为当地竹制工艺品企业拓展市场业务、提升竞争力的产品雏形。

围绕着竹艺研修班的文创活动，为莫干山地区带来了旅游体验的新内容。当地居民和外地游客们，纷纷怀着极大的热情参与到开放式的工作营创作环节，饶有兴趣地体验了作为传统工艺的手艺魅力。研修班的系列开放活动，既丰富了大众体验文化的情感需求，又带来了公共教育的泛化功能，积极地拓展了当地公共文化的新内涵。正是围绕这种"地方重塑"的理念，在振兴传统工艺的践行中，为莫干山地区的旅游业态、文化生态、生活样态带来可持续发展的有机探索。

面临时代的大趋势，不再固守世代家族相传和口传心授的传承方式，而是用"国际范、民族风、当代腔"三位一体理念来拓展"非遗传承人群"的概念，以提升和传播非遗之美作为纽带，让来自不同地域、不同专业、不同文化背景的团队与热爱非遗文化和坚守非遗精神的人群，汇聚在传承人群周围。用活性的思维来发展一批懂得欣赏非遗之美、乐于表现非遗之美、热心传播非遗之美的非遗团队，让他们成为传承人群的骨干，让非遗走进生活空间，让非遗成为培养民族文化自信、表达当代文化魅力的有生力量。

三、以活力的运作机制来建设非遗社区

在全球化背景下，人类文化多样性问题日益受到关注。文化生态的健康与否既是衡量一个地区文化潜力的重要指标，也是保护地域文化遗产的关键要素。"地方重塑"不仅是局部的、实时性的地方再造，也是整体的、历时性的地区文化生态工程。推进文化生态研究，用历史视角解读地域文化变迁，研究文化演变与经济和社会统筹发展的关系，掌握激活社区活力的机制与方针，撬动地方转型升级，为地区制定可持续发展的方略之路。

在同一社区的社会成员，对其所属文化带有相同的社会价值判断，并具有明确的社区归属感，从而使得自身文化得以认同。文化认同影响着个体的社会身份认同和自我价值认同，引导着人们热爱和忠于民族文化，从而保存和光大民族文化。在社会层面上，文化认同以地域文化为凝聚力，整合和辨识着多元文化中的人类群体，凝聚成地方文化群体精神的核心。著名法国社会学家布尔迪厄认为，在全球语境下关注地方习性，必须承认地方文化地理的高度复杂性，准确把握了地方的独特性，肯定地方文化的差异性和多元化。

非物质文化遗产作为文化认同的载体，一方面以艺术的形式表达群体文化的本质，另一方面又以反映趋同性的生活方式为价值体系而形成文化认同。在社区发展进程中，非遗的存续与衍变，就文化学意义而言，正是认同与再生的过程。非遗保护与发展引导公众重新认识及界定自己的社区价值，赋予地方建设以更大的开放性，强调非遗价值的社区环境将产生一种双向机制，传统的生活方式和非遗技艺既因价值提升的需要，为更大范围的文化认同服务，呈现相应的开放性，融合更广泛的文化多样性的介入而促使社区价值获得更多的社会认同。同时，传统生活中的文化元素和

非遗智慧又对文化表现形式及逻辑结构产生碰撞,从而激发了更加具有社会属性和公众意义的艺术新样式,在不断的交融互发中使地方文化和传统艺术更加多元化并产生新的活力。

对非遗保护和传承的现实基础和表现形式,使非遗社区成为精神生活与社区价值观的社会空间。但它又不仅是空间上的,更是时间上的,即非遗社区建设成为一种整体性、历时性的地区文化保护工程,使社区文明得以可持续发展。因此,基于文化认同的社区不是四周有着边界的区域,而是在社会关系和理解的网络中所表达的开放式环境。从这个意义上来说,非遗社区绝不仅仅是固化的空间或物质载体,而是充满生命力的文化生活空间,是推动非遗传承发展的活力源。

非遗社区建设的核心是"人",让人气激活地方的生活业态营造,制造价值需求,让需求引领传统人居生活方式向生态活力的宜居生活方式转变,从而成为地方经济发展转型的推力,成为地方社会建设的重要抓手。抓住地方的非物质文化遗产资源,"树立乡贤精神、重塑乡风习俗、营造乡愁文化",使属于地方的文化认同价值资源引入到现代生活方式的社会空间里,把设计师、艺术家和地方非遗传承人的文化认同与精神生活需求有机地整合起来,通过现代的传播手段和演绎方式,多方面的呈现和传唤,在业态营造和文化创造里面变成新的文化消费内容,是盘活当地非遗资源、使非遗社区焕发新生命力的重要基础。因此通过这种协同发展、运营和管理的机制来建设非遗社区,不仅能够让"知文化、懂艺术、会手艺、有审美、爱生活"的非遗传承人群成为"乐享非遗,美学传承"的人群,更能让学员们掌握发现美和如何表现美的规律,自觉改进设计,改良制作,树立品牌意识,提高传统工艺的发展水平和核心竞争力,在遵循非遗自身形式和内涵的基础上,真正从工艺制造走向艺术营造,从技艺传承走向文化塑造。

同时,通过国内外地域文化资源的协同运作,将三位一体的研创资源引入到非遗工作站平台里来，与当地社区的文化生活、公共体验活动和旅游内容相结合，研创出一批能反映当代生活理念与价值的非遗产品，并推动其走出社区，走进更大的市场舞台，展示与运作其跨界合作的非遗成果。

将属地的传统手工艺作为一种文化资源，引导研培计划的师生们共同研发出系列的"学习一门技艺，开发一个体验课程，讲述一个传承人的故事，带动一场社会体验"活动。正是这样的理念，由上海美术学院与公共艺术协同创新中心共同主办的"上海国际手造博览会"，激发市民、企业与政府机构参与手艺体验社区的营造，从而引导大众将消费工艺产品转换为体验技艺魅力、消费技艺文化的过程。短短三天的国际手造博览会带动了城市 6 万余次的体验人潮。传统技艺不再是传承人的个人专业技能，而是大众体验文化的主体。让大众对传统工艺之美产生新的认识，形成新的社区和族群的文化形态，提升生活体验和文化体验的乐趣，促进当地传统手工艺及工艺品企业从加工生产转为自主创造，让属于地域独有的活态生活方式和美学资源转化为多元文化艺术表达及共享的公共文化资产，让资源整合的搭台唱戏转化为自我有机生长、可持续发展的活力非遗社区。

活力的非遗社区建设，将为非遗传承人群与他们所在的非遗社区提供更完善的生态土壤、生态环境和生态系统，为提升他们的可持续发展能力提供最大的支持。这既是"地方重塑"的理念为非物质文化遗产保护与地域文化建设提供价值引领，也让当地居民在新的社会环境中享有其传统文化成果，更为地域文化弘扬、地区社会转型和地方经济升级带来了新的机制。在这个新机制运作中，地区非遗文化艺术潜力被逐渐激活，以创造性的方式改善当地居民的生活与生态环境，重塑地域的内在气质和风貌，呈现出更加灵活开放更加可持续发展的态势。

非遗社区建设是一项长期的"地方重塑"文化行动计划。让非遗传承人群与设计师、艺术家及地方原住民的积极性形成合力，由表及里地渗透到区域的底层，使真正触及地方文化命脉的行动内容，转换为公共空间、文化心理和价值观念统筹联动互为共融的先进生产力，从而实现社区文化的价值理想，提升公众的生活品质和文化自信心。

　　坚持以"活态、活性、活力"的理念与宗旨建设非遗社区，建构多元化的非遗传承队伍，打通非遗与当代生活和艺术的界限，从而有效集聚非遗的发展活力，激活非遗的成长动力，使其在当代社会重新焕发生机，更好地融入现代生活，服务地区发展。未来的非遗社区是将非遗文化"走出去、引进来"的互动平台，将成为非遗活态传承研究的实验中心，将是提升文化自信的社会大课堂，真正成为一个"遗产丰富、氛围浓厚、特色鲜明、民众受益"的可持续发展的文化传承创新生态圈。

（作者系上海美术学院教授）

上海应在区块链技术发展应用中占据先机、主动作为

作为分布式数据存储、点对点传输、共识机制、加密算法等技术的集成应用，区块链旨在解决网络交易中的信任难题，在金融、经济、社会等领域都具有广阔的应用前景，被认为是继大型机、个人电脑、互联网之后计算模式的重大创新，已经引发了很多国际组织、政府机构和知名企业的高度关注和竞相布局。上海集聚了一批业内领先的区块链应用企业，应以区块链技术应用为主导，以应用需求驱动技术创新，在金融交易、社会服务、政府监管等领域积极探索区块链技术的创新型应用，力争在全球区块链技术和产业变革角逐中占据战略主动。

一、"区块链+"多场景应用正在加快生成

区块链技术是解决社会信用缺失的一个有效手段，其最早是作为比特币的底层技术出现，逐渐衍生成为一种全新的分布式记账技术，并向其他领域应用拓展。在区块链技术构架下，整个网络没有中心化的硬件或者管理机构，分布式网络中的每个人（节点）都有机会参与到记账中来，且任一节点的损坏或丢失都不会影响整个系统的运作，从头到尾每一笔交易的历史数据都被记录和存储下来，从而形成不可篡改、全历史的数据库。区块链的可追溯特

性使得数据质量获得前所未有的"强信任背书",其价值在于提供了一套全新的记录交易及数据信息的交互方式,降低了社会信任成本和交易费用,有望重塑人类经济活动技术架构、运行逻辑和商业模式。

从区块链技术的演进路径来看,区块链正在从数字货币为核心的区块链 1.0 版本(可编程货币)拓展到基于智能合约的区块链 2.0 版本(可编程金融),并逐渐走向推动人类社会协作的区块链 3.0 版本(可编程社会)。如在数字货币领域,近年来一些国家的央行已在探索使用区块链技术发行法定数字货币,这将降低现钞发行和流通成本,减少洗钱、逃漏税等违法犯罪行为,提升央行对货币供给和货币流通的控制力以及货币政策传导的有效性。在金融领域,利用区块链技术可以实现多种不同类型资产如股票、债券等的登记、托管、转移、交易、确认,这将对银行、证券、保险、资产管理、交易所、互联网金融机构的交易行为和管理模式产生较大影响。纳斯达克证券交易所已经通过基于区块链的交易平台 Linq 完成了首个证券交易。在医疗健康领域,区块链技术最主要应用于对个人医疗数据记录的保存,这将使患者真正掌握自己的历史健康数据成为可能。如飞利浦医疗保健集团与区块链技术公司 Tierion 开展合作,研究区块链用于患者信息保存技术。区块链技术的应用已延伸到物联网、智能制造、供应链管理、数字资产交易等多个领域,这将为云计算、大数据、移动互联网等新一代信息技术的发展注入新动因。区块链不仅仅在于去中间商化,它通过减少劳动密集型流程、消除重复劳动从而减少交易成本,可以触及之前未开发的资源供应,开拓市场新疆域。

二、"监管沙盒"制度创新金融监管方式

区块链成为近来很多国际组织、知名企业以及政府机构讨论

的热点,产业界加大了投入力度,一些国家出台了针对性的支持政策,关于区块链技术成功应用的案例不断取得突破。一项技术在初创期,谁掌握了行业技术标准,谁就掌握了话语权和主动权。为了抢占这一先机,国内外纷纷成立了各种类型的区块链技术和产业联盟,试图主导制定行业标准。如美国纽约金融科技公司R3发起并联合巴克莱银行、瑞士信贷集团、摩根大通、苏格兰皇家银行、瑞士银行等国际金融巨头,成立区块链R3联盟,致力于为区块链技术在银行业中的使用制定行业标准和协议。另外一个极具影响力的行业联盟是由Linux基金会发起并联合荷兰银行、美国道富银行、埃森哲、德意志交易所、芝加哥交易所等金融机构成立的超级账本联盟(Hyperledger),其目标是发展一个跨行业的开放式标准以及开源代码开发库,允许企业创建自定义的分布式账本解决方案,以促进区块链技术在商业中的应用。我国在区块链技术发展和标准制定方面也在积极推进。在工信部、国家标准化管理委员会的指导下,2016年10月,多家机构发起成立了中国区块链技术和产业发展论坛,发布区块链行业白皮书,首次提出我国区块链标准化路线图,将加快制定区块链技术和应用团体标准,适时制定相关的国家标准。

作为一项重大基础性创新,区块链技术的发展和运用离不开政府的支持。一些国家为了鼓励区块链等新型金融科技的创新应用,采取了与之相适应的"监管沙盒"制度。沙盒(Sandbox)源自计算机用语,是在受限的安全环境中运行应用程序,并通过限制授予应用程序的代码访问权限,为一些来源不可信、具备破坏力或无法判定程序意图的程序提供试验环境。为全力打造"金融科技(Fintech)全球领导者地位",英国于2015年首先将此理念引用到金融监管领域,设立了"监管沙盒(Regulatory Sandbox)"制度,目的是为创新企业提供一个"缩小版"的真实市场和"宽松版"的监管环境。从事金融创新的企业在确保消费者权益的前提下,按照英国市场行为监管局(FCA)特定简化的审批程序,允许其在适用范围内对其新产品、服务、商业模式或者交付机制进行为期 3—6个月的试运营。即使这一创新与现有法律法规有所冲突,也不会被追究责任,而沙盒外的企业不具备这种特权。2016 年 8 月,英国已经开始进行首批沙盒测试项目筛选,操作流程如下:从事金融创新的企业向 FCA 提出"监管沙盒"申请;如果 FCA 评估其适用"监管沙盒"标准,向其出具"有限授权"或者"无异议函";FCA与企业共同确定该企业适用的"监管沙盒"方案,并确定消费者保护措施;测试开始后,FCA 对测试进行监督,并与企业保持密切沟通;企业提交测试效果报告,FCA 对其进行评估;如果测试通过,经FCA 认可后,新业务推向市场。这一制度拉近了监管者与创新者之间的距离,有助于解决金融科技企业(包括没有金融牌照的初创企业)发展中遇到的一些问题,有助于监管机构掌握行业最新发展趋势和风险,促使金融创新业务快速落地运营。除了英国之外,美国、新加坡、澳大利亚等国也推出了具有自身特色的适应金融科技创新的监管制度。

以新加坡金融科技"监管沙盒"的做法为例:

2015 年下半年开始,由于世界贸易水平的持续疲软,新加坡调整了战略发展方向,将建设"智慧国家"作为政府的重点发展任务,全面支持市场创新,为经济增长注入新的活力。在此背景下,新加坡结合自身的金融业基础,不遗余力地推动 Fintech 企业、行业和生态圈的发展,并推出相应的新型监管框架。

(一)总体监管框架

为推进 Fintech 发展,新加坡政府于 2015 年 8 月在新加坡金管局(MAS)下设立金融科技和创新团队(Fintech & Innovation Group, FTIG),并在 FTIG 内建立支付与技术方案、技术基础建设和技术创新实验室三个办公室。并投入 2.25 亿新元推动《金融领域科技和创新计划(Financial Sector Technology & Innovation

Scheme，FSTI）》，鼓励全球金融业在新加坡建立创新和研发中心，全面支持地区金融业发展。但设立 FTIG 对 Fintech 发展的支持力度有限，于是在 2016 年 5 月由新加坡创新机构（SG-Innovate）和新加坡金融管理局（MAS）联合设立金融科技署（Fintech Office）来管理金融科技业务并为创新企业提供一站式服务，其中 SG-Innovate 是新加坡国立研究基金会（NRF）下属公司，主要任务就是协助新创企业和科研机构将科研成果商品化，具体涵盖了智能能源、数据制造、金融科技、数据医药以及物联网等领域。新设立的金融科技署的主要工作包括：审查、申请津贴和研究经费，执行政府对 Fintech 的补助计划，对金融科技企业提供监管一站式审批援助；完善产业基础设施建设、解决人才培养和人力需求的矛盾，提升企业组织核心竞争力；管理新加坡 Fintech 品牌及推广战略，执行 Fintech 的推广活动，致力于打造全球金融科技中心。

（二）监管制度

为了实现引导和促进 Fintech 产业持续健康发展的目的，在 2016 年 6 月提出了"监管沙盒"（Regulatory Sandbox）制度，为企业创新提供一个良好的制度环境。监管沙盒是一个"试验区"，市场放松产品和服务的法律监管和约束，允许传统金融机构和初创企业在这个既定的"安全区域"内试验新产品、新服务、新模式等创新，甚至可以根据"试验结果"修改和提出新的法律制度。这种监管沙盒制度是非常值得肯定的金融监管政策，一方面创新的实时性要求较高，而监管因为没有先例所以审批周期长，很容易错过科技创新的发展时机，监管沙盒有效地解决了这个矛盾，让创新在指定区域和范围内即时开展，提高了创新开发能力；另一方面，技术创新有很高的失败风险，可能影响创业者和消费者的利益，如果控制不好甚至会酿成系统性风险，破坏金融系统稳定，监管沙盒能够将风险保持在可控范围内，降低了创新的风险性。监管沙盒的主要内容包括以下几方面：

1. 沙盒的评估标准。在"监管沙盒"中进行了登记注册的金融科技公司,在完成业务报备的情况下,允许开展与现行金融制度和法律法规有冲突的 Fintech 业务。因此要求企业具备实施和推广 Fintech 解决方案的能力,具有切实的技术创新性且能够解决重大问题或为消费者和行业带来益处,实时向 MAS 汇报测试进程和测试结果,具有可接受的退出和过渡策略来终止创新业务。对于类似旧技术、尚未测试的技术、可另外试验而没必要进入监管沙盒、没有推广意图等四类项目,无法金融监管沙盒中。

2. 沙盒的退出机制。金融监管沙盒是有时间限制的,一旦达到规定好的测试时间,MAS 所规定的任何法律和监管规则将同步到期,企业将退出沙盒。如果企业因为特定原因需要延期的,可以在监管期结束前向 MAS 提出申请并说明理由。另外,如果企业在监管沙盒期间的测试结果非常满意,企业在退出沙盒后将继续享有更大范围内部署相关技术的解决方案的权力。

3. 沙盒申请流程。企业向 MAS 提交申请及技术说明等文件,经过审核后,MAS 将在 21 个工作日内给予回复。对适合的项目进行评估和测试,根据评估结果来决定是否进入监管沙盒。

三、上海应抢占区块链技术发展制高点

国内一些城市已开始积极布局区块链技术的发展和运用,北京、深圳等城市在数字货币交易及其挖矿机设备制造等领域起步较早,最近也开始在区块链的行业应用方面重点发力。相比之下,上海一开始就着眼于区块链的底层技术研发、行业应用和项目孵化,吸引集聚了万向区块链实验室、BitSE、钜真等一批业内领先的区块链研究机构、应用企业、投资机构和技术人才,发展区块链的基础较为扎实和雄厚。上海应紧紧围绕区块链技术应用这一核心环节,依托国际金融中心、自贸试验区和科创中心建设等国家战略

优势,把上海打造成为全国乃至全球区块链发展和应用高地,为此提出以下几点建议。

支持本地企业抢抓国际标准"窗口期"占据战略先机。国际标准化组织(ISO)正在着手区块链技术全球统一标准的制定,一些国际金融巨头已涉足其中。我国的区块链技术与国外基本同步,后劲充足,应该把握区块链标准化"窗口期",抢占产业和技术发展制高点。政府相关机构应积极支持在沪举办区块链相关高端会议,并争取成为常规化机制,支持上海企业参与国际区块链开源社区合作和区块链技术标准规则的制定,提升上海乃至中国在全球区块链版图中的影响力和话语权。同时,支持举办其他各类区块链论坛、沙龙和多种形式的民间交流合作机制,支持设立上海区块链发展联盟、行业协会及其他自律合作组织,推广和普及区块链知识,营造区块链发展的良好生态环境。

在自贸试验区内打造小型"区块链技术应用特区"。发挥上海国际金融中心、自贸试验区和科创中心建设等国家战略优势,结合自贸试验区三年评估和未来规划,把区块链技术应用作为自贸试验区未来改革创新的实践探索。创新监管方式,引入"监管沙盒"机制,在自贸试验区内打造小型"区块链技术应用特区",鼓励试点企业放开手脚探索行业内的各种新业态和新商业模式,允许区块链企业在事先报备的情况下,自由开展经济社会领域中的应用创新,在小范围对小样本群体进行内部测试和验证,经过评估成功之后再进行面上复制和推广。支持产业园区、众创空间打造区块链技术研发和产业化基地,开展区块链应用示范,形成区块链产业集群。加强区块链技术人才培育和引进,鼓励上海高校和科研机构与区块链企业合作培养人才,开设区块链专业课程,打造区块链人才高地。

率先探索用区块链技术解决政府事中事后监管难题。由于区块链技术具有可追溯性和不可篡改性,有利于规范数据使用,突破信息孤岛,建立数据横向流通机制,这为以事中事后监管为核心的政府职能转变和以打破部门信息壁垒为前提的跨部门综合监管提供了一条切实可行的技术路径。支持区块链企业与政府部门合作,在食品监管、安全管理以及知识产权保护等领域,探索基于区块链技术的新型行业监管模式和监管手段,运用区块链技术提高政府监管效率。对于经营效益不显著但对社会有益的区块链应用,政府可以通过购买公共服务的方式支持创新,如将区块链技术先行应用到爱心捐赠、网络借贷等领域,解决政府监管难题,作为提高透明度和信任度的可选择手段。

最后,需要注意的是,作为一项基础性创新,区块链技术距离大规模运用还有很长一段时间。政府既要积极探索,支持区块链企业尽快克服应用难题,又要防止媒体和资本的过度投机炒作,避免出现比特币式的泡沫化,力争使区块链这项技术健康生长成熟。

（课题组成员：魏陆、王晓艳、刘兴）

城市社区文化活动中心
社会化管理模式调研

忻　歌　钟　璟　胡大伟

秉承着公共文化服务重心下移、窗口靠前的原则,上海自 2004 年开始逐渐将公共文化服务的建设重心下移到社区,全面打造社区公共文化服务中心,并将社区文化活动中心的定位明确为"由政府主办,以满足社区群众基本文化需求为目标,设置在街道、乡镇的多功能、综合性的公益性文化机构"。

经过多年的持续投入和不断完善,目前全市已建成社区文化活动中心 216 个,覆盖了上海 208 个街镇。与传统的街镇文化站相比,这些新建的社区文化活动中心普遍具有体量大、设施好、功能全、综合性强等特点,已经成为上海公共文化服务体系中最重要的单元细胞,在构建文明城区、城市综合治理以及弘扬社会主义核心价值观等方面发挥着重要作用。

随着城市社区文化活动中心基础建设的逐渐完善,全市社区文化活动中心的硬件配置已普遍满足标准化要求,其软性的管理模式和服务能力成为影响其功能和效益发挥的关键问题。目前,上海的社区文化活动中心主要有两种管理模式:第一种为自行管理模式,由街镇工作人员自行进行管理;第二种为委托管理模式,由政府委托专业公司或非政府组织进行社会化管理。截至 2016 年 12 月 31 日,全市 216 个文化中心,有 17 个中心实行了全委托管理模式,占总量的 8%,其余 199 个中心采取自行管理模式(部分项目委托社会开展实施)。

　　当前中国特色社会主义文化建设已步入新时代,在政府职能调整、文化体制改革的大背景下,社区文化中心的发展是否也存在着不平衡不充分的问题? 社区文化中心的社会化管理推行究竟有何困难,该如何破解和应对? 本调研将通过对部分城市社区文化活动中心的实地调研和案例分析,探讨如何进一步推进社区文化活动中心的社会化专业化管理,提升其功能和效率,使之在中国特色社会主义文化建设中发挥更好的作用。

一、调研方法和步骤

　　本次调研采取问卷调查、实地走访和相关文献检索等研究手段,以定性和定量分析相结合的方式,分步骤开展:

　　(一)调研初期:利用微信平台向包括 25 岁以上在职人员、60 岁以上退休人员等全年龄段人群发放开放式问卷,覆盖人群约 350 人,回收问卷 238 份。问卷集中在对社区文化活动中心的了解和参与度等感性层面。据调研结果显示,超过 80% 以上的人群知道所在街镇的社区文化活动中心在哪里,但 55% 的人没有参加

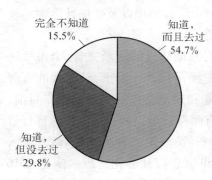

你知道离家最近的社区文化活动中心在哪里吗?

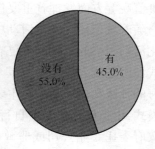

你参加过社区文化活动中心的活动吗?

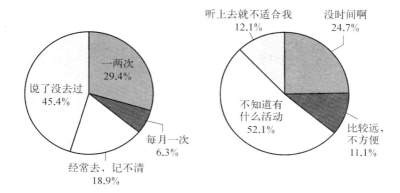

你一年大概会去几次社区文化活动中心？　　为什么不去社区文化活动中心？

过社区文化活动中心的活动,经常去的只占受访人数的四分之一;而在没有去过社区文化活动中心的人群中,表示"不知道有什么活动"的人超过了一半。

（二）调研中期:通过实地走访石门二路街道、五里桥街道、打浦桥街道、莘庄镇、庄行镇5个街镇社区文化活动中心,了解目前社区文化活动中心的服务功能和管理模式。通过对社区文化中心一线管理人员和主管部门的调研,以及与专业从事社会服务的民非组织上海华爱社区服务中心管理层的对话,探讨普遍存在的共性问题。

（三）调研后期:在前期问卷调研和实地访谈的基础上,通过文献检索和资料搜集等方式,结合相关研究成果,针对社区文化活动中心社会化管理模式的推行、功能和效率的提升给出相应的对策建议。

二、实地调研和案例分析

（一）自行管理模式

案例一、闵行区莘庄镇文化体育活动中心

莘庄镇文体中心为镇政府下设独立法人事业单位,年度经费由政府全额拨款,工作人员由镇政府统招统管,闵行区文广局为其业务指导单位。文体中心现有 4 名事业编制工作人员、10 名社工,共同完成中心的日常运行管理,其他大型活动则委托社会机构承办。

存在问题:

1. 镇文体中心属于事业单位,承担政府的相应职能,包括需要配合镇政府拆违、综治等各项工作,业务工作比较综合,无法完全独立。目前面临人手不足的困难,希望能转变观念,加强社会参与。

2. 由于文化活动时间安排上的特殊性,经常需要晚上、休息日和节假日加班,但按照规定事业编制人员不能发放加班费,长此以往,难以持续。

3. 活动经费不足,各区用于公共文化的人均费用标准由各区自行决定,闵行区在此方面投入相对较低,难以满足对活动高标准高质量的要求。

案例二、奉贤区庄行镇社区文化活动中心

庄行镇社区文化活动中心为镇政府下设独立法人事业单位,总部仅有两名事业编制的工作人员。另有一分部,个别项目委托社团执行。

存在问题:

1. 和市中心的文化活动中心相比,郊区文化活动中心的资源利用率明显较低。作为远郊地区的庄行,人口老龄化程度较高,主要人口为老年人和外来务工人员,文化程度较低,难以组织文化活动,健身房等设施基本是闲置。

2. 人手严重不足,仅能应付基本运行需要,没有精力也没有专业能力再去开拓特色业务,希望多一些配送资源,以减轻镇一级压力。

3. 在管理方式上,觉得委托社会组织管理的方式很好,认为会更灵活,但中心自身没有选择管理模式的权力,主要还要看领导的思路和指示;同时,本地社团发展不成熟,即使想要委托给社会机构,也未必能够找到对口的。

(二)委托管理模式

案例一、五里桥社区文化活动中心

五里桥社区文化活动中心涉及 7 家运营管理单位,均由街道进行采购并进行社会化委托。其中,文体中心的日常运营管理经过公开招投标,被全盘托管给上海左邻右舍文化艺术传播有限公司承担(成立 12 年的专业文化传播机构),涉及的年度经费约 150万元,由街道划拨给文体中心民非组织(独立法人)账户,再根据工作进度支付给左邻右舍。左邻右舍目前派驻在五里桥文化中心的工作人员共 13 人,另有志愿者 200 余名参与服务。街道社发办对文体中心的业务工作进行全面指导和监督,大型活动、独立项目经费仍由街道掌握,每个项目单独采购。

存在问题:

1. 需要进一步扩大宣传力度,让更多的人了解社区文化中心,提高资源利用率。

2. 运行经费有限,而争取社会资源难度很大,尤其是企业合作,需要更广泛的社会支持。希望允许一定的合理利润,提高人员收入,吸引更多年轻人加入到社区管理的队伍中。

3. 文体中心由多家单位共同管理,都与街道签订合同,互相之间需要较好的协调机制。

案例二、石门二路社区文化活动中心

石门二路社区活动中心的日常运行管理通过政府采购,委托给上海华爱社区服务管理中心(上海基督教青年会下设民非组织)承担。具体工作模式为街道对文化中心的工作进行全面指导,华爱具体执行。街道每年将人员经费支付给华爱,其他日常运营费用由华爱根据年初预算在使用时向街道申请,独立的活动和项目仍然由街道掌握预算并直接采购专业单位负责实施。华爱已连续 9 年负责该文化中心日常运行工作,目前派驻全职工作人员15 人。

存在问题:

街道每年需要通过政府采购进行社会委托,采购流程非常长,并面临投标人不足等问题。希望能改为每三年采购一次会更有效率。

案例三、打浦桥社区文化活动中心

打浦桥社区文化活动中心于 2006 年建立之初,即由街道委托上海华爱社会服务管理中心管理,至今已有十一年。目前,华爱派驻该中心的全职工作人员为 23 人。2017 年中心日常活动经费195 万元,由街道拨付文化中心设立的民非组织,再根据工作进展支付给华爱。文化中心的直接管理部门为街道社发办,街道成立监事会会同各方,对文化中心的工作进行考评。

存在问题:

1. 同一个文体中心内的业务涉及街道多个部门的管理范围,如妇联、团委、科委等等,并分别隶属于不同的分管领导,协调较为困难。

2. 由于收入、服务对象、工作内容、职业的社会认可度等问题,人员招聘比较困难。同时,民非组织的员工容易产生思想动摇并相互影响,曾经出现过多名员工同时离职的情况。

(三)民办非企业社会组织——以"上海华爱社区服务管理中心"为例

上海华爱社区服务管理中心是由上海基督教青年会(YMCA&YWCA)发起设立的"民非企业"形式的社会公益性组织,于 2002 年在浦东新区注册设立。华爱管理的第一家社区服务机构浦东新区"罗山市民会馆"是全国第一家社会化管理的社区综合服务中心。目前,华爱受托管理全市四家社区文化活动中心、若干老年人服务中心、早教服务中心、自闭症儿童关爱中心等社会公益机构。

华爱现有工作人员200余名，依托于基督教青年会的悠久历史、国际影响和规范管理，形成了较高的专业化管理能力和社会信誉。华爱拥有明确的服务理念、成熟的工作团队、系统的评估体系、专业的培训机制，有效的志愿者队伍支持和广泛的国际资源。华爱所管理的打浦桥社区文化活动中心、石门二路街道社区文化活动中心在全市社会文化活动中心评比中年年名列前茅。

华爱的优势在于"服务专业、成本精简、项目创新"，承接的多个社区文化活动中心之间也可以实现类似"连锁化运营"的资源共享。

存在问题：

1. 财政预算基本可以覆盖社区文化活动中心的日常费用，但个别特色项目，尤其是人力上，还需要青年会贴补支持。政府采购流程结束后，资金下拨的流程过长，款项不是直接拨付给华爱，而是需要通过街道再转给华爱，导致资金实际到账时间滞后，需要垫资运营。

2. 有些街道领导把华爱完全当作承包服务的乙方来对待，而非平等的合作伙伴关系，缺乏应有的尊重。职业认同度的缺失、收入较低等问题导致华爱的人员流失时有发生，人员培养无法满足发展需求，进而也影响到华爱在该项业务上的拓展。

三、分析比较和问题归纳

（一）两种管理模式的特点归纳

经过比较，"自行管理模式"和"委托管理模式"各自的特点可归纳如下：

两种管理模式的特点归纳①

	自行管理模式	委托管理模式
管理主体	各级政府	政府、非政府组织、社区居民以及其他社区单位
政府的角色	设计和组织各种社区公益性文化服务与活动	引导和支持社区公益性文化服务与活动
居民的角色	社区文化活动的参与者	社区文化活动的参与者兼管理者
管理主体之间的关系特征	单向的直线型关系	立体多维的网络状关系
管理手段	行政手段	各管理主体之间的自愿平等合作
组织结构	官僚组织,其特征是机构内部自上而下的权威	合作性结构,它们在内部和外部都共同享有管理权
权力运行向度	权力沿着层级线自上而下地流动,对社区公共文化事业实行单向度的控制	权力的流向是多元的、相互的,强调各主体通过协调与沟通来实现管理
运行机制	通过居委会和社区文化单位来实施各类文化项目	建立政府、非政府组织、社区居民和其他社会组织的联合制度,在每一环节的运行中发挥各自的作用
公共文化服务供给方式	政府直接供给	合同外包、采购的市场化和社会化供给

（二）社区文化中心发展中所存在的不平衡不充分问题

对社区文化中心一线的实地调研,我们发现目前社区文化活动中心的管理运行中所反映出来的问题,实际上是人民日益增长

---

① 袁文慧:《委托非政府组织管理社区文化设施的模式研究》,上海交通大学硕士学位论文,2012 年。

的对文化的需求和目前政府所能提供的公共文化服务的不平衡不充分之间的矛盾所造成。

所谓"不平衡"，包括各行政区划之间管理模式的不平衡、城乡经济文化发展的不平衡；所谓"不充分"包括各级政府投入社会公共文化服务的人力和经费的不充分、服务对象、服务意识和服务质量的不充分等。

（三）社会化管理模式对部分问题的破解

我们发现"委托管理模式"即社会化管理模式，在一定程度上可以有效破解部分"不平衡"和"不充分"的问题，具体体现在：

1. 提升公共服务质量。社会组织注重服务质量和品牌，注重成本控制和效率；管理团队年轻化，具备专业能力，观念新敢于开拓。委托社会组织开展的日常事务不需要政府行政审批，流程效率较高，更具灵活性。

2. 提高公共财政效益。社会组织管理下的文化中心普遍活动丰富、氛围活跃，资源配置优化、设施利用率高、项目更新率高。同时，服务人群的范围也有显著提升，除了中老年人以外，还能吸引白领、年轻人、亲子家庭等各年龄层居民的广泛参与。

3. 有效对接各方资源。社会组织能充分发动居民自治和提供志愿服务，有效利用和对接社区内外各种资源，激发社会各界参与热情。

（四）社会化管理模式推进难的症结

然而，尽管"委托管理模式"使社区文化中心的运作更为专业、更有活力，有着较为明显的优势，从国家到市级层面颁布的各项文件也都积极鼓励社会力量参与社区文化中心的管理服务，但为何全市仅有 8% 的中心采取了全委托管理的方式，其中有何困难和障碍？通过对街镇一线管理人员和文化主管部门的访谈，我们认为主要原因包括：

1. 政府层面——不放权、不放心

社区文化中心作为主流文化的重要阵地，部分街镇管理者仍然习惯于将其置于自己的直接管理控制范围之内,存在思维定势、同时也缺乏对社会组织的信任,对于委托社会管理存在疑虑。

同时,部分街镇管理者宁愿延续原有管理模式,回避机构改革、人员安置、利益再平衡等方面的困难,对推进社区文化中心的社会化管理积极性不高。尤其是镇一级社区文化中心属于事业单位,推行社会化管理的难度更大。

2. 社会组织——不成熟、不规范

社会组织的发展尚不成熟,水平能力参差不齐,政府的行业监管也没有完全到位,缺乏惩戒和退出机制。像华爱这样管理规范、有实力的社会组织非常稀缺,市场供应明显不足。

同时,通过对石门二路等三家社会化管理社区文化活动中心的调研,我们发现在社会组织运营社区文化活动中心的实际操作中,还存在政府采购和经费拨付不畅、主管部门多头管理协调不顺、稳定人员和培养团队不易等困难,一定程度上影响了社会组织参与社会管理的积极性,也阻碍了他们进一步拓展服务的范围。

四、对 策 建 议

为了更好地实现城市社区文化活动中心的社会化管理,提升公共文化服务的专业性和品质,我们认为可以从以下几个方面进行调整和改进:

(一) 树立服务意识、调整政府角色——让专业的人做专业的事

需要进一步强调文化领域政府公共服务的意识,实现从传统的管制型政府向现代服务性政府转变。政府的工作重点应调整为完善公共文化体系建设、搭建公共文化均等化服务的平台、鼓励全社会共同参与的环境创设上,把可以实行社会化委托管理的职能,以购买服务的方式转移给社会组织。

街镇一级政府(派出机构)承担了大量的管理职能,缺乏充分

的人力和专业能力来管理运行社区文化中心,其一元化的管理模式与公共服务多元化需求之间存在矛盾,应主动由具体操作和执行转变为监管和指导,创造条件鼓励各类主体参与公共文化服务体系建设,建立政府和社会、市场之间的适度平衡和良性互动关系,推动公共文化服务社会化发展。

对于镇一级政府下设社区文化活动中心皆为事业单位这一现状,应逐步将公共职能调整为社会化、专业化管理,努力探索事业单位改革的新途径。

(二)培育社会组织、引导良性发展——工欲善其事,必先利其器

为了达到"党委领导、政府负责、社会协同、公众参与、法制保障"的社会治理体制的目标,政府应大力培育和发展社会组织并进行必要的扶持,提高其生存和发展的能力。

具体方式包括:放宽社区文化事业的准入政策,加大鼓励和支持社会资本和外资参与公益性社区文化事业,吸引和鼓励社会力量投资兴办社区层面的公共文化实体、建设社区公共文化设施、提供社区公共文化服务,允许差别化运营和收益模式管理,支持和促进各种所有制的文化单位的发展。同时,要进一步完善社区文化中心各类活动的公开招标和政府采购,扩大目录,引入市场竞争机制,调动社会各类资源参与社区公共文化服务的积极性。拓宽资金投入渠道,形成以政府投入为主、社会力量积极参与的稳定的社区公共文化服务投入机制。

建议通过制度建设将社会组织参与社区公共文化服务的角色和定位加以明确;推出面向社会组织的税收优惠政策和配套措施,通过项目资助、定向补贴等方式进行资助;公开透明开展政府采购,并优化采购流程和资金使用规程;打破文化系统条线条块限制,通过统筹协调机制的创新实践,积极创建平等互信、便利高效的工作环境;主动帮助社会组织对接供需关系、开展能力建设,为社会组织的形象展示和话语表达创造机会等等。

另一方面,为了促进社会组织的良性发展,政府也应规范公共文化服务领域的行业准入门槛和惩戒、退出机制,通过制定标准、资格评定、评估考核等方式,建立"公共文化服务议事会"、"文化理事会"等形式,对中心活动展开情况、财务预算、决算情况加强监督管理,有效提高中心的运行质量和社会效益。

(三) 形成伙伴关系,建立文化共同体——你我同是一家人

全社会应建立对社会服务工作者的信任和尊重,在公益事业的发展上,政府应该秉持和社会组织建立合作共赢的伙伴关系,而非甲方乙方的雇佣关系。街镇不应将社会组织当作下属和执行者,而应给予社会组织一定的自主权和决策权,通过弹性的合作机制,充分激发其创新活力。

同时,社区文化活动中心管理的社会化还要体现多方参与,尤其是居民主体的参与。要大力培育社区居民的公民意识和志愿精神,提升居民的自我管理水平。街镇应积极倡导公众参与社会服务和社区自治,包括:邀请居民加入社区文化中心的管理委员会和监管评估小组;尝试组建以所属社区居民为主的社区文化委员会和文化团体,参与为社区购买文化服务的决策;向居民区派遣文化指导员、文化信使,协助居民参与文化内容的创建;推动社区文化志愿者团队的建立和发展等,使居民在享受公共服务的同时,也能参与到社会文化的建设和服务中。

最终建立起"政府—社会—公民"三者协同的文化共同体,达到"共建共治共享"的理想目标。

(四) 倡导资源共享、减小城乡差距——让更多的人有获得感和幸福感

"文化资源配送"对于社会资源的再分配、公共服务的均等化有着重要的意义,但这样的政府行为只能解决一部分需求。对于每一个社区文化活动中心而言,还需要自行组织或向市场购买大量的文化活动和文化服务,此部分文化活动的种类和质量就会根

据区域不同而有所差异,尤其是城乡之间的差距更为明显。

然而在城市管理的末端,分而治之的情况较为突出。建议从市、区两级层面积极推动文化活动中心之间的跨区域合作,通过社区文化活动中心协会等全市性组织加强资源流通和共享。尤其是要针对远郊社区的特点,提供针对性的文化服务,让他们也能享受到高品质的文化活动,有身处国际卓越城市的获得感和幸福感。

具体的方式包括跨区联合主办、联合采购、互换自创活动、巡展巡演等方式,将市中心的优质活动向郊区辐射,让郊区的特色活动在市区展现。也可通过专业社会组织和文化团体,实现文化活动的规模化、连锁化运营,有效降低成本,将有限的资源集中于提升文化服务的内涵和品质。

应当看到,上海各区委、区政府都高度重视社区文化活动中心社会化专业化管理工作,正在加强组织领导和统筹规划,有计划、有步骤地推进社区文化活动中心社会化专业化管理工作。各区联合制订和出台了《向社会力量购买公共文化服务实施意见》制度规范、浦东新区成立了"公共文化服务社会组织孵化基地"、徐汇区制定了《徐汇区文化类社会组织评估扶持办法》等,使我们对未来的工作充满信心。

(作者忻歌系上海科技馆研究设计院院长;
钟璟系上海文广演艺集团总裁、上海爱乐乐团团长;
胡大伟系上海大学学生工作办公室主任)

打造文艺创新与共享的新阵地

李 磊 赵志华 胡凌虹 周 琪 魏 朋

　　网络兴则国兴,网络智则国智,网络强则国强。当前,我国正在加速从网络大国向网络强国迈进,13 亿多中国人民实实在在享受到互联网发展带来的新成果。为着"两个一百年"奋斗目标的实现,网络强国战略正发挥着越来越重要的支撑作用。资料表明,目前我国网民规模达到 7.51 亿,手机网民规模达 7.24 亿。可以想见,随着亿万中国机器、中国产品进一步接入互联网,基于网络的人才荟萃、文艺创作、科技创新、智能互动将更加精彩纷呈。

　　互联网深刻地影响着政治、经济、文化、社会生活,成为全社会关注的焦点,并已经上升至国家战略层面。2015 年 3 月 5 日,在十二届全国人大三次会议上,李克强在政府工作报告中首次提出"互联网+"行动计划。2015 年 7 月,国务院印发《关于积极推进"互联网+"行动的指导意见》。各行各业努力迎接着这股"互联网+"的世界潮流,文艺事业的发展也概莫能外。2015 年 10 月习近平在文艺工作座谈会上的讲话中指出,要适应形势发展,抓好网络文艺创作生产,加强正面引导力度。2017 年 4 月 19 日发布的《文化部"十三五"时期文化产业发展规划》中提到,推进"文化+"和"互联网+"战略,促进互联网等高新科技在文化创作、生产、传播、消费等各环节的应用。

　　互联网的发展对文艺创作、流通传播和文化消费都产生着巨大影响。如何借助互联网、发挥互联网的优势对于上海市文学艺术界联合会更好地推进自身工作、更好地凝心聚力具有非常重要的现实意义。在这股互联网+的潮流中,上海市文学艺术界联合会应努力投身其中,抓住机遇,站在"互联网+"的风口,借好这股东风!

一、"互联网+"时代下的文艺新机遇

目前"互联网+"的观念已经全民化发展,几乎人尽皆知。"互联网+",不是指用互联网来取代传统产业,也不是指将传统产业原样搬到互联网平台上经营,而是互联网思维的进一步实践成果,是让互联网与传统行业进行深度融合,创造新的发展生态。所谓"互联网思维"是一种适应互联网时代生产生活方式和文化发展潮流的思维方式。"互联网+"被认为有六大主要特征:跨界融合、创新驱动、重塑结构、尊重人性、开放生态、连接一切。

随着中国网民数量,尤其是移动互联网用户数量从快速增长变为增幅趋缓,中国互联网发展基本结束"用户红利"时代,开始转向下半场:从更多享用"人口红利"、"用户红利"转为更多依靠创新驱动,从过去粗放型、扩张式高增长转为追求集约型、内敛式均衡增长,从"信息传递"为主转向"资源的价值开发、分享"为主。

而在互联网时代,文艺生活也呈现新的生态:大众的文化需求越来越高;文艺作品的评判权从专家逐渐转向大众;大众的创造能力得到很大的释放。在网络强国的战略背景下,"互联网+文艺"已经成为文艺发展的一种必然。打造"互联网+文联"工作新模式势在必行!

(一)更优化的文联工作:互联网提倡"尊重人性",注重联结共享,文联可借网络实现对艺术家需求的更精准对接,推进重要领域的信息整合与权威发布,提升工作的创新能力和服务能力。

(二)更延伸的服务手臂:由于互联网"连接一切"的特性,文

联可借网络凝聚更多艺术家,激发艺术家参与文联建设的自主性、积极性,让艺术家在文联网上"筑巢",同时也让大众获得更多的文化共享,由此也拓展了文联的服务范围:从家、者到界。

（三）更新颖的宣传模式:互联网点对点的传播模式完全改变了曾经由覆盖、渠道所决定的传播模式,传播的主导权很大程度上到了受众手里。因此,文联需要"开放生态",改变以往比较传统、单一的宣传手段,借用新兴媒体,加强与大众的互动,提升宣传效果。

（四）更凸显的文联形象:借助互联网"跨界融合"的特征,文联可与更多平台、机构跨界合作,提高文联的传播力和影响力,使文联的整体形象更加鲜明。

（五）更创新的创作空间:创新驱动是互联网的一大特质,互联网思维介入文化领域,能促使文化在求变、自我革命的驱动下发挥更大的创新力量。文联可借助互联网平台更大力度地推人推作品,包括网络文艺精品。

（六）更有力的文联引领力:在人人可以发声的互联网时代,一个文艺组织如果丧失标准判断的决定权、舆论传播的引导力,容易被边缘化。文联可借互联网重塑结构,更贴近时代的需求,重树文艺评判标准,用适合互联网传播的方式发出更响亮的声音,加强文艺引领力。

本课题组通过综合分析"互联网+"领域的发展业态及未来走向,结合上海市文联"互联网+文艺"工作实际,建议打造"一张多维服务网"、"一片文艺共享云"、"一个创新引擎器"三位一体新媒体矩阵,构建文联互联网工作新局面。

二、一张多维服务网:构建网上文艺家之家

网络化生存已是人们普遍的生活方式,因此文艺工作的网络

化也应是一种必然的趋势,具体可以有以下几种方式:

(一)办公智能化,服务更精准、更快捷

由于技术的发展,人们生活中出现了无边无际的点对点的信息网络,越来越多的单位、企业,积极运用信息化技术开展服务、联络、协调、组织等工作,快速提升网上工作能力,拓展网上服务新领域。目前,文联的一些协会也已借助互联网开展工作。

上海市书法家协会在自己的微信公众平台上举办"青少年春联微信展",社会反响热烈,共吸引参展选手 1166 人,累计投票195 万次,活动网页访问总量高达 820 余万人次;2016 年上海市戏剧家协会出品了微电影《三生有幸》,助推中青年戏曲人才、弘扬戏曲艺术;上海市舞蹈家协会利用微信朋友圈与线下沙龙相结合,形成线上线下互通的舞蹈沙龙……这些多样化的网上工作创新方式,利用了互联网的优势,取到了很好的成效。

建议:

1. 鼓励文联各协会、事业单位将更多的工作在线化、智能化,比如在线联络、在线征集、在线评奖、在线沙龙等,加强与会员、与大众的沟通交流,并借此提升服务的快捷性、精准度,扩展服务的覆盖面。

2. 更新办公自动化系统,促进文联各层面信息资源的快速整合、互通互补、分享交流。

3. 互联网时代催生新的业态,也滋生了许多新问题,比如相关版权制度、法律法规及监管出现空位等,这些新难点也是文联工作新的服务增长点。

(二)连通线上线下"文艺会堂",打造文联强 IP

互联网的聚集能力以及内容和形式的分众化,使得过去难以进入市场的传统文化、高雅艺术能借助互联网的分众营销能力,吸引相应"小众"汇聚,甚至可以赢得大众的欢迎。

广东省民协发起的"广东十大最美古村落"评选,获得 3000 万

投票，"广东十大海上丝绸之路文化地理坐标"评选，获得十几亿的投票，使得一度被忽视的地域文化获得了广泛关注；北京故宫博物院积极跨界合作，2016 年与腾讯公司宣布建立长期合作伙伴关系，展开深度合作，推出北京故宫表情包、北京故宫 IP 手游网游、北京故宫 VR、北京故宫微电影等，此外北京故宫还积极开发了多款新颖的 APP，让一度高冷的北京故宫一举成为当下"网红"。基于以上这些成功案例，上海市文联应努力理清自身优势，善用"互联网+"思维盘活文化资源，善于通过结合文化热点、百姓生活，与更多平台跨界合作等方式提升传播力、影响力。

建议：

1. 文联可借助互联网打造"文艺会堂"强 IP。聚集各领域的文艺家，组织富有创意的文化活动、沙龙，充实文艺会堂，通过网络直播等形式，实行线上线下活动同步，吸引更多人尤其是年轻人的关注。同时，打造"网上文艺会堂"，包括名家讲坛、网络沙龙、网上展厅、网上剧院等，可不拘泥于现实空间，将文联的各种品牌活动内容迁移进"网上文艺会堂"，实现文艺工作者"在线即可在会"，文艺爱好者"在线即可享受高雅文艺生活"。

2. 注重跨界合作，对接优质平台。选择一些拥有大量客户群的新媒体进行合作，实现资源共享与互换，比如新媒体平台：喜马拉雅平台、阿基米德平台、看看新闻、"一条"公众号、沪江网等。对接体制内外平台，包含文化、商业、旅游等领域单位机构，共同合作，实现资源互换。

3. 更新宣传观念，从单一向多元，从单点到全程，从硬推广到软影响。具体而言，宣传介入活动全程，在活动开始前，提前介入活动策划，完善活动的呈现样式，拍摄幕后故事视频，让主创人员讲幕后花絮，在网络上进行先期推广；在活动过程中，采用直播、录播等多种样式进行推广，开设艺术沙龙，让主创人员、评论家与观众进行线上线下交流互动……所有环节，邀请各大媒体参与，提供媒体多样化的丰厚素材，以便他们各取所需；活动结束后，可录播进行回顾。在宣传过程中，可借鉴软推广的方式，比如打造"那些年，那些让我们心潮澎湃的歌"的话题，让一批音乐家聊聊成名曲的创作、诞生过程，比如《梁祝》《红旗颂》等的诞生过程，并向大众征集这些歌曲对自己的影响的相关故事，使这个话题成为网络上热议的焦点，潜移默化中表明"上海之春"国际音乐节这个舞台助推原创的重大作用。

三、一片文艺共享云：构建新媒体矩阵

文联要扩大自己的声音，不仅要借力，还要有一个自己的传播阵地。结合目前互联网的发展趋势，文联可逐步打造一个新媒体矩阵，即"三微两端"，微信、微博、微视频、PC网页端、手机客户端。

（一）"三微"：紧扣热点，发挥即时性、权威性

微博：2012年10月1日，上海市文联官方微博上线，工作时间每小时更新一条，发布内容主要是：上海文联工作、文艺资讯、会员交流、活动互动等，目前粉丝量有4.7万余人。文联微博存在关注度较低、内容比较单一等问题。建议引入"微评论"，用新媒体词汇、从专业角度加强艺术导赏，拉近艺术家与大众的距离，提升大众的欣赏水平。

微信：为区别于各协会的微信号，建议文联公众微信号推送跨界于各艺术门类的热点内容，如权威发布国家以及本市的文艺政策；及时反映当前文艺动态，解析透视文化热点及现象；每月发布各协会活动信息，组织活动预约、链接线上直播、进行福利抢票等；权威发布各艺术门类考级信息；有选择地推介优秀艺术家，展示文艺创作、理论研究和评论的优秀成果；结合一些社会热点或者民俗节日（如24节气），与不同艺术门类的艺术家互动，编创多元的新内容。在推送内容的具体创制上，注重文、图、音视频等多样

化形式的结合,给予用户更多元的体验,使文联官方微信成为宣传党的文艺路线方针政策、发布文联政务资讯和业务信息、推介优秀会员、与大众互动交流的重要窗口。

微视频:随着 4G 网络快速发展,移动智能终端的社交应用微视频发展如火如荼。微视频"轻松拍、乐分享"的特征,快速满足了大众的表达诉求以及展示与分享的需求,微视频正成为越来越独立的媒介形态,各类短小精炼的微视频正刷屏各类社交媒体。因此,文联的工作人员可积极利用这种新的传播模式,操作简便灵活的秒拍、美拍等微视频 APP,对各协会的品牌活动、艺术家讲座、研讨会、沙龙等进行直播,或者录播,经剪辑后放于网上进行更大范围的传播。

(二)"两端":让文艺家"筑巢",让大众共享

网站:上海市文联官方网站于 2012 年上线,购买的是东方网的服务器,设有资讯、人物、荣誉榜、网上剧院、网上展厅等栏目,并有文联会员信息库,是上海市文联的一个重要展示窗口。但是,上海市文联官网也存在会员数据无法及时更新,会员页面比较简单;没有站内搜索功能,信息相对孤立;增粉手段较少,缺少交流互动等一系列不足。

建议:

1. 升级文联网上的艺术家会员数据库。深入开展对文联会员资源信息的立体采集加工,尤其对艺术成就卓著、影响巨大而艺术资料未能得到系统整理保存、面临散佚流失危险的文艺名家的艺术资料,组织多方力量重点采集,并用音频、视频、图片、文字等多种样式进行永久存储,构建起丰富的文艺资源数据库,并帮艺术家打造个性化的宣传网页。此信息库既方便文联内部对会员信息的管理,也可成为服务艺术家和文艺发展的开放式平台,还可以积极发挥"站内通讯"的功能,成为艺术家之间、艺术家与文艺机构之间信息沟通的渠道。

2. 更新网上展厅、网上剧院。运用 AR、VR 等前沿技术,建设数字化展厅、数字化剧院等新型资源应用平台,突破时空界限,同时引入专家导赏的功能,扩大文艺作品的传播力。

3. 积极合作,获得更多的技术支撑。官网的功能升级,需要向东方网购买新的服务器,成本预计上升至每年百万,建议可考虑与中国文联文艺资源中心沟通合作,借用他们的虚拟服务器平台。

APP:相比微信,APP 的功能更为丰富,文联可借 APP 打造属于自己的移动网络阵地。目前"文化云"APP 聚焦于上海公共文化,汇聚沪上 470 多家公共文化场所。文联 APP 要与之有所区别,可定位于高端文化的共享,文艺样态的创新,成为艺术家展示自己的平台,与大众沟通交流的桥梁。

建议:文联 APP 的打造在内容与形式上都要有所创新,同时注重用户体验,给予用户分类选择关注、参与互动的权利。APP 上可开设:文艺新闻、网上课堂、网上沙龙、信息发布、直播、众筹、微店等功能;网上展厅、剧院可链接文联官网……APP 的打造可分步走:第一阶段:搭建平台;第二阶段:把文联现有的资源整合进平台;第三阶段:逐渐把上海的文化活动融入进去。

(三)"三微两端":新媒体矩阵各要素彼此协作

上海市文联应加强各平台间的合作,发挥各自所长,资源互补,互通有无;在推进文联互联网+工作中可分阶段进行打造,先完善已有网站、官微,着力推广文联官方微信号;然后在积累丰富的多媒体运营经验基础上,精心筹建文联 APP。

四、一个创新引擎器:
激发艺术创作、评论的活力

创新是当下中国的时代主题,也是文艺创作的内在需求。在互联网迅猛发展的今天,"互联网+"是文艺创新的路径之一。艺术源于生活,今天的生活已经被移动互联网深刻而又细致地改变,一批准确又生动地反映互联网时代特性的文艺作品也顺势出现。网络文艺成为从中央到地方都非常关注的领域。文联应该顺势而为,加强助推网络文艺的发展,同时加强网络文艺评论的引导作用和平台构建。

(一) 把握网络时代文艺发展趋势,助推网络文艺精品

借助"互联网+""大众创业,万众创新"的东风,网络文学、网络音乐、网络剧、微电影、网络演出、网络动漫等新兴文艺类型蓬勃发展。这些文艺的"互联网+"不是呈现载体的简单改变,传播途径的简单扩大,而是新技术应用下的一种思维转变。这种新文艺与传统文艺相比,无论在传播向度与内容容量的突破方面,还是在交互性、即时性的视听体验方面,都呈现出明显的能级提升。

可以看到,网络文学依托互联网平台的传播优势以及更适合碎片化阅读的特征,比传统文学拥有更广泛的读者群,近些年涌现了一批网络文学 IP 热,甚至掀起了海外翻译热潮;而在设计领域,"设计决定论"逐渐被"人人参与设计"的理念所取代,设计师们也更多地开始尝试通过互联网打造自主设计及销售平台,"全民共同参与设计"越来越成为可能。互联网和老百姓正成为不可分割的共同体,网络文艺庞大的群众基础有力推动了越来越多的普通人参与到文艺创作中。

建议:

1. 上海市文联应以一种更加平等包容的态度,积极关注、热情扶持互联网平台上新涌现出来的各种新艺术,消除文艺创作旧有壁垒,推动更多拓展眼界、着眼于未来的网络艺术作品。

2. 上海市文联可设立一些网络文艺的孵化助推项目,搭建交流平台,引导文艺工作者认真倾听网民需求,深入了解民生,最大程度地激活创造潜能。

3. 通过开设一些网络文艺人才培训班,文联能够帮助创作人

员把握网络时代文艺发展新趋势,催生网络文艺精品。

(二)借互联网提升文艺评论的影响力、引领力

在"互联网+"的驱动下,文艺犹如进入了"快车道"。百度、腾讯等企业纷纷挟资进入内容领域,打造以网络 IP 为核心的泛娱乐生态链,与此同时,不少传统文艺也借助互联网进行"加速跑"。中国文艺评论网、"艺评中国""中国文艺评论"微信号联合央视电影频道合作开展"微影评"征集活动,针对新近上映的国产电影或进口影片展开 200 字左右的微评,文字或语音均可。精彩的微评将有机会在主办单位的微信号上推送,在央视电影频道每日 18 时滚动播出;私人化沪上电影沙龙"堂会"在短短两年内发展到现今的"关灯拆电影"公司,推出"互联网电影"的概念以及一种新的同评观影的模式。

但是在一片欣欣向荣背后,也不可避免地出现杂音,呈现鱼龙混杂、良莠不齐的生态,一些文艺作品成为唯市场而动、哗众取宠的文艺"商品"。在这样的现状下,文艺评论应该发挥应有的作用,借助互联网平台,加强对文艺的引领,对大众文化消费的引领。

文联可以充分发挥专家库的优势,聚集一批文艺家、文艺评论家加强对文艺作品的评论,尤其是借助互联网,创新文艺评论样式:如微评论、导赏课、同评观摩等;积极与多元平台进行跨界合作,拓宽文艺评论的传播渠道,以此加强文艺评论的影响力、引领力,推动文艺作品的创造性,同时给大众带来更丰富、更有营养的文化体验,提升文化欣赏品位。

五、机制建设和组织保障

(一)推动顶层设计,加强组织引导

上海市文联应积极开展文联各级组织信息化建设的思想动员、学习,推动对文联系统信息化的顶层设计,贯彻中央关于繁荣发展社会主义文艺和加强互联网建设的战略高度,结合实际制订"互联网"工作目标、各阶段任务,明确信息化工作部门和人员。通过多种形式的会议、调研行动,让文联各层面深刻认识到互联网的发展对文艺创作、流通传播和文化消费的巨大影响,清醒认识到信息化对提升文联工作方式、扩大服务范围的重要作用,认真梳理各部门当前网络信息工作取得的进展成效及面临的主要问题,确定当前阶段的主要任务,把加强信息化工作、建设网上文艺新阵地作为把握当前和未来工作的一项重点内容。与此同时,加大对各协会信息化建设的投入和扶持,建立规范的信息化建设绩效评估制度、激励机制。

（二）成立新媒体中心,理顺工作机制

建议成立上海市文联新媒体中心,使互联网工作常态化,承担起信息化工作统筹协调部门和重点业务单位的功能。主要工作包括:1.在文联党组领导下,积极推动文联各协会、机关各部室、事业单位开展信息化建设工作,推进文联信息化建设工作体制机制创新;2.推动文联各协会、机关各部室和事业单位形成上下联动、左右联通的有效工作机制,对于品牌活动采用更多元、更有创意的宣传方式,促进文联各层面在信息化建设体制、机制和业务层面的协同、互助、共享;3.负责文联"三微两端"网络平台的日常运营。

（三）加强队伍建设,提供人才支撑

在新时代,互联网技术日新月异,然而目前文联缺乏熟悉互联网传播技术,拥有丰富新媒体工作经验的专业人才。为适应文联信息化建设的需要,建议探索多样化的人才培养和使用机制,加大教育培训力度,进一步引导文联职工树立"互联网"思维、创新思维,努力成为既懂业务又懂新媒体技术的复合型人才。同时打造一支熟谙互联网传播功能与规律,擅长新媒体内容编辑、技术维护和传播推广的专门人才队伍。

此外,文联还应定期开展文艺新媒体人才培训课程,不仅针对文联工作人员,还可向文联会员开放,提升艺术家利用网络创作、传播优秀作品的积极性和能力。举办一些沙龙活动,让体制外网络文艺创作者、相关大型网络文化艺术机构负责人与体制内的艺术家进行交流,拓展合作空间。

(四)创新社会合作模式,建立志愿者团队

积极引入市场机制,创新社会合作模式,引导多方面力量积极参与文联信息化建设。深刻了解新时代的传播方式,以往文艺创作考虑的是单向传播,以创作者为核心,而互联网时代的文艺创作往往以接收者的需求为出发点,用户是一切的基础。为了更深入地了解用户的需求,文联可建立文艺志愿者队伍,作为与大众沟通的桥梁,同时协助打造吸引大众的推送内容和传播形式。

习近平在党的十九大报告中8次提到互联网建设,并明确指出:坚定文化自信,推动社会主义文化繁荣兴盛。要高度重视传播手段建设和创新,提高新闻舆论传播力、引导力、影响力、公信力。加强互联网内容建设,建立网络综合治理体系,营造清朗的网络空间。我们坚信,"互联网+文艺"的未来必将更加璀璨夺目!

(作者系上海市文联第一期
中青年干部研修班成员,执笔:胡凌虹)

有关上海城乡居民健康
获得感的调查研究

王拥军　李　慧　修　燕

"治国有常,而利民为本。"以习近平同志为核心的党中央把增进人民群众健康福祉作为重大民生工程,把建设健康中国作为全面建设小康社会的重要内容。

健康中国建设正拉开帷幕,全民健康主题曲已经奏响。世卫组织总干事陈冯富珍女士曾表达过一个愿望:希望退休回国后,能有非常好的全科医生照顾她的晚年生活,称"这就是我的中国梦"。她这番话,道出了亿万中国老百姓的共同心声!

考虑到上海城乡人口特征性,上海城乡居民健康获得感具体体现在哪里? 城乡居民的健康需求和健康水平差异在哪里? 带着这些问题,本次调研旨在全面准确系统地了解上海城乡常住居民健康获得感的差异,并深入研究这种差异产生的原因,最终提出相关的政策建议。

一、本课题调研方法及数据

(一) 调研基本方式

1. 本研究主要针对城乡常住居民进行调查。调查采用分层多阶段抽样设计,在上海市中心城区(外环线以内)和郊区(外环线以外)依次选取区、街道、村(居)委会和家庭户样本,抽取 40—80 岁的居民作为调查对象。

2. 调查表涵盖自评量表：包括一般信息、慢性病史、躯体功能、心理功能和社会功能等健康指标评估，分析受访者的健康状况，比较城乡差异，汇总分析受访者的健康需求。

3. 通过座谈会形式，掌握市、区、街镇三级管理部门以及各级医疗单位对于居民健康获得感的认识程度、相应措施及存在的问题。

4. 通过大数据，对城乡居民的健康获得感差异进行分析。找到产生差异的独立因素和混合因素。

（二）调研基本数据

1. 一般情况汇总

本次调研共计5120例，其中城区4159例，郊区961例（表1）。

表1 调研对象基线资料汇总表

城 乡	总例数（人）	性别（男／女）	年龄（均数）
城 区	4159	1147／3012	64.00±6.25
郊 区	961	218／743	66.01±5.36

Note：城区和郊区两组性别比例和年龄结构均无统计学差异，具有可比性。

调研第一阶段完成了浦东新区陆家嘴街道（城区）1074例调查问卷、徐汇区龙华街道（城区）3044例调查问卷、浦东新区航头镇（远郊）824例。第二阶段完成了金山区金山卫镇（远郊）26例，静安区上海市机械施工集团有限公司（城区）16例，闵行区华漕镇赵家村（远郊）51例，宝山区罗泾镇（远郊）60例，黄浦区五里桥（城区）25例。

表2 城区和郊区受教育程度比较

城 乡	小学及以下	初高中	大专及以上
城 区	10.73%	73.43%	15.84%
郊 区	29.57%	60.77%	9.66%

表 3　城区和郊区劳动类型比较

城　乡	体力劳动	脑力劳动	两者并有
城　区	24.30%	40.30%	35.40%
郊　区	50.68%	23.89%	25.43%

2. 躯体功能数据结果

表 4　调研对象患慢性病资料汇总表

患慢性病	例　数	慢病发生率
骨质疏松症	1253	24.18%
高血压	472	9.11%
糖尿病	153	2.96%
甲状腺	132	2.54%

表 5　城区 VS 郊区患慢性病率比较

城　乡	没　有	一　种	二种以上
城　区	50.97%	29.36%	19.67%
郊　区	45.08%	29.52%	25.40%

表 6　城区 VS 郊区骨质疏松发病率的年龄分层比较

城　乡	城　区%			郊　区%		
年　龄	正常	骨量减少	骨质疏松	正常	骨量减少	骨质疏松
40—49	62.5	27.5	10	/	/	/
50—59	33.8	47.3	18.9	/	/	/
60—69	24.2	47.9	27.9	9.4	49.6	41
70—80	19.6	43.3	37.1	7.4	43.6	49

Note：城区和郊区两组比较,60 岁以上老年人群有统计学差异,郊区人口骨质疏松发病率更高。

表 7　城区 VS 郊区运动和锻炼身体比较（每天锻炼时间）

城　乡	2 小时以上	2—半小时	没有
城　区	22.95%	57.38%	19.67%
郊　区	17.52%	49.64%	32.85%

表 8　城区和郊区体重指数 BMI 比较

城　乡	低体重	正常体重	超重
城　区	1.40%	53.80%	44.80%
郊　区	1.37%	54.20%	44.43%

3. 心理功能数据结果

表 9　城区 VS 郊区日常饮食比较

城　乡	荤菜为主	荤素搭配	素菜为主
城　区	14.75%	73.77%	11.48%
郊　区	27.03%	68.92%	4.05%

表 10　城区 VS 郊区保健药品服用和测量血压比较

城　乡	没有保健药品	有保健药品	测量血压
城　区	72.22%	27.78%	63.38%
郊　区	80.95%	19.05%	54.74%

4. 社会功能数据结果

表 11　城区 VS 郊区体检习惯比较

城　乡	每年体检一次	2—3 年体检一次	3 年没有体检过
城　区	85.37%	12.20%	2.44%
郊　区	73.72%	16.79%	9.49%

表 12　城区 VS 郊区就医习惯比较

城　乡	就近,社区医院	看广告,网上搜索	预约,三甲医院
城　区	48.78%	10.00%	41.22%
郊　区	80.29%	3.65%	16.06%

表 13　城区 VS 郊区获得健康知识的方式比较

城　乡	电视、报纸	网络微信	健康知识讲座	保健书籍
城　区	34.55%	36.36%	16.36%	12.73%
郊　区	43.80%	43.80%	7.30%	5.11%

二、调研结果与启示

(一)实施分级诊疗带来了"健康中国"的巨大变化

实施分级诊疗以来,形成了"健康进家庭、小病在基层、大病到医院、康复回基层"的新格局。调查发现,上海城乡居民均出现"井喷"式慢性病和人口老龄化。对于疑难病、复杂病通过大型公立医院与基层联动的预约挂号、预约床位及绿色转诊通道,缩短了在大医院住院等待床位的时间,节约患者时间和费用。

通过分级诊疗服务,上海城乡居民特别是郊区居民的常见病、多发病能够在基层医疗机构诊治,医疗服务价格低、起付线低、报销比例更高,极大地降低患者医疗费用负担。

郊区、乡镇、村庄医疗和社区卫生服务网络设置比较合理,服务功能健全,人员素质较高,运行机制科学,监督管理规范,群众可以在基层医疗机构享受到疾病预防等公共卫生服务和一般常见病、多发病的基本医疗服务。

（二）上海城乡居民健康知识普及、健康获得感都得到明显提高

1. 上海城乡居民健康知识获得的渠道都比较便捷

在互联网时代，知识爆炸，咨询获得便利。然而，普通人接触到的大多数信息是虚假的、夸大的各种营销广告。海量的大数据更增加了人们获取有效信息的难度，本次调研也发现了这一困境：虽然上海市卫计委每年都发布健康寿命的相关数据，然而官方的声音总是被淹没在大量的商业营销和虚假宣传中，XX 长寿乡、XX 保健品、XX 健康讲座总是包围着社区的老年人，屡屡让老年人们破财又损健康。

如何引导居民在信息纷繁复杂的互联网时代，避开"陷阱"快速掌握有效的健康信息，是提升上海城乡居民健康获得感的保障条件。

2. 上海城乡居民健康获得感都得到明显提高

（1）家庭医生责任制不断得到落实

家庭医生 1+1+1 签约服务是转变服务模式、实现从"以治病为中心"到"以健康为中心"的重要抓手，是分级诊疗制度的重要基础，是构建和谐医患关系的重要途径，是应对健康新挑战的重要举措。随着上海市家庭医生责任制的推广，家庭医生签约服务受到群众普遍认可，社区居民的签约率逐年增高。

以闵行区莘庄社区卫生服务中心为例，居民签约率已达 90%，建立了 7 个家庭医生团队，然而不断增高的签约率使得居民健康需求与有限数量的医务人员服务质量存在较大矛盾，平均每位医生的慢病年随访量超过了 1000 次，严重影响了服务质量。因此现阶段不能盲目追求"管理率"，应当加大全科医生队伍建设。

（2）双向转诊制度逐步完善可行

双向转诊和分级诊疗是家庭医生责任制的配套制度，全科医生与专科医生配合、按需转诊及网络化会诊等。但是由于城乡差异，社区卫生信息化建设不平衡，网络化会诊不足。罗泾镇社区卫

生服务中心下辖 3 所城区社区卫生服务站、10 所农村卫生室,依
托宝山区医疗联合体的专家群建立了 7 个专科门诊。由于社区卫
生资源配置不均衡,村卫生室(服务站)的配置仍然遵循着"一村
一室"的标准,尚不能满足村民网络会诊需求,转诊仍以患者自己
要求为主。

(3) 慢病管理模式不断健全

慢病的特征是起病隐匿,潜伏时间长和生活方式息息相关,一
旦发病需要终身治疗。闵行区莘庄社区卫生服务中心开展了对三
种慢性病:高血压、糖尿病和肿瘤的定期随访、健康教育、按期复
查;督促规范服药等措施,做到科学化、规范化、精细化的慢病管理
模式。

(4) 居民和职工健康档案建立不断完善

本次调研的各家社区都开展了针对 60 岁以上居民的健康体
检,服务的覆盖面和检验项目逐年上升。以上海市机械施工集团
有限公司为例,企业党政班子对职工的健康关注度极高,大力打造
企业的健康文化氛围,每年一次的职工健康体检项目也是不断增
加。如今年针对特定人群开展了增强 CT 扫描、妇科检查、甲状腺
检查等项目,达到人均 800 元以上水平,受到职工的一致好评。但
是深层次的报告解读、高风险人群的评估、健康知识健康心理引
导,仍然达不到职工的期望。

(5) "治未病"的健康理念得到强化

"上工不治已病,治未病"。中医治未病思想包括了未病先
防、既病早治、已病防变。在这一理论指导下,以中医的整体观来
防治慢性病,而不是把患者按照西医的病种机械的分别管理。本
次调研 60 岁以上有一种或者一种以上慢病的老年人达到 64%。
因此有必要发挥中医治未病的优势,为社区慢病人群建立档案,风
险评估、分级干预等健康教育和生活指导,从而提高居民健康获
得感。

（6）健康心理的建设不断得到重视

世界卫生组织认为："人体健康的一半是心理健康。"建设健康的心理是和谐社会的必要条件和基本保证。闵行区华漕镇赵家村位于上海城乡结合部,全村13个村民小组636户,是拆迁和拆违的重点整治区,城市管理的难点。但是,在五好党支部的带领下,村里坪前绿树葱郁、花圃鲜花争艳、屋子窗明几净,村后的污水沟得到了治理,铺上了新绿化带。村委会特别重视村民的心理健康引导,丰富的娱乐措施,定期邀请专家到村委活动室开展义诊和健康讲座,保证了美丽乡村的建设和村民的身心健康。

（7）推进人的全面发展

上海城乡政府部门都能够坚持以人民为中心的发展思想,不断努力完善公共服务体系,保障群众基本生活,着眼于促进人民素质的提高,为人的全面发展创造良好条件,让人民共同享有人生出彩的机会。同时,不断着力补齐民生短板、促进社会公平正义,在幼有所育、学有所教、劳有所得、病有所医、老有所养、住有所居、弱有所扶上不断取得新进展,不断满足人民日益增长的美好生活需要。

（三）上海城乡居民健康获得感仍存在较大差异,健康服务不平衡、不充分的矛盾仍然比较突出

1. 上海城乡居民一般情况的差异（表2,3）

本次调研城区和郊区两组性别比例和年龄结构均无统计学差异,具有可比性。中心城区接受过高等教育的比例(15.84%)明显高于远郊地区(9.66%)。

由于本次调研以中老年人占多数(平均年龄65岁),大多数的郊区中老年人从事过35—45年的体力劳动。劳动类型划分:中心城区的以脑力劳动为主(40.30%),远郊地区以体力劳动为主(50.68%)。随着社会主义新农村的建设推进,在小于40岁的人群中这种差异越来越不明显。

2. 上海城乡居民慢病率及管理水平的差异

本次调研了 6 种常见的慢性病(表 4,5):骨质疏松症、高血压、糖尿病、甲状腺疾病、慢性肝病以及慢性肾病。上海城乡居民尤其是中老年人患有一种或多种慢性病成为常态,其中发病率最高的是骨质疏松症(24.18%)。

通过进一步的年龄分层分析发现:郊区 60 岁和 70 岁以上老年骨质疏松症的发病率分别达到 41% 和 49%,明显高于同年龄层的城区老年人 27.9% 和 37.1%(表 6)。究其原因与老年人的慢病管理水平和医疗资源分布密切相关(表 7),每天有规律的锻炼身体,城区人群达到 80.33%;郊区人群 67.15% 的人每天锻炼身体。而且运动的理念上也差异很大,调研中很多远郊的老年人错误地认为干活做家务或是带小孩子也是锻炼身体的一种方式。

3. 城乡医疗资源分布仍然不均衡、不充分

上海市的医疗资源分布极不均衡,徐汇区集中了全国 9 家大型的知名三甲医院。本次调研的结果表明(表 12),大多数的远郊居民(80.29%)选择就近看医,由于地利的优势,只有不到一半的中心城区居民(48.78%)会选择就近看医;而与之相反远郊居民(16.06%)只有不到四分之一的人会选择三甲医院。

本次调研的多家社区卫生服务中心针对老年人群都提供健康体检、预约上门、慢性管理等服务,然而郊区居民对自身健康的关注低,仍然有 9.49% 的人没有体检,比中心城区居民的不体检率(2.44%)高出 3 倍多(表 11)。

4. 郊县及老年人群健康知识获得仍然比较贫瘠

在慢病时代,用健康知识来指导日常生活的重要性怎么强调都不为过,WHO 提出的口号是:"最好的处方是知识,最好的医生是自己"。本次调研限于篇幅只罗列了 4 种方式(表 13),代表了最熟悉的健康知识学习方式。由于受到网络医疗事件的影响,目前上海市的居民们对网络传播的医疗信息警惕性很高,城乡的主

要差异在健康知识讲座和保健书籍阅读,中心城区分别为 16.36%和 12.73%,远超过远郊地区 7.30%和 5.11%两倍以上,表明城区较乡村在健康知识获得的途径上更便利,乡村的健康知识讲座还要加大推广的力度。

虽然城区居民经常可以听到一些健康知识讲座,但是本次调研发现许多居民的健康养生知识有些是过时的,比如对骨质疏松症的防治,仍然停留在吃钙片的旧观念上,提醒社区的健康宣讲人员也要通过不断学习吸收最新的医学保健知识,提高服务的能力(表9,10)。

三、问 题 与 对 策

问题1:新型基本医疗服务体系仍然不完善,基层医疗机构服务能力仍需有效提升

城乡、区域医疗资源布局不够合理,不同中心区域医疗服务辐射能力差异大。各级各类医疗机构基本医疗服务功能交叉,定位模糊。不同层次医疗机构在服务的重点人群和病种,在门诊和住院病人接诊范围等方面没有明确定位和分工。

基层医疗机构在全科诊疗、康复和护理等专业方面缺乏接续条件和能力。医疗联合体建设行政推动甚于行政引导,有些医联体建设形式大于内容。

郊区基层医疗机构服务能力较弱。市场供给侧的"倒三角"和群众需求侧的"正三角"不匹配矛盾十分突出,基层医疗机构硬件较差、队伍老化、人才匮乏、技术薄弱、积极性不高。较长一段时间内,基层医疗机构难以独立承担基层首诊任务,难以承接下转患者的后续治疗和康复工作,难以真正吸引患者到基层就诊。

配套政策不够及时合理。财政资金投入不足、不及时,政策对分流干预作用微弱;医保和新农合尚未建立按病种的差别化报销政策,医疗机构和患者都缺乏内动力;针对基层医疗机构价格补偿

机制尚未建立到位;一些地方医保补偿结算不能及时、足额兑现,影响医院运转;基层全科医生和康复等专业人才队伍建设编制规划滞后;基层药品可使用范围比较狭窄,药品使用受限,影响患者就医选择。

问题2:健康知识普及率降低与人民追求美好生活主要矛盾转化不平衡、不充分、不适应。"治未病"、"医养结合"健康医疗模式,没有能够有效指导贯穿生命健康全周期、全过程

由于健康知识宣传不到位,群众健康知识知晓率低,对一些普通疾病的认识不足,导致"盲目就医""盲目体检",结果往往导致"小题大做""危言耸听",常见病、多发病到省市大医院就诊,吃力不讨好,浪费人力、物力。

群众就医习惯较难改变。基层医疗服务能力不断弱化,政策引导和医疗卫生宣传工作缺位,群众就医诊疗习惯和对自我生命健康的重视,导致无论病情轻重,群众都习惯去大医院、看名专家。

一些地区基本公共卫生服务工作长期缺位,专项资金被挪作他用,基本公共卫生项目开展有名无实,居民健康档案等资料依靠闭门造车,良好群众工作阵地长期撂荒,有的地区慢性病、常见病患病率有增长势头,防治形势不容乐观。

对此,今后亟待构建新型基本医疗服务体系,有效提升基层医疗机构服务能力。同时还要健全完善并落实好各项保障制度;要打造区域医疗卫生信息共享平台,引导就医习惯和尊重个体需求结合。

问题3:随着分级诊疗的全面铺开,城郊分级诊疗体系内涵建设仍存在主要问题。虽然国家出台许多惠民利民的医改政策,但"看病难"问题仍然突出

大医院"人满为患","一床难求",与此形成鲜明对比的是基层医院、社区卫生服务中心则"门庭冷落"。大医院大专家在忙着看头疼脑热的"基层病",而基层医院、社区卫生服务站的医生因"无病可看",只好被"闲置",这一热一冷突显医疗资源的极大浪费。

按照卫计委关于"保基本，强基层，建机制"的要求，建立一套分工明确，分流有序，各司其职的分级诊疗制度势在必行。

患者选择医生的就医模式根深蒂固，许多经济条件好的患者稍有小病都投向大医院，找大医生、找名医就诊，这种传统的就医模式很大程度影响了分级诊疗制度的实施。基层医疗机构的专业技术水平相对较低，服务水平难以"取信于民""服务于民"，影响分级诊疗制度落实。基层医疗专业技术人员总量不足，质量不高。

医保、农医保患者在各级医院报销比例虽然有一定差距（郊区村级卫生站80%），还不能够在政策层面引导居民接受"小病进社区，大病进医院"的分级诊疗模式。

问题4：上海市城乡均存在全科医生严重缺乏的问题，郊区全科医生问题仍然十分突出

全科医生之所以重要，是因为"井喷"式慢性病和人口老龄化的卫生需求促使以治疗为中心的传统卫生模式向以维护与促进健康的新模式转变，医疗卫生资源急需下沉到社区与家庭，急需通晓预防、治疗、康复、保健、医保政策等"十八般武艺"的全科医生肩负起全民健康守门人的使命。只有这样，人民群众到大医院"看病难"的问题才能解决。

我国医学教育事业近年来已经有了长足进步。2015年，临床医学专业本科的医学院校有172所、专科141所，临床医学专业本科年招生8.9万人、专科年招生4.5万人。但是，目前仍存在全科医学教育十分薄弱、理念上不重视、举措上无实招等突出问题。

问题5：社会资本办医市场没有得到健全，多层次医疗服务市场必须真正开放

最近，上海一家国际医院的服务模式是，听诊、抽血、按摩、下诊断、开药方等，全部都在同一间诊室里完成，患者不用跑，反倒是医助、护士、全科医生、康复师等整个医护团队在配合病人的身体状况来回跑。

　　由于我国现在是以公立医院为主导的垄断的医疗体系,医疗人才不能自由流动,公立医院仍然靠自己盈利获得生存空间。更由于医疗保障体系的覆盖,医疗服务市场在放大,公立医院人满为患,根本满足不了广大人民群众的需求。

　　在乡镇、社区医疗机构成为真正的非盈利机构后,马上就面临公共医疗机构效率和服务的问题,这些医院门可罗雀,大医院却拥挤不堪,在垄断和医疗市场井喷时,医疗服务、医疗质量、医患关系等问题就暴露出来。

　　因此,本调研组提出以下对策:

　　一,全面贯彻落实"实施健康中国战略"各项要求,构建城乡一体化健康服务体系,从城乡"二元"医疗保障格局转为新时代多元健康服务格局。

　　二,形成健康社会共识,系统教育、普及健康知识,强化百姓对大健康的理解、掌握和实施程度;掌握百姓健康主动权。

　　三,落实分级诊疗制度是公立医院改革的重要内容,应该做到各级医院"人尽其才,物尽其用",以确保有限医疗资源发挥最大化作用。

　　四,提高医养结合的感受度,建立"健康直通车",打通大健康服务最后一公里。

　　五,"实施健康中国战略",关键是加快建设高素质卫生计生人才队伍。深化医学教育改革,加快全科医生培养,启动全科医生薪酬制度改革。

　　六,激发社会办医的"鲇鱼效应",撬动原有医疗格局,让患者看病不必都去公立大医院,让患者既方便又舒心。

(作者王拥军系上海中医药大学副院长;

李慧系上海市闵行区辛庄镇党委书记;

修燕系上海市宝山区张庙街道党工委书记)

参考文献

1. 习近平：《决胜全面建设小康社会，夺取新时代中国特色社会主义伟大胜利——在中国共产党第十九次全国代表大会上的报告》，人民出版社 2017 年版。

2.《党的十九大报告辅导读本》，人民出版社 2017 年版。

3.《习近平总书记系列重要讲话读本》，学习出版社、人民出版社 2016 年版。

4.《中国特色社会主义学习读本》，学习出版社 2013 年版。

5. 何毅亭：《以习近平同志为核心的党中央治国理政新理念新思想新战略》，人民出版社 2017 年版。

一个媒体人笔下的孙中山

——邹韬奋对孙中山生平和思想的论述

陈　挥

邹韬奋是民国时期著名的新闻记者。他主编的报刊,屡创全国发行新纪录。对于伟大的革命先行者孙中山先生,韬奋是非常崇拜和敬仰的。早在"孩童时代","中山先生游历到福州乘着藤轿,于万众欢迎声中始过街道",韬奋也在其中远远地瞻仰。后来在南洋公学附属小学学习的时候,韬奋偕同同学到大学部听过一次中山先生的演说。1925 年 3 月 12 日,孙中山先生在北京逝世。韬奋"一听到他的噩耗,就不由自主地感到这样深切的哀痛,全是被他一生为着中华民族奋斗至死的伟大精神所感动","拿着报的两手突然颤抖着,不由自禁地为之震悼下泪"。① 他主持《生活》周刊以后,先后发表了一系列介绍孙中山生平和思想的文章,使广大民众对于孙中山有了更深入的了解,在当时的传媒界和思想界产生了一定的影响。对邹韬奋当年介绍孙中山生平,研究三民主义思想所做出的贡献做些探讨,应该是很有意义的。

一、研究、宣传孙中山的生平

1927 年 4 月 24 日至 7 月 17 日,韬奋在《生活》周刊第 2 卷第

---

① 《韬奋全集》(增补本)第 8 卷,上海人民出版社 2015 年版,第 410 页。

25 期至第 37 卷,以因公为笔名,先后发表了《先生的故乡》、《先生的家族》、《幼年所受的刺激》、《幼时的抱不平》、《第一次的远离家乡》、《在檀香山教会学校的时候》、《渎神被迫离乡》、《革命先觉的青年》、《师生的情谊》、《不怕失败》、《宽恕的德性》、《终身求学的精神》、《书与面包》等 13 篇介绍《孙中山先生的生平》系列文章,全面介绍了孙中山一生的奋斗历程。韬奋最为推崇的就是孙中山"不怕失败"、"宽恕的德性"和"终身求学的精神"。

1."不怕失败"

韬奋认为:"我研究中山先生的生活,觉得第一使得我们敬仰而且足以振作我们志气的,是他意志力的坚强。你看他经过多少风波,受过多少困难,而他始终向前奋斗,未尝挫折。我们做事,往往遇着一点困难,有了一点麻烦,便要悲观,便要灰心,何不念念先生的这种强毅精神。"

韬奋在介绍了孙中山的生平后指出:"中山先生幼时求学经过失败,年青时在家破除迷信经过失败,初倡革命时,相信的只有三四人,大家骂他发狂,无时无地不在失败环境之中。但是他始终不怕失败,始终往前猛进。现在人人都知道中山先生的伟大,但我们尤当勿忘的,是他所以能有今日的成就,不怕失败是一个极大的要素。"

据中山先生自己说,民国未成立以前,他和同志的举义,竟经过十次的大失败。韬奋认为:"常人失败一次而不灰心改途的已少,至于二次三次四次乃至九次十次失败而仍一往直前,毫不退缩的,在中国历史上,简直只有先生一人。况且这十次大失败的前前后后,还有许多小失败和遭人轻视唾骂的艰苦困恼,在在足以使人心灰意冷。"特别是"第九次失败后","各同志以新败之余","为力已穷","住食行动之资,将虞不继。举目前途,众有忧色;询及将来计划,莫不唏嘘太息,相视无言",竟有一蹶不振之势。但中山先生则仍精神百倍,积极进行,慰以失败何足馁。

民国成立以后,讨袁的失败,护法的波折,陈炯明的叛乱,又是在在足以使人伤心短气的事。所以韬奋是深刻感悟了中山先生遗嘱的第一句话"余致力革命凡四十年"不知含有多少辛酸味。所以韬奋最后强调:"天下事业的大小,和他的难易,是正比例的。我们要把先生'不怕失败'的精神,做我们向前奋斗的暗里明灯。"①

2."宽恕的德性"

在谈到孙中山"宽恕的德性"时,韬奋指出:"常听人说,做大事的人律己要严,对人则不可不有'小事糊涂大事不糊涂'的态度。我最初觉得天下最讨厌的莫如糊涂的人,最愤事的也莫如糊涂的人,何以说小事便许糊涂?后来阅世略深,看人略多,觉得做大事的人倘若心置偏狭,常在小处较量,往往失人心,误大事;然后才悟我们做人应事,有的地方却不可不注意宽恕的精神。"

1905年,孙中山在欧洲组织革命团体。当时在欧洲的中国留学生因受革命思潮的陶冶,已有多数赞成革命。"于是先生乃揭橥生平所怀抱的三民主义,五权宪法,以号召同志。"他先后在布鲁塞尔、柏林、巴黎召集了三次会议。参加柏林会议的20余人中,有一个来自湖北的学生叫王发科,加盟于孙中山主持的"兴中会"。另一个留学生知道此情况后,就警告他说:"我要写信到国内去,撤你的官费,取你的性命。"王发科听见这话,吓得魂不附体,赶紧答应暗里跟踪孙中山到巴黎见机行事。到了巴黎,他私访同乡留学生汤芗铭商量补救的方法。汤芗铭也是新加盟"兴中会"的,听了这个消息,也就吓得面无人色。于是这两位"无独有偶"的"同志",偷偷地等在孙中山所住的旅馆外面,等到孙中山出门以后,直入他的卧室,割破他的皮包,偷出加盟者的名单,飞奔到我国驻法使馆,向当时的公使孙宝琦跪着"泣涕自承"。岂知他们两位"拍马屁拍到马脚上",孙宝琦当时以开通自命,就大不以他们的行为为然,并

---

① 《韬奋全集》(增补本)第4卷,上海人民出版社2015年版,第503—504页。

恐闹出笑话，申斥一顿，叫他们赶紧把名册送还孙中山。这两位"尴里尴尬"的"同志"，自讨没趣，抱着名册飞奔到旅馆，向中山先生坦白了割破皮包、偷走名册的行为。孙中山非但一点不动气，而且还安慰了他们。

韬奋在介绍了这个故事以后指出："我们在这副'图画'里面，想见两个'同志'鬼鬼祟祟，患得患失的憨态，真要笑得腰痛；同时更可想见中山先生的宽宏大量，确非常人所及。"①

3."终身求学的精神"

孙中山"终身求学的精神"也是韬奋感受特深、充分认同的优秀品质。他明确指出："除了上面所说的那种强毅精神之外，最足以惕励我们的，是先生终身求学的精神。"

孙中山认为："我一生的嗜好，除了革命之外，只有好读书。我一天不读书，便不能够生活。"他一生的生活，无论是在做事，或者是休息，每天除了饮食做事以外，总是手不释卷。不但是从前在旅行之中，没有带什么东西，总带有几本关于革命一方面的最新出版物，时常仔细研究；就是在火线上督战，也带有许多书籍杂志，军事上的工作一停止，便把书本拿到手里来，从容不迫，一行一字的读下去。

孙中山曾经对黄昌谷说过："我几十年来，因为革命，居无定所，每年所买的书籍，读完了之后，便送给朋友去了。至于读过了的书籍之种类和数目，记不清楚。大概在我革命失败的时候，每年所花的书籍费，至少有四五千元；若是在革命很忙的时候，所花的书籍费便不大多，大概只有二三千元。"

写到这里，韬奋发出了自己的肺腑之言："若在常人，失败的时候，正是所谓'心绪恶劣'的时候，那个再肯求学！现在你们所处地方的恶劣，是不是比'失败的时候'还利害？否则你们藉口心绪

―――――――――
① 《韬奋全集》（增补本）第4卷，上海人民出版社2015年版，第504—505页。

不佳而不高兴求学,想到中山先生的这种精神,难为情不难为情?"

韬奋还转述了吴稚晖所目睹的关于中山先生的故事:"1908年中山先生到伦敦的时候,旅费似乎很窘,吴先生有一位朋友叫作曹亚伯的,在留学生里面凑集了三四十镑送给先生。不料三天以后,吴曹诸位到先生寓所里来看他,见他已把哪些钱买了一大堆紧要书籍,还津津有味的指示他们这个是什么书,那个是什么书。"

韬奋听了这个令人感动的故事,更是感慨万千,他深切觉得:"要求真学问,便要做到'古之学者为己'避免'今之学者为人'那两句话。什么叫'为己'而非'为人'呢?就是求学出于本心所欲,不是为着分数,不是为着文凭,也不是为着名利,于是用不着有人督促而后尽心所学。"他认为:"中山先生在当时一口饭都吃不饱的时候,并在亡命海外四周危险的时候,竟那样好学!这个时候他也是完全出于求学的诚意。我们现在敬仰他的博学,要知道他的博学不是一朝一夕得到的,是这样在颠沛流离时候仍不辍学而积成的。"他还尖锐地指出:"不看书不求学的人,要把'忙'来推诿,简直就是'懒惰'!"

韬奋还特别强调了要学习孙中山终身学习的理念:"关于这个地方,还有一点我们要觉悟,就是'求学'并不限于身在学校的时候,就是出了学校做事的时候,随时都是求学的时候。学校的教育不过是在基本知识方面打好一个根基,决不是一旦'毕业',就把'求学'的事也把他'毕'掉。我们不要忘记中山先生四十年革命,也就是四十年终身不倦的求学。"①

1929 年 7 月,韬奋撰写了观看孙中山国葬典礼的影片的感想。他认为,"最动人的是他的遗像一现在银幕上,观众即不约而同的掌声如雷。在此自动的热烈掌声中,使人静默悲念他的百折不回为国奋斗至死的精神,和他在世时只知有民众福利而自己一

---

① 《韬奋全集》(增补本)第 4 卷,上海人民出版社 2015 年版,第 505—507 页。

介不妄取以自私的廉洁高风。他身后使国民感念不忘的,就在这种公而忘私,不知有己但知有国的伟大人格和至诚精神。那班自私自利,但知要钱不要脸的腐化官僚,虽人民处在积威之下,侧目顿足,敢怒而不敢言,我要劝他们自己常对中山先生遗像看看,真做一些'静默三分钟'的工夫,良心上也许有一点儿过不去!"①

二、学习、研究孙中山的三民主义思想

在全面介绍孙中山的生平的同时,韬奋还先后发表了研究孙中山三民主义思想的系列文章16篇。他首先在《孙中山先生民生主义的研究》一文中指出:"中山先生所提倡的'救国主义'有三种:一是'民族主义';一是'民权主义';一是'民生主义'。先生自己说过:'民生就是人民的生活',与本刊更有密切的关系,现定下期起,用极简明的说法,钩玄提要,与读者共同研究。"②随后,他先后发表了《什么是民生主义》、《民生主义的办法》、《民生主义中的吃饭问题》、《民生主义中的穿衣问题》、《民生主义的精髓》、《与民生主义有密切关系的民族主义》、《民族主义中的人口问题》、《政治力与经济力的压迫》、《世界重要民族的大势和中国所处的地位》、《怎样恢复我们的民族精神》、《怎样恢复民族地位》、《民权的意义与由来》、《个人自由与国家自由》、《什么是真平等?》、《欧美人争得了多少民权?》等,全面系统地阐述他对孙中山先生三民主义的理解。

1. 孙中山先生民生主义的研究

什么是民生主义呢? 韬奋认为:"孙中山先生所采用的'民生'一个名词是'国货';是根据于中国向来用惯的一个名词,就是

所谓'国计民生'。但是常人用着这个名词,不过信口而出,不求甚解;孙先生把这个名词用于社会经济上,便含有很重要的意义。他说民生就是'人民的生活',所谓'民生主义',就是用以解决人民生活的'社会主义'。"①

什么是民生主义的办法呢? 韬奋进一步分析道:"民生主义的办法要点在平均地权,节制资本。我们解决社会问题,不能单凭学理,要根据事实。大概社会变化和资本发达的程序,最初是由地主;然后由地主到商人;再由商人才到资本家。中国因为工商业尚未发达,并无拥有机器的大资本家,收入较大的资本家是地主。所以我们此时来平均地权节制资本,是比较容易的事。"

讲到平均地权,韬奋详细论述了孙中山的办法:"这种办法就是政府照地价收税和照地价收买。地价应由地主自定。各国土地税,大概值百抽一。地价由地主报到政府,政府依此地价抽税。"他认为:"地主不愿多纳税,当然不至多报地价;又因政府可照价收买,所以也不敢少报。"

韬奋还指出:"地价定了之后,更须一种法律的规定。"因为从定价那年以后,那块地皮的价格再行涨高,各国都是要另外加税。但是照孙中山的办法,以后所加之价完全归为公有。韬奋认为:"因为地价涨高乃由于社会改良和工商业的进步,是由众人的力量经营而来的,所以由这种改良和进步所涨高的地价,应归之大众,不应归之私人。"他还描绘了实行地价税后,人民生活得到改善的美好愿景:"土地问题能这样解决,民生问题便可以解决一半了。实行地价税后,一般平民可以减少负担,并有种种利益;因为政府有了一宗很大的收入,行政费便有着落,便可整理地方,一切杂税固然可以豁免,就是人民所用的自来水和电灯费用,都可由政府负担;其他如马路的修理,警察的给养,也由政府担负,不必另向人民

① 《韬奋全集》(增补本)第1卷,上海人民出版社2015年版,第667页。

抽捐。"

韬奋还特别讲了一个有趣的故事。在澳洲有一处地方,原来地价很便宜。有一个醉汉闯入拍卖场,以 300 元的高价买下了这块地皮。后来这块地价涨到几千万,这个醉汉成了澳洲第一富翁!他认为:"地价增高,是由社会上大家要用那处地方来做工商事业的中心点,积极改良来的,像这个醉汉竟因醉得很糊涂,坐而享其成,简直是抢去众人所经营的结果!我国像醉汉的也不少,这种'不劳而获'的人,都应该打倒!"

与此同时,韬奋也清楚地认识到:"中国要解决民生问题,单靠节制资本还不够。外国富,中国贫;外国生产过剩,中国生产不足;所以中国不但要节制私人资本,还要发达国家资本,发展国家实业,这是中国统一之后就要实行的。第一是交通事业。像铁路运河,都要兴大规模的建筑。第二是矿产。中国矿产极富,必须开辟。第三是工业。赶快用国家力量振兴工业,用机器生产,使全国工人都有工做,不至受私人或外国商人所把持。"他还特别强调的是:"这三种大实业都由国家经营,收入很大。所得利益归大家共享,那末全国人民便得享资本的利,不致受资本的害。"①

讲到民生的需要,孙中山认为应有四种,即衣食住行。我们要解决民生问题,就是要把这四种需要弄到很便宜,务使全国的人民都能享用。而民生主义的第一个问题便是吃饭问题。韬奋在《民生主义中的吃饭问题》中指出:"中国人的吃饭难,有两个重大的原因:一是农业不进步;二是外国经济的压迫。"他认为:"外国用经济势力来压迫中国,每年掠夺中国权利至十二万万元;就是中国因受外国经济的压迫,每年要损失十二万万元。此中不是全用金钱,有一部分是用粮食。资本家全以赚钱为目标,因贪高价,不顾人民没有粮食,便运到外国去卖。"

① 《韬奋全集》(增补本)第 1 卷,上海人民出版社 2015 年版,第 671—673 页。

　　要解决粮食问题,便先要研究农业的生产问题。韬奋从几个层面发表了自己对农业改进的看法。

　　第一,农民解放问题。韬奋认为:"中国的农民,有九成都是没有田的。他们所耕的田,大都是属于地主,农民辛辛苦苦所收获的粮食,只得四成,其余都归'坐而安享'的地主,这是很不公平的。农民问题真是完全解决,要使'耕者有其田'。"

　　第二,七个加增生产的方法。韬奋具体提出了"利用机器耕种"、"利用电力制造肥料"、"交换植物的种子"、"除去有害植物的秕和害虫等等"、"制造方法,使粮食可留存得长久,或便于运送远方"、"改进运输的方法"、"预防天灾"等七个方面的建议。

　　第三,注意分配的问题。韬奋认为:"公平的分配,在以赚钱为唯一目的之私人资本制度之下,不能实行,要由国家来担负这种责任,要每年都有储蓄的粮食,要全国人民有三年之粮,等到有了三年之粮以后,才能够把盈余的粮食运到外国去卖。"他尖锐地指出:"资本主义是以赚钱为目的;民生主义是以养民为目的,就是要使全国的人民都有饭吃,都有很便宜的饭吃。"①

　　关于民生主义的精髓,韬奋特别认同孙中山在《国民政府建国大纲》中的表述:"建设之首要在民生,故对于全国人民之衣食住行四大需要,政府当与人民协力共谋农业之发展,以足民食;共谋织造之发展,以裕民衣;建筑大计画之各式屋舍,以乐民居;修治道路运河,以利民行。"②

　　2. 孙中山先生民族主义的研究

　　韬奋认为:"民族主义倘若不能实现,民生主义当然也因此不能彻底的实现;彼此有很密切的关系。"什么是民族主义呢? 孙中山说:"民族主义就是国族主义。"

---

　　①　《韬奋全集》(增补本)第 1 卷,上海人民出版社 2015 年版,第 691—692 页。
　　②　《韬奋全集》(增补本)第 1 卷,上海人民出版社 2015 年版,第 701 页。

中山先生为什么要提出民族主义呢？韬奋认为，"在中国向来的风俗，大家只晓得注重家族主义和宗族主义"，"中国人的团结力只能及于宗族而止，还没有扩张到国族"。他还援引孙中山的话："如果再不留心提倡民族主义，结合四万万人成一个坚固的民族，中国便有亡国灭种之忧。我们要挽救这种危亡，便要提倡民族主义，用民族精神来救国。"

为什么说"民族"就是"国族"呢？韬奋认为："就中国的民族说，总数四万万人，当中参杂着蒙古人，满洲人，西藏人，回教之突厥人，总数不过一千万人，所以就大多数说，四万万中国人，同一血统，同一语言文字，同一宗教，同一习惯：完全是一个民族。换句话说，中国是由一个民族造成一个国家，所以'民族就是国族'，在中国是很适当的。"

明确了民族主义的解释，韬奋认为，我们"应该想一想，我们这种民族，在现在世界上所处的是什么地位"？关于这一点，他引用了孙中山几句很痛切的话："与世界上各民族的人数比较，我们人数最多，民族最大，文明教化有四千多年，也应该和欧美各国并驾齐驱。但是中国人只有家族和宗教的团体，没有民族的精神；所以虽有四万万人结合成一中国，实在是一盘散沙，弄到今日是世界上最贫弱的国家，处国际中最低下的地位。人为刀俎，我为鱼肉。我们的地位在此时最为危险。如果再不留心提倡民族主义，结合成四万万人成一个坚固的民族，中国便有亡国灭种之忧。我们要挽救这种危亡，便要提倡民族主义，用民族精神来救国。"[1]

民族主义的宗旨，简单说起来，是要挽救中国的危亡。要挽救中国的危亡，先要明白中国的危险情形。韬奋对这一问题作了深刻的分析。他认为，"我们民族在以往的百年内，已经受了人口问题的压迫；中国人口不加多，反而减少，外国人口总是日日加多"。

① 《韬奋全集》（增补本）第1卷，上海人民出版社2015年版，第706—707页。

"但是人口的减少还不过是天然淘汰,民族之所以兴亡,除了这种'天然力'之外,还有两种更利害的'人为力':一种是'政治力',一种是'经济力'。我们现在受外国这两种力的压迫,非常利害,非常可危。"因此,"此后中国民族如果单受天然力的淘汰,还可以支持百年,如果兼受了政治力和经济力的压迫,就很难渡过十年。由此可以见得中国民族生存的地位非常危险:在此十年内,简直是中国民族的生死关头。我们应该要全国起来奋斗,设法解脱。"

韬奋还从 6 个方面分析了中国所受到的"藉政治力为后盾的经济力压迫"。

第一,"洋货的侵入,每年夺我们利权逾五万万元。各国抵抗外国经济力的侵入,都是用海关做武器,来保护本国的发展,重税别国入口货,使他比国货贵,本国货因此可以畅销。中国因受不平等条约的束缚,海关税则都由外国所定,中国不能自由更改,以致于国货的税反比外国货重,因此本国工商业日衰,游民日多。"

第二,"外国银行的纸票侵入我市场,与汇兑的折扣,存款的转借等事,每年夺我们利权亦有一万万元。"

第三,"出入口货物运费之增加,每年夺去我们利权约数千万至一万万元。"

第四,"租界与割地的赋税租地价三桩,夺去我们利权,每年总在四五万万元。"

第五,"在中国境内的外人团体和个人营业,凭藉条约的特权,来侵夺我们利权,每年约一万万元。"

第六,"外人引诱国人的投机事业,亦在数千万元。"

"这六项的经济压迫,我们每年损失总共不下十二万万元,如再不想法挽救,以后只有年年加多。现在已经弄到民穷财尽,再这样下去,必至国亡种灭而后已。"

因此韬奋认为:"人口减少固可怕,外国政治和经济力的压迫更可怕。我们中国受了这三种力量一齐来压迫,前途万分危险,应该要想出方法来打消这种祸害。"①

　　我们应该如何恢复民族地位来打消这三件大祸呢？韬奋认为："我们要恢复民族的地位，先要恢复我们的民族精神。"他认为："要恢复我们的民族精神，有两个重要条件：第一个是我们要知道中国现在所处的极危险的地位；第二个是我们既已知道现在所处地位之危险，便要联合起来，共同奋斗。"他还提出："我们知道了这三件大祸临头，便须到处宣传，使人人知道亡国惨祸。如果全国人都知道了危险，我们的民族精神便不难恢复。"②

　　此后，韬奋又就如何恢复民族地位提出了自己的真知灼见："一方面要恢复我们固有的道德知识和能力；一方面还要去学欧美之所长。"他认为："我们民族强盛起来，对于弱小民族便要扶持他，对于世界列强便要抵抗他，如果全国人民都立定这个志愿，共同奋斗，我们民族便可以发达。"③

　　3. 孙中山先生民权主义的研究

　　韬奋认为："民族不发达，受着外来的政治力经济力和人口增加的压迫，当然要弄到'民无生路'；民权不发达，牺牲全国人的幸福以供奉少数的专制魔王，也要弄到'民不聊生'：所以就是仅就'生活'方面看，民族民权两主义，和民生主义都有极密切的关系。"

　　什么是民权？韬奋认为："'有团体有组织的众人'叫作'民'；'力量'就是'权'。把'民'和'权'合起来说，所谓'民权'就是'人民的政治力量'。"

　　什么叫作"政治"？韬奋认为："政是'众人的事'，'治'就是'管理'，合起来讲，'管理众人的事'便是'政治'。'有管理众人之事的力量'便是'政权'，由人民管理政事，便叫作'民权'。民权

---

① 《韬奋全集》（增补本）第1卷，上海人民出版社2015年版，第712—713页。
② 《韬奋全集》（增补本）第1卷，上海人民出版社2015年版，第721页。
③ 《韬奋全集》（增补本）第1卷，上海人民出版社2015年版，第724—725页。

的作用,简单说起来,就是要来维持人类的'生活'。生活有两个最大的条件。一是要能'自卫';一是要能'觅食'。人类要这样的自卫觅食,便要奋斗。"人类历史的发展,经历了"人同兽争"、"人同天争"、"由神权而发生君权","便到了现在的第四时期——民权时期"。①

在解释了"民权的意义与由来"后,韬奋又撰文阐述了"个人自由与国家自由"的关系。他认为,我们所争的自由和西方各国有点不同:"他们重在争回个人的自由;我们重在争回国家的自由。我们所提出的革命目标,既要大家都起来奋斗,一定要和人民有切肤之痛的,才能唤起大家热心来附和。""我们所受的痛苦是因为国家不自由所给予的间接的痛苦。因为中国衰弱,受了外国的政治经济与人口的压迫,没有力量抵抗,弄到民穷财尽,生路日蹙。所以我们要团结起来,成为一个大团体,争回独立的国家自由。"②

民权里面包括平等;所以民权倘能发达,便争到了平等。韬奋认为:"照实际的情形讲,天地间所生的东西,总没有真能完全相同的;既然没有真能相同的东西,便不能说有什么天生的平等。不过因为人类专制发达以后,专制帝王往往假造天意,说他们所处的地位是天所授与的,人民不应反对他。变本加厉,生出'帝王公侯伯子男民'的不平等阶级,在特殊阶级的人过于暴虐无道,被压迫的人民困苦万状,所以发生革命风潮,革命学者便主张人类平等也是天所授与的,与帝王等特殊阶级的假托针锋相对,籍以推倒他们。等到帝王推倒之后,人民还是相信这样说法。"但是,"人类天生就有'圣贤才智平庸愚劣'的区别,如硬把他们压做平等,是办不到的,而且还是不平的事情。"

什么是真平等呢? 韬奋很认同孙中山的观点:"说到社会上的

---

① 《韬奋全集》(增补本)第 1 卷,上海人民出版社 2015 年版,第 726—727 页。
② 《韬奋全集》(增补本)第 1 卷,上海人民出版社 2015 年版,第 735—736 页。

地位平等,是始初起点的地位平等;后来各人根据天赋的聪明才力,自己去造就。因为各人的聪明才力有天赋的不同,所以造就的结果当然不同。造就既是不同,自然不能有平等。像这样讲来,才是真正平等的道理。如果不管各人天赋的聪明才力,就是以后有造就高的地位也要把他们压下去,一律要平等,世界便没有进步,人类便要退化,所以我们讲民权平等,是要人民在政治上的地位平等,因为平等是人为的,不是天生的;人造的平等,只有做到政治上的平等——各人在政治上的立足点都是平等。"因此,韬奋认为:"政治上的立足点既已平等,各人便当各尽其聪明才力,以服务为目的,而不以夺取为目的。"他特别赞赏孙中山所说的:"聪明才力愈大者,当尽其能力而服千万人之务,造千万人之福;聪明才力略小者,当尽其能力以服十百人之务,造十百人福……至于全无聪明才力者,亦当尽一己之能力,以服一人之务,造一人之福。"他认为:"这样的做法,各人天生的聪明才力虽不平等,而各人的服务道德心发达,各就平等的出发点而尽量发展,以贡献于人群,也可算是平等了。这是真平等。"①

至于"欧美人争得了多少民权"呢? 韬奋明确指出:"欧美人民争民权,已经有两三百年,他们现在所争得的民权,和革命时所希望还差得多,还不能达到民权的充分目的。"当然,他也清楚地认识到,"民权的发达是自然的趋势,虽经阻碍,还是不能阻止的。"他认为:"现在世界上民权发达的国家,人民在政治上所获得的民权,不过是一种选举和被选举权,人民被选为议员,便可在议会中管理国事,凡国家大事都要由他们议决通过,才能执行。这就是所谓'代议的政体'。"那么中国是否可以照搬这种制度呢? 韬奋深刻地指出:"中国学了这种制度,便有一般猪仔议员,有钱就卖身,分赃贪利,无所不为。"因此他认为,"真要解决我国的国事,不可

① 《韬奋全集》(增补本)第 1 卷,上海人民出版社 2015 年版,第 741—742 页。

徒学欧美,要另有办法。"①

　　综上所述,我们可以清楚地看到,韬奋在 1927 年第一次国共合作和大革命高潮遇到危机的时候,对于孙中山的生平和思想所作的介绍,特别是对孙中山的三民主义所作的深入分析,在当时的传媒界和思想界产生了一定的影响,使广大民众对于如何继承孙中山的革命事业有了更深入的了解,这实在是难能可贵的。

（作者系上海市中共党史学会副会长兼秘书长、

上海市新四军历史研究会副会长兼学术委员会主任）

---

① 《韬奋全集》(增补本)第 1 卷,上海人民出版社 2015 年版,第 746 页。

孙中山与松江

程志强

中山路是松江城的中轴线，也是松江历史文化精华的聚集地。"唐宋元明清，从古看到今"，中山路的历史可以上溯到松江府及其前身华亭县，而其得名则源于孙中山1912年12月26日至27日从这里走过。踏着这位民主革命先行者的光辉足迹，1924年春毛泽东到松江指导国民党组织建设，1955年6月宋庆龄到松江视察农业合作化，都曾从这里走过。孙中山逝世后，松江人民不仅举行隆重的悼念仪式，而且将这条光荣的革命道路命名为中山路。此外，还先后建立中山纪念亭、中山公园，设立中山镇，今天的中山街道和中山小学也是对孙中山先生的纪念。从青年时代著文研究推广松江的农业，到辛亥革命前后发挥松江的贡献、亲自视察松江，再到《建国方略》中对松江水系的研究，直到临终前关心在松江牺牲的革命先烈，孙中山与松江的渊源历时三十余年。全面梳理二者之间的历史，无论对研究孙中山的思想轨迹，还是辛亥革命及其对松江的影响，都有十分重要的意义。

一、《孙中山全集》(人民出版社)
共有5篇文献与松江有关

1. 大约撰于1891年前后的《农功》一文，提到松江的"金城稻"
"然而良法不可不行，佳种尤不可不拣。地属高亢，则宜多种赤米。赤米即红霞米,松江谓之金城稻,色红性硬,最为耐旱。四月布种,七月即收,今北地多有种之者。"

这是目前所见孙中山最早提到松江的文献。当时孙中山年仅25岁,在香港西医书院就读。此前一年,他曾上书同属香山籍的退休官员郑观应,就农业、禁烟、教育等问题提出建议。这篇《农功》提出了发展农业的主张,要学习西方的科学技术以改良中国的农业生产。

金城是广东潮州的别称,"金城稻"是原产于广东潮州的早熟稻种。从南宋开始,金城稻传至江浙、福建等地。据文献记载,金城稻特点是粒尖、色红、性硬、耐碱、耐旱、早熟,但口感不佳,为"谷之下品",在松江府近海之田种植较多。明朝中期松江人称之为赤米,明末始有"松江赤"之称,并列为"吾松特著者"之一。除松江方志外,明代农学专著《农圃四书》(黄省曾著)《农遗杂疏》(徐光启著)也有相关记载。

现在我们已无从知道孙中山是从何处得到关于松江金城稻种植情况。可以肯定的是,当时还在学习西医的中山先生已经因为对国计民生的关心而注意到松江的农业物产,提出推广松江金城稻的主张。这可以算是他与松江结缘之始了。

2. 1912 年 2 月 6 日《令松江太仓所属本年应完粮税暂拨沪军应用文》

"查上海为江海机关,各省北伐之师,大半取道沪上。该都督应付饷糈子弹,源源不绝,自属力任其难。当此民国共和,本无分畛域。所请将松江、太仓各属本年民间应完钱粮及地方各项税捐,暂行拨归沪军应用,亦一时权宜之计,事属可行,应准变通办理。"

这是孙中山在临时大总统任上,应沪军都督陈其美之请,以上海财政紧张,将松江府和太仓县的钱粮税捐临时调付上海使用,这也是松江对辛亥革命的一大贡献。

3. 1912 年 12 月 27 日《在松江清华女校欢迎会的演说》

"民国未成立时,贵校对于革命事业,极有关系,因松部党员,常藉贵校为交通机关。兄弟今日到此,躬逢盛会,且见贵校发达情形,心甚喜悦。此次革命,女界亦与有功。现在破坏方终,建设伊始,诸君当思腐败之政府,既由吾辈推翻,建设之事,亦当由吾辈担任。此后男女两界均应协力同心,以全副精神,组成一伟大之中华民国。此革命之初心,亦贵校同志之所同情也。以世界大势论,地球上只有五六强国,比较人口,我中华民国最占多数,所缺乏者教育耳。今在建设之初,吾辈亟当致力于社会,多办学校。贵校于女子教育既有此基础,务望力事推广,成松江女学之规模,中国女学之模范。"

1912 年 12 月 26 日下午 3 时,孙中山莅临松江。次日上午 10 日视察清华女校,发表了这篇演说。

4. 1919 年发表《建国方略之二·实业计划》,提到"松江之运河"

"此项系包含南运河与黄浦江、与太湖及其与为联络之水路而言。此中吾所欲为最重要之改良,乃在浚广浚深芜湖、宜兴间之水路,以联长江与太湖,而又贯通太湖浚一深水道,以达南运河苏州、嘉兴间之一点。其在嘉兴歧为两支,一支循嘉兴、松江之运河,以达黄浦江;他一支则至乍浦之计划港。"

这是孙中山为建设上海港而系统规划的一部分《江南水路系统》,主要目的是"此项长江、黄浦间水路,当其未达上海之前,应先行浚令广深至其极限,使能载足流水。一面以洗涤上海港面,不容淤积;一面亦使内河船舶来往于江海之间者经此,大减其路程也。"

5. 1925 年 2 月 24 日《给程潜的训令》

1923 年 3 月 2 日,孙中山在广州市正式成立中华民国陆海军大元帅大本营,自任陆海军大元帅,程潜为军政部长,统率各军重整军政,清剿叛乱,以图北伐。这份《给程潜的训令》主要内容是同意滇军总司令杨希闵请求抚恤革命烈士黄文高的报告。

黄文高是湖南浏阳人,官到江浙提标事营营官,驻枫泾。1907

年加入同盟会。次年年初组织起义失败,在被捕前吞金自尽。死后葬于"松江松堤之侧"。黄文高育有三子,皆投身革命,当时皆为滇军军官,且有军功。

此前军政部已接到湘军总司令谭延闿请求褒扬烈士的报告,并追赠黄文高为陆军中校,给予中校恤金。接杨希闵报告后,再令"将黄文高殉难事由追赠给恤案由,分别转行湖南省政府备案,并崇祀湖南烈士祠,以彰义烈,而示来兹"。

二、1912 年 12 月 26 日至 27 日,
孙中山视察松江 22 小时

1912 年 4 月 1 日,孙中山正式卸任临时大总统。4 月 3 日到达上海,开始周游各省,所到之处,一面考察国情,一面宣传民生主义和"社会革命"的主张,以及"建设新中国"的设想。《孙中山全集》收录他从 4 月 3 日至年底共 104 篇演讲,足迹遍布上海、武汉、福州、广州、澳门、香港、烟台、天津、北京、张家口、太原、济南、青岛、江阴、安庆、九江、南昌、芜湖、杭州、松江共 20 座城市,几乎走遍半个中国。松江城不仅是松江府和华亭县、娄县的治所,是上海郊区的政治、经济和军事中心,而且是沪杭线上最重要的城市。早在 1905—1906 年就有松江留日学生在日本加入同盟会,辛亥革命中松江同盟会也发挥了重要作用。因此,孙中山先生选择了松江作为这一年考察与演讲的最后一站。

1. 12 月 26 日下午,视察国民党华亭县支部,夜宿陈公祠

12 月 26 日,孙中山先生携陈其美、戴季陶乘"钧和号"兵船到闵行、松江视察。下午 2 时从闵行码头起锚,3 时抵达松江大涨泾黄浦江口岸。钧和号是一艘排水量 354 吨的较大兵船,不便驶入大涨泾,松江水陆统领沈梦得乘"安靖号"浅水兵船来到岸迎接。中山先生换乘"安靖号",松江水陆军队及城内外商团都在大涨泾

松江码头迎候,齐鸣礼炮 21 响。在迎宾仪式中鸣放礼炮,最高规格是 21 响,一般为国家元首鸣放。这是松江军民对孙中山先生的最高敬礼。孙中山上岸后,对大家一一问候,随即乘马由竹竿汇到西门大街,来到国民党华亭县支部所在地——位于西塔弄底的陈公祠。

陈公祠是为纪念鸦片战争民族英雄陈化成,将松江名园秀甲园改建而成。孙中山到达陈公祠后,先瞻仰陈公遗像,鞠躬致敬,随即出席松江国民党恳亲大会。孙中山登台演说,对松江国民党员的革命精神及其所作的贡献表示赞佩,向党员解释了当年 8 月改组同盟会为国民党的重大意义,重点阐述铁路政策。

孙中山认为,振兴中国的唯一出路是发展实业,而建筑铁路则是"发展中国财源第一要策",因为实业范围很广,而"交通为实业之母,铁道又为交通之母"。孙中山到松江的第一场演讲,即重点阐释他最关注的铁路建设,向党内外宣传他的理想和计划。当晚,孙中山谢绝为他另安排住宿,一行宿于陈公祠之擅斋。他表示陈公祠既是国民党支部所在,又能陪民族英雄陈公一宿,可谓人生一大幸事。

2. 12 月 27 日上午,视察松江共和党支部、清华女校、松江蒙养院

27 日早晨,雪花飞舞,孙中山一行应邀乘轿先到松江共和党支部。共和党是 1912 年 5 月 9 日由统一党等 6 个政团组成,选举黎元洪为理事长,是民国初年影响较大的政党。7 月 24 日,共和党松江支部成立,有党员 40 余人。孙中山此前于 12 月 11 日出席杭州共和、民主两党浙江支部欢迎会上发表有关政党的演说,肯定"共和党之发达,一日千里,已为国民党之畏友",号召政党竞争,"以道德为前提,所在政策,一秉公理","在大端不在细节"。此次莅临松江,演说内容也是政党之作用及其精神。

孙中山视察第二个地点是清华女校。清华女校位于今松江二

中内,由同盟会员夏允麇创办于 1906 年,教员沈思齐、卫锐锋、顾稼轩、何东等和夏允麇都是留日学生、同盟会员,学校实为同盟会松江机关。上午 10 时,孙中山一行在夏允麇等人陪同下来到学校。教职员工及学生在两廊鼓掌欢迎。孙中山到休息室小坐片刻后,即在庭院内摄影留念。摄影完毕,摇铃开会,孙中山入席,职员、学生及来宾起立行鞠躬礼。顾稼轩老师报告开会宗旨,阐述清华女校与同盟会的关系,以及邀请孙中山先生出席欢迎会的意义。孙中山的演说刊于《申报》12 月 31 日,是现存 1912 年的最后一篇演说。

孙中山在演说中肯定清华女校对革命事业的贡献,表达对女校事业发展的肯定。特别提到"现在破坏方终,建设伊始,诸君当思腐败之政府,既由吾辈推翻,建设之事,亦当由吾辈担任。此后男女两界均应协力同心,以全副精神,组成一伟大之中华民国",这是"革命之初心"。他强调中国人口虽众,但与世界强国相比,教育相当落后,呼吁"多办学校",尤其勉励松江同志将清华女校办成"松江女学之模范,中国女学之模范"。

演说完毕,孙中山又参观了女校办学成果展览,夏允麇又向孙中山引荐受邀的景贤女校校长丁月心。景贤女校始创于 1905 年,地址在北门艾家桥,丁月心为国文教员兼校务管理。1907 年到 1916 年,丁月心接办景贤女校 9 年,校址迁往杨家桥。她变卖田产,捐资兴学,学生达 120 余人,为松江女子教育做出较大贡献。孙中山先生对丁月心的义举非常钦佩,特地为她题写"怀清台竣"四个大字,并题款:"颂清华女校丁月心女士割产助学、校绩卓然,民国元年冬月孙文敬题"。此匾原存于松隐乡驳岸村"日丰堂"吴宅——即丁女士的婆家。"文化大革命"中被抄家毁物,此匾也被毁于一旦。

离开清华女校,孙中山一行来到位于长桥南育婴堂内蒙养院。根据 1904 年 1 月清廷颁布的《奏定蒙养院章程及家庭教育法章程》规定,蒙养院是中国最早的学前社会教育机构。松江蒙养院创于 1906 年,附设于育婴堂。孙中山在松江教育界人士杨了公等人陪同下视察了蒙养院,建议革新缺乏童趣的传统灌输的教学方式,并派年轻教师到南京、苏州参观进修;要重视培养儿童观察能力、动手能力、思维能力,多安排童操、游戏、唱歌等活动,以养成活泼开朗的个性和优良人格。此后松江蒙养院多次派员去苏州等地参观进修,松江的幼儿教育成为松江府所属 7 县之模范。

3. 午宴醉白池雪海堂,下午 1 时乘火车返沪

视察完蒙养院毕已正午。松江县教育会、城市公所、县议事会、松江商会 4 团体共设午宴,在醉白池雪海堂招待孙中山一行。孙中山即席演说,阐释平均地权政策。下午 1 时,孙中山一行由雪海堂南行,至松江火车站乘车返回上海,松江各界到站欢送。

从 26 日下午 3 时莅临松江,到 27 日下午 1 时乘车返沪,孙中山在松江的 22 个小时里,先后视察陈公祠、共和党支部、清华女校、蒙养院 4 处,发表演说 4 次,内容涵盖政党、铁路、教育、平均地权等内容。

三、松江人民对孙中山先生的纪念

1925 年 3 月 12 日上午 9 时 30 分,孙中山在北京病逝,享年 59 岁。孙先生逝世后,松江不仅举行了盛大的纪念大会,而且先后通过命名中山路、中山镇,修建中山公园等方式纪念孙先生。

1. 侯绍裘纪念孙中山的系列活动

侯绍裘是松江第一名共产党员。孙中山视察松江之时,他还是一名即将从华娄高小毕业的 16 岁学生,我们不知道他是否参加了欢迎之列,或者有幸聆听了中山先生的演讲。但可以肯定的是,孙中山的革命功勋和崇高理想一定激励着他那颗崇拜英雄、忧国忧民的心。在江苏省立三中就读期间,"课余之暇,他常常谈论国

家大事。在大庭广众之间,宣传孙中山先生主张,切齿痛责北洋政府的丧权辱国,慷慨陈词,议论精辟,为同学所钦敬。"1922 年秋,他由老同盟会员、松江华阳桥人朱季恂介绍加入国民党。1923 年 1 月,又由邵力子介绍,重新加入正在改组中的国民党。同年秋,加入中国共产党。1924 年春,在毛泽东、罗章龙的指导下,松江成立国民党江苏省临时省党部,他后来成为第一次国共合作时期国共两党江苏省的主要负责人。

1925 年 3 月中下旬,侯绍裘先后到金山、张堰、枫泾、章练塘等地参加纪念孙中山的活动。在章练塘纪念大会上,他和高尔松、高尔柏等将恽代英为孙中山撰写的悼词发给与会者。3 月 17 日,他在《民国日报》副刊《觉悟》上发表《哭孙先生并告同志》。4 月 12 日,松江 36 个团体发起追悼大会,侯绍裘在会上报告孙中山先生的光辉历史。5 月 3 日,他代表国民党江苏省党部出席吴江县追悼孙中山逝世大会,并发表演讲。1926 年 3 月 12 日,他和柳亚子等代表江苏省党部出席中山陵奠基礼,被国民党右派打成重伤。1927 年 3 月 12 日,为纪念孙中山逝世两周年,他在上海孙中山故居参加纪念会,会后游行,再次被国民党右派毒打,同日发表《沉痛的总理之遗言》。3 月 27 日,为欢迎北伐军和补行孙中山逝世二周年举行的纪念大会上,千余团体参加,到会群众 30 余万人,他担任执行主席并致词。此时,离四一二反革命政变不过半个月时间。

在《哭孙先生并告同志》一文中,侯绍裘希望大家谨记孙中山先生"革命尚未成功,同志仍需努力"之遗嘱,加强国民党左右两派的团结,"在孙先生遗容之前,遗嘱之下,立誓协力奋斗以竟孙先生四十年来民众奋斗而未竟之志"。他充满感情地呼吁:"我们的父亲是死了! 我们弟兄们可不时时刻刻瞻望着父亲的遗容,捧读着父亲的遗嘱,想到父亲所未竟的事业而合力以继承先志吗?"《沉痛的总理之遗言》一文发表于四一二反革命政变前夕,正是北伐节节胜利、国共两党矛盾日益激化的关键时刻。他在文中回顾了孙中山逝世前的遗言："余犹记其对同志告诫之数言,而生无穷之感想,其言曰:我死之后,敌人必用方法来软化你们,如软化不了你们,必将杀你们,你们能坚持不屈吗?……当时汪精卫同志等含泪代表全体同志答总理之言曰:'总理放心,我人决不被软化。'我人现在亦含泪敢下一决心,我人决不被软化!"一个月以后,侯绍裘以年仅31岁的生命实践了他的诺言。

2. 松江的中山符号:中山路、中山镇、中山街道、中山小学

中山路。早在孙中山逝世后5天,即有人提出命名中山路作为永久纪念。最早出现的中山路是安徽芜湖将主干道——芜湖大马路改名为中山路,以纪念1912年10月30日莅临大马路大舞台并发表演讲。1927年国民党取得全国政权后,将建设中山路作为重要政治议题予以推广。据统计,民国时期全国中山路共计532条,其中江苏32条,是属于比较多的省份。松江中山路原名郡治大街,俗称"大街",目前尚未见到具体命名时间。据雷君曜辑《松江志料》记载,日伪当局曾以日军将军命名松江道路市河,将中山路改名藤井通。抗战胜利后,恢复中山路之名。

中山镇、中山街道。抗战胜利后,除恢复被日伪篡改的路名,以中山和三民主义系统命名道路、乡镇再次在全国推行。1947年7月,松江始设中山镇,为全县40个乡镇之一,属县府直辖。2001年12月,撤销茸北镇建制,建立直属区政府的中山街道办事处。

中山小学。中山小学的前身是始建于1903年的华娄官立高等小学堂,历经变迁于1927年迁址杨家桥北,称杨家桥小学。抗战胜利后因位于中山镇域,改称中山镇中心国民小学,1951年改名中山镇第一中心小学,1981年改名为松江县中山小学。

3. 中山纪念亭和中山公园

民国时全国有267所中山公园,其中江苏17所。1930年7月,松江市政当局宣布把东西南北4门及城垣拆除,俗称"打官司大王"的吴伯扬以廉价购得西门城基。松江商会会长蔡仲瑜心怀

嫉恨,唆使刻字店店主顾少莲于 1934 年 9 月在西门城基建"中山纪念亭",并向松江县党部登记,获得合法手续。吴伯扬向法院提起控诉获胜。县党部出面将这亭迁移至新西门内(现竹竿汇和金沙滩交界处)松汇南路,辟地十亩,定名为中山公园。1937 年 2 月 21 日举行开幕典礼,后毁于日军轰炸松江。

<h2 style="text-align:center">四、孙中山在秀甲园和清华女校
留影 3 张,醉白池不在其列</h2>

孙中山在松江停留仅 22 小时,留下弥足珍贵的 3 张照片(都见于"孙中山宋庆龄资讯网"),分别是与国民党华亭支部欢迎同志合影、与戴季陶陈英士合影、与清华女校师生合影。其中孙中山与戴季陶陈英士合影标注为醉白池,引起笔者怀疑:

一是孙中山在雪海堂停留时间很短(从正午到下午 1 时),没有在此摄影的记录。

二是孙中山在雪海堂午宴上演说为即席而非登台,照片上孙中山等 3 人显然凭倚楼上栏杆,而雪海堂只是平房而非楼房。

经过艰苦的文献搜索,笔者找到了 1935 年出版的《苏声月刊》上刊登的"先总理在松江修甲园摄影"和 1940 年《中苏文化杂志·孙中山先生逝世十五周年纪念特刊》上的"总理民元辞总统职后与陈英士戴季陶莅松江时之摄影",真相终于大白:

仔细观察"总理民元辞总统职后与陈英士戴季陶莅松江时之摄影",发现孙中山等 3 人都只有上半身,似乎并非完整照片。而通过与 1935 年出版的《苏声月刊》上刊登的"先总理在松江修甲园摄影"比对,可以看出二者实为同一张照片,这张为完整版。"修甲园"实为"秀甲园"之误,国民党华亭支部所在的陈公祠为秀甲园东部改建而成。孙中山与国民党华亭支部的欢迎同志合影地点在这里,与陈英士戴季陶的合影正是在此登台演说的见证。

　　"孙中山宋庆龄资讯网"这张照片的提供者只看到1940年纪念特刊,特刊上的这张照片正好被上下两张各遮住一部分,因此取其中间,全身像只能保留上半身了。照片上3人凭倚的栏杆显然位于古典园林,因此误认为在醉白池。今醉白池雪海堂陈列图版中的这张照片以讹传讹,现在可以澄清更正了。当年孙中山在雪海堂出席午宴并发表演说,足以千古流芳。如今陈公祠整体迁至方塔园,秀甲园也已烟消云散,所幸的是"秀甲园"的石刻尚存醉白池。

（作者系松江区委党史研究室副主任）

穆藕初与宋家成员的交往

柴志光

穆藕初(1876—1943),名湘玥,号恕园,祖籍浦东杨思,祖上以经营棉花业起家,34岁时赴美国留学,5年中相继取得学士、硕士学位。回国后,他办实业、办交易所、办银行、办学校,积极致力于纺织企业的现代科学管理,是一位实业救国的积极创导者和实践者,是中国建立现代企业管理制度的先驱。他先后任国民政府工商部常务次长和实业部常务次长,抗日战争期间又任农产促进委员会主任委员等职。

穆家虽说祖籍浦东,然浦东祖住宅不可寻,也不知始自何年迁居浦西上海县城,但穆藕初的母亲朱氏出自浦东新场之世家,也就是说他外婆家在浦东新场。民国第一家族宋氏家族与浦东有着直接的关联度。宋家虽说祖籍海南文昌,然宋耀如大半生住上海,并娶浦东川沙倪家小女为妻。外婆家浦东川沙的风情在宋蔼龄、宋庆龄、宋子文、宋美龄、宋子良、宋子安的成长岁月中打上了深深的烙印,宋庆龄一口地道的浦东方言更是成为浦东儿女的标志。

穆藕初在他"由农而工而商而金融"之途中,与宋氏家族的宋子文及宋家3位女婿孙中山、孔祥熙、蒋介石等均有交往,特别是与宋家大女婿孔祥熙的关系尤为密切。

一、三见孙中山、宋庆龄

1919年下半年,穆藕初在上海一品香旅社3次见到孙中山,其兄穆湘瑶和黄炎培、王一亭等也在场。

1919 年 10 月 15 日晚,上海各界代表人物余日章、陈辉德、穆湘瑶、穆藕初、宋汉章、荣宗敬、郭秉文、黄炎培等在一品香旅社宴菲律宾议会议长奥思梅那及随行人员。孙中山及其夫人宋庆龄、宋子文、李登辉夫妇、朱体仁夫妇、郭标、郭乐、简照南、简玉阶、虞洽卿、朱葆三、陆伯鸿、朱志尧、吴蕴斋、张东荪、蒋梦麟、叶景葵、张菊生等宾客百余人出席宴会。余日章主持宴会并致欢迎词,奥思梅那议长作"菲律宾与中国之关系"的主题演说。孙中山在宴会上也作了演说。宴会从晚 6 时半开始,至 11 时结束。10 月 16 日的《申报》对此有报道。王中秀编著的《王一亭年谱长编》①对此事有记载。

1919 年 12 月 26 日,上海商学交谊会余日章、聂云台、穆藕初、史量才、刘柏生、宋汉章、盛竹书、叶揆初、陈光甫、蒋梦麟、黄炎培等人在一品香旅社召开茶话会,欢迎美国资本团代表施栋一行。出席者有美国国务院秘书骆吟德、美国驻沪领事克银汉、孙中山和宋庆龄夫妇、南洋荷属华侨代表韩希济、安徽茶业代表俞去尘,以及孔祥熙、王一亭、穆湘瑶、沈信卿、朱体仁、莫子经等人。余日章主持茶话会并致欢迎词。12 月 27 日《申报》记载此事。

一品香旅社当时在上海是一处设施较为齐全的高级旅馆,位于西藏中路、汉口路转角。其北部建于 1883 年,内有舞厅、小花园、弹子房、大菜间;南部扩建于 1919 年,设有宴会厅和客房;后北部改建为皇后大戏院。孙中山曾多次到一品香旅社参加有关活动。1916 年 7 月 28 日,孙中山在一品香西菜馆设宴招待中日友人。作为档次较高的餐饮场所,一品香旅社成为社会名流经常光顾的重要社交场所。

其实早在一品香旅社 2 次见到孙中山之前,穆藕初已于 1919

① 2010 年 8 月,上海书画出版社。

年8月30日中华欧美同学会成立大会上,见过孙中山,地点也在一品香旅社。孙中山夫妇出席成立大会,唐绍仪先在会上作演说,次由孙中山演说。孙中山在演说中指出:"欧美留学生系学问最深、人格最高之人,应负维护国家之责。今日之政权,已落入武人、政客、顽固党之手,国家已陷于极危险之地位。诸君宜有担负国家大事之觉悟。"

穆藕初在这三次活动中见到孙中山,并聆听到孙中山两次演讲,使他对孙中山三民主义思想的理解有所加深。他曾对"主权在民"有一段论述,他说"若主权在民而漫无限制,适成其为暴民专制而已。细绎政治学中主权在民之精义,其实在于人民之有知识、有恒产者之手中。试观各国之选举法,便可了然也。"穆藕初主张:国家主权应属于事业界中之有知识者。他认为"国中之有知识而有事业者,或从事于教育。或从事于农工商矿等凡百实业,则国家之富力赖以增进,人民之供求赖以调剂,官吏之俸给赖以支应,人类之幸福赖以保全。故事业界中人,简言之即生产者。国民而有生产能力,实立国之命脉,争存之要素也。国家主权而不在此种有生产能力之国民手中,而国能富强者,吾未之前闻也。"穆藕初的这种想法源于他的实业救国和教育救国思想。他曾在1933年1月《东方杂志》说"政治清明,实业发达,人民可以安居乐业,便是我个人梦想中的未来中国。"

二、与宋子文交往并共赴承德慰劳义勇军

穆藕初与宋子文除外婆家同样在浦东外,还同样留学美国,又同样主持经营过金融企业,又同样在国民政府任官职,当然宋子文的职位要高得多。在他们身上似乎可以看到浦东人特有的影子。

穆藕初与宋子文的交往不是很多,他们的第一次见面与最后的相见于何时何地有待查找史料来考证。自1928年至1933年

间,俩人有多次接触,特别是 1933 年 2 月去承德慰劳抗日战士是俩人一生中接触时日较多的一段历程。

1928 年 6 月 20 日至 30 日,穆藕初出席由国民政府财政部召集的全国经济会议,财政部长宋子文主持此会议。穆藕初分在贸易股。在宋子文主持的第 4 次大会上,穆藕初就建立国家银行案作发言,他还向大会提交了《救济棉业计划案》。在第 5 次闭幕大会上,穆藕初当选贸易股常务委员。6 月 30 日晚上,宋子文公宴出席全国经济会议的全体委员。7 月 27 日,穆藕初就江苏省实行征收棉类特税写信与财政部部长宋子文和副部长张寿镛,此信发表于《申报》。

1928 年 11 月 13 日晚,穆藕初与外交部长王正廷、铁道部长孙科、财政部长宋子文、工商部长孔祥熙、教育部长蒋梦麟同车离沪赴南京上任。

1929 年 11 月 15 日,孔祥熙、宋子文、穆藕初一起出席中国国货银行开幕式,孔祥熙、宋子文均发表演说。①

1931 年 12 月 9 日,穆藕初与王晓籁、王云五、黄炎培、叶惠钧、戈公振等应中央特别外交委员会戴季陶、宋子文邀请在中央党部座谈,报告外交近况。

1932 年"一二八"事变爆发后,穆藕初积极为抗战出力,参与上海地方维持会活动。1933 年 1 月间,黄炎培与杜重远等为东北难民救济事到北平。黄炎培、杜重远在北平与张学良、熊希龄 胡适、蒋梦麟以及欧美同学会、地方协会、民众后援会、各团体救国联合会等团体的人员相见,商议抗日救国之事。黄炎培回到上海后,即与宋子文、史量才、穆藕初等商量援助热河抗日之办法,决定再次北行。

1933 年 2 月 8 日,黄炎培、杜重远、颜福庆、杨志雄从上海坐火

---

① 《申报》1929 年 11 月 16 日。

车出发,穆藕初在浦口上火车与黄炎培等会合赴北平,10日到北平住长安饭店。11日,宋子文、胡筠庄等从南京坐飞机到北平,黄炎培、杜重远、颜福庆、杨志雄、穆藕初等到清河机场迎接。随即出席北平地方协会召开的欢迎会。是日下午5时,宋子文与黄炎培、杜重远、颜福庆、杨志雄、穆藕初等开会议定此行的活动安排。12日,熊希龄从天津来北平。13日,宋子文与穆藕初等同行人员在外交大楼商议成立热河抗日后援会事。随后两日,联系拜访各界人士。16日下午3时,在北平外交大楼召开东北热河后援协会成立大会,宋子文、张学良、朱庆澜、张伯苓、蒋梦龄、周作民以及北京、天津、上海各界领导和义勇军的代表百十余人到会。该会发起人为朱庆澜、黄炎培、熊希龄和杜重远等。会议由张伯苓主持,黄炎培报告成立的经过。随之宋子文、张学良、张伯苓、周作民等人相续演讲。该会的主要目的是:唤起国际同情和协助;集中民众的抗日力量;使民众的力量与抗日军队的力量相结合。大会推举朱庆澜为会长。其次又推选朱庆澜、熊希龄、胡适、丁文江等45人为理事。并通电要求全国一致起来援助前方的军需。17日,穆藕初与宋子文、张学良、黄炎培等赴承德慰劳抗日战士。杜重远率救国会政治部一部分人员和学生宣传大队四十余人合共八十多人,同朱庆澜、黄炎培、穆藕初及后援会一部分员工,分乘卡车8辆向热河出发。车子多半破旧,道路坎坷不平,颠簸过甚。但因行将抗战,人人精神振奋,忘却疲劳,且歌且行,勇往前进。朱、黄、穆诸先生均年届花甲,更不服老,矍铄愉快,给青年人以很大鼓舞。午后4点抵承德。另外一队宋子文、张学良、张作相等也于6时到达。18日上午,热河省政府驻军将军以及各界人士举行欢迎大会,朱庆澜以义勇军总司令的身份检阅义勇军部队。宋子文亦在大会上发言:"日寇野心无比,欺侮我们太甚,你们只管打,子文敢断言,中央必为诸君作后盾,诸君打到哪里,子文跟到哪里,诸君打到天边,子文跟到天边,诸君打到海里,子文跟到海里。"饭后全体拍照。19

日早上,穆藕初等随宋子文、张学良返回北平。上午 9 时,黄炎培与杨志雄、穆藕初等拜访宋子文并同游中南海,在宋子文寓所用午饭。21 日,宋子文等坐飞机回南京,穆藕初与黄炎培等到机场相送。22 日,穆藕初与黄炎培等坐火车回上海,车到天津,熊希龄上火车同行到上海。途中 24 日,火车在浦口过江,又到财政部拜访宋子文,简略交谈即告退,因宋子文即坐飞机往南昌。晚上 10 时,穆藕初与黄炎培等到上海。

1933 年 4 月 17 日,穆藕初在上海七团体欢送宋子文赴美参加世界经济会议上与宋子文又见面。[1]

1933 年 10 月 6 日,穆藕初被国民政府任命为全国经济委员会棉业统制委员会 21 名委员之一,10 月 16 日,穆藕初出席该委员会成立大会,财政部长宋子文到会致辞[2]。

三、蒋介石多次召见穆藕初

穆藕初与蒋介石的见面不多,他居住在上海时,曾有几次被蒋介石召见。抗日战争中,穆藕初居住重庆并担任政府官员,在有关政府会议上应该说可以经常见蒋介石,但他毕竟是一般业务官员,能得到蒋介石召见的机会比较少。

1931 年 11 月 7 日,穆藕初与王晓籁、虞洽卿、刘鸿生、王云五、史景才、黄炎培、陈光甫等被蒋介石招至南京,8 日上午,蒋介石于励志社接见穆藕初等人,讨论"东北问题",会后拍摄合影照;晚上,蒋介石在总司令部设宴款待诸公。

1934 年 8 月 20 日,穆藕初与徐新六、刘鸿生等被在牯岭的蒋介石召见,询问有关禁止工人罢工、怠工及厂主虐待工人等

---

① 《申报》1933 年 4 与 18 日。
② 《工商半月刊》第 5 卷第 22 号。

问题。①

1937 年 6 月,上海纱花交易市场出现违规操作,有关人员被拘押,引起了"纱交风潮"。7 月 8 日,穆藕初与叶琢堂、杜月笙、徐懋昌、吴瑞元、孙煜峰等被蒋介石叫到庐山谈话。②

1939 年 12 月 5 日,著名企业大王刘鸿生与宋子良、刘吉生等从香港启程赴重庆。到重庆次日,蒋介石便召见刘鸿生,为表郑重,蒋只请穆藕初作陪。蒋介石对刘鸿生说:"鸿生先生,我们盼望你很久了。你为了抗日救国,牺牲了在上海的一千多万元的产业,断然来到大后方,其精神实在可嘉。我保证偿还你的损失。只要你能提供机器设备和各种专业人才,你要钱给钱,要人给人,要材料给材料。我今天说的话,穆藕老可以作证。"刘鸿生忙说:"谢委员长。委员长一向是言必行,行必果的。穆藕老与鸿生也是老相识,老朋友了。"

1942 年 12 月 2 日,蒋介石主持召开全国总动员会议,穆藕初、孔祥熙出席。会议开至 12 时,孔祥熙先退席。这时军需署署长陈良提出穆藕初所总经理的农本局没有办好军用棉花事,贻误军用。穆藕初在会上作说明,把经过情形和盘托出,其实此事卡在物资局。蒋介石对此大发脾气,把穆藕初训一通后散会。在名分上农本局隶属于经济部,归政学系翁文灏管理,实际上穆藕初受孔祥熙节制,孔祥熙担任着农本局理事长职务。

四、孔祥熙 4 次提名穆藕初任职

穆藕初在与宋家成员交往中,与孔祥熙的关系最为密切,在时间上可以分成两段,即在上海期间和在重庆期间。孔祥熙在表面

---

① 《中央日报》1934 年 8 月 21 日。
② 《申报》1937 年 7 月 12 日。

比较随和,有许多工商业界的朋友。而穆藕初在上海是一位大实
业家,被称为纺织大王。俩人的相识与交往是必然,穆藕初与孔祥
熙年龄相仿,穆藕初大孔祥熙4岁,孔祥熙也曾留学美国,也从上
海经商办企业而发达。穆藕初受孔祥熙知遇而出任政府官职,从
以下俩人的交往片段可以看到关系非同一般。

1928年7月29日,孔祥熙就筹备国货银行事宴请上海政商各
界人士,穆藕初出席。

1928年8月11日,上海商业请愿团虞洽卿、冯少山、林康侯、
贝淞荪、聂潞生、穆藕初、胡照生、王介安、王晓籁、乌志豪、杨健11
人至国民党中央党部向五中全会请愿,阐明工商界寄希望于政府
"继往开来,树立百年大计,解决民众痛苦,增进国家幸福",实行
孙中山先生"人尽其才,地尽其利,物尽其用,货畅其流"的良好作
风,要求颁布约法、统一财政、免除杂税、整饬党纪、劳资合作。该
日下午,工商部部长孔祥熙接见了沪商请愿团。同年10月13日,
全国商会临时代表大会在上海商会举行开幕式,工商部部长孔祥
熙到会并致辞,穆藕初作为上海总商会代表参加会议。这次代表
大会决定建立全国商会联合会,并成立工商法规研究委员会,穆藕
初为该委13名委员之一。

1928年11月6日,国民政府行政院第2次会议决定提请任命
穆湘玥署工商部常务次长。11月9日,国民政府第6次国务会议
讨论通过该项任命案。此项任职实为孔祥熙所提议。穆藕初在同
仁们为其举行的公饯酒会上讲:"鄙人一商人耳,向来为工商界服
务,未谙政治。是以距今三四月前,蒙孔部长不弃,以次长征同意,
而鄙人未敢担任,竭诚辞谢。今日政府已至建设时代,在建设时代
之工商业,实与政府有互动之必要。而政府与工商间,必须有人为
之沟通,适孔部长虚怀若谷,再提前议,鄙人不自揣量,贸然应命。
在鄙人之目的,以自从此可将鄙人平日承教于工商界者,进而献诸
政府,以谋工商业之改进。孔部长自长工商以来,成绩为国人所共

见。部长贤明,正欲扶助工商,厉行建设,而鄙人又深感我国工商落后之痛苦,确知此后工商业之发展,有赖政府之匡扶协助者甚多,非通力合作,不足以收发展工商业之美满效果。鄙人虽无行政经验,而工商业实况,知之甚悉,是以供政府之参考。是以不揣冒昧,欲以一身为政府与工商界互助之贸介。此允为工商次长之最大原因。"①

　　作为孔祥熙的助手,穆藕初与孔祥熙的交往与接触自然非一般人可比,许多重要的工商活动多可见两人的身影。1928年12月29日,孔祥熙与穆藕初一起会见来华考察劳工状况的国际劳工局局长多玛一行。②

　　1930年5月26日,孔祥熙、穆藕初在上海假座银行公所,召集沪上实业家、经济学家讨论组织工商管理协会事宜,穆藕初被推为筹备委主任。同年6月29日,中国工商管理协会在上海香港路4号银行公会召开成立大会。同年11月1日,全国工商会议经工商部3个月的筹备在南京励志社开幕,孔祥熙任主席,郑洪年与穆藕初为副主席。

　　1931年1月31日,国民政府发布任命令,任命穆湘玥为实业部常务次长,而部长为孔祥熙。穆藕初在政府任职已实足2年2个月。2月13日,穆藕初提出辞呈,虽孔部长坚留,但他决计不留。3月15日,全国棉产改进统计会议在上海华商纱布交易所举行,他代表实业部孔祥熙部长在会上致训词。4月28日,国民政府行政院第22次国务会议,决议照准穆藕初辞去实业部常务次长的请求。不久,实业部又任命穆藕初为中央农业研究所筹备主任。但至12月,该所又被撤销,孔祥熙也辞去实业部长职务。

　　1935年9月28日,穆藕初出席孔祥熙在私邸举行的茶话会,

---

① 《申报》1928年11月13日。
② 《工商半月刊》第1卷第1号,1929年1月。

孔介绍英国经济专家、特使罗斯与外交、银行、工商等各方人士见面。① 同年 10 月 1 日,穆藕初参加中央信托局开业典礼,理事长孔祥熙致辞。②

1937 年 3 月,穆藕初奉孔祥熙之命与朱子桥、陆伯鸿赴豫西视察调查灾况,后撰有《豫西视察灾别记》。

1938 年 4 月,应行政院长孔祥熙电邀,穆藕初由重庆飞抵汉口,出任行政院直属农产促进委员会主任委员。同年 5 月 2 日,孔祥熙邀穆藕初、翁文灏、邹秉文等午餐,商讨组织农产促进机关事项。③ 5 月 31 日,农产促进委员会在汉口正式成立,7 月该委员会迁往重庆。

1939 年 3 月,穆藕初奉孔祥熙之命,筹备召开全国生产会议,担任大会秘书长。5 月 7 日,全国生产会议开幕,大会主席孔祥熙。120 多位代表到位,孔祥熙致开幕词,穆藕初报告 360 余件提案情况,5 月 13 日,大会闭幕,蒋介石到会致训词。大会通过《生产会议宣言》。

1941 年 2 月,国民政府改组农本局,该局是农业运销统制机构,成立于 1936 年春,由孔祥熙担任理事长。改组后的农本局以花纱布之购销及增产平价为主要任务,孔祥熙提名穆藕初担任该局总经理,此提名获得行政院长蒋介石的同意。

1942 年 3 月 14 日,孔祥熙请翁文灏、钱新之、穆藕初、黄炎培、贝淞荪等用午餐,并讨论证券交易所及物价问题。同年 6 月 19 日,孔祥熙到农本局视察并发表训词,阐述抗战局势,提出对农本局工作人员的要求。1942 年 12 月,因派系之争,穆藕初的农本局总经理职务被撤销。穆藕初对于去职不觉得什么,他 12 月 3 日在给刘聘三的一封信中言:"两载以来,心力交瘁。昨日业已摆除一

① 《早报》1935 年 9 月 29 日。
② 《申报》1935 年 10 月 2 日。
③ 《翁文灏日记》。

切,仍回怡园寓中从事休养。"是年穆藕初毕竟已是 67 岁的老人,且肠癌已侵其身,离开官场实是脱离苦海。

1943 年,年已 68 岁的穆藕初决计退休,从事颐养,但其已患肠癌。为此事,老友黄炎培还专访孔祥熙。9 月 19 日,穆藕初病逝于重庆张家花园寓所。9 月 20 日,孔祥熙得悉穆藕初逝世后致信黄炎培云:"前日在会中,承兄以藕初兄病状见告。昨日据闻恒化之报,深用震悼。适患河鱼,山居病卧,未克临吊,歉怅无已。丧殡一切,知赖贤者主持,兹先由个人致赙叁万元,随函附奉,即烦察转,以供支应;遗属方面,并希先代唁慰。"10 月 6 日下午,穆藕初追悼会在重庆道门口银行进修社礼堂举行。为此,10 月 2 日《中央日报》刊登由孔祥熙、翁文灏等领衔的《穆藕初先生追悼会启事》。冯玉祥、董必武、翁文灏、黄炎培、孔祥熙、王自廷等撰挽词以表哀悼,孔祥熙所撰挽词云:"往事记工曹,百折能宏衣被愿;危时策农务,一哀竟夺老成人。"

1944 年 2 月 5 日,国民政府在《中央日报》上对穆藕初发布褒奖令,该令曰:"农产促进委员会主任委员穆藕初,志行忠贞,学识明达。早岁留学美洲,专攻农学及纺织,返国后推广植棉,创办纱厂,成绩卓著。先后任工商、实业两部常务次长及农本局总经理等职,奖进农业生产,提倡手工纺织,有裨战时衣食之筹给,良非浅鲜。近又积劳病逝,良深悼惜,应予明令褒扬,以彰勋勤。此令。"

穆藕初与宋氏家族成员的交往随其身份的不同而有所变化。穆藕初在野时与宋家成员的交往,更多的是为实业救国,为民众疾苦作呼吁;而其为官后,这种交往就变得是一种公务活动,甚至是下级对上级的服从。从穆藕初的性格与志向来看,他是一位专家业务型兼实业家的官员,对于政府官场那套"规则"并不熟悉,故一旦卷入派系之争,尽管有孔祥熙帮忙,但毕竟蒋介石发话撤职,孔祥熙权衡之下只得自保,穆藕初就很快被削去官职。当然孔祥熙对穆藕初可以说是相当赏识的,在穆藕初的人生历程中,与孔祥熙的相识及交往,改变了其人生道路。穆藕初在官职上为中国经济建设做出过重要贡献,特别是在中国抗战大后方经济建设上出力不少,曾资助陕甘宁边区建设,与董必武有交往。穆藕初被中共领袖毛泽东称为"新兴派商人"。穆藕初与宋氏家族的交往,还有待进一步搜集与挖掘更多的史料来加以深入研究,本文仅仅从一点零星的史料片段来略叙这种交往的大概。

穆藕初离世至今已近75年,那个时代的一些事已渐行渐远,与其说已被淡忘,倒不如说经过岁月的沉淀更显示出历史的本来面目。尽管穆藕初与宋氏家族成员交往的一些历史档案资料还有待进一步挖掘研究,而笔者从穆家后代所保存的孔祥熙送给穆藕初50岁生日礼物——铜鼎那青紫色的幽光中,看到浦东先贤们的往事岁月,看到浦东先贤们为民族独立、国家富强而奔波的身影,看到浦东先贤们脚踏实地、拼搏奉献的精神。

(作者系中共上海浦东新区委员会党史办公室主任)

参考资料

1. 穆家修、柳和诚、穆伟杰编著:《穆藕初年谱长编》,上海交通大学出版社2015年3月第1版。

2. 穆藕初著,穆家修、柳和诚、穆伟杰编:《穆藕初文集增订本》,上海古籍出版社2011年11月第1版。

3. 黄炎培著、中华职业教育社等编:《黄炎培日记》,华文出版社2008年9月第1版。

李炳祥与上海大学

刘长林　刘　强

20 世纪 20 年代上海大学的创建与中国共产党人的辛勤付出密不可分,此已为学者反复申说:

> 中共早期领导人在上海大学的建设和发展中,荟萃群英办教育,制定学校章程,规划学科发展,改革行政建制,坚持理论联系实际的学风,可谓筚路蓝缕;在大学教育中传播马克思主义学说,开启马克思主义社会科学理论占领大学讲坛的先河。其间所积累的管理大学的经验,演绎的教育与革命的变奏,从一个侧面展现了中共初创期的历史风貌,对中国社会革命产生了久远的影响。①

一、有关中国共产党人与上海大学的研究

就研究中国共产党人与上海大学的创立与发展,或上海大学历史中的中国共产党人而言,多限于中共党史上的部分有名人物。例如邵力子,因他比较特殊,是"上海大学创办初期一位'半隐身'的特殊中共党员,同时也是资深的国民党人士","身兼国共两党党员,作为'联络员',能将两党致力于办学的人士召集在一起商

---

① 张元隆:《中共早期领导人与上海大学》,《中国浦东干部学院学报》2011 年第 6 期。

讨创办这所革命学校",所以有学者专门考察了他创办上海大学的实践及理念,"首先展示他参与创办上海大学跌宕起伏的经历,再现他于此初步探索的新式教育理念"。① 再如瞿秋白,先是有学者论述他在上海大学的作为的同时,连带探讨瞿秋白早期的教育思想。② 后又有学者论述瞿秋白对上海大学所做的贡献,并说明其贡献对于中共理论宣传的进步以及中共教育史的重要意义:

> 1923年瞿秋白曾任上海大学行政委员会委员、社会学系主任。他与邓中夏一起为上大制定了办学方针,设置了院系,革新了教学内容和方法,开启了马列主义占领大学讲坛的先河,使社会科学的教育与中国革命斗争的实践紧密结合。他在上大的教学实践活动,不仅丰富了党的教育思想,而且为党的理论建设作出了贡献。③

还有学者从他为上海大学设计的课程侧面探讨其新文化建设思想:

> 1923年瞿秋白以推进社会学发展和形成新文化为己任,设计了上海大学的课程。"社会主义"理论价值背景的转变为上海大学课程设计提出必要性;瞿秋白苏俄之行对俄罗斯新文化的研究提供了可能性;苏俄教育的初步成绩为其提供了现实模板。中国共产党人以俄为师,通过建立社会学系和文艺学院,将辩证唯物论引入中国,开创性的摸索、建立一种科学的、大众的、民族的文化体系,这是中国在新民主主义革命早期对"新文化"的不自觉探索。④

---

① 罗敏:《邵力子创办20年代上海大学的实践及理念》,《学术探索》2013年第3期。

② 王凌云:《瞿秋白与上海大学——兼论瞿秋白的教育思想》,《昆明师范学院学报(哲学社会科学版)》1982年第4期。

③ 王关兴:《瞿秋白与上海大学》,《上海大学学报(社会科学版)》2001年第1期。

④ 罗敏:《从瞿秋白上海大学课程设计看其新文化建设思想》,《思想战线》2012年第3期。

　　另有学者转换视角,论述了上海大学的经历在瞿秋白个人发展史上的重要作用:

　　　　瞿秋白在上海大学期间的经历是他人生中的重要一页,是从文弱书生向中共领袖转变的一个中间阶段。瞿秋白在上海大学历任学务长、社会学系主任、行政委员会委员。他为上海大学制定了一套较为完整的办学方案。在瞿秋白主持下,上海大学社会学系实际开设了辩证唯物主义和历史唯物主义、私有财产及国家起源、通俗资本主义、科学社会主义等课程。除了讲课之外,瞿秋白还多次在上海大学进行报告与演讲,宣传马克思主义。他还多次在学生刊物上发表文章,尽心尽责进行课后辅导,以弥补课堂教育、讲座报告的不足。在较长一段时间内,瞿秋白的党组织关系就在上海大学的党小组(支部)内,他指导学生群团活动,组织学生投入革命运动,为中国共产党培养青年干部。这些革命活动引起了帝国主义势力的恐慌与破坏。在上海大学期间,瞿秋白的性格、才能、学识以及俄语翻译能力得到了充分的发挥。他在上海大学的教学实践是他尝试用马克思主义来研究中国历史与社会的一部分,而且是比较成功的。①

　　又如邓中夏,有学者在纪念邓中夏逝世55周年之际对邓中夏在上海大学的有关事迹进行了简要的梳理。② 又如茅盾,有学者回顾了茅盾在上海大学的历史,但同样十分简略。③ 总之,即便是中共党史上的有名人物,由于史料的限制,也只有少数人与上海大学之间的历史引起了学者较多的关注,而且若是详细考察,许多事迹仍然颇显朦胧。以陈独秀来说,有学者认为"陈独秀对这所革命

　　① 邵雍:《瞿秋白与上海大学》,《江苏师范大学学报(哲学社会科学版)》2015年第2期。
　　② 孙杰:《邓中夏与二十年代初的上海大学——纪念邓中夏同志逝世五十五周年》,《上海大学学报(社会科学版)》1988年第2期。
　　③ 程杏培:《茅盾与上海大学》,《上海党史与党建》2002年第11期。

大学,倾注过心血与关心;他的思想和行动对上海大学也产生过一定影响"。① 但由于其论述缺乏详细的史料支撑,所以笔者曾著文对相关史料进行了细致的梳理,经过考察,笔者认为:

> 兼具政治领袖和文化名人双重身份的陈独秀,对 1920 年代的上海大学产生过重要影响。陈独秀作为五四新文化运动的旗手和五四时期思想界的明星,自然受到上海大学前身东南高等专科师范学校学生的仰慕,他宣称的新文化新思想为学生改组学校提供了精神资源,新建立的青年团组织,也发挥了一些作用。学校改组时学生原拟推举陈独秀为上海大学校长,主要在于他的新文化人的名人效应。上海大学创办后,陈独秀作为中共领导人指派过陈望道到学校任职,并通过指导党团员活动,对学校事务产生过一定的影响。同时,陈独秀的思想和主张通过中共在校内的教师和学生,在上海大学发挥着重要的精神引领作用。显性的文化名人效应与隐性的政党组织运作,是陈独秀影响上海大学创立与发展,影响上海大学青年学子的两条重要路径。②

二、李炳祥与上海大学的渊源

虽然史料局限了中国共产党人与上海大学之间历史的追述,但通过一些零散的史料对其中的历史进行或详或略的回顾,仍是很有意义的工作。李炳祥就是这样一位人物,有关上海大学与他之间的历史的史料极少,但从这些史料中不难窥见他当年在上海大学有着一段不平凡的经历,对上海大学和中共的发展起到了一定的积极作用。

① 蒋二明:《陈独秀与上海大学》,《党史纵览》2011 年第 7 期。
② 刘长林、刘强:《论陈独秀在上海大学创建中的作用》,《安徽史学》2015 年第 5 期。

李炳祥(1905—1959)又名永孝,祖籍广东省香山县(今中山市),生于菲律宾一个四代相续的华侨家庭。1922年被父母送回国内念书,1924年报名参加了上海大学举办的夏令讲学会,同年冬正式成为一名中国共产党员。1925年被中共派往张家口冯玉祥部队和苏联驻华使馆担任翻译工作。1927年到菲律宾开展革命活动。1946年到香港工作,新中国成立后在中央机关从事外事工作。他参加过中共五大,但其是否具有代表资格尚无定论。①　1988年6月,菲律宾退伍军人总会授予其立功奖状和奖章,以表彰他在菲律宾抗日战斗中所做的贡献。

菲律宾退伍军人总会立功奖状

谨以此立功奖状授予华支游击队的李永孝少校(编号42288),以表彰他在菲律宾抗击日本皇军为争取自由而战斗中所作的英勇贡献。

这位军官在第二次世界大战中以不凡的领导素质和军事才能率领其部队抗日,领导一支训练有素、纪律严明的华人游击队在菲律宾南吕宋的塞拉马德雷山和中吕宋的阿拉悦山作战。

这位军官积极勇敢地参加了解放吕宋的许多城镇的战斗,尤其是洛斯曼纽、仙沓古律、内湖、马尼拉市、仙彬兰洛和红奚礼示。

此奖状1988年6月17日颁发于菲律宾马尼拉市。

推荐者:　　　　　　　　　　　　批准者:

奖状颁发委员会主席　　　　　　　乌甘布上校

未拉惹上校　　　　　　　　　　　(会长)

(菲律宾退伍军人总会前会长兼顾问)②

---

①　中共中央党史研究室第一研究部编著:《中国共产党第一至第六次全国代表大会代表名录(增订本)》,中共党史出版社2014年版,第314页。
②　李丽君:《旅菲侨领李永孝(李炳祥)获菲律宾退伍军人总会颁发立功奖状》,《中山文史》1990年第20辑,第66页。

然而,对于这样一位人物,目前尚未见到学界有过专门研究,甚至缺乏一般性的介绍。

关于李炳祥为何到上海大学学习并加入青年团和共产党,其妻子王亚璋回忆道:

> 炳祥同志 1905 年 8 月 1 日生于菲律宾马尼拉市,原籍广东中山市南朗镇李屋边村。他的父母亲都是早年在马尼拉定居的华侨。父亲是位轮船锅炉修理技师,参加了洪门致公党,思想开明。母亲是位正直善良的农村妇女,虽是文盲,但很重视儿女的教育,炳祥四兄妹出生前,他的父母就立下"约法三章":生男不留辫,生女不缠脚,男女都要受教育。子女长大后,她担心他们长期在菲律宾生活,会忘掉自己是中国人,便在 1922 年把炳祥和他的弟弟送回国内念书。因此,炳祥在马尼拉读了私塾和小学后,便于十七岁那年回到上海读书。后来,他的妹妹锦蓉也到上海上中学。炳祥在上海先就读于复旦中学,后转入青年会中学。这时候,他的人生观起了变化:从有神论变为无神论,对当时现实产生不满,痛恨军阀的内战,并对自己的前途感到彷徨。1924 年,他在报纸上看到列宁逝世的消息,才知道世上有布尔什维克的政党存在,这使他迫切地想了解俄国革命的情况。在这种愿望支配下,他不想在正规学校再呆下去了,就报名参加上海大学办的夏令讲习所学习社会科学,初次接触到马克思主义和共产党员。在听讲的过程中,他很注意听关于帝国主义的问题。他读了列宁著的《帝国主义论》后,就写了一篇反帝论文,联系实际,分析当时菲律宾华侨社会的情况。这篇论定由柯柏年和武思茂同志协助完成,并投寄到马尼拉当时的国民党左派报纸——《民号报》刊登。这篇论文的发表,使他更接近了中国共产党。是年秋天,他被吸收参加了社会主义青年团。他的第一件革命工作是上永安公司楼顶向南京路散发传单,声援日本纱厂工

人反对日本帝国主义的罢工。上海杨树浦与小河渡两处的工人罢工展开后,他被派往工人住宅区在刘华领导下进行宣传活动,支持工人罢工。他回到上海大学后,领导派他去管理校内书报流通社工作。1924年冬天,他加入了中国共产党。①

三、李炳祥在上海大学的革命活动

李炳祥在上海大学学习期间与中共党团员非常接近。张琴秋回忆说:"我是一九二四年上半年到上海大学学习的。上大学习时间为两年,但工作需要时可以随时调出,工作完了也可以随时进去。……上大有我们的党团组织,很活跃,每周开一次小组会,主要是讨论宣传教育工作。上大也有国民党组织,但大部分都是共产党员跨党的,所以国民党组织的会开得很少,大都是共产党组织开会讨论,问题解决了,国民党组织的会就很少召开了。我所在的党小组有七八个党员,当时杨之华同我们接近一些,还有一个叫李炳祥的(已故),也同我们很接近。"②李炳祥不仅自己认真学习社会科学,还不厌其烦地传播革命思想,其妹妹李锦蓉便说自己是"由大哥李炳祥带到上海大学附中上学"的。③ 那时李锦蓉也才十三四岁。后来她在一份较为详细的回忆录中讲述了这个"带"字的细节:

　　1923年秋,大哥李炳祥带我来到上海。

　　我在上海的"家",就是慧仙八家及她二哥述初的宅第。

　　初到上海,慧仙八家便欢迎我到他们家去住。李公馆,即

① 王亚璋口述、李丽君执笔:《怀念李炳祥同志》,《中山文史(总第14辑)》,1988年,第49—50页。

② 张琴秋:《关于上海大学的回忆(1959年7月)》,黄美真、石源华、张云编:《上海大学》,张腾霄主编:《中国共产党干部教育研究资料丛书》,中国人民大学出版社1989年版,第361页。

③ 路元:《莫斯科中山大学女生寻踪小记》,《瞭望周刊》1985年第9期。

李述初二哥的家在上海北四川路,这里成为我在上海的落脚点。述初是我们同乡同村人。在村子里,我家祖屋在李屋边村东,述初祖屋则在村西头。述初家是三兄弟、八姊妹,述初排行老二,但他们是同父异母的兄弟姐妹,他们分别是三位母亲的儿女。述初二哥及大家、二家(李屋边俚语,意即女子"姐"的意思)是原配夫人所生;二夫人生有大男、三男及三四五六家,六个子女;亚母是述初二哥的后娘,是七家八家的生母。他们这个大家庭都住在上海,其大哥一家四口已单立门户;二哥与三哥嫂此时尚未分家。

述初二哥毕业于教会办的上海圣约翰大学,时任驻上海的广东银行的经理(当时称"买办")。他们家庭生活水平相当高又十分好客。我寄宿在这个家,老老少少待我如同亲人。尤其是慧仙八家及她的母亲,待我如同亲生骨肉。

我每年的费用,爸爸直接汇给八家,由她支配给我用。

最初,我是与述初二哥的三位女儿同往位于上海梵皇渡的美国教会办的圣玛利亚女子学校上学的。我考上了该学校的初中,我们都是住读生。那时,学校每月才放一天假,我们只能在这时才能回到位于北四川路李公馆的家。届时,述初二哥差遣他的家丁租来马车,接我们回家度假。对我们初次离家,述初二哥放心不下,开头数月,他每半个月就来女校看望我们四个小姑娘,来时还给我们带来从外国进口的高级点心。我在女校最开心的是,我开始学习弹钢琴。放暑假时,述初二哥还请来家庭教师为我们补习中文。

炳祥大哥也常来探望我,他见我在女校的生活方式仍像在菲律宾一样,没有多大变化,还是"小姐"气,不会用筷子,上马桶要洒香水……跟他的想法相距甚远。就产生了要让我脱离这个环境的念头。

1924 年 10 月,经炳祥大哥的说服工作,我转学到在上海西摩路 29 号上海大学附属中学学习。我的人生道路从此转向了预想不到的方向。①

加入中共党团组织之后，李炳祥积极地参与上海大学的组织团体和社会活动，推动增强中共的力量。

一是认真负责书报流通处的工作，在巡捕房搜捕瞿秋白时泰然处之，应对自如。杨之华回忆："黄仁同志的死，使国民党右派和无政府主义派大为高兴，而这时，上海英法巡捕房下令通缉秋白，并且搜查了他的住所慕尔铭路彬兴里和西摩路上海大学。当时，秋白已避难在先施公司职员孙瑞贤同志的家里。巡捕房没有捉到秋白，便把他的'向导'等报刊，和他在苏联节省了自己的白糖换来的俄文书籍搜去，付之一炬。那天，巡捕房还带走了在上海大学图书馆值班的学生李炳祥。包探问李炳祥：'瞿秋白在哪里?'得到的回答是：'我在书报流通社工作，可不知道瞿秋白是谁，更不知他在哪里。'"②

二是在非基运动中曾起到过骨干作用。"上海非基督教同盟由五人委员会总管一切，其中有上大师生：张秋人、李春蕃、高尔柏；稍后还有施存统、李炳祥担任委员，负责重要工作，在非基同盟开展的活动中起骨干作用。"③

三是在学生组织中担任过一些重要职务，团结学生做革命活动。1925 年 3 月 17 日午后 7 时，上海大学学生会在学校第二院召开全体大会，李炳祥与郭伯和、林钧、何成湘、王艺中、黄竞成、何秉彝、张维祺、朱义权当选执行委员。④ 3 月 22 日上午 9 时，上海各公团追悼孙中山大会召开筹备委员会，李炳祥与俞秀松、蒋子英、

---

① 李锦蓉：《我的道路》，《中山文史（总第 20 辑）》，1990 年，第 159—160 页。
② 杨之华：《忆秋白》，《常州史话》编写组：《常州古今——革命烈士资料汇辑（1）》，1980 年，第 17—18 页。
③ 上海市委党史征集委员会主编，王家贵、蔡锡瑶编著：《上海大学（1922—1927年）》，上海社会科学院出版社 1986 年版，第 23 页。
④ 《各界哀悼孙先生·上大学生会》，《民国日报》1925 年 3 月 18 日。

王振猷、黄俶声、贺威圣、梁苕康、陆德华当选宣传股委员。① 3 月 23 日下午 2 时,国民党上海市第四区党部各区分部代表召开追悼总理筹备会,议决单独举行一追悼会,并即议决于本月 29 日在西摩路上海大学召开追悼会日期,李炳祥与朱义权、林钧、张晓柳、施乃铸、王人路、郭伯和、黄昌炜被选为筹备委员。② 4 月 7 日,上海大学广东同学会 40 人在校内召开成立大会,李炳祥与张梧村、黄昌炜、许侠夫、叶雄民当选同学会职员,负责日常会务。③

不久李炳祥被中共调离上海大学,曾给苏联的加仑将军做过翻译。据柯尔柏口述:

> 一九二五年冬天我调到汕头工作时,就一直在周恩来身边工作,但没参加党的领导机关,所以对党、团组织机构具体情况不太清楚。当时周恩来要我当政治部社会科科长,专门做组织工会、农会、学生、妇女解放协会的工作;建立国民党也归政治部管,但建立共产党就不是政治部管的。周恩来有个秘书叫关学参,还有加仑的翻译李炳祥。我们三个人年纪差不多,行动都经常在一起。李炳祥是我在上海念大学时的同学,菲律宾归侨。④

有论者指出:“经上海大学同学李炳祥介绍,柯柏年到周恩来领导的东征军总政治部任社会科副科长,负责工农运动。”⑤后又有学者肯定了这一说法:“1925 年 10 月,国民革命军在平定杨希闵和刘震寰的叛乱之后,从广州出发进行第二次东征,以求彻底消

---

① 《孙中山逝世之哀悼(十)·各团体追悼大会之筹备会》,《申报》1925 年 3 月 23 日。

② 《孙中山逝世之哀悼(十一)·国民党区分部之追悼》,《申报》1925 年 3 月 24 日。

③ 《上大广东同学会成立》,《民国日报》1925 年 4 月 9 日。

④ 柯柏年:《我在周恩来身边工作的有关情况》,广东省汕头市社会科学联合会编:《周恩来在潮汕》,中央文献出版社 2004 年版,第 609 页。

⑤ 何明主编:《共和国第一批外交官》,中国大百科全书出版社 2010 年版,第 33 页。

灭盘踞在东江地区的陈炯明叛军,巩固广东革命根据地。柯柏年参加了第二次东征。他经上海大学同学、时任苏联军事顾问加伦将军翻译的李炳祥介绍,到周恩来领导的东征军总政治部社会科任副科长,负责农运和工运。"①但由于柯尔柏的口述资料中没有特别提及是否为李炳祥介绍,而论者也未标注这一说法的依据,所以其可靠性有待进一步查证。

　　虽然李炳祥在上海大学学习的时间很短,但却是他人生转变的关键阶段。在上海大学,他初次接触到马克思主义并最终加入了中国共产党,积极参与革命活动,参与负责书报流通处和平民夜校的管理工作,主动耐心地引导亲人朋友走上革命道路。他虽不是上海党史上叱咤风云的人物,但也曾为中共早期在上海地区的革命活动贡献了自己的力量,值得人们去铭记。同时,回顾他的经历也有助于更好地理解中共早期革命者的关系网络和心路历程。

（作者刘长林系上海大学历史系教授;
刘强系上海大学出版社编辑）

---

① 刘庆和、李珍军:《著名马列原著翻译家柯柏年》,《红广角》2011 年第 10 期。

王退斋在上海的文化足迹

王佩玲

王退斋（1906—2003），名均、字治平、省庐、号退斋。1932年获教育学士学位。王退斋深谙国学，崇尚科学，擅诗词书画，素有"退斋三绝、万首诗翁"之称，著有《退斋诗钞》《退斋画集》《省庐诗抄》《王退斋诗选》等。王退斋于民国时期热心社会教育，在上海做民众教育社会调研，曾与梅兰芳共建公益组织；解放后投身于基础教育，1970年代初积极保护朋友以及科学家支秉彝的资料；退休后创办书画组织，与海上老一辈名流例如苏局仙、苏步青、郑逸梅等频频交往。1984年由汪道涵市长聘请入上海市文史研究馆，并任文史馆"春潮诗社"副社长，兼任江南诗词学会上海副会长、上海诗词学会顾问等。2014年故乡江苏泰州为他建立"王退斋纪念馆"。2016年，《王退斋诗选》由上海古籍出版社出版，同年，上海市文史研究馆与王退斋纪念馆两地同步举办"纪念王退斋先生110周年暨《王退斋诗选》出版座谈会"。

一、受蔡元培影响到上海

王退斋与上海的渊源，可追溯到上一代。王退斋祖籍泰州，据可考家谱是太原王琅琊王后裔，从苏州迁至泰州。王氏一脉世代书香，弘治七年敕赐"义门"（入明史孝义传），家训家风皆以修身正心、关注天下兴亡为使命。王退斋曾祖被举为"孝廉方正"，留下藏书万卷的"匏樽书屋",事迹入州志文苑传;祖父以军功与著述入州志传;父亲笑云公,清举人,谓"江东四杰"排行第一,时任八旗官学教官,专攻音韵学享誉一方。1912 年,民国临时政府成立,王退斋才六七岁,蔡元培新上任教育总长,为云集师资造访王笑云,邀请王笑云随他安排去上海工作。可是,王笑云年近 60 长蔡元培 15 岁,又是小地方的大人物,在年轻的蔡元培面前有顾虑,婉言谢绝了蔡元培。王退斋看到蔡元培神采奕奕风度翩翩,十分敬仰,第一次知道上海,非常向往。

王笑云虽然没跟蔡元培走,但很赞赏蔡元培的思想,在当地成立"南洋音韵研究所"①,研究扩大音韵为全国方言注音,又倾尽家财在乡里首创开办男女同校的西式学堂,努力践行普及教育思想。他研究的"音韵"扩展成功"九声韵",可以为全国方言注音了,先后获得黎元洪、徐世昌临时大总统为之勉励"勿丢绝学",颁奖"绝学耆英"。可惜学术著述尚未付印成功,王笑云于 1923 年病殁,遗愿留给了 17 岁的王退斋②。蔡元培手书挽联一副:"音学逸五书(音韵学的音学五书),广陵散已成绝调;文章弁四海,博浪椎未展奇才。"③蔡元培用"博浪椎"和"广陵散"这两个典故赞颂王笑云未竟的事业,使得王退斋非常激动,愈加敬佩蔡元培先生了。之后为了生计,有人介绍王退斋到上海去,他想到了蔡元培,怀着萌动的理想,绕道南京去上海! 但介绍他去洋行当差,在珠光宝气的生意中做事? 王退斋心想,自己要教育救国,岂能南辕北辙? 抱着一线希望,走访了一位在上海发展得很好的同乡单家,可是找不到教育工作,联系不上蔡元培,只好放弃上海。1928 年在家乡被推荐保举考试,以优秀成绩取得"中央大学区民众教育学院"公费生资格。学校由唐文治创办的"无锡国学专修学校"发展而成,是一所

---

① 见《退斋诗抄》。
② 见王退斋《先妣事略》。
③ 见《王退斋画稿》。

以国学功底为基,参照国外普及教育、结合西方科学思想,以培养民众教育师资为目的、走教育救国之路的先进学校,后更名"江苏省立教育学院"。1932 年王退斋毕业取得学士学位。

王退斋大学时期的任课老师,是中国民众教育创导者、社会教育先驱俞庆棠,她还是唐文治之子唐庆怡的夫人。当时唐庆怡已经双目失明,俞庆棠的担子更加沉重。王退斋对俞老师感佩至深,格外支持她的事业。王退斋第二次来到上海,正是她在上海成立民众教育学校,致信王退斋来到上海入职。①

因为民众教育是"教育救国"思想下的产物,学校主要面对广大工农民众,因而里面隐匿有不少进步人士和共产党人。王退斋来到上海,把眼光聚焦到了劳动大众身上,他在"沪上吟"说:"余自来沪耳闻目见之事有不能已于怀者　不一而足　昔白居易在长安以见闻之事足悲者　作秦中吟以记之　余师其意窃欲效之　然白氏所咏不过官僚腐恶横征暴敛　生民痛苦　此在列朝皆有之今以所见所闻姑撰其一二",以一组诗词纪实了当时虚浮下的苦难现象。他自行担当去浦东的广阔农村作社会调研,担任国民教育示范区主任、分校长等职务。他经常揣着手电筒穿着草鞋,行走在乡间的小路,记下密密麻麻的农村调研侧记。在这段时间里,王退斋结识了一些农民知己,其中有一位农民画家名叫沈静波,擅画人物肖像,懂诗词会钓鱼,王退斋与他经常在一起品河鲜吟诗词,作画论道,其友谊终身。

二、与梅兰芳先生的一点交往

俞庆棠 1947 年担任联合国教科文组织中国委员会委员,办学却依然十分艰难。当时在上海的泰州人有不少活跃在各界各行,

---

① 见《俞庆棠先生纪念集》。

除了梅兰芳外,还有泰州大户单家的单眉叔,是沪上著名的律师,住马思南路某号;还有泰州的大户支家公子支秉彝,早年留学德国,获自然科学博士学位,于 1946 年带着一批珍贵的、经多年积蓄购买的德国计量仪器,携手德国籍的洋太太回到上海,居天平路某号;还有清末曾任财政部长的同乡凌文渊在上海的蔓枝故旧等,都是在上海谋事业的江苏人。是时上海有大量来自江苏的劳力,尤其是从事艰苦行业的底层劳动者,生活非常艰难。王退斋与单先生等人都十分同情,便商讨如何帮助他们,共同产生了一个想法:走访梅兰芳先生,鼓动他支持成立同乡会,以同乡会的名义为江苏人做慈善事业。

单先生带着王退斋去拜访梅兰芳。梅先生爱国之情浓厚,单先生是著名的大律师。梅先生小单先生好几岁,面对同乡长者,自然一拍即合。王退斋小梅先生十多岁,机智勤快文采斐然,基本没啥大问题了。1945 至 1949 年前后,王退斋虽然主要在浦东乡间村镇穿行,但也经常出现在浦西市区,或走亲访友,或参加出席会议,或以诗文结缘社交,他的草鞋皮鞋布鞋轮流值班,随场合决定。经王退斋各方联络奔走,1946 年 12 月,同乡会在上海静安寺宣布成立。梅兰芳出任名誉会长,单眉叔为会长,另还有几位各界要人兼副会长,王退斋最年轻任常务理事。

同乡会在梅兰芳的影响下,一时声誉鹊起,江苏在上海的劳动大众但求找到熟人拜托谋事。同乡会不但为江苏人在上海介绍工作,还为他们成立互助组等。单律师为他们咨询法律问题,为穷苦人免费服务。王退斋主要承担解决他们的子女教育问题,介绍入学、申请学费资助等。也借此机宜,王退斋宣传介绍工农到实验民校进修。学校白天学生上课,晚上成人进修。有一位不识字的赤贫农民,王退斋发现他的小儿子淳朴敦厚聪明勤劳,觉得这个孩子应该好好培养。怀着惜才之意,王退斋去说服他的家长让孩子读书。可是贫穷的家长指望孩子早些工作,读书费钱啊!王退斋就想办法介绍其父亲和长兄在上海市区蹬三轮车赚钱,供这个孩子读书。从小学到初中,王退斋一路呵护。到解放初期他考入了上海的外贸大学,成为新中国第一批工农子弟外贸干部。

解放后梅兰芳有几位专职琴师,其中一位同乡琴师卢文勤是梅先生的年轻琴师,小王退斋近 20 岁。京剧的唱词接近诗词曲赋,内容以历史题材典故为多,王退斋为此与卢文勤一起探讨过唱词。有一次,从国外回来的一位泰州人仲子龙作东,在上海的国际饭店请客,其中就有梅兰芳的代表人出席。王退斋带头即席击钵催诗,赞赏梅兰芳上演的剧目充满正义。

因为王退斋与梅兰芳有过这样一段佳缘,改革开放后,泰州市人民政府为了纪念梅兰芳先生,找到住在上海的王退斋,请他与梅兰芳家属取得联系。王退斋一口答应,千方百计找到了卢文勤。当时卢文勤住在四川北路桥堍下的虎丘大楼,卢先生立马协助王退斋找到了梅兰芳的儿子梅葆玖。1978 年 9 月,泰州市人民政府隆重举行了梅兰芳先生的纪念活动,盛情邀请梅葆玖、王退斋、卢文勤作为贵宾出席盛会。王退斋手书挽联一副:"举凤回鸾,引商刻羽,绝艺扛梨园,一代声华蜚薄海;蓄须明志,援手振灾,高风崇梓里,千秋典范重乡邦。"用 40 个字概括了梅兰芳的舞台形象与高尚人品。泰州建造梅园、成立梅兰芳纪念馆的时候,王退斋又为梅先生绘了一幅工笔肖像画,请上海书画名流为之题字落款。梅葆玖为此十分感谢王退斋,亲笔写信致以问候,并赠送了录音唱盘。

三、在解放上海的战火中保护学校

1948 年冬,上海物价飞涨民不聊生,私立学校四十余万学生学业停顿,教职员工薪金无保障。1949 年 2 月米价突涨 4 倍多,到 4 月间比 1948 年 8 月宣布的"基价"涨了 2 万多倍。王退斋对这种状况非常痛心,写了寄望、书愤、独叹、沪上吟、地下人、抚民、劫收、救济、配金等一组现实主义作品,表达了自己对广大人民处于水深火热中的同情之意。[1] 1949年初,中共领导的"上海市教育协会"发表《告教育界同仁书》,号召教师迅速开展护校应变运动,以保财产、保生产、保地方为口号,解放上海的战争在浦东打响。

当时王退斋在浦东的公立国民学校任校长,这个学校依然在坚持搞民众教育。一天黄昏时分,一位陌生人来到学校,找到王退斋说:"战事就要烽火上海,这个地段距离战事前线较近,炮火将可能影响不小,但上海必将迎接解放! 共产党重视教育,重视文化资料以及一切生命财产。你作为一校之长,希望能配合共产党的行动,不要害怕,要积极保护好学校的一切,避免毁于战火。"因为不方便留下联络,那人临别时回过头又补充道:"这个不容易做到哇!"王退斋猜想他一定是地下党的代表,对此人留下非常好的印象。

保护学校当然是自己应尽的责任,便立即开始想护校方案:当然不能上报,所有问题自行解决。决定停课疏散学生,选出几名可靠的教职员工整理资产,发动周边群众捐献棉花毯、大桌子,将棉花毯淋透吸足水,盖在档案柜子上,盖在大桌子上。连片的大桌子下面,既能阻燃炮火,又能防弹片肆虐,可作相对安全的栖身巢穴。门窗贴上纸条防震,拆下房门板作为担架备用。就这样,在没有任何资助的条件下,应用了当时可能的所有力量,保护学校。而耳边却不时有人来劝说,还是追随国民党逃离上海吧。有教育局人员、某些学校的校长都弃校逃了。甚至有谣言说,凡留下来的将来要秋后算账。

浦东金桥镇域内陆行、新陆、金桥及高桥、高行等相继解放,但战火并没有结束,冷枪漫无目标乱窜。就在学校教职员工从防空巢里出来的时候,学校的马逸骅先生扑通倒地,颈项血流如注,脖

---

[1]　见《王退斋诗选》。

子中弹被打穿了。王退斋当机立断,扯一块门帘紧紧包扎住,叫了三位同事,用备着的门板抬人。冒着尚未停熄的炮火枪弹,高一脚低一脚穿行在田野中跑了十几里,终于找到解放军医疗队。说明情况后,解放军军医立即投入抢救手术,马先生被从死亡线上拉回来了。王退斋深深敬佩解放军,更加热望新中国。5 月 28 日,共产党正式接管国民党上海教育局。几天后,宣布"不属国民党党团分子或反动政客,而是热心办教育的原校长予以留任"。王退斋的名字出现在第一批宣布的名单之中,并予以了表彰。

解放后上海的民众学校解体改编,王退斋被编入上海市人民政府的新教育局,重新分配给他浦西的住房。王退斋感到新中国充满希望,主动申请将自己的工资割去一半。

上海的民众教学馆都改换成新上海的群众文化馆了,王退斋的调研报告与新时代也不相适应了。而他能绘制地图,能书写英语,从 1949 年到 1966 年基本执教经济地理。他用相似性原理自制放大器供绘制地图,用电灯泡、皮球、乒乓球,模拟宇宙间太阳、地球、月亮的关系,把世界地图的海洋暖流季风关系清晰地表达出来,把世界各地的物产、特产、动植物都绘制出来做成标签,使枯燥的教学变得十分灵便。1957 年夏周恩来来到上海,王退斋作为教师被接见,由此受到很大鼓励。源于他自身的国学造诣,上海市教育局陈琳瑚局长派编审室主任沈佩畦教授敦请王退斋担任古汉语编审工作。华师大中文系的罗君惕教授少年时代是王退斋在淮东中学的学友,积极支持王退斋去大学工作。但这个时候王退斋鼓励 5 个子女都学习自然科学,关心的是科学救国、建设强国,认为基础教育更加重要。

四、与沪上名人的诗词情缘

1990 年代王退斋为于右任绘过一幅肖像画,上面题写着"五十年前曾识荆,须眉奕奕貌崎嵚。及今史馆瞻遗像,难禁人天感旧情。"可惜王退斋和于右任的渊源如今无法稽考了。在王退斋纪念馆里,能看到王退斋与一些名人的笔墨通信,其中有宋日昌、朱东润、梅葆玖、郑逸梅、苏步青、苏局仙等一代老文化人的手迹。朱东润的父亲与王笑云同年举人,王家有其手书楹联一对:"独秀江南知有意,古人座上见君文",可谓两代交谊。苏步青年长王退斋3岁,不单是数学家,书法诗词也都在行。泰州人夏道行也是复旦大学数学系的,经他介绍,苏步青与王退斋诗词笔墨往来。苏步青写道:"安得宏篇秋夜读,一灯闲照赏诗心";"夙从图画识名山,八十年来未得攀,赖有高人传秀句,岚光波影案边看"。字体非常敦厚闲淡,在很规矩的纸张上加盖印章。郑逸梅是掌故补白大王,在学界才望兼隆,与王退斋的交往亲和随意,写信随手取过纸条,短平快一文。他的书屋很小,连挪动的地方都没有,在书堆里俩人可以谈一下午。梅葆玖的信都用钢笔字认认真真书写,头尾相顾内容完整。苏局仙有句云:"高吟引吭飞声壮;激起惊呼落句奇。"百岁老人的心声竟然这样年轻雄健。还有不少上海市文史馆的老一辈文化人,来往的信件诗笺虽然字体风格各异,有的文雅,有的雄健,有的苍老,有的娟秀,但都透出浓浓的书卷气,可见证于《王退斋纪念册》中王退斋朋友300余人的信笺签名。与王退斋相交的不少名人请他过目或者修改创作的诗词,王退斋为人低调从不张扬。全国各地的求教书信雪片一样飞到王退斋身边,信多了,邮递员都认识他,连写错地址的信件一样可以送达。

在20世纪30年代,王退斋曾经鼓励过一些进步青年奔赴延安,他们在党的栽培下有的做了领导干部,业余喜欢写写诗词。例如江苏省文联主席李进、上海市公安局局长杨光池孙红夫妇、上海市肿瘤医院的党委书记石坚、第二军医大学的党委书记谢震等,都是王退斋的学生。他们经常有书信请教诗词格律方法,王退斋皆不厌其烦一一回复指证,他们才放心发表。还有一些才思敏捷造诣很深的人,由于历史原因名声隐遁,生活在贫困线上。有一位薛先生,一手好字、堂堂一表人才,曾为国民党的随军记者,抗战中奔赴前线,年轻的太太和年幼的孩子都死于日本人的炸弹之下。解放后失去工作只能每天在邮局门口代人写信糊口。1970年代初王退斋怜他孤身,顾不上自己尚处于看管时期,冒着风险去为他收尸。

那时,王退斋的同乡知己支秉彝还在"牛棚"里,他是我国第一代研究开发电工仪器仪表的专家。他以科学家的灵敏嗅觉感到计算机的未来应用,在羁押期间整天在草纸上演算计算机"汉字识码"。草纸不够用,看守发现他既不是写交代也没有拉肚子,即刻限量供应。支秉彝只得在一只茶杯盖子上打草稿,把结果誊写在草纸上,草纸成了珍贵的文档纸。他托人把这些草纸带出去,王退斋非常重视科学技术的自身价值,将这些论文慎重地刻在蜡纸上。支秉彝后来探望王退斋,将油印的论文签了名赠送给他。

"文革"后期落实政策,王退斋帮助几位身体羸弱的无辜落难朋友写申诉材料,如此不少朋友对王退斋的人品诗品合一留下非常多赞许。改革开放以后,不少海外诗人慕名前往拜访,其中有马来西亚的皇室贵族天蒙拿督亲王来函求诗画,将王退斋的作品挂在王室建筑里。龙华寺的明旸法师欣赏王退斋的诗画,亲自赠送给王退斋一把折扇,请他为龙华寺画佛教内容的图。更多上海乃至全国的老文化人张思温(陕西省文史研究馆馆长)、喻衡(复旦大学中文系教授)、毛谷风(著名教授)、胡邦彦(语言学家)、梁立言、徐定戡、马祖熙、廉建中、姚养怡等等,他们的笔墨之交,都沉淀着上海的老文化人故事。

上海市文史馆老馆长王国忠在为王退斋写的"退斋老人与春潮诗社"的回忆录中说"……文史馆组织老人们去全国各地名胜古迹或考察或旅游,每到一处总能咏诗言志,唱和应酬,经常即兴当众挥毫,留下书画作品,退斋老人可算是台柱……"王退斋的创作源泉非常丰富。有一次,王退斋在菜市场看到一堆大蒜头里面有一颗残破的水仙花根,不禁感慨地说"这是水仙花不是大蒜头哇"。没想到那摊主没好气说你既然心疼你就买回去,还狠"斩"了一刀价格。王退斋不与计较,买了回家写下:"残妆犹是水中仙,底事沾身到市廛。直与青葱同论价,难和绿萼共争妍。清泉白石谁将护?玉骨冰姿只自怜。忍使名花任憔悴,解囊我为赎婵娟。"

五、王退斋的书画作品

王退斋擅诗词,也擅书法及传统绘画。然而,1970—2000 年初,国画人物画法多见中西结合法的写实作品,而强调以形写神、表现线条神韵的、以题诗咏画为特质的传统画法,似乎已经被淘汰。王退斋对传统画法情有独钟,认为古画的艺术特征别具一格,尤其是历史典故人物画,那才是中华传统文化的重要特色。他关在屋里揣摩主题作品,"赤壁夜游图"、"双乔图"、"香山九老图"、"竹林七贤图"、"东山丝竹图"、"寻访春夏秋冬图"等,每幅都题写了诗或词。在"东山丝竹图"上题写道:"品丝调竹憩东山,谢傅风流不等闲。内抑权奸外平寇,从容确保晋江山……"。诗句介绍了东晋谢安的功绩与人品性格。让读者在欣赏画的同时通过读诗了解历史人物,是王退斋作品的艺术特色。

圈内大家马祖熙评道:"……夫先生之诗稳健博雅,早有定评。然今之诗家,工诗而不能画者有之,工绘事而不谙诗者,亦所在皆是。先生不仅工诗,且工画工书,其所作人物、仕女、花卉皆极精妙,其行楷其联语,亦落落大方,为国内多处景点所刊载。而今之书家,多不谙诗词,不明楹联之规律,所书联语,多有不协平仄,不相属对者,至可笑也。如先生之诗画书法联艺皆工者,几于凤毛麟角。"有一位上海老商人独具慧眼,看中王退斋作品的海外市场,于是向王退斋订购作品,预付定金,不限交付日期。经他的手,王退斋的作品从上海的一间二层阁楼流向日、法、美、西德、意大利等诸国。不久，上海各界来函索要画作的多起来：委托绘余庆棠肖像、香港请绘"马寅初百岁好学图"、请绘梅兰芳纪念像；郑州黄河源头、黄帝陵、炎帝陵、厦门植物园、周恩来纪念馆也拜托索要收藏他的作品；杭州灵隐寺、宁波天潼寺、镇江金山寺、焦山寺、普陀山普济寺、泰州光孝寺等都喜欢他那清淡的佛像；上海市残疾人协会、上海亚运会、交通大学、上海市档案馆、上海龙华寺、上海市文史研究馆皆有了他的画。1999 年，上海画报记者闻讯"退斋诗书画三绝"，追踪采访到家，在《上海画报》用中英文两个开面刊登了"王退斋作品"专题介绍。

　　王退斋感到年事已高，自己对故乡已经尽心，对生活了大半生的上海，做不出什么贡献，觉得那些为上海作出过贡献的不朽人物，其道德文章清白人生，可歌可泣！为此，他绘制了相关的人物肖像，将他们的人生轨迹、事业奉献写成短文，以便于今后上海的年轻人更多了解上海的历史文化。完成的作品有：明代著述宏富、博古通今的文学家、书法家、上海人陆深（古宅在浦东陆家嘴）；明代洁身自好、宠辱不惊的都察院御史、上海人潘恩；明代沟通中西文化的先行者、政治家、科学家、上海人徐光启；清代抵抗英军保卫上海的英雄陈化成；上海华亭画派书画大家董其昌；中国近现代政治家、教育家、创办上海大学的于右任；与上海有不解之源的著名诗人柳亚子；近代中国文化界的卓越先驱者、教育家蔡元培；中国京剧表演艺术家梅兰芳；著名的文学家、思想家鲁迅……王退斋在每一幅立轴画像的周边题写了人物介绍，让人们在看画像的同时书画同赏，领略人物风貌。原本王退斋还要顺着上海历史画下去，可惜天不假年，自己看看画作不如意，未能完成心愿。

六、上海诗词界的几件事

　　王退斋 17 岁时作过一首诗，当地的大才子仲一侯是与柳亚子唱和的南社早期老社员。他把王退斋的诗作转呈给了柳亚子,柳亚子非常赏识,由此王退斋成为南社的忘年交朋友。抗战时期王退斋组织"来复社"、"泰社",弘扬民族气节,诗友影响涉及南京和上海。1950年代,上海有个影响遍及全国的"乐天诗社",参者多为"笔阵曾麾千骑靡,词锋常敌万夫雄"的国学泰斗级水平人才,其中有南社的遗老,也有一些才华青年。王退斋是乐天诗社的主干,他一方面研究古诗词,一方面用格律诗写了大量新题材的作品,在诗词圈产生别开生面的古体新意影响。1960年代初,王退斋致信到上海教育出版社,指正多处课本解释文本的错误要害,教委出版社皆有回复信函。改革开放后退斋老人已年近80,不仅参与了上海诗词学会的工作,又与同仁创立了诗书画并举的"上海半江老人书画社",书画社受到全国各地文化建设项目邀请,扩展了上海对外文化交流的影响力。之后王退斋当选为中华诗词学会副会长、上海文史研究馆春潮诗社的社长。1990年代兼顾了上海众多的诗词书画社、楹联学会等顾问、名誉理事等。可以说,上海的诗词界活动与发展,都有一点王退斋的辛劳付出或影响。

　　1995年全球汉诗研讨会在新加坡举行,向中国大陆发出邀请。上海众多诗词学会都很想出国去看看,由于当时生活水平低,出国的费用较大,不少诗人望而却步。王退斋已经90岁,受众人之托,经动员奔走成功组织了上海代表队赴新加坡参会。会议期间,中国大使馆参赞赖里全、新加坡总理吴作栋、副总理李显龙,都致函祝贺这次文化盛会。王退斋代表上海队致辞,获得热烈掌声。但是,当时来自世界各国的提名代表中,中国大陆4人,中国一省台湾亦4人,王退斋代表大家的意见提出台湾作为一个省份,人数比例应当有所调整。可是,台湾来的人多作品多,当下意见纷纭,王退斋不予争辩了,即席从容赋诗云:"振翼南天万里行,四海骚坛结友情⋯⋯诗教垂兴千载事,吟朋远自万邦来。弘扬先绪承传统,发展前途仗隽才。唤起全球崇汉学,炎黄十亿尽开怀",当场笔墨伺候挥毫书写,全场啧啧叹服,就此平息了一场小小的风波。

2003年11月王退斋仙逝,上海福寿园的文化名人区竖起一块高高的石碑,上面镌刻着王退斋的"正心吟"长诗。这首诗创作于90年代,劝勉炎黄子孙应当自信优秀的中华文明道德文化:"……景行维贤尊古训,文明建树世风敦。人生惟德重于才,德劣才优正可哀……"王国忠为王退斋亲笔书写了墓志铭。上海诗词学会的秘书长杨逸明鉴于王退斋在诗词界的影响力,在2005年《上海诗词》第3期出版了"退斋诗选"专刊。

2014年10月28日,王退斋108岁生辰日,上海市文史研究馆派出代表队参加"王退斋纪念馆"揭牌仪式。丁锡满为"王退斋纪念馆"题写馆名匾额,沈祖伟为纪念馆作序。上海方面送去不少对联。2016年10月14日下午,上海市文史研究馆又举办"纪念王退斋先生诞辰110周年暨《王退斋诗选》出版座谈会",赵雯副市长到会,将《王退斋诗选》授赠与上海图书馆。参会者一致认为:王退斋长期以赋比兴的诗词手法纪实世事沧桑,在创作的诗词中充分体现了以史为鉴、诗史担当,以德为重、诗教育人的使命特色。时隔3个月,迎来传统诗词的春天,电视台播出了影响深远的"诗词大会"实况转播。

(作者系王退斋纪念馆名誉馆长、
上海市华侨历史学会秘书长、
上海炎黄文化研究会宣讲团副团长)

论上海抗战文化

张 云

在抗日战争中形成和发展起来的中国抗战文化,是中华文化宝库中一颗熠熠生辉的璀璨明珠。作为中国抗战文化的一个重要组成部分,上海抗战文化以其独特的地域文化底蕴,在抗日救亡运动中历经血与火的考验,英勇奋战,异军突起,做出了特殊的贡献,在上海乃至中国抗战史册上留下了光辉的一页。

一、坚持抗敌御侮斗争主旨,
弘扬爱国主义民族精神

上海抗战文化的兴起和投入抗日救亡运动,是在中国共产党的组织、领导和推动下进行的。从九一八事变到一二八淞沪抗战,从七七事变到八一三淞沪会战,从孤岛抗战到太平洋战争后租界沦陷,直至迎接抗战最后胜利的 14 年时间里,中国共产党一如既往地坚持抗战的原则立场,直接引领上海抗战文化的斗争方向。

为了领导上海的革命文化运动,特别是为了领导上海的抗战文化斗争,中国共产党设立了专门的文化领导机构。早在 20 世纪20 年代末,中国共产党就在上海成立文化工作委员会,直属中宣部领导,由潘汉年任书记。30 年代初,在文委的组织下成立了中国左翼文化界总同盟,负责具体领导各左翼文化联盟的活动。1935 年 8 月,中共中央重新组建"文委",由周扬任书记,由胡乔木

任"文总"党团书记。全面抗战爆发后,"文委"仍负责上海抗战文化的领导,但直接出面的是八路军驻上海办事处。待到中共江苏省委重建之后,上海抗战文化斗争归其下设的文化工作委员会领导,直到抗战胜利。

因此,在上海抗战文化发展的每一个关节点上,都及时得到中国共产党的明确指导。尽管阶段不同,斗争目标和工作方针有所区别,但抗敌御侮斗争主旨始终坚定不移。九一八事变和一二八淞沪抗战爆发后,中国共产党领导上海抗战文化斗争的中心任务,是宣传和鼓动群众的反帝国主义运动,号召全国人民一致奋起,反对日本帝国主义的侵略、反对国民政府的不抵抗政策、反对日本占领东三省、反对日本侵略上海。七七事变和八一三淞沪会战期间,中国共产党以上海抗战文化为主要阵地,在抗日民族统一战线的旗帜下,从各个不同的角度,以各种形式,全方位地展开文化艺术界的抗日救亡运动,其中心任务包括伸张中国人民团结御侮的正义立场、树立日必败我必胜的坚定信念、讴歌中国军队英勇抗敌的斗争精神、揭露日本侵华战争的险恶用心和法西斯罪行,动员民众参战,呼吁国际社会支持。"孤岛"时期,留居上海的进步文化界爱国人士普遍受到迫害,进步的社会文化机构和文化团体被查封取缔,上海抗战文化运动在日伪残暴殖民统治下转入地下。中国共产党根据上海所处的新环境,及时提出策略方针的转变,迅速改变大规模抗日运动的斗争模式,由集中转向分散,由公开转向半公开或隐蔽。提出要采取各种斗争艺术,"注入抗日反汉奸的内容",利用租界尚未被日军占领的特殊环境,壮大发展力量,重建进步文化阵地,开创了"盛极一时的孤岛文化"。1941年太平洋战争爆发后,上海全面沦陷,"孤岛"已不复存在。根据上海出现的新形势,中国共产党再次调整斗争策略,强调"严格执行长期埋伏、积蓄力量,等待时机的工作方针",对上海抗战文化给予明确指导,使其在内容和形式上,贯彻"灰色化"、"大众化"和经营管理"事业化"的方针,在政治上和经济上争得立足和生存地位的同时,隐晦曲折地、不屈不挠地开展着抗日救国的斗争,既积蓄了力量,又发展了自己,并以新的战斗姿态迎接抗日战争的最后胜利。

上海抗战文化之所以能够坚持抗敌御侮的斗争主旨不动摇,关键在于上海文化界志士仁人所拥有的强烈的爱国主义民族精神。以爱国主义为核心的伟大民族精神,具有强大的凝聚力和感召力,是中华民族屡遭外族入侵而依然屹立于世界民族之林的根本原因,是中国人民抗日战争胜利的决定因素。上海抗战文化的斗争过程,尽管一波三折,有高潮也有低谷,有公开冲突也有地下斗争,有烽火疆场的浴血奋战也有秘密战线的腥风血雨,但不论形势如何险恶,也不论付出多大代价与牺牲,却始终没有停止过。特别是全面抗战爆发后,在中国共产党倡导的民族统一战线的旗帜下,国共两党携手合作,共同抗日御侮。上海文化界各条战线、各个派别,除了极少数汉奸之外,无不同仇敌忾,共赴国难。上海滩上,从理论战线到大众文化,从左翼戏剧运动的崛起到左翼电影阵地的开拓,从新闻出版到职业教育,从美术团体到新兴木刻版画运动,从上海乐坛活动到拉丁化新文字运动的兴起,冠之于抗日救亡主旨的各条战线开展了全方位、多层次的斗争,一时间风起云涌,风靡上海滩,上海文化界弥漫着浓烈的抗战氛围,出现了上海文化发展史上前所未有的全民性抗日爱国斗争的历史场景。

14年的抗战证明:同全国抗日军民一样,上海文化界抱定了"我们万众一心,冒着敌人的炮火前进"的决心,抱定了血战到底、抗战到底的信念,弘扬了中华民族的优良传统,谱写了一部不朽的爱国主义壮丽诗篇。

二、中国抗战文化的发祥地和经典样板

上海抗战文化坚持了抗敌御侮的斗争主旨,弘扬了爱国主义

的民族精神,既彰显了中国共产党坚持抗战的历史担当和时代使命,又展示了中国文化尤其是中国革命文化的红色胎记和时代诉求。诞生于战争熏陶下的上海抗战文化,是五四以来中国新文化的承继,更是 20 世纪 30 年代初期左联倡导的革命文化运动的直接转型。

从倡导反帝反封建和反对国民党文化"围剿"的革命文化转向以抗日救亡运动为主要任务的抗战文化,上海充当了见证者和承担者的双重角色。九一八事变和一二八淞沪抗战之后,汇聚于上海的革命文化工作者,把主要精力用于应对国民党的文化"围剿",抨击国民党"攘外必先安内"的错误政策,在反对日本侵华战争、宣传抗日救亡的同时,将斗争的主要矛头直接指向国民党的黑暗统治。1935 年华北事件发生后,面对中华民族亡国灭种的严重关头,全国掀起了抗日救亡运动新高潮,上海文化界率先响应。12月 12 日,即一二九运动发生的第三天,上海文化界马相伯、沈钧儒、陶行知、邹韬奋、章乃器、李公朴、沙千里、王造时、郑振铎、史良、周谷城、周予同、郑君里、曹聚仁、钱亦石、钱俊瑞等 283 人联合发表《上海文化界救国运动宣言》①,宣言指出:"在这生死存亡间不容发的关头、负着指导社会使命的文化界再也不能苟安偷生而应当立刻奋起,站在民众的前面而领导救国运动。"强调:"组织民众一心一德的拿铁和血与敌作殊死战,是中国民族的唯一出路。"同月 27 日,上海文化界救国会宣告成立,并发表《上海文化界第二次救国宣言》②,推选马相伯、沈钧儒、邹韬奋、陶行知、艾思奇等 30人为执行委员。以救国宣言的发表与救国会的成立为标志,上海文化界把抗日救亡运动作为己任,完成了革命文化历史角色的转型与替代,上海也由此成了中国抗战文化的发祥地。上海抗战文

---

① 《申报》1935 年 12 月 12 日。
② 《申报》1935 年 12 月 27 日。

化则以自己的特殊风格,成为中国抗战文化登台的先行者。

由于上海是中国抗日救亡运动前期的中心,由于上海当年汇聚了一大批革命精英和爱国的文化名人,他们既具备优良的文化素养,又胸怀"国家兴亡,匹夫有责"的文化品格。面对民族危亡、国难当头的紧急关头,他们身临两次淞沪抗战的炮火洗礼,满腔热血地投身于抗日救亡运动的潮流之中,以文化为武器,以战争为题材,从文化领域的各条战线、各个层面,向侵略者展开了英勇的斗争,形成了一支"团结自己、战胜敌人"的文化新军,也把上海抗战文化的造诣推向了高峰。

立足战争的时代背景审视上海抗战文化的各类各种成果,不乏传世之作和经典样品。在社会科学领域,艾思奇的《大众哲学》,以通俗的语言深入浅出地讲解马克思主义的哲学原理,并结合当时抗日民众特别是青年知识分子所感受到许多现实问题,给予正确的思想引导,是一部被称为"在中国现代哲学史上具有划时代的意义"的著作。在文学艺术领域,以小说、报告文学等作战斗的武器,是上海抗战文化勃兴的一大特点。1933 年出版的茅盾长篇小说《子夜》,展现了 30 年代初期中国社会现实生活的巨幅画面,被认为是五四以来新文化沿着革命现实主义方向发展的里程碑。而 1936 年夏衍的报告文学《包身工》,茅盾的《林家铺子》和农村三部曲《春蚕》、《秋收》、《残冬》等,也都是脍炙人口、光耀夺目的传世佳作。用音乐呼喊抗日救亡,是上海抗战文化勃兴又一特点。1935 年上演的影片《风云儿女》中由聂耳谱曲、田汉作词的主题歌《义勇军进行曲》,"以奔放豪迈的热情,高亢激昂的旋律和群众喜闻乐见的形式",随着影片的情节唱出了民族的危亡、唱出了全民抗战的悲壮,唱出了时代的最强音,不仅在抗战时期,在以后漫长的岁月里,都是一曲催人奋进的战歌。新中国成立后,这支歌被确定为国歌,不断地激励人民勇往直前。此外,还有《大路歌》、《大刀进行曲》、《毕业歌》、《渔光曲》、《保卫华北》、《松花江上》等,都将长久地刻在人们的记忆里。

　　况且,由于战争的残酷和时局的动荡,奋斗在上海并做出杰出贡献的一批又一批抗战文化工作者,他们陆陆续续带着上海抗战文化的成果以及各种信息、经验离沪他往,有效推动了当地抗战文化的兴起。总之,在中国抗战文化发展史上,上海抗战文化树起了一面不朽的旗帜。

三、上海城市文明海派风格的凸显和提升

　　上海抗战文化的形成,一方面继承了上海城市文明的海派风格,另一方面又为上海城市文明海派风格的发展增添了新的成分。上海城市文明的形成和发展,具有长期的历史积淀过程,构建了一座拥有厚重历史文化底蕴的城市精神家园,形成了别具特色的海派风格。诞生于斯、勃兴发展于斯、坚持斗争于斯的上海抗战文化,既是民族精神和中华文化的弘扬和发展,更是上海城市文明海派风格的凸显和提升。

　　一是上海抗战文化具有地域本土化特色。上海发生的两次淞沪抗战都是在中国抗日战争发生转折时具有里程碑意义的战役。一二八淞沪抗战是中国局部抗战中承前启后的重大一役;八一三淞沪会战则是中国全面抗战的绪战,是中国从局部抗战转变到全国抗战的一个主要标志;而波澜壮阔的抗日救亡运动,上海是其发祥地和前期的中心。有鉴于此,上海一些文化工作者提出“表现上海”的口号,倡议“要抓住上海的个性,发掘上海的灵魂,歌唱上海的斗争”,以便通过“正视上海的现实,理解上海的现实”,进而“理解抗战中的祖国”。上海抗战文化人士以此为遵循,积极反映两次淞沪抗战和上海抗日救亡运动的斗争史迹,宣传上海抗战的革命精神,总结上海抗战的经验教训,涌现了一大批很有分量的上海抗战作品。例如《上海抗日血战史》、《上海之战》、《上海浩劫记》、

《上海二十四小时》、《上海大战》、《保卫大上海》、《八百英雄》、《姚子青》、《上海的屋檐下》、《夜上海》、《放下你的鞭子》等,还相继举办淞沪战区遗迹绘画展览会、淞沪战迹油画展览会,开设讲座、组织报告会、演唱会等,直接反映两次淞沪抗战,反映上海抗战时期的社会风貌,体现了上海抗战文化洋溢的那种厚重的上海气息。

二是上海抗战文化具有开拓创新性特点。九一八事变后,上海先后成立了各种抗日救亡的团体,其数量之多、范围之广、影响面之大,都是上海人民革命运动中前所未有的。至八一三淞沪抗战期间,全市已经组建了 180 多个抗日救亡团体,其中文化界抗日救亡团体就有 70 多个。这种抗日救亡运动的团体大部分由中国共产党人参与组织、参与领导,许多是全国首创的,因而得到全国各地的纷纷效仿。1935 年 7 月 28 日,上海的文化社团联合组建了文化界的抗日统一战线——“上海文艺界救亡协会”,并创建了机关刊物《救亡日报》。同年 12 月 27 日,上海文化界救国会宣告成立,更扩大了上海文化界的抗日阵地。一方面,发起成立这些文化社团的爱国文人,纷纷表示在国难当头之际,全体文化界人士都应该抛弃门户之见和新旧之别,联合起来,团结一致,不做“专门唱歌娱乐人的‘百灵鸟’”,而是要做抗战军民的“感觉器官,思想神经,或是智慧的瞳孔”,为抗日救国而努力战斗。另一方面,他们又创造性地采取各式各样的斗争形式,包括出版抗日救亡的报刊、书画,组织各种演讲队、歌咏队、文艺宣传队,通过时评、文学、诗歌、小说、曲艺、篆刻等各种形式,宣传抗日救亡。特别是《义勇军进行曲》《大刀进行曲》等在上海的诞生,更是轰动全国,激荡人心,形成了前所未有的抗日救亡运动新局面。

三是上海抗战文化具有团结包容性的特点。这里包含着二层不同的涵义:一方面从上海城市文明的视角考察,作为国际大都市的上海,具有开放性的特点,具有海纳百川的胸襟。众多的文化流派,形形色色的文化人士,在各个不同时期、不同场合纷纭踏至,投入到能够容纳他们生存和施展才能的环境里;而他们的到来,又给这座城市带来了万花筒般的文化信息和千姿百态的文化产品,也为上海抗战文化的勃兴奠定了物质基础、提供人才条件。另一方面,上海抗战文化阵营本身也经历了一个有斗争有分歧到"团结抗战,一致对外"的过程。从"左联"与"自由人"和"第三种人"之间的争论,到左翼文化团体内部关于"国防文学"和"民族革命战争的大众文学"的争论,在中国共产党指引下,上海文化界求同存异,终于在抗日民族统一战线旗帜下联合起来,形成了团结御侮、共同抗敌的新局面。这是上海抗战文化得以在"孤岛"和沦陷时期能够继续坚持斗争,产生盛极一时的孤岛文化最直接、最重要的因素之一。

　　上海是中国共产党的诞生地,是中国革命的第一块圣地。在中国共产党的领导、推动下,上海抗日救亡运动与淞沪抗战的丰功伟业交相辉映,完整书写了上海在民族解放斗争史上的光辉篇章。作为上海抗日救亡运动最重要的一股力量,上海抗战文化功不可没!

（作者系国防大学政治学院教授）

胡愈之对抗日民族统一战线的贡献

章义和

在全国各族人民为反抗日本帝国主义侵略进行了十四年不屈不挠的艰苦斗争,中国共产党率先倡导、积极推动建立的抗日民族统一战线是引领抗日战争走向胜利的光辉旗帜、是抗日战争克敌制胜的重要法宝。其中,爱国民主人士也在抗日民族统一战线的形成、发展、实行及维护的过程中起到了重要作用,做出了不可磨灭的贡献,胡愈之便是其中一员。胡愈之的身份较为特殊,既是中国共产党员,又是民主人士中的重要人物。在中国民权保障同盟、全国各界救国联合会等民主爱国组织的组建中,一些促进抗日民族统一战线形成的团体创建的过程当中,胡愈之扮演着十分重要的角色。① 他充分发挥自身的组织能力、宣传能力、社会活动能力,全身心地投入到抗日民族统一战线的相关工作当中,并利用他的社会影响力、社会关系,在上海、武汉、桂林、新加坡等地积极奔走,努力实践和推广抗日民族统一战线的政策。

一、《"寇深矣"》: 胡愈之著文呼吁联合抗日

"九一八"事变之后,对国际形势有深刻研究的胡愈之一下子

---

① 1933年初,受鲁迅之邀,胡愈之参加民国民权保障同盟;同年9月,秘密加入中国共产党,接受中国共产党中央特科领导,张庆孚为其入党介绍人。1935年,与沈钧儒等发起组织全国各界救国联合会。1946年加入中国民主同盟。

就看穿了日本帝国主义的阴谋，当时社会上流传一个错误认识，以为日本侵占东北是要进攻苏联，胡愈之于 9 月 26 日在《社会与教育》上发表《尚欲维持中日邦交乎》，[①]明确指出日本侵占东北是全面鲸吞整个中国的开端，政府的做法不是无用地向全世界各国呼吁、请求公道，而是"断交宣战"！"非取断然措置，便是投降。现在是只有这两条路。"这篇文章与国民政府卖国投降的主张针锋相对，发表后影响非常之大，不少人转而支持胡愈之的意见和看法。同年年底，一些研究国际问题的学者，其中包括几位共产党员，在上海筹备成立"苏联之友会"，认为日本帝国主义的最终目标还是为了进攻苏联，成立"苏联之友会"就是宣传和鼓动全国劳动者"武装保卫苏联"，中国苏维埃政府要与苏联紧密联合。胡愈之应邀参加会议，在发言中他表示：中国与苏联友好非常有必要，应当努力促成中苏两国政府建立抗日联盟，而不仅仅只是中华苏维埃政府与苏联联合，因为中苏两国政府形成抗日联盟就会对日形成有效威慑，可以促使蒋介石改弦更张，放弃不抵抗政策。没有料到胡愈之"联苏抗日"的这一真知灼见不仅没有得到中共的支持，反而受到"中国左翼作家联盟"的嘲笑。他们讽刺胡愈之想到国民政府外交部去做官，是喝了宋美龄的洗脚水被迷了魂，是典型的右倾机会主义者。对此，胡愈之没有气馁，连续在《东方杂志》上发表系列文章，主张应争取广大群众、团结一切可以团结的人来联合抗日。对于这件事，胡愈之的好友夏衍有过评价："胡愈之当年并没有被错误的批评所吓倒，他还是不断地发表文章，指出在日本帝国主义的进攻中，民族资本家开始对国民党不满，国民党内部也有'不愿做奴隶的人'，蔡廷锴、蒋光鼐的十九路军在上海奋起抗战，就证明了这一点，而这一场淞沪战争又得到了上海工商界头面人

① 胡愈之：《尚欲维持中日邦交乎》，《胡愈之文集》第二卷，三联书店 1996 年，第 448 页。

物的支持,这一切也说明了当政的国民党也不是铁板一块。……在 30 年代初期王明路线占上风时期,在进步文化界能有这种实事求是的远见卓识,实在是难能可贵的。"①1932 年底,国民政府与苏联恢复了正常外交关系。在后来的抗战中,无论物力,还是军事,苏联方面都给中国巨大的援助,为中国取得抗日战争的胜利作出了重要贡献,这也证明胡愈之提出的"联苏抗日"是一个正确的主张。

1933 年初,胡愈之在《东方杂志》上发表《"寇深矣"》一文,不仅称颂了东北抗联、十九路军、热河何柱国旅的英勇抗日事迹,同时揭露国民政府的不抵抗政策,他指出,"最使我们伤心惨痛的,当淞沪血战之日,政府仍和敌国信使往还,不断绝国交;当傀儡国军队在日军掩护下,正向热河大举进攻的时候,中央政府却仍未下令讨伐东北叛逆;山海关已被敌军攻陷,华北将士正在孤军抗敌,而政府并无坚决反日之表示,既未正式向日本宣战,又未准备全国动员以挽回民族灭亡的命运。"因此,胡愈之大声呼吁在民族危亡时刻,中华民族举全体之力、步调一致地抗日,他说:"这真是中国民族的最后的生死关头啊。为了挽救这最后的危局,为了全民族的解放,为了中国领土的独立与完整,最后为了不辜负十九路军、东北义勇军与华北抗日将士的壮烈的牺牲,我们要求集中力量,一致步调,以全民族的整个结合,和日本帝国主义作最后殊死的战争。"②在 1937 年全面抗战爆发之前,胡愈之考虑到需要加强抗日民族统一战线的宣传,便通过与开明书店协商,决定以出版文摘性刊物的形式扩大宣传效果。胡愈之将这一刊物命名为《月报》,于1937 年 1 月 15 日正式出版,在第一期《这一月》的卷头语中,胡愈之写道:"对于我们的文艺界,希望'停止内战'! 过去的旧帐不

① 夏衍:《中国民族的脊梁——胡愈之》,见《胡愈之印象记》,中国友谊出版公司1996 年版,第 6 页。

② 胡愈之:《"寇深矣"》,《胡愈之文集》第三卷,第 141 页。

算,就从一九三七年一月开始,大家举起笔杆,一致对外罢!"①此
外,胡愈之还在被认为是国共合作、文化界统一战线的《救亡日
报》上发表有多篇文章,如《上海抗战的一个月》、《爱自己的兄
弟》、《肃清失败主义心理》等。在上海濒临沦陷之际,胡愈之还和
夏衍等人拟出几条口号,在《救亡日报》上刊出,即"坚持抗战! 反
对分裂! 反对妥协!""战则存! 和则亡!""主和者就是汉奸!"
等。② 1941 年,在 1 月 20 日《南洋商报》发表的《团结则存,分裂则
亡》社论中,胡愈之写道:"我海外侨胞,其中最大多数,一向是无
党无派的,我们心中只有国家民族,我们决不存党派偏私之见。现
值大敌当前,失地未复,我们所要求的是抗战建国,是民主团结,我
们所反对的是和平妥协,是内战分裂。我们时时刻刻不会忘记蒋
委员长再次三番耳提面命的训示。我们记得在二十六年国庆日蒋
委员长的演说辞中曾说过:'我们不但要始终保持统一,并且要继
续的巩固团结,我们已经在抗战开始时证明民族团结国家统一的
力量的伟大,我们更要在抗战中间表现我们的统一,加强我们的团
结。'"③在该月 25 日的《南洋商报》上,胡愈之针对皖南事变发表
了《新四军事件所引起的国内外反响》一文,其中说道:"新四军事
变发生以后,我们所看到听到的海外报纸舆论,不分地域,不分帮
派,大多数都主张拥护蒋委员长团结抗战到底,可见海外侨胞对于
这次事件的观点和意见是一致的,而且不能不一致,亦不可不一
致。不然,我海外同胞,要是存着党派偏见,主张扩大事变,增加磨
擦,不但违反了侨胞无党无派的立场,亦且也是自取分裂亡国之
祸。"④类似这样的文章,使得"国民党在新加坡制造的反共和对日

①　胡愈之:《这一月(一)》,《胡愈之文集》第三卷,第 539 页。
②　于友:《民盟历史人物——胡愈之》,群言出版社 2011 年版,第 205—206 页。
③　胡愈之:《团结则存,分裂则亡》,方修编:《胡愈之作品选》,上海书局有限公
司 1979 年版,第 21 页。
④　胡愈之:《新四军事件所引起的国内外反响》,方修编:《胡愈之作品选》,第
30—31 页。

妥协投降的论调被打得落花流水。"①

二、反蒋抗日：胡愈之在西安事变中的作用

在西安事变发生之前,胡愈之成功说服张学良的亲信高崇民同意与共产党联合反蒋抗日。事情的缘由是这样的:1933 年 7 月,胡愈之接替邹韬奋担任《生活》周刊的主编和经营,因报道并支持"福建事变",被国民党上海市党派强行查禁。1934 年初,胡愈之组织出版了《新生》周刊,请邹韬奋的好友杜重远出面登记出版。"杜重远是东北人,曾留学日本,后在东北创办了一家颇具规模的瓷厂,成为一个不小的民族资本家。他曾做过张学良的秘书,与张学良的关系很密切,与东北军上层人物也都有来往。"②杜重远还与时任上海淞沪警备司令的蔡劲军是好友。因身份特殊,请他出面做刊物主编,相对来说要方便许多,胡愈之和艾寒松负责编辑工作。1935 年 7 月,因"《新生》事件"③而关进漕河泾监狱的杜重远,受到了蔡劲军的多方照顾,特意在监狱后面空地上建造了一幢小房子,让杜重远居住,还派专人做饭,也有家人伺候,对外可以电话联系。实际上只是为了掩日本人耳目,让杜重远在里面隐居起来。"杜重远被判刑关押,引起了东北军人士的关注,许多东北军的上层人物,专程来上海探望。这时张学良将军和东北军人士,对蒋介石下让东北军抗日而叫去进攻红军的罪恶阴谋已有所认

---

① 于友:《民盟历史人物——胡愈之》,第 280 页。

② 胡愈之:《我的回忆》,江苏人民出版社 1990 年版,第 348 页。

③ 1935 年 5 月,《新生》周刊登载艾寒松所写的《闲话皇帝》一文,谈到日本天皇以搜集植物标本作为日常生活,没有实权。当时送审的时候,国民党检察机关认为内容无碍,便签发了许可证,没想到此文发表后,日本方面认为这是对日本天皇的有意侮辱,提出强烈抗议。国民政府不敢得罪日本政府,便与杜重远商量,希望他把责任承担起来,答应法庭只判处罚款,且罚款由国民政府承担。杜重远以大局为重,答应了下来。到了法庭开庭那天,日本人认为判罚太轻,继续闹事。国民政府只好二次开庭,改判杜重远 14 个月徒刑,并勒令《新生》周刊停刊。这就是著名的"新生事件"。

识，都希望能找到新的道路，实现抗日，打回东北老家去。"胡愈之在《我的回忆》中对此事有详细的叙述，他说：杜重远总是事先约好一些东北军的人来，我们在一起交谈，向他们指出日本的侵略野心和蒋介石不抵抗政策的本质，宣传共产党的反蒋抗日主张，鼓励东北军站到反蒋抗日的一边来。通过耐心说服，工作很有成效。"高崇民曾是张学良的秘书，他从北京专程来上海看望杜重远。我和他先在监狱里谈，后又在外面饭馆里谈，先后作了三次长谈。高崇民当时是主张三民主义的，我对他说，现在三民主义是搞不通的，只有把日本打出去才有希望，最后高崇民被我说服了，同意和共产党联合反蒋抗日。他也指出，东北军反蒋抗日还有许多问题要解决：最大的问题是西安有杨虎城，不和杨合作是不行的，他答应去西安说服张学良和杨虎城。后来他到西安工作很成功（因为张学良在南京开会时已去上海秘密会见过杜重远，杜已经给他指出了东北军、西北军和共产党共同联合抗战的道路）。张学良不用说服就赞成，张学良还把高崇民送到杨虎城那里住下。高崇民也做好了杨虎城的工作。这样就为张、杨和党谈判联合抗日奠定了基础。应该说，以后'西安事变'的发生，与我们这一时期对张学良和东北军人士的说服争取工作也是有一定关系的。"①

　　胡愈之预先得知张学良同意联合共产党反蒋抗日的情报后，希望及早将这一重要情报告知陕北中共中央，但上海的党组织已遭到严重破坏。1935年12月，胡愈之到香港找到党组织，但香港与党中央也失去了联系，通过在法国巴黎主持《救国时报》的吴玉章与共产国际的中共代表团取得联系后，胡愈之被要求去莫斯科当面汇报。金城在《党的坚强战士》一文中回忆说，"愈之同志到了莫斯科，见到中共代表团王明、康生、陈云三个负责人，还有代表团的干部潘汉年。愈之同志写了关于东北军的

---

① 胡愈之：《我的回忆》，第31页。

材料交给王明,其中关于张学良的材料最多,如张和蒋介石及其他人的关系等等。"①在莫斯科中共代表团驻地,胡愈之详细地汇报了国内情况,特别是关于张学良思想转变的情况和东北军的动态。潘汉年向胡愈之传达了共产国际第七次代表大会关于建立国际反法西斯统一战线的方针,并指出在中国,就是要实现国共合作,建立抗日民族统一战线,共同抗击日本帝国主义的侵略。在莫斯科,胡愈之读到了由共产国际中国代表团起草,以党中央名义发表的《为抗日救国告全体同胞书》(即《八一宣言》),还见到了因"《新生》事件"而流亡到苏联的艾寒松。

三、聚餐聚谈:胡愈之联络爱国人士的隐秘形式

"早在 1935 年受命去法国之前,胡愈之就同(邹)韬奋,还有著名法学家沈钧儒,联系一些上海的知名爱国人士,定期举行聚餐,在一起讨论形势和抗日救国的道路,酝酿着先在文化界成立一个抗日救国团体。1935 年 8 月 1 日,中国共产党发表了《为抗日救国告同胞书》,号召停止内战,全国各党各派各军各界团结起来,一致抗日,并提出了建立抗日民族统一战线的具体办法。……次年 6 月 1 日全国各界救国联合会在上海成立。邹韬奋、沈钧儒、陶行知和胡愈之等都当选为联合会的领导成员。"②

1936 年 8 月,胡愈之自莫斯科返回上海,为了更好地开展并促进救国会的活动,他"又利用聚餐会的形式,联络一些有代表性的爱国人士,他们大都是当时中间派的代表,主要的参加者是刘湛恩、韦悫、郑振铎、王芸生、梁士纯、陈已生、孙瑞璜、丁贵堂、徐新六、胡玉琪、吴耀宗、萨空了、沈体兰、陈鹤琴、严景耀、王国香等。

---

① 金城:《党的坚强战士》,文载《胡愈之印象记》,第 55 页。
② 于友:《民盟历史人物　胡愈之》,第 172 页。

他们每星期一晚上聚餐时座谈,所以叫'星一聚餐会'。"①最初"星一聚餐会"推定由沪江大学校长刘湛恩主持,后来因其被暗杀,改由胡愈之主持。

胡愈之参加和主持的这些聚餐会,是救国会中最重要的上层组织活动形式。这一具有广泛群众基础的"救国会运动实际上最初是由一些聚餐会在发动。即使在一些各界的救国会和全国各界救国联合会成立之后,也始终没有一个会所,也没有刻过一个公章。办公就在一些领导人的单位的办公室或家里。开会吧,主要还是在饭馆里。据章乃器说,当时去的最多的是上海'功德林'和'觉林'两家素菜馆。全国各界救国联合会是在圆明园路青年会全国协会召开的。会场还是胡愈之所联系的吴耀宗好不容易为救国会安排的。尽管救国会的组织没有像政党那么严密,那么健全,但是由于它与广大人民群众同心同德,它的影响是无可估量的。……救国会领导的抗日救亡运动实际上是中国共产党关于抗日民族统一战线这一政治主张的体现,它在人民群众中所起的作用是历史上空前的。"②

1938年,胡愈之被派往桂林进行工作,在桂林期间,聚餐、聚谈仍然是胡愈之开展工作的重要形式之一,如以该种形式帮助夏衍筹划、解决《救亡日报》的机构与工作问题,夏衍在《记〈救亡日报〉》中说,"当时,胡愈之、范长江、张志让、姜君辰、杨东莼和我,经常每星期以聚餐为名,聚谈一次"。③ 胡愈之还以此形式结交广西上层文化界人士,以此贯彻执行抗日民族统一战线政策,"为了和文化界的知名人士互通情况,交换意见,胡愈之在桂林还邀约了另一个每周举行的聚餐会,参加的人有张志让、张铁生、千家驹、陈

①　于友:《民盟历史人物　胡愈之》,第174页。
②　于友:《民盟历史人物　胡愈之》,第175—176页。
③　夏衍:《记〈救亡日报〉》,广西日报新闻研究室编:《救亡日报的风雨岁月》,新华出版社1987年版,第38页。

此生等,陈劭先与李任仁有时也来参加。地点往往在阳桥的天然饭店。同在上海时的几次聚餐会一样,胡愈之作为一个党员,作为一个足智多谋的文化人和社会活动家,在聚餐会中起着核心作用。而这些聚餐的人分别影响着广西建设研究会、文化供应社、广西地方建设干部学校、中国农村经济研究会、救国会、生活书店、广西大学等许多文教机构和社团。"①

四、身体力行:积极为抗日救亡活动筹划奔走

胡愈之对于重大的抗日活动或事件,他往往会进行积极的报道与宣传,如民国历史上有名的"福建事变"。1933 年 11 月间,蔡廷锴、蒋光鼐、李济琛等国民党内部反蒋人士在福建组织人民政府,召开了中国人民临时代表大会,发表《人民权利宣言》、《人民政纲——最低纲领十八条》,号召全国民众起来打倒蒋介石的国民党南京政府,建立人民民主政权。在福建事变之前,蒋光鼐、蔡廷锴率领的十九路军代表,曾与苏区红军代表潘汉年在瑞金签订过《反日反蒋的初步协定》。福建事变爆发后,胡愈之在《生活》周刊上撰写有《民众自己起来吧》的小言论,其中说"从这一次福州的事变,虽然依然看得见军阀政客背后活动的暗影,但是在外表却有一个特点,那就是人民政府所发表的新政纲。谁都知道,中国民众目前需要抗日反帝,需要人民自由权,需要土地革命。福建人民政府所宣布的政纲中,对于这三个目前民众最迫切的要求,却已允许完全给予,这是这次事变中最可注意的一点。"②《生活》周刊也因公开支持福建人民政府的行动而遭到国民党的查禁。

除了公开宣传、支持抗日救国行动外,胡愈之还积极投身其

---

① 于友:《民盟历史人物——胡愈之》,第 264—265 页。
② 胡愈之:《民众自己起来吧》,《胡愈之文集》第三卷,第 279 页。

中,如鲁迅逝世后,胡愈之按照中国共产党的指示,负责组织鲁迅的丧事。在《我的回忆》中,胡愈之说,"我和救国会的一些领导人共同商讨决定:鲁迅先生的葬仪以上海救国会联合会名义主办,并应通过鲁迅先生葬礼,发动一次民众的政治性示威,把抗日救国运动推向新的高潮。由于大家的努力,使先生的葬礼进行得十分隆重。……六七千人的送葬队伍,浩浩荡荡,大家唱挽歌、呼口号,声势很大,反映了群众对鲁迅的爱戴,也表示了人民的觉醒和意向。蔡元培、宋庆龄都参加了葬礼,并在葬礼上讲了话,我在葬礼的最后宣读了悼词。鲁迅先生的葬仪团结了左、中、右各界人士和广大民众,体现了鲁迅先生不分派别,一致对外,联合抗日的精神,向消极抗日的国民党反动派和气焰嚣张的日本侵略者显示了团结抗日、一致救亡的威力。"①

　　1936 年 11 月 23 日清晨,国民党反动派悍然逮捕了救国会的领袖沈钧儒、邹韬奋、章乃器、李公朴、沙千里、王造时、史良等七人,这是当时震惊中外的"七君子"事件。为了营救"七君子",胡愈之为救国会撰写了《为七领袖被捕事件宣言》,在文中说,"救国阵线要求停止一切内战,因为从任何方面发动的内战都只是消耗抗战的实力,而助长敌人的进攻。救国阵线决没有鼓动任何工潮,工潮是由日本资本家疯狂剥夺所激起的;救国阵线站在抗敌的立场,对于日厂工人同胞为了要求最低限度的生活条件而起的罢工,必然加以同情的援助。至于民族企业,它始终保持着一种使民族资本能够独立顺畅地发展,同时保证工人获得适当生活条件的态度。救国阵线更说不到危害民国,恰恰相反,它的目的正是要击退危害中华民国的敌人日本帝国主义,保卫我中华民国领土和主权的完整。救国阵线也决没有扰乱地方治安,恰恰相反,它的目的正是要驱逐那剥夺我整个民族安全的罪人日本帝国主义,而使我全

────────────

　　① 胡愈之:《我的回忆》,第 38 页。

国人民能安居乐业,享有各种的民主权利。"①至 1937 年,国民党政府对"七君子"提起公诉,胡愈之为"七君子"聘请了强大的 21 人辩护律师团队。该年 6 月下旬,"胡愈之还进一步联络了宋庆龄、何香凝、诸青来、彭文应等 15 位爱国人士一起发起'救国入狱运动',公开申明如果'七君子'爱国有罪,他们 16 人愿同'七君子'一起领罪入狱。16 人曾公开发表《救国入狱运动宣言》,号召爱国的中国人都为救国而入狱,陪'七君子'坐牢。16 位著名的爱国人士的这些活动引起了当年社会上巨大的震动,赢得了广泛的同情。这时期救国会的重要文件大多出于胡愈之的手笔。'救国无罪运动'更激动人心的行动,是 1937 年 7 月 5 日宋庆龄、胡愈之等 12 人亲自申请入狱的'苏州之行'。他们曾与法院官员展开激烈的争辩,又一次显示了爱国者的英勇无畏、正直无私,并揭露了国民党当局的蛮横无理。"②于友在《胡愈之》中评论胡愈之在此次营救"七君子"事件中的表现,说:"胡愈之经过了这次营救'七君子'的运动,取得了广泛团结国内外正义人士共同奋斗的宝贵经验,他在贯彻中国共产党的抗日民族统一战线方针的实践中取得了巨大的成绩。"③龙子木在《记胡愈之和救国会始末》中也说,"救国会 14 年的光荣的斗争经历,胡愈之有始有终地参加了;他出色地贯彻执行了抗日民族统一战线的历史任务,这是他生平中的一项重要贡献。"④

五、借助机构:胡愈之在贯彻
抗日民族统一战线中的组织能力

除了被称为"救国会的灵魂"外,胡愈之在抗日战争期间还以

---

① 胡愈之:《为七领袖被捕事件宣言》,《胡愈之文集》第三卷,第 515 页。
② 龙子木:《记胡愈之和救国会始末》,文载《胡愈之印象记》,第 355 页。
③ 于友:《民盟历史人物——胡愈之》,第 191 页。
④ 龙子木:《记胡愈之和救国会始末》,文载《胡愈之印象记》,第 357 页。

惊人的精力和杰出的组织能力创办和参与了多家机构,藉此以多种渠道宣传抗日民族统一战线,这些机构包括国际宣传委员会、复社、国际新闻社、文化供应社等。

国际宣传委员会是上海文化界统一战线组织"上海文化界救亡协会"宣传部下属机构,由胡愈之领导,主要负责向国际报道中国抗战情况,以争取国际同情与援助。据胡愈之回忆,国际宣传委员会的新闻稿受到国际记者的欢迎,原因是,"这份新闻稿的内容,都是我们联系的报社记者从实地采访来的,真实而生动。不仅有前方战争情况的报道,还有后方全中国人民同仇敌忾、开展轰轰烈烈的抗日救亡运动的消息;不仅有国民党正面战场的情况报道,更有共产党八路军挺进敌后,开辟敌后战场,取得平型关等战斗重大胜利的消息。所以这份新闻稿很受外国记者的欢迎,他们大量采用,发往国外。这样我们突破了国民党的新闻封锁,向国际上宣传了中国抗战发展的真相,特别是使国际上了解到共产党八路军在实现抗战中的重大作用。"①

上海沦陷后,胡愈之还创办了复社,"是借用明末文人抗清救亡团体'复社'的旧名,暗含收复失地,抗日救亡之义"。复社在胡愈之领导下,承担了两项具有重大意义的出版工作,一是美国著名记者埃德加·斯诺《西行漫记》的翻译与出版,另外一项则是《鲁迅全集》最早版本的发行,《鲁迅全集》共二十册、六百万字,"在这个把鲁迅的遗产'普遍地传达于每个中国人民'的巨大工程中,胡愈之'奔走擘画,不遗余力',充分显示出他的才能与毅力"。②

1938年,胡愈之到达武汉,担任国民党政府军事委员会政治部第三厅第五处处长,主管文字宣传。国民党中央国际宣传处处长曾虚白由于缺乏宣传材料,与胡愈之商量,希望获得可供对外宣

---

① 胡愈之:《我的回忆》,第44页。
② 胡国枢:《新中国建立前的胡愈之》,《浙江学刊》1989年第5期,第118页。

传的通讯稿。胡愈之藉此契机,经请示周恩来,让范长江设立国际新闻社。"按胡愈之的规划,它(国际新闻社)既向国际宣传处发稿,也向国统区的各地报纸发稿,打破国民党中央通讯社对新闻消息的垄断。它的方针是贯彻中共的抗日民族统一战线,宣扬抗战,团结与进步,反对投降、分裂和倒退。"①

文化供应社的兴办,是胡愈之在桂林期间创设、发展机构,积极宣传抗日民族统一战线的重要贡献。文化供应社的方针和宗旨是供应为抗战需要的文化用品。赵晓恩在《桂林文化供应社始末》中说,"文化供应社是抗日民族统一战线的产物。1939年,胡愈之同志奉党的南方局之命,到广西开展工作,他对这个出版发行机构作了周密的设计,后来这个出版社在广西地方上有一些民主人士的支持和合作下创办起来了。它和生活、读书、新知三家书店一样,是抗日战争时期在国民党统治区我地下党直接领导的一个重要文化阵地。但它有自己的独特性。因它在党的抗日民族统一战线政策的指导下,正确地同广西当局在一些方面建立了合作关系,取得了当时广西当局的支持,所以起到了为兄弟出版单位所起不了的作用。"②

六、利用刊物:广泛宣传抗日民族统一战线

胡愈之长期主编报刊杂志并参与撰稿、编辑、印刷等,对刊物的发行过程极为熟悉。在抗日战争时期,他积极创办并利用各种刊物,如《生活日报》、《月报》、《救亡日报》等,使这些报刊成为宣传抗日民族统一战线的重要阵地。

1936年,胡愈之帮助邹韬奋在香港筹办《生活日报》。"多年

---

① 于友:《民盟历史人物——胡愈之》,第246—247页。
② 赵晓恩:《桂林文化供应社始末》,《六十年出版风云散记》,中国书籍出版社1994年版,第86—87页。

来,邹韬奋一直想办一张为人民说话的报纸,1932 年曾筹到资金15 万元,因当局未准登记而流产。这次到港后,即由生活书店提供一部分资金,并向银行贷款,着手筹办。大致就绪后,邹韬奋急于找胡愈之研究办报大政方针,而这时胡愈之正因联系党的工作去莫斯科。归途他在巴黎接到邹的催行电报,当即回电希望邹等他到香港后再'择吉开张'。胡愈之在莫斯科曾听取了共产国际'七大'关于建立国际反法西斯统一战线方针的传达,明确了在中国建立抗日民族统一战线的政策,到香港后商同邹韬奋按照这一方针办《生活日报》。"①邹韬奋完全赞同胡愈之的办报主旨由反蒋抗日向联蒋抗日转变的意见,执行抗日统一战线政策,并在专版上先后发表两篇有关抗日民族统一战线的文章,诠释抗日统一战线的重要性:"救国统一战线的唯一目的是在救国,凡是不甘于做亡国奴的中国人,我们都应该失去他,鼓励他,引导他来参加救国统一战线,尽量贡献他所有的力量"。②"所谓抗敌救国联合阵线,就是不论何党何派,不论什么阶层,不论什么职业,凡是不愿做亡国奴的,都联合起来,集中整个民族的力量来对付我们民族的最大敌人。"③由于办报条件的恶劣,《生活日报》虽然只出版了 55 天(6月 7 日至 7 月 31 日),但在胡、邹两位的共同努力下,呼吁建立抗日民族统一战线,适应时代潮流,受到读者关注,短期内就达到销量两万份。

　　1937 年,为了适应国内抗日救亡运动高涨的形式,促成国共合作,胡愈之又创办了《月报》。这是中国第一本大型综合性的文摘刊物。文摘性刊物的一个长处就是可以根据编者的意图广泛选取文章,能集中反映一个时期内的各种意见和主张,取得好的宣传

---

①　赵晓恩:《载入史册的友情——胡愈之与邹韬奋》,《六十年出版风云散记》,第9 页。

②　《韬奋文集》第一卷,三联书店 1956 年版,第 143 页。

③　《韬奋文集》第一卷,第 145 页。

效果。关于《月报》的分明缘起,胡愈之在《我的回忆》中说,"为了推动抗日救国运动,实现国共合作,建立广泛的抗日民族统一战线,我又组织筹办了一个大型文摘刊物《月报》,1937 年 1 月由开明书店出版发行。因为是文摘刊物,所登文章都是国内外报刊中采摘来的,我们就有意多摘录共产党的消息和主张,如在第二期我们就刊登了蒋介石的文章,同时又刊登了毛泽东的文章,这样做法,国民党政府也就不好问罪了,而我们却达到了宣传党的抗日民族统一战线政策的目的。"①《月报》每一期都设有政治、经济、社会、学术、文艺、参考资料等专栏,选用的文章和资料多达百余篇,厚有二百多页,内容富赡,形式活泼,受到读者的广泛好评。建国后曾负责《新华月报》出版工作的范用说:"当年阅读《月报》,其心情犹如小孩子走进了糖果点心店。尽管有的我看得懂,有的似懂非懂,有的压根儿不懂,但看得津津有味,看得废寝忘食。感谢这本刊物把一个 15 岁的少年引进了一个新的天地,大大拓展了我的思想领域和知识领域,从此体会到文摘杂志的好处。尤其令人难忘的是,那时正是民族危机深重,日本帝国主义大举入侵迫在眉睫,《月报》以大量篇幅刊载有关文章,使国人认识到团结御侮,奋起抗战是唯一的出路。"②范用便是在《月报》的感召下,于 1937 年冬天奔武汉,走重庆,投入抗战的洪流。

1940 年,胡愈之按照周恩来的安排,到达新加坡任《南洋商报》编辑主任。在主持《南洋商报》期间,胡愈之积极进行改革和创新,增加宣传抗战的内容,突出强调民族团结、南洋华侨团结及南洋华侨在抗战救国的作用,同国际新闻社保持密切联系,报道国内抗日战争形式,还不断撰写社论,呼吁团结抗日,反对分裂动摇。方修在《胡愈之作品选》的前言中说,"一九四一年这一年,中国的

---

① 胡愈之:《我的回忆》,第 41—42 页。
② 范用:《忘不了愈之先生,忘不了〈月报〉》,文载《胡愈之印象记》,第 427 页。

抗战已经进入了第四个年头,但是重庆当局不但没有在军民大众的浴血战斗中坚强起来,反而愈来愈显得动摇与退步。行政的腐化,官吏的贪污,政治的专制,社会的糜烂,情况已是非常的严重,而且还有内部分裂摩擦、发生军事冲突的消息频频传来。这些事态,使到本地的华人社会感到无限的关切与焦虑。这时候,胡氏的社论出现了。他以忠诚爱国的民主人士的立场,无党无派,不偏不倚的态度,不断发出呼吁,力主坚持团结抗战,反对分裂投降,要求实行民主改革,澄清吏治,开放言路,……可说真正的成为了民众喉舌,舆论前驱。"①另外,胡愈之还依靠自己的影响力解决了《南洋商报》与《星洲日报》的宿怨,②两家华文报纸化干戈为玉帛,携手抗日,为保卫南洋作出了重要贡献。

胡乔木在《无私无畏　鞠躬尽瘁》一文中对胡愈之在推进抗日民族统一战线中所作的工作给予了客观公允的评价,他说:"抗日战争全面爆发后,国共两党抗日民族统一战线形成。愈之同志受命任军委会政治部第三厅第五处处长,主管宣传动员工作。他在周恩来同志的直接领导下,为巩固和发展抗日民族统一战线,团结文化界人士共同抗日,做了大量工作。武汉沦陷后,他又受周恩来同志指示,到桂林开展抗日统一战线工作,使桂林成为大后方抗日文化的一块绿洲。1941年,国民党发动第二次反共高潮,他按党的指示撤离桂林到香港,接着经周恩来同志指示,到新加坡开辟海外抗日宣传阵地,团结广大海外侨胞共同抗敌",所以,"愈之同志是自觉地执行党的政策的模范"。③

（作者系华东师范大学教授、博导）

---

① 方修编:《胡愈之作品选》,第5页。
② 《星洲日报》是新加坡著名华侨领袖胡文虎创办的。由于帮派观念在南洋根深蒂固,福建人喜欢看《南洋商报》,而广东人偏爱《星洲日报》,两家华文报纸长期不和。
③ 胡乔木:《无私无畏　鞠躬尽瘁》,文载《胡愈之印象记》,第19页。

上海工商界的抗日活动

陆兴龙

在抗日民族统一战线中,民族资产阶级是一个重要的社会力量。我党对民族资产阶级的不同阶层作了正确的分析,把民族资产阶级分成三个阶层:人数众多的城市小资产阶级是与工人、农民相同的进步势力;工商业资本家则是中间势力,对这两种势力分别采取发展、争取和团结的方针。只有极少数的国民党内部亲英美派大地主大资本家是顽固势力,要对其进行孤立和坚决斗争,但同时要在他们愿意抗日的前提下实行团结和联合。历史证明,中国共产党高举民族解放的旗帜,正确处理与民族资产阶级的关系,是促进抗日民族统一战线建立的前提和基础,同时也是争取抗日战争全面胜利的重要策略。

一、1928—1937 年上海工商业发展状况

从 1928 年 1 月国民政府定都南京到 1937 年全面抗战爆发前夕的近十年,是近代中国工商业相对发展较好时期,曾有所谓的"黄金十年"之称。1930 年代全国工商业发展在地区分布上是不平衡的,沿海城市尤其上海是工商业最集中的地区,上海是工商业资产阶级人数最多、社会影响力最大的城市,以下我们以上海制造工业为实例进行分析。

据 1933 年经济统计研究所对全国工业的调查(这个调查数字虽然不能完全代表全国的工业情形,但一些重要的城市或地区已

经都包括在内了），其中上海、天津、广州、青岛、汉口、北平、南京、重庆、西安、福州、汕头、无锡等 12 个城市列入调查的工厂占全国的 51.83%，工业资本总额占全国的 66.14%。同时，在上述 12 个城市里，上海的工业企业数量占 36.0%，工业资本总额却占 59.6%。企业平均规模相对较大。从调查情况可以看出，沿海城市与内地城市之间的工业水平有很大的差距，即使是同处在东部沿海地区，上海与天津、广州、青岛之间仍有很大差距。就工业投资总量而言，上海分别是天津的 7.8 倍，广州的 5.9 倍，青岛的 10.6 倍。就工业企业数量而言，上海又分别是天津的 2.8 倍，广州的 3.2 倍。尽管这份调查并不完全，但结合历年各地工厂设立的相关资料，中国工业在城市之间有相当大差异的特点是很鲜明地反映出来了（见表 1）。

表 1　上海等 12 城市工业调查表（1933 年）

地　区	工厂数	百分比%	资本总额(万元)	百分比%
上　海	3485	36.0	19087.0	59.5
广　州	1104	11.4	3213.1	10.0
天　津	1224	12.7	2420.1	7.6
青　岛	140	1.4	1765.0	5.5
无　锡	315	3.3	1407.0	4.4
北　平	1171	12.1	1302.9	4.1
南　京	687	7.1	748.6	2.3
汉　口	497	5.1	881.6	2.8
重　庆	415	4.3	734.5	2.3
西　安	100	1.0	16.1	
福　州	366	3.8	261.2	0.8
汕　头	175	1.8	219.8	0.7
上述 12 城市	9679	100.0	32056.9	100.0

　　资料来源：根据刘大钧编：《中国工业调查报告》下册计算所得，不包括外国资本和不符合《工厂法》的工厂，经济统计研究所 1937 年；又引自严中平编：《中国近代经济史资料选辑》，科学出版社 1955 年版，第 106 页表 8，部分数据略有调整。

在一些重要行业,上海或是占有了重要的比重,或是处于行业领先地位,或是同时兼有两个方面的优势。

棉纺织业:上海共有棉纺织厂 61 家,纱锭总数将近 250 万枚,占全国纱锭总数的 55.1%,线锭 33.1 万枚,占全国线锭总数的 85.4%,织布机 2.4 万台,占全国织布机总数的 56.9%。[①] 可以说,上海在很长时间内始终占有全国棉纺织厂半数以上的生产能力。

面粉工业:当时全国共有本国资本面粉厂 148 家,上海有近 40 家,半数以上是规模较大的企业,始终是最主要的生产中心。

机器缫丝业:上海有 114 家,缫丝机 24223 台,缫丝业一度成为当时上海纺织业中仅次于棉纺业的重要行业。

卷烟工业:卷烟工业是当时工业中又一个重要行业,形成了以上海为生产中心,逐步向各地城市扩散的生产格局。在 1931—1935 年的 5 年里,全国销售卷烟中的 80% 以上来自上海,销售总额达到 25774 万元。

造纸工业:1936 年上海的民丰、江南、天章、龙章、大丰、华盛、华丰和美锦造纸厂都是全国机器造纸行业中规模比较大的企业,全市有 10 家民族资本造纸厂和 1 家兼有造纸能力的纸品厂,造纸能力占到同期全国造纸厂的 40% 以上。

这些以农业产品为主要原料的早期初级工业,形成了上海最初的基本工业行业,成为上海工业的基础,奠定了上海在全国工业中的主要地位。此外,上海先后出现一批当时的新兴行业,主要有水泥、橡胶、化工原料、油漆、针织、电工器材、仪器仪表等,进一步完备了上海工业的行业结构。1928 年上海开始有大中华、义生等厂设立,其中大中华到抗战前资本已经扩大到 300 万元。据 1933 年统计,全国共有各类橡胶制品工厂 74 家,上海有 48 家,广州有

---

① 张仲礼主编:《近代上海城市史》,上海人民出版社 1990 年版,第 318 页。

21 家,分别占 64.9% 和 28.3%。① 上海橡胶工业中的大中华、永和、正泰等厂都是全国知名的大型工厂,除生产胶鞋等一般橡胶制品外,已能生产汽车轮胎等高级产品。

电子工业、电工器材、民用电器等科技含量较高的技术性行业反映出上海工业在技术性行业中的领先地位。这些工厂可分为制造电机、电器、电料和电镀等 4 类,产品主要有电动机、电话机、电扇、电讯材料、电线、变压器、灯泡、电筒、电池等,主要集中在上海。如 1937 年全国的电动机生产厂家共有 20 余家,其中至少有 15 家在上海。生产其他产品的一些重要工厂也大多建在上海、如华生电器厂抗战前已经发展成 6 个厂,其生产的华生牌电扇已经成为名牌产品,还出口国外市场,另外还生产电工器材和小型机电设备。上海的复顺电器厂已开始生产家用电冰箱,华通、华成、亚浦耳、汇明、益中、亚光、亚美、大华等企业的产品都代表了当时全国同行业的先进水平。

在机械工业中,上海保持着最大优势,能够生产动力机械、工作母机、纺织机械、农业机械、食品加工机械,在全国同行业中具有重要地位的有新中、上海、明泰、昌泰、新祥、勤昌、和记、中华、求新、大隆等数十家之多。其中求新是全国最大的民营船厂,能够制造 3000 吨级的海轮、铁路货车、锅炉和柴油机和各种轻工机械,大隆则是全国最大的纺织机械专业生产厂家。

重化工工业是当时新兴行业中的一个重要行业,到抗战前全国共有六七家企业能从事重化工原料生产,其中以天津永利化学工业公司和上海天原电化厂两家最为重要。1932 年上海建立了开成制酸厂,1936 年又建立了天利氮气制品厂,从而使上海在全国重化工行业中保持了仅次于天津的地位。另外,在染料、酒精等重要工业原料生产方面,上海的中孚、大中、华安、华元、华美染料

---

① 　陈真:《中国近代工业史资料》第 4 辑,第 643 页。

厂,以及中国酒精制造公司都是全国化学工业中的重要工厂。

　　除了上述工业行业外,上海在其他行业中也占有重要的地位,如印刷、印染、火柴、针织、制药、制皂、榨油以及水泥等,上海都拥有具有全国影响的重要生产厂家。

　　上海为全国制造工业的中心,在众多行业中形成对全国同行业的领导地位,并且形成了相对齐全的行业结构。根据不同时期的统计,上海工业行业结构在全国工业城市中是最齐全的,除了受本地自然资源限制或不适宜大城市生产的少部分工业行业外,大部分工业行业基本上都已具备。上海工业行业的数量通常都占全国的80%以上,与天津、汉口、广州等重要工业城市相比,往往要超出这些城市三分之一甚至于半数以上,特别是有些新兴工业行业更为上海所独有。[1] 以1933年工业分类为例,当时上海工业包括16个大类中的74个行业。

　　1933年上海工业总产值72772.6万元,[2]棉纺织、卷烟、面粉、丝纺织、印刷、机器、橡胶、制革、针织等9个行业产值合计为56804.7万元,占全市工业总产值78.%。[3]

　　1933年全国制造工业总产值(不包括东北和台湾)估计为111397.4万元,1933年上海工业总产值已占该年全国工业总产值的65%,如果考虑到全国工业总产值统计中应包括东北等地的因素,就一般制造工业来说,估计上海工业总产值大约占全国工业总产值的50—60%。[4] 这个结论从工业总产值的集中程度佐证了上

---

　　① 参见刘大钧:《中国工业调查报告》下册,《地方工业概况统计表》,经济统计研究所1937年。

　　② 刘大钧:《中国工业调查报告》下册。本节中有关工业产值的数据均不包括外资工业,第11页。

　　③ 有关上海工业主要行业产值的数字均引自《中国工业调查报告》下册,以及徐新吾、黄汉民《上海近代工业主要行业的概况与统计》,载《上海研究文化合作论丛》第10辑,上海社会科学院出版社1995年版。

　　④ 中国工业经济研究所:《上海工业现状》,转引自陈真:《中国近代工业史资料》第4辑,第39—40页。

海是近代中国最主要的工业中心。

从产值在各个行业之间的分布来看,上海有十几个行业能对全国工业产生重大影响,有关这方面的情况可以参阅表2。

表2　上海重要工业产值与全国同行业产值的比较表

业　别	上海(万元)	全国(万元)	上海/全国(%)
棉　纺	11957.2	31737.1	37.68
棉　织	4270.4	8550.0	49.94
缫　丝	826.5	4751.6	17.39
丝　织	3120.6	4182.6	74.61
毛纺织	1114.9	2509.8	44.42
卷　烟	11800.0	22830.4	51.69
面　粉	7417.2	18013.6	41.18
榨　油	1379.6	4414.5	31.25
印　刷	2737.0	4527.8	60.49
火　柴	428.6	3808.2	11.25
制　药	723.4	1009.1	71.69
橡胶制品	3010.1	4424.3	84.88
制革及皮革制品	3066.8	4424.3	69.31
机器制造及修理	718.0	1934.1	37.12
造　船	663.8	901.7	73.62
车辆修造	97.2	114.2	67.41
酸碱等重化工业	226.5	962.7	23.52
电器用具	1131.8	1594.0	71.00

资料来源:根据巫宝三:《中国国民所得》上册,商务印书馆2011年,第64页,第一表"全国工厂总产值统计表",以及下册第四部附录三;刘大钧:《中国工业调查报告》下册,经济统计研究所1937年,第二编"地方工业概况统计表"各项数字,个别行业产值数字参考其他资料进行修订(全国产值中不包括东北和台湾工业在内)。

　　在这些工业行业中,橡胶制品、电器用具、制药、织绸等业是当时的新兴工业,上海这些行业的产值已经占全国同行业产值的半数以上,说明上海工业随着时代科学技术的进步,具备工业的创新能力。在棉纺、棉织、卷烟、面粉等占全国工业总产值权重最大的传统行业中保持较高的比重,说明上海工业的生产能力保持着连续的增长,而在重工业的某些行业中的产值优势表明上海工业具有一定的综合发展能力。上海在工业发展方面的这种集合优势是国内其他城市所不具备的,即使是国内第二大工业中心的天津也无法与上海相比。

　　综上所述,相对其他城市而言,上海的民族资产阶级是有较强经济实力和社会影响的,尤其是制造业的资本家们,他们中间有相当一部分人掌握着国内同行业龙头企业,执掌着该行业生产之牛耳。同时,上海民族资产阶级组织了数百个社会团体,有些团体服务于发展实业,组织不同行业发展资本主义经济;有些团体参与社会政治活动,在民族危机加深之机,动员民众力量参与抗日活动。这些社会团体在全国工商界有一定的号召力。他们的举动往往为其他地区工商界所关注,他们的爱国抗日行为在国内工商界起着很好的示范作用。

二、"九一八"事变后上海工商界的抗日活动

　　"九一八"事变发生后,全国掀起了抗日高潮,上海民族资产阶级通过各种抗日团体,与全国民众一起以多种方式致力于抗日活动。上海政治舞台上曾经出现4个最有势力的资产阶级团体。上海资产阶级凡对政府有所陈言和主张,"每由四团体或五团体联名(四团体为上海市商会、地方协会、银行公会、钱业公会,五团体则加上航业公会)"[①]。其中最著名的是上海市商会和上海市地方

---

　　① 江苏省社会科学院《恽逸群文集》编选组编《恽逸群文集》,江苏人民出版社1986年版,第213页。

协会。上海市商会是由全市工商界联合组成的代表全市工商业界的法人团体,上海市地方协会前身为上海市民地方维持会,主要是由上海金融工商界领袖人物组成的,在当时的上海极有权威的民间组织。这些团体在发起抗日爱国运动中发挥相当的作用,大致可以分为下面6个方面。

（一）反对内战,抨击政府的不抵抗政策,宣传抗日思想。"九一八"事变发生后的第三天,上海市商会于9月21日团结全市上百个工商团体召开抗日大会,会上将原援侨反日会扩组为抗日救国会。抗日救国会成立后,多次在市商会大楼召开代表大会,发表抗日宣言,通电全国,号召各地成立各种抗日团体,促进了民众的抗日运动高涨。9月28日,上海市商会又以全体会员名义致电国民党中央委员会,要求政府立即停止内战,制定抗日救国办法,并号召全国民众共赴国难。翌年,上海发生"一二八"事变,上海市商会反对内战的态度更加激烈,联合全国商业联合会、上海市银行公会、上海市钱业公会等爱国团体,共同发起组织废止内战大同盟会,8月27—28日,在市商会大楼召开废止内战大同盟首届全国代表大会,全国有400多个工商团体赶赴上海参加,声势十分浩大,影响涉及全国各地和港澳、南洋等海外地区。

（二）组织各界力量,支援前线、为军队提供后勤援助。上海市商会在市民中开展各种募捐活动,为前线将士提供物资援助,仅1931年12月10—31日为东北抗日将军马占山部提供13万余元。"一二八"淞沪抗战期间,为十九路军提供了77万元的军援。上海市民的捐款热情也很高。2月1日,一位不具名的读者给申报馆送来支票一万元,并附信一封,内称:"当此国难之际,宁受生命财产牺牲,虽死足荣"①。此后,市民的捐款源源而来,至5月31日地

---

① 中国人民政治协商会议上海市委员会文史资料工作委员会编《抗日风云录》（《上海文史资料选辑》第50辑）（上）,第214页。

方维持会救济组登报停止接收捐款捐物止,在短短的 3 个月时间里,地方维持会共募得救国捐 27.6 万余元。但此后市民的捐款热情仍然不减,据地方维持会经济组收付股统计,自 2 月 17 日起至 12 月 6 日止,地方维持会共收到救国捐计银 931618.56 元,这些钱款"半数拨作抗敌将士慰劳费,半数拨作受灾民众救济费"①。地方维持会募集的捐款,对于在前线奋战的十九路军来说,无疑是一种有力的支援。

上海市民地方维持会了解到十九路军缺乏军粮时,立即决议承担 7000 石军米的供给,由棉纺业知名人士穆藕初出面联系,由上海临时救济会具体办理此事。从 2 月 2 日至 2 月 24 日,地方维持会共送到前线 7010 石军米②。此后,上海市民地方维持会积极与十九路军联络,了解军需,并通过《申报》等各种途径发动社会各界捐助。如《申报》刊出消息:目下十九路军"所需者即运货汽车、汽油、机器脚踏车、跑鞋及药品等",半天后,"上海全市大大小小车辆几乎完全捐空,齐向军中输送"③。上海市民地方维持会用汽车把市民捐献的这些军需品和慰劳品运往前线,据当时报载:"在真如见运货汽车,相望于道,镇上狭隘之街市,几全为此类慰劳车所拥挤,各种物品如脚踏车、机器脚踏车、橡皮手套、粽子等,均堆积如山"④日军在进攻中违背国际公法使用毒气弹,对十九路军将士坚守阵地造成很大威胁,天原化工厂连夜赶制防毒面罩送到前线,并用厂里的钢材协助中国守军加固防御工事。

此外,救护伤兵是地方维持会的另一重任。"一二八"淞沪之

---

① "办理救国捐会计经过情形",《上海市民地方维持会报告书》(1932)。
② 上海社会科学院历史研究所《"九一八"——"一二八"上海军民抗日运动史料》,上海社会科学院出版社 1986 年版,第 335 页。
③ 张世福主编《宋庆龄与中国抗日战争》,上海社会科学院出版社 1996 年版,第 268 页。
④ 华振中、朱伯康合编《十九路军抗日血战史》,神州国光社 1947 年版,第 474 页。

战,中国军队伤员达 9700 余人,其中十九路军伤员达 6300 余人。上海市民地方维持会组织各界民众救护照料伤兵。工商界和社会人士捐资,由地方维持会共创办了 7 所临时伤兵医院,由颜福庆、牛惠生、庞京周等著名医师主持医务工作,收治伤病的官兵。地方维持会还大力资助宋庆龄、红十字会等个人或社会团体创办的伤兵医院,慰劳受伤官兵。为补充军队兵源的不足,上海市民地方维持会还号召国民参加十九路军,造成全民皆兵、全民保国的抗战形势。

（三）救济难民、维护社会秩序,稳定市民生活。1931 年“九一八”事变发生后,大量东北难民流浪关内,滞留北平,亟须救济。为此,上海市商会积极联络各界发起东北难民救济会,组织各项募捐活动,为北平的难民救济团体送去捐款 1 万余元。“一二八”淞沪抗战造成数十万难民,上海市民维持会专门设立救济组,与其他社会团体合作,共同救济难民,先后设立 200 多个难民收容所,并动员工商界为收容所提供医疗、食品、被服、日用品等援助。同时向轮船招商局租借轮船,遣送难民回原籍谋生。前后组织 4 次,遣送难民超过 2 万余人。同时联合中华职业教育社,开设职业指导股、工艺部,对难民进行职业指导及训练,并介绍工作。同时动员工商企业“多多乐用难民”①。通过这些措施,大大减轻了战时上海的难民压力,对难民重建生活、稳定社会秩序发挥了很好的作用。

“八一三”事变后,逃难民众充塞于途,租界难民激增,人满为患。由此造成物价飞涨,严重影响贫民的生计。上海市商会设法通过稳定粮价以缓解城市的恐慌,并保障贫民免遇绝境。组织抗日募捐,紧急动员工厂西迁,为坚持抗战作出重要贡献。1937 年11 月,日军占领了除租界外的上海地区,上海市商会在极其困难

---

① “地方维持会办理难民职业指导”,《申报》,1932 年 3 月 21 日。

的条件下坚持会务,在进行经济抗敌的同时也积极救济难民。如11月22日,上海慈善团体联合救灾会救济战区难民委员会与上海市商会倡导募捐运动。上海慈善团体联合救灾会建议实施办法为:每家捐一角钱,即可供一位难民1天的口粮。由每家填写认募单汇缴统筹分配。1937年底,上海慈善团体联合救济会致函刘鸿生,告"以数月以来办理救济工作,共设收容所九十七所,收容难民五万六千余人,日需给养费用六千余金。现因经费竭蹶,商将前慰劳会所存北上捐款九万余元拨充应用"。上海市商会考虑到"目下该会所属五万六千余难民嗷嗷待哺,刻不容缓",决定将九万余元"迅予拨充以资应用"①。

(四)宣布对日经济绝交,提倡国货以抵制日货。"九一八"事变和"一二八"事变接踵发生,上海的工业均因受战争影响而遭受损失15亿元以上②。在严峻的危机下,上海民族资产阶级首先倡议全国发起抵制日货运动,广大民众视日货为"仇货",反日情绪更加高涨,市民的爱国行动以提倡国货的形式深入发展,使抵制日货运动进入了新的高潮。1931年9月下旬组织成立上海市抗日救国会,上海市商会集体参加。据《申报》1931年9月29日记载,上海市商会会长王晓籁率众宣誓:"彻底对日永久经济绝交.如再有对日买卖,一经查明,交由人民裁判"。并公布抵制日货立方体六条具体规定。

自1933年起,由上海市地方协会、上海市商会等团体以"中国人应用中国货"为号召,发起倡议再度掀起国货运动高潮。上海机制国货工厂联合会、上海国货产销合作协会等国货团体积极响应,在各界齐心支持下,对每年的国货运动设定一个主题:1933年定为"国货年";1934年定为"妇女国货年";1935年定为"学生国货

---

① 上海档案馆藏:《上海市商会普发文件》,第157页,档案号Q201-1-653。
② 黄逸峰:《旧中国民族资产阶级》,江苏古籍出版社1990年版,第377、第381页。

年"；1936 年定为"市民国货年"1937 年定为"公务员国货年"，形成了连续 5 年旗帜鲜明而主题有所侧重的"国货年运动"。国货年运动以上海为中心开展起来，很快就得到了各地的响应，蔓延成遍及大半个中国的社会运动。这场运动发生的直接诱因是"九一八"和"一二八"两个政治事件，是中国人民面对日本武装侵略作出的强烈反映，是由民族资产阶级发起并领导的以提倡国货形式反对日本侵略的经济战，对日本的在华企业形成了很大的经济打击。

（五）参加大规模的工业内迁，为坚持抗战保存了宝贵的战时生产能力。1937 年全面抗战爆发后，为了保存中国工业的精华，支持长期抗战以达到最后胜利之目的，上海实业界进行了长达两年多的民族工业大迁徙，从东部沿海沿江地区和中原地区共向西南、西北后方迁移了 639 家厂矿企业，拆迁了约 12 万吨的机器设备和重要原材料，价值超过 1 亿元以上，[①]其中从上海撤出民营工业企业 148 家。这场大规模的壮举被称为"中国实业界的敦刻尔克大撤退"，为长期抗战保存了宝贵的战时生产能力。

上海民营工业的内迁对象，"最初本以辅助兵工制造为目的"。[②] 因此，上海民营工业中的内迁企业只有 148 家，机器、化工、动力、燃料、药物等行业的工厂被列在政府组织的内迁工厂名录之列，在政府各实业界的共同组织下，分两个阶段进行了艰难的内迁工作。

第一阶段从 1937 年 7 月下旬到 1938 年 2 月底，包括内迁的准备、实施和内迁船队陆续到达汉口。胡厥文、支秉渊、颜耀秋、吴蕴初、薛福基、项康元等工业界知名人士参与组织内迁。7 月 30 日，上海机器、冶炼、电机、化工等行业中的重要企业中国酒精厂、

①　虞和平：《中国现代化历程》，江苏人民出版社 2001 年版，第 634 页。
②　中国第二历史档案馆编：《中华民国史档案资料汇编》，第五辑第二编《财政经济》（六），江苏古籍出版社 1997 年版，第 385 页。

天利氮气厂、大丰工业原料公司、中国炼油气厂、大鑫钢铁厂、大中华橡胶厂、康元制罐厂等8家企业表示"决不以工厂资敌",坚决要求内迁的态度,并派出代表到南京向国民政府提交上海民营工厂准备内迁的提案。

8月12日,上海实业界人士组成"上海工厂联合迁移委员会"在上海成立,由11名上海工业界的知名人士担任委员。分别是:颜耀秋(上海机器五金制造同业公会主席、上海机器厂资本家)、胡厥文(新民机器厂资本家)、支秉渊(新中工程公司资本家)、余名钰(大鑫钢铁厂资本家)、叶友才(华生电器厂资本家)、项康元(康元制罐厂资本家)、严裕棠(大隆机器厂资本家)、王佐才(中华铁工厂资本家)、赵孝林(万昌机器厂资本家)、吕时新(中新工厂资本家)和钱祥标(中国制钉厂资本家),经大家推选,由颜耀秋担任主任、胡厥文和支秉渊为副主任。由此,上海民营工厂的大规模迁移正式开始组织实施。

上海工厂的迁移是与守城战役同时进行的,是在敌机轰炸下冒着随时准备牺牲的危险下进行的。工友们"拼着死命去抢拆他们宝贵的机器。敌机来了,伏在地上躲一躲,又爬起来拆,拆完了马上扛走。看见前面那位伙伴被炸死了,大声喊声'嗳唷',洒着眼泪把死尸抬过一边,咬着牙筋,仍旧是向前工作"。在河上遇到敌机轰炸时,他们"拿树枝茅草伪装木船,在轰炸下划出去。"也有部分资本家在现场参与抢运,8月16日上海知名实业家、大中华橡胶厂资本家薛福基被日机炸伤而不治身亡。

从8月27日顺昌机器厂船队首先开始起运,到11月12日上海沦陷为止,上海民营工厂迁出148家,不足上海原有工厂的一成,其中机器五金业66家,占内迁工厂总数的45%,占该行业总数的12%;电机电器业20家,占内迁工厂总数的13%,占该行业的8%;化学工厂25家,占内迁工厂总数的18%;文化印刷业11家,占内迁工厂总数的7%;纺织业10家,占内迁工厂总数的6%;其他行业16家,占内迁工厂总数的11%。技术工人2100多人,更不到上海原有技术工人的1%;各类机器设备、材料物资1.24万吨。① 内迁船队顶着敌机轰炸,一路风餐露宿,到1938年2月底,先后有121家企业到达武汉,其余20余家工厂或转道别处,也有企业在迁徙途中失去联络。

第二阶段从1938年3月初到1940年初,包括先期到达武汉的上海内迁工厂临时复工、武汉告急后的再度内迁西南和最后一批工厂到达内地。

1935年10月,先期到达武汉的工厂陆续达到25家。在1938年初,日军相继占领南京、无锡、安庆、九江后,武汉形势告急,上海到达的工厂协助当地工厂参与内迁。大冶、武汉三镇的机器厂、电器厂、纺织厂、电厂、水泥厂、造纸厂、肥皂厂等,在上海技术工人的帮助下,迅速拆卸设备撤往后方。

从1938年3月27日起,上海内迁企业中有一部分已经先期溯长江西进,经宜昌迁入重庆,成为第一批到达四川的内迁工厂,这部分工厂中有渝鑫钢铁厂、大公铁工厂、天原电化厂、龙章造纸厂等大厂;其余100多家上海内迁工厂和60多家武汉当地企业则在武汉失守前全部安全撤离。其中上海内迁工厂中有中华铁工厂、中兴铁工厂、中国制钉厂、上海制钉厂、永利电机厂等13家迁入广西;新中工程公司、中国机器厂、华成电气厂、亚浦耳电器厂等9家迁入湖南;大中华橡胶厂、上海造纸厂、中华书局等迁往云南;通用机器厂、青年卷烟厂等迁往贵阳;其余工厂则陆续迁入四川。荣氏企业中在无锡的公益铁工厂和在武汉的申新第四纱厂、福新第五面粉厂也在此次迁川工厂之列。

迁川工厂沿长江西进,以宜昌为中转集中地。长江自武汉至

① 政协西南地区文史资料协作会议:《抗战时期内迁西南的工商企业》,云南人民出版社1988年版,第18页。

宜昌段江面较阔,民生公司派出轮船协助日夜抢运,还算比较顺利。长江经宜昌到重庆的川江段全长 650 公里,途经 75 个险滩,水急滩险,尤其途经三峡,绝壁千尺。由于军运紧急,迁川企业已经得不到轮船公司的支援,只能依靠木船、木筏,人力撑篙拉纤,每过一滩,船上工人、厂主都要下船,与纤夫一起拉纤,一船的拉纤队伍有百余米之长,齐声喊号,躬身向前,身体几乎接近地面,即使如此协力同心,过一险滩,船行不过三五丈之远,费时却要二三小时之久。更有水流湍急、礁石尖厉之处,时时有木船倾覆、货沉人亡之患。

到 1940 年初,迁川工厂基本上陆续到达,综合从上海和武汉的迁川民营工厂凡 452 家,迁移设备物资 9 万余吨(另有部分企业和 3 万吨物资迁入湖南、广西、贵州),上海内迁工厂则是其中的重要部分,虽然数量不多,重要工厂和大型工厂所占比重却是最大。到 1940 年春,随着最后一批内迁工厂艰难地到达四川,迁入后方的各类工厂进入全面复工阶段,历时两年多的民营工厂大迁徙至此告一段落。上海民营工厂大规模迁入后方,虽然是在战争影响下迫不得已的仓促之举,但对抗日战争的最后胜利,以及推动后方地区的开发都有着重大贡献。

(六)坚持后方生产,为长期抗战提供战时经济基础。1938 年 4 月 17 日,迁川工厂联合会宣告成立,此时到达重庆的内迁工厂已有 30 多家,经协商后推举上海机器厂颜耀秋、龙章造纸厂庞赞臣为正副主任委员,顺昌铁工厂马冠雄、大鑫钢铁厂余名钰、天原电化厂吴蕴初、亚浦耳电器厂胡西园、大公铁工厂林美衍等人为执行委员。迁川工厂联合会章程规定"本会以协助各厂恢复生产并贡献政府为宗旨"。迁川工厂最多时有 390 多家,其中有 380 家为会员工厂。[①] 迁川工厂联合会成立后,立即对迁川的会员工厂

---

① 张守广著:《抗战大后方工业研究》,重庆出版社 2012 年版,第 392 页。

在工厂重建中的购地、设计、业务、技术、原料及动力供应等方面给予协助。

迁川工厂联合会利用多年办厂的实际经验,根据重庆地区的自然条件、资源分布、交通运输情况,按照各厂的生产性质,协助资源委员会工矿调整处进行工业区规划,使内迁工厂较快选定了合适的厂址。在迁川工厂联合会的努力下,以巴县李家沱、江北猫儿石、沙坪坝小龙坎等地成为民营工厂重建的主要地区,很快发展成后方有名的工业建设区。上海民营工厂中的骨干企业如中国化学工业社、中国毛纺织厂等都在李家沱重建;天字号三家化工企业和天厨味精厂、顺昌铁工厂、龙章造纸厂等均设厂于猫儿石;沙坪坝周边除集中了渝鑫钢铁厂、上海机器厂、新民机器厂等大型机器厂外,还有众多中小型机器厂如大来、萧万兴、精华、振华、姚顺兴、华丰、耀泰、中华职业学校实习工厂都集中在这里,是后方机器工业最集中的工业区。同时,迁川工厂联合会还为各厂在购地、减税、资产保险和产品销售等诸多问题上提供了有力的服务,为内迁工厂在复工方面解决了不少实际困难。

到 1940 年春,内迁工厂已经全面复工,由于各厂的性质和对待内迁的态度不同,复工后的情形也有所差异。

内迁的机器五金工厂,各自发挥自己的特长,以一大厂为中心,若干小厂为辅助,专门制造军火,每月生产手榴弹、迫击炮弹、炸弹、地雷、引信及各种枪械零件,完成了兵工署所急用的军需订货,及时补充了中国军队在武汉地区的军需供应。

上海民营工厂中的一些著名企业,如大鑫钢铁厂、天原电化厂、上海机器厂、新民机器厂等,都是国内著名的大型企业,这些企业的生产性质与国防工业有较密切的关系。抗战发生时,这些企业的负责人对内迁都持积极的态度,余名钰、吴蕴初、颜耀秋、胡厥文都是积极上书政府,最早要求内迁的发起者,吴蕴初更鲜明地表示"誓不以厂资敌"的坚决态度。他们既是内迁工作的推动者,又是内迁工作的实际组织者,这些企业亦是在后方各厂复工的楷模。渝鑫钢铁厂复工初期,以制造军火为主,新产品有炮弹和手榴弹,兼造山炮等重武器。从 1940 年开始,渝鑫开始转向民用生产,主要生产竹节钢、地轴钢、方钢、圆钢等各种钢材,不仅以产品种类多而名列前茅,而且还以产品质量好、产量高出名,是后方民营工厂中最有生气的企业。

吴蕴初的"天字号"企业包括 3 家化工厂和 1 家味精厂。1939 年吴蕴初在猫儿石征地建厂,赶在 1940 年前建成复工,成为大后方唯一的一家化学容器厂。天原电化厂于 1939 年春运到重庆,到 1940 年春建成复工。恢复了年产烧碱 400 吨、液碱 3960 吨、盐酸 1320 吨、漂白粉 1650 吨的生产能力。天厨味精厂坚持"誓不以厂资敌",经香港辗转入川,成为西南地区最著名的味精厂。

同期上海内迁民营工厂中的许多工厂,如机器业的合作五金公司、上海机器厂、新民机器厂、新中工程公司;电器业的华生电机厂、华成电气厂、亚浦耳电器厂;纺织业的美亚织绸厂、五和织造厂;食品业的冠生园罐头厂等,在 1939 年内都先后完成了重建,复工后的生产情况还都不错。如亚浦耳迁川后,生产各种电灯泡,是后方设备最完善、产品最丰富的电灯泡制造厂。中国标准铅笔厂于 1939 年 6 月复工,是后方唯一的铅笔生产厂。新中工程公司迁到湘西,又在附近设立了第二、第三厂,生产各种机床、轧钢机、蒸汽机、小型发电机等。此后新中工程公司又先后办起了电厂、铁厂、煤矿、钢厂、炭精厂和机器厂等 6 个单位,发展成一个从炼铁到制造机器的联合企业。同时迁入湘西的新民机器厂和迁到衡阳的华成电气厂都发展顺利,与新中工程公司合称为湘桂工业区机器工业的三大核心企业。

一般来讲,这些企业复工后都处在生产增长、盈利增加的良性发展中,不仅上述大厂和名厂等骨干企业的复工相对顺利,其他中小工厂复工后也都有程度不同的增长,迁湘、迁桂的上海民营工厂分散在各地,组织了工厂联合会。在国难当头之际,各厂不仅同仇敌忾、相互扶持,还在各个生产领域带动了后方民营中小工厂的勃兴,为抗战全面胜利提供了宝贵的物质基础。

中国民族资产阶级产生于20世纪前后,是西方国家从对华进行资本输出的经济侵略逐步转向在华划分势力范围、瓜分中国领土和主权的殖民侵略之际。民族资产阶级中有相当部分爱国人士是抱着实业救国的宗旨,投身于资本主义工商业发展,以商战的形式与外国侵略势力进行竞争。他们在与日本侵略势力进行竞争的表现,正如毛泽东指出的那样:在一定的条件下,民族资产阶级会站在革命方面来,与广大民众共同抵抗日本帝国主义的侵略。这个一定条件就是随着日本帝国主义武装侵略不断扩大,民族危机逐步加深,民族资产阶级的阶级利益和整个中国民族的利益都在根本上受到外敌侵略的威胁。此时,他们与广大工农民众立场趋向一致,共同抵敌的迫切要求促使民族资产阶级对中国共产党的政治主张从观望转向理解和支持,最终接受抗日民族统一战线的领导,投身于抗日战争的时代潮流。在他们中间有不少进步人士,在与中国共产党的长相合作中成为革命的同志、同路人或朋友。中国共产党提出的建立抗日民族统一战线策略的正确性,得到包括民族资产阶级在内的各界民众的拥护而深入人心。

(作者系上海社科院研究员、博导)

中共抗日统一战线与中华职业教育社

廖大伟　侯婷楠

中华职业教育社在抗战时期与中国共产党进行了密切合作,积极响应了其所领导的抗日民族统一战线。目前的研究多集中于中华职业教育社领导人黄炎培在抗战时期与中共的关系,在中华职业教育社与中共关系的宏观把握上尚显薄弱,本文试就这一问题做一探索。

一、中华职业教育社对统一战线的认知

中华职业教育社成立于 1917 年,由黄炎培、蒋梦麟、蔡元培、陈光甫、沈恩孚、顾树森等教育界、实业界人士共同发起,其目的在于"一曰为个人谋生之准备(欲使无业者有业,有业者乐业)。二曰为个人服务社会之准备。三曰为国家及世界增进生产力之准备"。① 初期成立了中华职业学校、镇江女子职业学校,并在各地设立职业指导所、农村改进区、补习学校,以推广和实行各类职业教育。

全面抗战爆发后,中华职业教育社上海本部毁于"八一三"战火,于是本部内迁,上海仍留有学校,1938 年 9 月中华职业学校又

---

① 《中华职业教育社一览》,中华职业教育社编印 1939 年版,第 1 页。

在重庆成立分校。尽管外侮日亟,中华职业教育社没有忘记教育之重,尽力将职业教育与国防建设相结合,"如欲巩固国防,增加生存,则改进职业,培养生产分子,实为唯一要务",①所以将原有的4家学校扩充为7家,并在广西、四川、云南、贵州相继成立办事处或通讯处。社内同仁一面参加后援,一面办理救济。先后参加江苏省救济失学失业青年委员会、上海国际救济协会等组织,开展失学失业青年教育。在上海、重庆、广西等地成立难民收容所,在桂林成立义民纺织工厂,在四川成立永川振济造纸厂,进行工赈救济。

　　抗战的到来,也使中华职业教育社同仁开始思考国家与民族走向。中华职业教育社领导人黄炎培把当前局势称为"大时代",他看到这场战争与过去的战争不同,其范围与持续性都是"过去人类的战争史上也从未见过",并判断这必将是一场全面而持久的民族战争。他说:"我们当然要长期作战。怎样才可以长期,是值得我们研究的。我以为打仗有两个要点。一是要双方比力,力强者胜。二是不但要比力,还要注重谁战得长久。"②所以要争取抗战胜利,就一定要尽可能地动员一切有利的资源。那么,中华职业教育社又能为这场民族抗战与复兴做些什么呢? 又能"在这个伟大的时代,民族复兴的火炬在前面照耀"的时候,"如何动员这广大的力,以争取抗战建国的成功?"③社内同仁也在思考自己的定位和出路。在这一点上,中华职业教育社适时调整了工作重心,以密切服务于抗战建设,用他们的话说,就是"能够帮助缩短抗战进程,应是今天职业教育,本社工作的特点"。他们检讨了自己当下的工作,强调职业补习教育应与国防人才培养相结合,职业指导应与当前国防问题相结合,农村改进工作应与增加物资、农村动员相结合。他们批判了过去流行于国内的"为教育而教育"思想,直视教

　　①　《大会电文及宣言》,《教育与职业》1937年第186期,第427页。
　　②　《大时代的中国人》,《国讯》1941年第291期,第11—14页。
　　③　《会期中之"报导"》,《教育与职业》1939年第191期,第107页。

育为推动社会进步的工具。在此基础上,他们号召教育界人士将教育与眼下局势相结合,为抗战助力,"我们去常从事它,就是要使社会进化,今天我们从事它,就是为抗战建国"。在此思想的指导下,中华职业教育社在具体工作中将训练战时各项人才作为方针,特别重视战地人才的供应、农村改进工作,以充裕抗战力量。而社会服务方面,侧重战时救济工作,比如参加伤兵慰劳救济及教育、难民救济与教育等工作。①

中华职业教育社的同仁清楚地知道要使抗战取得胜利,只有将这场战争视为一场民族解放与民主实现的斗争,才能达到目的,才能取得中华民族真正的复兴。他们宣布:"本社的使命,是在以最高的积极性,参与抗战建国的努力。我们确信职业教育,只有在民族解放,民权平等,民生幸福的社会里,才能实现他的造福人群的思想。反过来讲,也赖有职业教育的努力,吾们民族解放,民权平等,民生幸福的国家社会,才能加速出现。"②这是其对民族抗战意义的认识。

对于支援抗战,社内同仁从来都是义不容辞地全力投入。虽然在上海 20 多年的经营自"八一三"以来几乎毁于一旦,大家不得不饱受颠沛流离之苦而进行内迁转移,但他们对未来始终保持乐观态度。上海的本部不能发展了,还可以转到内陆发展,说不定"将来内地发展的希望,或者比沪上还大"。虽然内迁受了不少苦,但他们认为这并不算什么,反而认为"可以增加许多经验,得着许多磨炼,收获亦复不少"。对祖国前途的乐观态度,对全民抗战的奋勇支援,使其充满无限活力。中华职业教育社的同仁互相勉励道:"国难未已,助我者多,同人处此情况之下,唯有加倍努力,以期无负各方之期许而已。"③

①　《会后同人公表之意见》,《教育与职业》1939 年第 191 期,第 111—115 页。

②　《会后同人公表之意见》,《教育与职业》1939 年第 191 期,第 115 页。

③　《抗战一年来之中华职业教育社》,《国讯》1938 年第 130 期,第 30 页。

外侮日亟,局势严峻,环境艰苦,社内同仁有时也会感到力不从心。这并不是说中华职业教育社没有投入全力,而在与大局相比,一社之力实在有限,"本社的工作是有着他的重要性,问题是吾们力量过于单薄,不能把看到的完全做"。不过有一点他们非常清醒,这就是要取得民族抗战的胜利,最为重要的莫过于团结,团结一切可以团结的力量,团结中华民族每一个成员份子的力量。战争走上长期抗战与相持阶段的时候,"这正是全国力量最集中需要迫切的时候",基于此,他们对全民族抗日统一战线的形成与维持十分关切和期盼,大声疾呼:"吾们极愿听取各方人士的指导,特别欢迎朋友们参与吾们的阵营中来! 让吾们大家紧握起手来!"①

可以说,自全面抗战以来,中华职业教育社同仁对自身在抗战的定位及工作方向有了较为深刻地了解,他们关切战争局势与民族命运,积极为抗战事业付出自己的努力。在此过程中,他们对抗战的意义及统一各方力量的重要性有了一个比较清晰的认识,这为其参与到中共倡导的抗战民族统一战线中来提供了重要的内在基础。

二、中华职业教育社与中国共产党的交往

中国共产党最早提出抗日民族统一战线。卢沟桥事变一爆发,中共就发布了《中国共产党为日军进攻卢沟桥通电》,呼吁"全中国同胞、政府和军队团结起来,筑成民族统一战线的坚固长城,抵抗日寇的侵略"。中共的呼吁当时便得到了中华职业教育社等团体的积极呼应,这成了双方就统一战线问题彼此契合的最早记载。②

---

① 《会后同人公表之意见》,《教育与职业》1939年第191期,第115页。
② 参见张铁男等《中国统一战线大事纪事本末》,吉林大学出版社1990年版,第146页。

中共充分认识到中间党派对抗日民族统一战线的重要性,认识到中间党派是民族资产阶级、小资产阶级的代表,认识到他们的复杂性和反对日本侵略者及争取民主自由的坚定性,所以很早就注意到中华职业教育社这一中间力量,①1940 年 12 月就把它作为党的统一战线工作的主要对象。② 虽然抗战以前及抗战早期中华职业教育社领导人与中共有一些零星交往,但双方真正的联系是始于抗战内迁过程中。在此过程中,双方人员互相交流和合作,从而使中华职业教育社逐步加深了对中共的了解及其主张的认同,最后投入到中共所领导的抗日民族统一战线中。

1937 年 12 月 22 日,中华职业教育社的领导人与共产党领导人开始了抗战时期的第一次正式交往。当时黄炎培趋访长沙八路军代表徐特立,希望国共合作到位。他认为“立国要有力量,能自立,但同时要有朋友,不可孤立,”③表达了对抗战的决心和对中共的深切期望。1938 年 5 月,黄炎培在武汉国民参政会上与周恩来第一次见面。利用出席国民参政会的机会,日后他又结识了共产党人董必武、秦邦宪、吴玉章、邓颖超等参政员。同月举行的生活书店店员茶话会,黄炎培应邀参加,在会上他惊奇地发现周恩来也在邀请之列,而且彼此就抗战形势进行了畅谈,这使黄炎培终生难忘。迁至重庆后,八路军在曾家岩成立驻渝办事处。共产党和八路军的代表是周恩来,双方联系更加多了起来。初期的交流使中华职业教育社领导人真正认识到了中共的抗日主张,而中共所营造出的一种良好的氛围和形象,也为日后双方进行交流奠定了

---

① 职教派是抗战时期以中华职业教育社为核心所形成的一个民主政治力量,其成员是民族工商业中具有民主自由思想的活动分子以及文化教育界的民主主义者,代表人物是黄炎培、江问渔等人。

② 李瑞祥:《黄炎培与民建的创立》,程贻举主编《中华职业教育社在重庆(1937—1946)》,西南师范大学出版社 2007 年版,第 128 页。

③ 蒋子恒:《忆黄任老和中华职教社在重庆的日子》,《中华职业教育社在重庆(1937—1946)》,第 141 页。

基础。

　　中共为了能争取到中华职业教育社的支持，表现出极力的配合和极大的诚意。迁渝后，中华职业教育社复办了《国讯》杂志，以进行救亡宣传。杂志每期需要刊载许多抗日的文章，社内同仁这时想到了周恩来，希望他能写一篇文章，周恩来答应了《国讯》编辑部的请求。但由于事务繁多，文章一时不能草就，他不得不多次写信说明情况，表示尽快完稿，特别在邓颖超代复回信的第二天，还再次亲笔复信表明歉意。期间又亲自接见编辑部人员说明情况。这种礼贤下士的亲民作风给当时的社内同仁留下了深刻的印象。最终，周恩来伏案至凌晨3点写成了给《国讯》的文章《今年抗战的新形势与新任务》。文中强调"中国人民只要坚持持久抗战，巩固团结，加强和扩大抗日民族统一战线，就能争取最后的胜利"。① 中华职业教育社还定期举办"星期讲座"，每期邀请社会人士宣讲抗日主张。1940年9月，周恩来再次欣然应邀，题目是《国际形势和中国抗战》。会议一开始，黄炎培便随周恩来一同上台，说道："今天我们请周恩来先生来演讲，恩来先生是共产党的代表，也是我们职教社的朋友，今天来了这么多人说明什么呢？我想恩来先生演讲之后每位听众都会回答这个问题。"在会上周恩来疾呼："中国共产党人决心与全体人民一道，坚决彻底地打垮日本侵略者！决不妥协，决不退却，决不苟安！"满场热血沸腾，响起经久不息的掌声。讲座以"坚持抗战，反对投降！坚持团结，反对分裂！坚持进步，反对倒退！"的口号结束。会后周恩来还题写"笔战是枪战的前驱，也是枪战的后盾"，黄炎培等人对此深表赞同。通过以上行动，中共最终以自己的实际行动和诚恳态度让中华职业教育社看到了诚意。②

　　① 华言：《周恩来关怀中华职教社》，周汉民主编《责在人先：中华职业教育社立社95周年纪念文集》，上海交通大学出版社2012年版，第146页。
　　② 黄方毅：《抗日烽火中的黄炎培》，《江淮文史》2015年第2期，第75页。

相比之下,国民党的表现却使中华职业教育社同仁感到失望。在周恩来演讲 40 天后,马寅初也应邀参加"星期讲座",他的题目是《战时经济问题》。因涉及揭露政府内部权贵大发国难财,触犯了国民党当局,在讲座不久被捕。黄炎培等人为此不得不四方奔走,极力营救。巨大的反差,使其对中共及其主张更加认同。

中华职业教育社开始全力支持中共的抗战统一战线。他们试图利用自己的中间地位,为国共双方牵线搭桥,做一调停人和牵线人,力图弥补双方的裂痕,共同致力于统一的抗战。用黄炎培的话说,就是"国民党是大拇指,共产党是小拇指,我们是食指、中指、无名指,国共合作,非靠我们来拉拢不可"。① 在大后方国民党多次玩弄反共阴谋,中华职业教育社同仁总是挺身而出,保护统一战线和共产党。在皖南事变前夕,中共已经察觉紧张的局势,他们向黄炎培等人诉说了自己的担忧。为了寻求团结,黄炎培极力奔走,向国民党当局陈述了团结抗日的主张,希望能"充实力量、争取民意、避免冲突",但这并不能阻止国民党的一意孤行,最终还是爆发了"皖南事变"。事变发生后,中华职业教育社同仁又与中共积极联系,进行慰问,并联合进步力量强烈谴责当局,在舆论上施压,迫使蒋介石向国民参政会保证"以后绝无剿共之军事"。②

最为重要的行动是在 1945 年 7 月,黄炎培等人为了使广大国民能够了解中国共产党、极力推动和平统一,进行了一次非同寻常的延安之行。时值抗战末期,人们对中国未来的前途更加关心。如何把统一战线进行到底,将抗战胜利转变为全民族的胜利,是中华职业教育社同仁所忧虑的,特别是当中共"七大"发表了《论联合政府》的报告,黄炎培等人很受触动,于是计划联合一些国民参

---

① 曹健民:《中国各民主党派的历史道路》,中国近现代史教研室编《中国革命史——现代史专题报告集》,1986 年版,第 358 页。

② 《抗日战争时期的黄炎培》,《责在人先:中华职业教育社立社 95 周年纪念文集》,第 146 页。

政员,为推动国共继续合作而努力。7月1日,黄炎培、诸辅成、冷御秋、章伯钧、左舜生、傅斯年等飞赴延安访问。在延安的访问持续了5天,一行受到毛泽东、朱德、周恩来、刘少奇等中共领导的热情接待。他们进行了各方面的考察,对边区政府的政治与社会有了深入的了解。尤其延安的风气使其感到"没有一寸土地荒芜,没有一个人在闲荡,政治上更是没有问题"。① 在与毛泽东谈到历史周期律,更让黄炎培看到了民族的希望。延安归来以后,为了令众人了解中共,了解中共的正确主张,黄炎培连日写成《延安归来》,售书之日,一时洛阳纸贵。他还为《国讯》撰写《为什么不走一条康庄大道》等文章,表达了他的新态度和新想法。正是中华职业教育社的这一系列行动,使中共的统一战线变得更加坚强稳固。

通过与中共不断交流互动,中华职业教育社对中共及其主张逐步有了一个了解与认同的过程,并最终走到中共的抗日统一战线中来,成为坚定力量。

三、中华职业教育社对民族民主运动的贡献

在中共抗日民族统一战线的领导下,中华职业教育社为这场民族民主运动进行了多方面的努力。

首先,在舆论上大声疾呼,成了抗战后方的宣传阵地。抗战开始后,中华职业教育社秉承以往注重宣传的路线,利用《教育与职业》、《国讯》、《生活周刊》、《展望》等刊物进行救亡宣传。他们奋笔疾书,针砭时弊,号召全民族抗战。但进步刊物为国民党当局所不容,经常遭到查封,不过这反而使中华职业教育社更与中共坚定

---

① 蒋子恒:《忆黄任老和中华职教社在重庆的日子》,《中华职业教育社在重庆(1937—1946)》,第142页。

地走到一起。为了加强双方的联系,黄炎培特请求中共派人主持《展望》,以王元化任主编,以本社社员尚丁配合之。① 在生活书店问题上,双方合作更可见一斑。生活书店是中国共产党领导下的文化阵地,随着抗战内迁,其在国内各地已设立了 56 家分店。皖南事变后,国民党当局极力扼杀进步力量,其中生活书店除了重庆分店外全部被查封,而职工也多有被捕。眼见多年经营就要毁于一旦,中华职业教育社同仁奋不顾身,与生活书店合作,合办国讯书店,使这一抗日的宣传火种保留下来。国讯书店承办了原有生活书店的邮购、期刊订阅和购书等业务,经常发布进步书籍,比如黄炎培的《延安归来》。而对于生活书店本身,中华职业教育社同仁继续对其保持关怀,黄炎培担任生活书店的名誉社员和候补理事。②

　　其次,在教育上全力投入,培养抗战人才。面向不同人群,中华职业教育社开设多种形式的课程教学,比如专门的补习学校、临时知识讲座等。战时知识讲座和职工联谊会举办于 1939 年,对象是重庆职工,为其提供系统的抗战教育。而职业青年星期讲座举办从 1939 年至 1940 年,共进行了 43 次,参加者有中华职业学校等学校的学生,也有失业青年。原由中华职业教育社同仁进行宣讲,后来每期邀请重庆各界人士参与其中。在这里,青年不仅学得了职业教育的思想,还了解了最新的抗战形势,将社会与国家、教育与国防相结合。前面所述周恩来的《国际形势与中国抗战》、马寅初的《战争经济问题》就是在此进行。特别是周恩来的演讲,共有 3000 余人参加,原先的场地不够,只得搬到巴蜀学校操场上进行,讲座取得了空前反响。中华职业教育社还受中国振济委员会

---

　　① 王正维:《略论中华职业教育社》,《中华职业教育社在重庆(1937—1946)》,第 167 页。

　　② 马开年:《中华职业教育社的刊物及其生活周刊》,《中华职业教育社在重庆(1937—1946)》,第 141 页。

委托，成立了重庆难民职业介绍所，为来渝的难民和学生提供职业介绍和职业训练等。职业教育有时也与难民救济相结合，比如永川振济造纸厂，其创立于1939年，设在重庆附近的永川县，穆藕初任理事长，黄炎培等为理事，江问渔为经理，主要生产新闻纸。这些努力有力稳定了大后方社会与经济，为抗战提供了各类人才。

　　再次，掩护和支援抗战力量。中华职业教育社利用自己在各地的事业，来掩护进步力量，以躲过日伪势力和国民党当局的迫害，支援其进行地下活动。"八一三"战役后，中华职业教育社的大部分事业内迁，但上海仍然保留了一部分人员继续坚持教育。比如中华职业学校上海地区学校，1937年9月从南市迁到租界的浦东大厦。在此过程中，其承担了孤岛时期掩护中共人员的角色。中共江苏省委所属上海地下市委学委派人与该校建立了联系，并在1939年9月成立了地下支部。据统计，"由于中华职校地下党深入开展各项活动，在学生中影响日益扩大，团结很多同学，党外积极分子就有400多人，占全校学生总数1100多人的40%左右。在整个上海南区，中华职校地下党力量相当强大"。[①] 中华职业学校当局与学校的地下党一起进行抗日宣传与教育，推动上海孤岛时期的救亡运动。他们采取多样的形式，建立抗日歌咏队、组织读书会等。大家演唱《流亡三部曲》、《大刀进行曲》、《黄河大合唱》等抗日歌曲，阅读《西行漫记》、《钢铁是怎样炼成的》等进步书籍。还组织散发、传阅上海八路军办事处印发的《内地通讯》、苏联驻沪领事馆的《每日战讯》。[②] 在进行宣传活动的同时，学校也为抗日根据地输送力量。据回忆："抗日战争中，中华职校约有50多名地下党员和进步学生受党派遣到抗日根据地加入新四军，到前线

---

　　① 范洪涛：《培育社会栋梁人才的新型学府，坚持地下斗争的坚强堡垒——记中华职业学校"中华堂"的光辉历史》。

　　② 范洪涛：《在浦东大厦就读中华职校的忆》，《责在人先——中华职业教育社立社95周年纪念文集》，第267—268页。

杀敌立功,不少积极分子在根据地入了党,有的成为我党我军的骨干。"①此外,中华职业教育社主办的补习学校还为苏北抗日根据地提供了无线电技术人员的培训和其他形式的支援。皖南事变发生后,新四军转战苏北,由于日伪对长江的封锁,两岸中共党员无法交流。中华职业学校内的人士又通过"上海难民救济会"的渠道为其获得了可以过江的难民证。当得知新四军物资匮乏的情况后,中华职业教育社又通过多方联系,获得贷款 3 万元,组建了中国药物建设公司,以药材贸易的名义将物资送到新四军手中。②

最后,参与民主运动,团结各方力量。针对国民党五届五中全会提出"防共、限共、溶共、反共"的政策,中华职业教育社同仁深感不安,他们决定为维护抗日团结而奋斗。为此黄炎培与周恩来进行了多次长谈。通过交谈,双方交换了有关时局的看法。在周恩来的首肯下,中华职业教育社联合其他民主力量,于 1939 年 11 月成立了统一建国同志会。作为大后方团结各方力量的一个枢纽。社内同仁明白只有尽快结束党治,实现民主,才能争得真正的统一。为了更好推进民族的民主运动,也鉴于中华职业教育社主要侧重于教育事业,社内同仁经过反复研究,决定成立国讯同志会,作为专门的政治组织。其于 1940 年 1 月 5 日成立,由黄炎培任会长,江问渔等为副会长。其信条共有 5 条,要求社员要有:一、高尚纯洁的品格;二、博爱互助的精神;三、忠勇义侠的气概;四、刻苦耐劳的习惯;五、正确进步的思想。黄炎培解释道:"我们以为一方面主张民主,倡导宪政;一方面必须加重倡导个人修养。教育与政治,本无划分之可能,办教育,办职业教育,更不能自

---

①　范洪涛:《培育社会栋梁人才的新型学府,坚持地下斗争的坚强堡垒——记中华职业学校"中华堂"的光辉历史》。

②　朱华荣:《八一三淞沪抗战时的中华职业教育社》,《联合时报》2017 年 6 月 13 日,第 7 版。

外于政治。同办《国讯》，是以中华国民资格，矢愿追随全国同胞，共同竭尽这个有关立国基本的神圣义务。"①国讯同志会还邀请共产党人参加活动，并向周恩来、董必武等通报情况，以尽力维护统一战线。不过这一组织遭到国民党当局的忌恨，始终未予立案，但中华职业教育社同仁并不气馁，积极推动宪政民主运动，并于1941年3月19日参与组建了中国民主政团同盟。此举得到了周恩来和中共南方局的积极支持，《解放日报》称之为"中国民主运动的生力军"，"中国民主政团同盟的成立使中共的抗日统一战线取得了一个重大突破。"②

　　中华职业教育社在抗战时期有一个转变，即从大局出发，调整了定位，适应了抗战需要，逐步认识到团结抗日的重要性。在此基础上，通过与中共多次交流合作，更加深了对中共抗战主张的了解与认同。最终在中共抗日民族统一战线的领导下，中华职业教育社为坚持抗战、坚持民主和维护抗日民族统一战线作出多方面的努力和贡献。

（作者廖大伟系东华大学教授、博导；

侯婷楠系东华大学研究生）

---

　　① 李瑞祥：《黄炎培与民建的创立》，《中华职业教育社在重庆（1937—1946）》，第128页。

　　② 《抗日战争时期的黄炎培》，《责在人先——中华职业教育社立社95周年纪念文集》，第147页。

淞沪抗战期间的战时新闻宣传：以"击沉出云舰"事件为例

沙青青

"出云舰被鱼雷击中,传已于昨晚沉没!"[①]

这是 1937 年 8 月 17 日南京国民政府的官方报纸《中央日报》上特大新闻的标题。这条振奋人心的捷报称:昨晚中国鱼雷艇深夜突袭,日军第三舰队旗舰"出云舰受重伤,各方盛传已沉没"。[②]当时,中日两军已在大上海鏖战多日,淞沪战场正迎来最激烈、最血腥的时刻。此时,中国军队竟能击沉日舰队旗舰,自然是一桩"大快人心"、"大长士气"的辉煌战绩。

淞沪抗战期间,中国军队之所以调集多方力量攻击"出云"号,除该舰为日本侵华第三舰队旗舰的原因外,更多还是出于政治象征意义与战时宣传的考量。抗战爆发时,"出云"已算是一艘高龄军舰,距 1900 年正式完工已过去了三十余年。在此期间,经历了日俄战争、第一次世界大战。1932 年"一二八事变"时,"出云"号便已出没于扬子江流域,常在黄浦江上炫耀日军武力。此后数年,该舰频繁活动于中国海岸,承担着侵华的"积极任务"。至抗战全面爆发时,"出云"已成日军侵华的重要象征,甚至还出现在蒋介石的日记中。

---

①② 《敌舰出云号被鱼雷击中,传已于昨晚沉没》,《中央日报》,1937 年 8 月 17 日,第 4 版。

　　然而就在 1939 年 8 月 17 日上午,位于浦东一侧的中国军需仓库遭到了日方舰队的猛烈炮击,损失惨重。其中,为首之日舰竟然是《中央日报》文中"受重伤"、"传沉没"的"出云"号。18 日,《中央日报》亦随之改口道:"出云舰受重伤在浦江修理中"。① 同一日,"出云"号却仍停泊在外滩北侧的江面上。往来外白渡桥的中外上海市民仍能看到"出云"号仍在黄浦江上频繁起降其所携带的水上飞机,并无遭受严重战损之迹象。

　　尽管如此,出自《中央日报》等新闻报刊的"快艇鱼雷击中出云舰"的说法在随后数十年间,仍在两岸的抗战论述中继续流传。如在国民党当局"官修战史"——《国民革命战史》中便写道"十六日晚,突袭敌舰出云号,击伤甚重"。② 除了成为战史中的一桩"悬案"外,袭击"出云"号的战斗也成为淞沪抗战的象征性场面之一。淞沪抗战后,还曾有身处"孤岛"的爱国作家以为主题撰写过舞台剧,希望借此彰显中国军人于淞沪抗战中的英雄气概。

　　本文将围绕中国军队袭击"出云"号的相关新闻宣传与战斗史实开展研究,希望以此事件为例来分析"一二八"、"八一三"先后两次淞沪抗战期间新闻宣传的特点。

一、"一二八事变"前后新闻舆论对海军的批判

　　中国舆论与民众对"出云"号的记忆至少可以追溯到 1932 年的"一二八事变"。事变爆发前,当时上海市政府其实已经准备接受日军提出的各项要求,但蓄意制造事端的日本海军陆战队仍旧与驻防的十九路军爆发了冲突。"一二八事变"期间,《新闻报》采访部主任、著名新闻教育家顾执中就清楚记得:"1 月 28 日下午 3

① 《出云舰受重伤在浦江修理中》,《中央日报》,1937 年 8 月 18 日,第 3 版。
② 《国民革命战史·第三部·抗日御侮·第四卷》,台北:黎明文化事业公司 1978 年版,第 90 页。

点左右发行的夜报,都刊载了市长吴铁城全部接受了日本海军司令部所提出的无理要求的消息";但当天晚上 10 点前后"日本海军陆战队已经跟十九路军打起来了"。①

"一二八事变"爆发后,"出云"号便作为日本第一舰队司令盐泽幸一少将的旗舰停泊于黄浦江上。当时,盐泽幸一曾致函中央海军第一舰队司令陈季良,宣称:"日本海军陆战队与中国上海驻军的冲突,纯系地方性质,希望双方海军维持友好,幸勿误会"。② 与此同时,身在南京的海军部长陈绍宽也接到了日本海军驻南京武官所递交的书信,内容略同。结果,第一舰队乃至中央海军竟全都泊港不出,听任日本军舰在长江航道上长驱直入。2 月 2 日,深入扬子江上游的日舰甚至炮轰南京郊外的狮子山炮台③。2 月中旬,战事激烈,十九路军曾要求借取上海海军仓库内的大炮、弹药以及钢板以资对敌之用,却遭到陈季良的拒绝,理由是需要南京方面的批文。陈绍宽事后认可了陈季良的做法,并称:"海军购置军械军火历经呈报有案,有无高射炮暨钢板可以借调,早在政府鉴察之中。即使有之,亦不得私相授受。"④

尽管中央海军无所作为,但其他中国水上力量也曾试图袭击"出云"号为首的日本舰队。当时,驻扎浦东的中国军队通过民间工厂制作过一枚水雷,曾计划乘夜色悄悄靠近"出云"号后,引爆水雷将其击沉,但未获成功。尽管如此,当时沪上各大舆论皆强调"出云舰未炸沉,但这一行动却大灭敌人的威风,大长人民的志气"。⑤ 除了十九路军的积极抵抗外,另一个与中央海军高挂免战牌形成鲜明对比的例子是陈策治下的广东海军紧急组建水雷部队

---

① 顾执中:《一二八上海抗战目击记》,《新闻与传播研究》1981 年第 3 期。
② 参见李士甲:《一二八事件中的海军》,杨志本主编,《中华民国海军史料》,海洋出版社 1987 版,第 971 页。
③ 《日军炮攻南京》,《申报》(临时专刊)1932 年 2 月 2 日。
④ "呈请究办高友唐案",载于《海军杂志》第 4 卷第 12 期。
⑤ 顾执中:《一二八上海抗战目击记》,《新闻与传播研究》,1981 年第 3 期。

北上驰援上海战事。①

在此背景下，中央海军不作为、不抵抗的行为引发了国内社会舆论极大不满，声讨中央海军"畏敌"之声一时间不绝于耳。针对中央海军的批判一度充斥版面，成为当时新闻舆论的一大"独特现象"。报人顾执中就回忆当年曾如此批判海军完全采取消极避战的态度："敌方指挥所有军舰作战的所谓旗舰出云号，就停泊在外白渡桥北岸日本总领事馆附近的黄浦江中，上海人民都把它视为眼中钉，但对它又无可奈何。中国的空军、海军都脆弱不堪一击，但空军竟勇敢地与敌机交手，也使敌机遭受些损失；而海军在这次战斗中，未崭然露头角，偃旗息鼓，不知潜身何地，我们原谅他，也可怜他！"②

此外，邹韬奋在自己主编的《生活》杂志上声讨中央海军消极妥协的态度。"一二八事变"期间，邹韬奋克服巨大困难坚持《生活》周刊的印刷与发行，并在刊物中竭力"唤起民众注意，共赴国难"，并认为"淞沪抗日血战，为八十年来为民族解放而奋斗的最光荣一战。"③ 29 日当天，《生活》周刊一天出了两次号外，次日又发行临时增刊。在邹韬奋看来，当时中央海军的所作所为实为"不抵抗主义"、"极端无耻主义"，并号召："国难至此而尚不作应战的准备，更为全世界上最无耻的民族……不战而死，不如战而死，全国死战皆亡，胜于做亡国奴；况且真能全国死战抗敌，或许于一部分牺牲外，尚得死里求生。"④ 同时，邹韬奋特别指出"一二八事变"绝非局部事件而是与全国抗日息息相关："希望沪案能视为局部问题迅速先作局部之解决"的人，"真是眼光如豆，只有私利，甘置国家民族于万劫不复的深渊！"⑤ 面对《生活》杂志为代表的舆

———————

　　①　苏小东编著，《中华民国海军日志：1912—1949》，九州出版社，1999 年，第483 页。

　　②　顾执中：《一二八上海抗战目击记》，《新闻与传播研究》，1981 年第 3 期。

　　③　邹韬奋：《韬奋全集（增补本）》第 8 卷，上海人民出版社 2015 年版，第 141 页。

　　④　邹韬奋：《韬奋全集（增补本）》第 5 卷，上海人民出版社 2015 年版，第 72 页。

　　⑤　邹韬奋：《韬奋全集（增补本）》第 4 卷，上海人民出版社 2015 年版，第 17 页。

论责问,海军部长陈绍宽给出的解释是:海军没有接到出击命令,只能辩称"日军炮轰都市,本军发号施令,一秉政府意旨,力持镇静,从容应付。"①

在随后召开国难会议期间,时任军事委员会委员丁默村在洛阳召开国难会议期间递交《彻底改造海军案》,要求取消海军部,废除旧有的海军体系制度,拨于海军之预算改拨空军。同时,丁还在提案中指责中央海军被福建系所把持,谓"仅某省数人俱而专之"。监察委员高友唐也随之附和,表示:"何苦以全国人民血汗金钱来维持福建人的饭碗?!"②他又继而递交《弹劾海军案》,指责闽人垄断海军部,贻误国防。6月12日,海军部对弹劾案反应激烈,抗议高友唐捕风捉影,诋毁军誉。③

上海战事渐平后,中央海军又因向日本定购"宁海"舰一事而再次成为口诛笔伐的对象。④ 1934年11月,以林元铨为首等23位舰长报告,称:陈绍宽在即将成立在马尾的海军大学中聘请多位日本教员担任要职,谓:"今创办海军大学,委托寺冈谨平等之手,俨若履行二十一条第五项",又指责:"海军当局昧于大义,一意孤行,私聘日人寺冈谨平及信夫淳平为海军大学教授,竟举海军军事最高教育权委诸敌人之手,"⑤同时,他们也批评先前自日本定购的"宁海"号巡洋舰"构造平常,物质又劣,全军惊骇,舆论沸腾。"⑥而国人仿"宁海"自制的"平海"舰,则"聘雇日人工匠数十人来江南制

① 参见《国庆日之感想(1932年10月10日)》,高晓星编:《陈绍宽文集》,海潮出版社1994年版,第82页。
② 参见《驳丁默邨等人提案》,《陈绍宽文集》,海潮出版社1994年版,第79页。
③ 《中华民国海军日志:1912—1949》,第498页。
④ 参见张力,"以敌为师:日本与中国海军建设,1928—1937",载于黄自进主编,《蒋中正与近代中日关系(1)》,台北:稻乡出版社2006年版。
⑤ 国民政府档案055/0756:《应瑞舰长林元铨等请解雇海大日籍教官案》,"1934年11月林元铨等密呈蒋中正"。
⑥ 参见张力,"以敌为师:日本与中国海军建设,1928—1937",载于黄自进主编,《蒋中正与近代中日关系(1)》,台北:稻乡出版社2006年版。

造厂重新改造"。① 为此，蒋介石曾特别致电陈绍宽质询此事，后海军大学亦被迫宣告停办。

　　凭借当时社会舆论对中央海军的批判声势，蒋介石得以顺利组建了一支真正效忠于他的嫡系海军。② 这支嫡系海军便是1933年3月于镇江甘露寺成立的电雷学校，由蒋介石的亲信、原广东政府海军局代局长欧阳格执掌。该校名为军校，实际则为一支独立于海军部，直接听命于蒋介石本人的水上武装，以水雷、鱼雷为攻击手段，快艇为主力的江防力量，旨在抵御日军的溯江进犯为目标。抗战前，电雷学校一度被蒋介石寄予厚望，"八一三"淞沪抗战后便被赋予奇袭日军旗舰——"出云"号的重任。

二、淞沪抗战期间对出云舰的袭击经过

　　抗战爆发时，电雷学校拥有全国规模最大、最先进的鱼雷快艇部队。电雷学校人员总数达到约7千人，先后聘请德国、意大利教官，并邀请外国顾问充当学校的工程技术人员。校属快艇大队成为当时全国拥有最多鱼雷快艇的作战单位，由4个中队组成："岳飞中队"下辖3艘德制鱼雷快艇；"史可法中队"辖4艘英制鱼雷快艇；"文天祥中队"辖4艘英制鱼雷快艇；"颜杲卿中队"辖4艘鱼雷快艇。直属舰船有"同心"、"同德"、"策电"三艘练习舰。之后，军政部又将一艘排水量1080吨远洋商船改装为"自由中国"号练习舰列入学校序列。此外，学校还向德国定购了两艘快艇母舰，即"戚继光"号和"谭纶"号，后因抗战爆发而未交付。短短几年间，电雷学校已成长为一支长江上的"小海军"，亦成为抗战初期出击日军的主力。

---

　　① 参见张力，"以敌为师：日本与中国海军建设，1928—1937"，载于黄自进主编，《蒋中正与近代中日关系(1)》，台北：稻乡出版社2006年版。

　　② 参见马俊杰：《一二八事变中的中国海军》，《抗日战争研究》，2003年第1期。

　　淞沪事起,蒋介石马上命令该校组织快艇出击,希望能一举击沉日舰,借此在上海这座世界都市的舞台上夺取声势,以达国际宣传之效。为此,他还特别指示上海前线陆军以及特务情报部门予以最大协助。1937 年 8 月 14 日,电雷学校的两艘英国制造的鱼雷快艇从江阴黄田港启航,计划乘夜色偷袭日舰队旗舰"出云"。14日晚,电雷学校下辖的两艘英制鱼雷快艇"史可法 102"号与"文天祥 171"号受命出击,由副大队长安其邦率领奔赴淞沪战场,目标锁定日第三舰队旗舰"出云"号。不过,这次出击从一开始就不顺利。首先由于江阴沉船阻塞水道,导致鱼雷快艇最便捷的出击航道受阻,不得不大费周章改由太湖绕行松江境内支流再行进入黄浦江。如此行动的最大恶果便是作战路途过于遥远且包括安其邦在内的官兵对这条水道都极为陌生。行驶途中,"文天祥 171"号艇在途中迷航而搁浅。"史可法 102"只得单艇驶往前线,于 15 日晚才抵达上海近郊的龙华水泥厂附近水道,隐蔽停靠。

　　实际上,8 月 16 日中国军队对"出云"号的攻击并不仅限于快艇,在当晚鱼雷奇袭前,中国空军曾出动多批战机密集空袭该舰。若要研判这一系列攻击的实际效果,除了战场观察外,最可靠的资料或许就是"出云"号自己的记录。根据现藏于日本防卫省防卫研究所的"出云"号《航泊日志》(轻巡洋舰出云航泊日志昭和 12年 7 月 20 日—8 月 19 日)记载,早在上午 8 点 30 分,便有 2 架中国空军战机投弹轰炸,但均未命中。9 点 30 分,又有 2 架中国战机再度袭来。10 点 56 分,第三批次 4 架中国战机从"出云"左前方俯冲攻击,日舰防空火力全开。中午时分,这场空海大战进入高潮。12 点 31 分,7 架中国战机组成的机群冒着日舰队炮火围攻"出云",所投炸弹终于击中了这艘日军旗舰。此次空袭中,日军 2人阵亡,2 人重伤,另有 5 人轻伤。但是,"出云"除了甲板略有损伤外,并无大碍,依旧能在黄浦江横行。

　　夜幕降临,经过白天的海空激斗后,"出云"号舰长镰田道章大佐紧张的情绪未及缓解，便又迎来了中国鱼雷艇的突袭。晚上9点55分，"出云"号的值班观测员在夜幕中发现了一艘从十六铺江面急驶而来的快艇，随即拉响了战斗警报。此后约10分钟内，黄浦江上炮声隆隆，"出云"与其他日舰开始向"史可法102"倾泻炮弹。由于夜深及炮火浓烟遮蔽等原因，安其邦等官兵始终无法准确观测"出云"号的具体位置，最终只能向该舰所在的大致方向发射了两枚鱼雷。

　　当时，"出云"号上值班军官户次敏郎与河野园次郎在《航泊日志》中详细记载了这场短暂战斗的经过："史可法102"所射鱼雷均未能击中"出云"号，而是击中了周遭江边岸堤与栈桥，岸上的领事馆外墙则因鱼雷爆炸而"大破"；在撤退时，"史可法102"被日舰炮火击伤，被迫搁浅在英租界九江路外滩税关栈桥码头。此役后，快艇上幸存官兵如安其邦等在情报人员的接应之下藏匿于租界，历时月余才辗转返回江阴。由于当晚岸边有中国军队及情报人员观测战果，所以军政当局很清楚此次快艇出击并未取得任何值得称道的战果。军政部长何应钦在8月20日致电雷学校教务长欧阳格的密电中写道："南京路外滩一役，我快艇官兵壮烈殉国，深为钦佩。虽未获成功，但已减敌舰骄横之气焰。尚望再接再厉，以竟全功。"①

　　此役之后，日本海军军令部于事后紧急电令第三舰队：中国海军的鱼雷攻击充满敌意，祈速考虑消灭上海方面中国海军为要。8月22日，日军开始出动15架轰炸机对停泊江阴一带的中国海军进行报复性轰炸。进入9月后，日方空袭日趋猛烈。9月22日、23日卷土重来，对驻泊江阴水域的中国舰队进行了大规模轰炸。23日，日本第三舰队出动所有战机共38架空袭江阴，陆军也派出20

---

　　①　"何应钦致欧阳格密电"（1937年8月20日），《抗日战争正面战场》，中国第二历史档案馆编，第343页。

架战机助战。是役,中央舰队主力遭受重创,包括"宁海"、"平海"、"建康"在内等主力舰均被日机击沉,中国海军精锐主力毁于一旦。

12月初,日军进逼南京,欧阳格受命率领快艇大队协助城防。欧阳格指挥文天祥中队4艘快艇停泊于草鞋峡三台洞附近,白天在芦苇水域隐蔽以防日军空袭。每日夜晚,欧阳格坐镇下关,通过电台遥控指挥中队巡弋江面,防止日军突破江阴沉船线而逼进南京。期间,曾指示快艇大队每晚都必须派遣两艘鱼雷快艇出发游弋以寻找战机,甚至在命令中写道:"必须击沉敌舰一两艘,否则必遭舆论斥责"。[①] 抗战爆发时,国内舆论皆认为"欧阳格为海军宿将,大家对电雷学校的希望很高,以为我国的新海军将萌生于此"。[②] 然而,直到南京沦陷,电雷学校仍未取得任何战果。12月下旬,欧阳格不得不带领电雷学校部队撤至湖口、九江一线待命。[③]

三、围绕出云舰的宣传战

事后从宣传角度来看,淞沪抗战前后中国宣传舆论的报道形式,大致可归纳以下四大特征:(一)中国军队虽在战场上处于被动,但仍能坚持抵抗;(二)突出中国以弱抗强的悲壮形象,援引外国媒体或人士的言论来证明日本帝国主义侵略的非正义性;(三)对长期抗战保持乐观心态,鼓励民众团结一致;(四)将淞沪

---

① 谢宴池:《鱼雷快艇在南京保卫战中》,《南京保卫战:原国民党将领抗日战争亲历记》,文史资料研究委员会编,中国文史出版社1987年版,第66页。

② 郭雁翎:《哀欧阳格》,《新力》1940年第5期,第11页。

③ 期间,军政部曾命令电雷学校以江防司令部的名义去接收岳阳附近海军部的停泊舰只,后因种种缘由作罢。不过,此举却说明直到此时军政部仍将电雷学校视为受蒋信赖的嫡系部队。参见王先强、杜隆基:《电雷学校的回忆》,《文史资料存稿》,第673页。

抗战视为全面抗战的转折点,而非如"一二八事变"那样的局部冲突。如《国闻周报》便在8月下旬出版《国闻周报战时特刊》,除了以淞沪抗战为中心,详述战况之外,也强调"全面战争"的展开:

> "大时代到了! 全国渴望的全面战争终于展开! 平津失陷后,政府为紧急处理必要的准备,空气曾一时趋于沉寂……上海虹桥事件的发生,正是打破这种沉寂的警号,果然,日方从此积极增兵,我方也迅雷不及掩耳的赶速准备,十三日虹口枪声一响,全国所渴望的全面战争终于展开了! 这个战争,绝不是短期所能了,最后胜利一定要在长期抗战后才能获得,我四万万五千万同胞应该从此觉醒……矜矜实实埋头去干救国卫国的工作。"①

实际上长期抗战的论调,在1932年"一二八事变"后便已初步形成。当时,蒋介石就认为应该"充实一切自卫力量,准备长期抗战,以求最后之胜利。"②1935年,国民党当局又将四川地区定为复兴民族之根据地,强化了国家的抗日决心,并以长期作战作为对日抗战策略的基调。1937年1月,国军的长期抗战计划大致完成,并迎来7月以后全面抗战的最终爆发。为了将长期抗战的计划传达给全国民众,通过各类报刊加以宣传便是重要策略之一。

淞沪抗战爆发后,国民政府命令各大信息主要由中央社统一发布,中央社更是唯一能够随军发布战地第一手信息的单位。自1937年8月14日起,中央社关于沪上战事的新闻开始占据各大报刊的版面。当时,出于宣传考虑皆强调是日军主动发动进攻,中国军队被迫还击。14日《中央日报》当天的一系列标题便是:《闸北守军被迫应战》《日军昨晨轻启衅端,我为自卫当予还击》《日方

---

① 《全面战争展开》,《国闻周报战时特刊》,创刊号,国闻通讯社,1937年8月。
② 秦孝仪总编:《"总统"蒋公大事长编初稿·卷二》,台北:中正文教基金会1978年版,第441页。

蓄意侵略,和平绝望》等等。① 战役之初,以《中央日报》为代表的报道又开始转而着重突出日军进攻不力,例如"敌援军在吴淞强行登陆未逞"②、"上海敌方陆军增援,昨晚猛烈反攻,战至今晨敌不支败退"③等等。

与之相对,民间关于沪上战事的报道则呈现另一种风貌。其中,最著名者当属邹韬奋在 8 月 19 日创办的《抗战三日刊》。淞沪抗战打响后,邹韬奋从南京连夜赶回上海,经过五昼夜的筹备,于 8 月 19 日创办了《抗战》三日刊,每旬逢 3、6、9 日出版。《抗战》三日刊为 16 开本,介于日报与杂志之间,兼具新闻性与政治性,内设有社论、社评、时评、短评、随笔、杂感、战局一览等诸栏目。在首发刊中,作为主编的邹韬奋开宗明义地阐明了《抗战》的办刊宗旨:"在一方面是要对直接间接和抗战有关的国内和国际形势,作有系统的分析和报道"、"在另一方面是要反映大众在抗战期间的迫切要求,并贡献我们观察所得的结果,以供国人的参考。"他认为淞沪抗战"表现中国的确能够抵抗侵略",并特别强调空军的英勇行为"震惊了全世界",希望中国军队在最短时间内将日军逐出租界,更要以破釜沉舟的决心,做好"牺牲到底,抗战到底"的准备才能取得最后的胜利。

在报道"袭击出云舰"时,沪上各大报纸大多以中央社、《中央日报》的消息为准,从"击沉"到"重伤"各种说法都有。不过,大多将"出云"号视为日本侵略军之象征,故着重宣传中国军队对之发起的一系列袭击,期待将之击沉于黄浦江。同时,出于宣传的角度积极报道"战果"。例如《申报》就援引《中央日报》的说法,17 日

① 《中央日报》1937 年 8 月 14 日,第三版。
② 《中央日报》1937 年 8 月 24 日,第三版。
③ 《中央日报》1937 年 8 月 29 日,第三版。

时先称："出云舰昨受伤悄然移防"。① 18 日，又称："日本驻沪第三舰队主舰出云停泊外白渡桥，利用租界为发号施令、攻击我军之总指挥机关。我方为避免波累租界，以致空军不能尽量施展威力将其毁灭。由是不得不改取妥善之策，予该舰以重惩。十六日晚九时许，于双方重炮声中，我方即以某项爆炸军器轰炸该舰。当即命中尾部受损甚重，已失战斗力，该舰乃悄然移防，停泊下游公和祥码头江心。"②

虽然"出云"号依旧耀武扬威地驶于扬子江上，但由于战时宣传需要，当时的中国官方一直坚称曾以鱼雷快艇重创"出云"号，以至于数十年后国内某些研究者也常把"宣传成果"当成了"实际战果"。相较快艇奇袭，真正给"出云"带来过严重威胁的乃是年轻的中国空军。而组织鱼雷袭击的欧阳格也曾颇具预见性地指出：未来海战将由空军所主导，大舰巨炮的决战已经不是海战主流。1937 年夏日，中国空军与"出云"的缠斗情形，成为整个淞沪抗战期间上海市民记忆最深刻的战场画面之一。

9 月后，中国海军已无能力威胁"出云"号，转而以空军轰炸为主。尽管实施过多次轰炸，但均未得手。当时沪上舆论在报道相关消息时，重点突出空军战机之英勇，惋惜轰炸未果。如 9 月 11 日的《申报》便以《我机轰炸几中出云》为题，进行报道："今晨零时二十时，我空军夜袭敌军阵地并轰炸浦江敌舰，共投四弹。敌舰在震惧之下高射炮乱放，我空军在投掷第一弹时，有在外滩某洋房之最高岭以望远镜观察，第一弹投下时，我机在敌舰高射炮之万道火星中疾驶而下，向出云舰轰炸，砰然一声落该舰右舷外档。"③对"出云"号坚持不懈的进攻，似乎也成为淞沪战场血腥鏖战的一个

① 《敌军海陆空大举反攻我军迎头痛击各路胜利》，《申报》，1937 年 8 月 17 日，第一版。
② 《申报》，1937 年 8 月 18 日，第一版。
③ 《我机轰炸几中出云》，《申报》，1937 年 9 月 11 日，第七版。

缩影。此外,由于海空交战地紧邻租界,位于市中心,也容易成为国内外媒体关注的焦点,宣传效果更大,甚至田汉都写过"如何毁灭出云舰"的宣传文章以鼓励民心士气。①

不过,当时中国空军在执行轰炸出云舰任务时曾误炸市区,造成惨重的人员损失。其中,最严重的一次便是误炸了"大世界"前的广场,不幸造成重大伤亡。当时恰好在"美国俱乐部"屋顶上观战的《密勒氏评论报》主编鲍惠尔目睹了当时的惨状:"这两枚炸弹意外的爆炸,使整个大上海为之震动。当时,我立刻赶往出事的现场。我虽然采访过不少战争的新闻,但我还是第一次看见人血汩汩流入下水道的情景。"②

沪上媒体对此事报道明显较为克制,更多强调日本军舰躲避在租界外江面才造成误炸悲剧,并强调日军才是造成租界危险的根本原因:"因出云舰停泊黄浦江中借租界为作战之根据地,我空军为消除危机计,突施轰炸,以致爱宁亚路大世界及南京路外滩等处遭受危害。领事团方面已屡次劝告日舰退出黄浦,日方竟拒绝,不免使境内各国侨民生命财产,同增危险性。"③

尽管新闻报道以客观为要,但在战争状态下,当时新闻人仍有意识地去扮演抗战宣传者的角色。早在1932年"一二八事变"期间,便以有利于中国军队作战为新闻报道之最高原则。例如顾执中曾从《字林西报》外国记者处听闻英国军舰消息称吴淞炮台业已失守。当时,《新闻报》内部在讨论是否发表这则消息时,顾执中就主张不予发表。他认为吴淞炮台装备简陋,"其失守自然不足惊奇。但是,我们主张不发这条消息。这种不利于我们的消息,即使是真的,稍缓刊登,亦无所谓。"④

---

① 《申报》1937年10月8日,第六版。
② 约翰·本雅明·鲍惠尔:《在中国二十五年——上海〈密勒氏评论报〉主持人鲍惠尔回忆录》,尹雪曼等译,黄山书社2008年版,第282—283页。
③ 《意领顾全外侨安全 日方未有确切答覆》,《申报》1937年8月17日。
④ 顾执中:《一二八上海抗战目击记》,《新闻与传播研究》1981年第3期。

余　　论

淞沪抗战一年多后，甚至有栖身上海租界"孤岛"剧作家以此为题材创作了一部抗战话剧《旗舰出云号》(上海杂志公司，1938年8月出版)以纪念这场"黄浦江上空的激烈战斗"。然而，由于当时中国军事实力不济等多方面原因，始终未能将其击沉于黄浦江畔，甚至从未使其重伤。经历中国战事后，"出云"安然无恙地返回日本，一直苟存至1945年日本投降前夕。但"出云"号的形象已深刻印入当时上海市民的抗战记忆中。

抗战胜利后，南京当局于1947年接受了一批日本赔付的军舰。当时沪上舆论在报道此事时仍记得当年在黄浦上出没的"出云"号："日本军舰对上海人的印象太深刻了。'八一三'之战爆发不久，停泊本领事馆门前的旗舰'出云'号，曾经遭遇我军水雷袭击，当时虽未将'出云'号击沉，但全上海盛传'出云舰'被袭沉没的消息，会经予人莫大的感奋。"①同时，对中国空军空袭"出云"号的事迹也记忆犹新："十年前'八一四'空军节，中国新空军结队飞入上海市空，在黄浦江滨轮番轰炸日本的'出云舰'，全上海市民不顾生命危险，对着战争火焰，子弹进飞的上空，发生欢呼，这正是人类正义的呼声！"②

面对新闻舆论史，既可以研究舆论制造者、舆论传播手段、舆论受众的状态，也可以研究接受舆论的过程、舆论对历史事件的影响等等。如果能对淞沪抗战期间舆论动态进行贯通性的研究，相信会有助于了解发生在这个城市的抗战历史，从而增进对当时民众抗战心理之了解。在淞沪抗战中，围绕"八百壮士"的舆论宣传

---

① 《沪滨絮语》，《申报》1937年07月05日，第九版。
② 《沪滨絮语》，《申报》1937年08月16日，第九版。

是一次对民众抗战决心的重大鼓舞，而围绕"击沉出云舰"的新闻宣传亦是同理。

在特殊的抗战情景下，新闻宣传也随之进入特别的状态——既要鼓舞民心士气，赢得抗战的宣传战，但也不能不顾事实使民众对抗战前景产生错误预想。正如《抗战》三日刊第 28 期《抗战进入新阶段》一文所指出的那样："目前的抗战将从旧的军事完全失利的阶段跨出来，走向可能部分胜利的新阶段去"、"在这时候，我们一面要排击消极的悲观论者，因为悲观论者的论调正像暗底咬啄心灵的毒舌；另一方面，我们又要指责无条件的乐观论者，因为这样的乐观论调，正像糖衣的毒药，会把中华民族在甜蜜的'挽歌'中整个断送掉。"

（作者系上海图书馆、上海科学技术情报研究所信息咨询与
研究中心竞争情报部副主任、副研究员）

试述上海天主教对"八一三"事变后伤兵和难民的救济

王　伟

　　上海天主教素来重视慈善救济事业,在形势动荡的战争时期,在国内的各种自然灾害中,开展了许多临时救济事业。

　　"八一三"事变爆发后,时任天主教上海教区主教惠济良(Haouis'ee S.J.)"即用中文发表公函,劝全区人民服务尽职"①。惠济良不仅呼吁天主教徒参与到救济工作中去,他还身体力行,"捐款十万元,在震旦大学操场设难民收容所"②,"设立粥厂,救济难民,并派人救护伤兵医治病疮云。"③

　　1937 年 8 月 28 日,正是惠济良六旬寿庆。但因国难当头,惠济良通知属下,"废除一切庆祝典礼,谢却种种礼物。并嘱司铎等平日节衣减食,以省下之款移办救济事业。"④惠济良还多次举办宗教活动,为中国的平安祈祷。

　　上海天主教界人士共赴国难,和社会各界密切合作,发挥其医疗和慈善特长,发动教区神父、修女、普通信徒,利用所属医院、学

　　①　《上海公教会战事期内救护事业鸟瞰》,《圣教杂志》第 27 年第 3 期,1938 年,第 164 页。

　　②　《上海惠主教捐款十万元设立收容所》,《安庆教务月刊》1937 年第 10 期。第 31 页。

　　③　《上海公教惠主教为国捐款十万元并设立粥厂》,《我存杂志》第 5 卷第 7 期,1937 年,第 387 页。

　　④　《我国各地神牧提倡祈祷救国》,《圣心报》第 51 卷第 11 期,1937 年,第 474—475 页。

校、教堂、收容院等,积极投入对我国伤兵和难民的救济工作。

一、对伤兵伤民的救护

(一) 震旦大学伤兵医院

早在 1936 年,中国红十字会就发函给天主教开办的震旦大学,要求震旦大学的医学院组成一个医务单位,以备非常时期从事后方救护及设立伤兵医院。按照此函组成医务单位后,震旦大学医学院的医务单位"全院有院长 1 人,副院长 2 人,外科医师 4 人,内科医师 2 人,高级医师 4 人,助理医师 8 人,总共 21 人,合以护士、救护人员、办事人员等,共为 108 人。"①

"八一三"事变爆发后,震旦大学即将大礼堂改为伤兵医院,"未及 24 小时,已塞满 250 床位。其后扩增至 300 床位。直至 12 月初旬尚有 300 名受伤,在此临时医院内治疗。"②起初 3 个月内,伤兵都是从前线直接送下来的。大礼堂不够用,震旦大学还扩增几座运动教室以收容伤兵。震旦大学伤兵医院由震旦大学医学院毕业的学生担任医生,由鲍斯高慈爱会修女以及杨树浦圣心医院撤出的方济各传教会修女担任看护。1937 年 11 月 12 日上海沦陷,淞沪会战结束,战线远离上海,上海市内各伤兵医院一一结束,各伤兵医院将伤兵送到震旦大学伤兵医院继续医治。震旦大学伤兵医院前后坚持 8 个多月,"入院医治者前后共 1500 人,平均每日有 400 病床,合计 8 万日病床。"③8 个月内伤重死亡者 150 名④。

---

① 《震旦大学筹组伤兵医院》,《我存杂志》第 4 卷第 10 期,1936 年,第 632 页。

② 《上海公教会战事期内救护事业鸟瞰》,《圣教杂志》第 27 年第 3 期,1938 年,第 164 页。

③ 《震旦大学伤兵医院结束》,《公教进行》第 10 卷第 13 期,1938 年,第 366—368 页。

④ 参见《震旦大学伤兵医院结束》,《公教进行》第 10 卷第 13 期,1938 年,第 366—368 页。另一说认为伤重死亡者为 60 名,见《伤兵中之传教工作》,《圣教杂志》第 27 年第 3 期,1938 年,第 165—166 页。

（二）其他伤兵医院及伤民救护

天主教开办的广慈医院、新普育堂、洋泾浜类思小学及晓明女子中学、新闸德肋撒堂、太和医院、松江若瑟医院等机构也在救护工作中发挥了重要作用。

"八一三"事变爆发后,1937 年 8 月 14 日下午,国民革命军战机误投炸弹,落于南京路外滩和大世界门前,造成市民重大伤亡,受伤市民 400 余名全部送往广慈医院治疗。"因该院医生与修女之尽力救护,而保存性命、恢复健康者,为数颇多云。"① 在淞沪抗战的 3 个月内,送来的伤兵伤民,常常占满病院中的空地。尤其是战事初起时,广慈医院的几个手术室内,有时竟同时日夜施行手术。

新普育堂中收治了很多伤兵伤民。堂中的仁爱会修女在日军的狂轰滥炸中,坚守岗位,不肯撤退,看护伤兵病人。

国际红十字会在租界内设立伤兵医院,有病床 500,请方济各传教会修女负责看护。

法租界洋泾浜类思小学及晓明女子中学成立伤兵医院,有病床 300。新闸德肋撒堂设立伤兵医院一座,有病床 400。该二处伤兵医院的"医治工作皆由中国红十字会担任。"②

著名天主教徒 98 岁高龄的马相伯"关心沪上局势,特由京至沪,嘱其手创之太和医院,设立战时伤兵医院。"③

1937 年 8 月下旬,日军飞机轰炸松江火车站难民列车,难民被炸死 200 名,被炸伤 300 名,共伤亡 500 名④。松江全城为了躲

① 《抗日战争中上海天主教之救济事业》,《圣心报》第 51 卷第 11 期,1937 年,第 475—476 页。
② 《抗日战争中上海天主教之救济事业》,《圣心报》第 51 卷第 11 期,1937 年,第 475—476 页。
③ 《马相伯筹设战时医院》,《我存杂志》第 5 卷第 7 期,1937 年,第 388 页。
④ 见张若谷:《一个英雄式的看护》,《中国红十字会月刊》第 28 期,1937 年,第 143—144 页。另一说认为难民死伤七八百,见《抗日战争中上海天主教之救济事业》,《圣心报》第 51 卷第 11 期,1937 年,第 475—476 页。

避日机轰炸，数小时后逃亡一空。留守的士兵把 300 名伤者抬到松江火车站附近的一所小学里，可是却找不到一个医生来医治这些伤者。这时，松江若瑟医院的一个叫黄若翰的看护勇敢地站了出来。为了躲避日机轰炸，1937 年 7 月，松江若瑟医院的仁爱会修女和病人们即已迁去了杭州，"医院中只剩中国医师和两个看护士，预备在那里照料新送进医院的病人。"①轰炸发生的时候，医院中只有黄若翰一人。黄若翰闻讯，主动前往救治。给伤者做了简单的包扎，然后请士兵们把伤者运到松江若瑟医院。黄若翰曾在广慈医院的手术室中当过 12 年的侍役，常常看见外科医生们洗涤包扎病人的伤口。于是他取出医生的应用器械，独自一人紧张工作了 24 个小时，他先给断手伤臂的人，用手术接好，再给轻伤的人洗涤、敷药、包扎。48 小时后，震旦大学院长才尔孟神父才接到报告，"他急忙开了一辆战地病院汽车去，带了二个外科医师，一位是罗忠医师和几个仁爱会的修女，到了松江，看见有一百多个重伤的人已经死了，也有快要绝命的。"②经过黄若翰和才尔孟他们的全力救治，大多数伤者的性命得以保全。其后松江"合城绅商竟请公教会主持城内红十字会全部行政事宜。因缺乏人才未接受。"③

浙江兰溪建立的大型伤兵医院，"亦由震旦医师及上海方济各会修女前往主持者，有病床 900 云。"④

----

① 张若谷：《一个英雄式的看护》，《中国红十字会月刊》第 28 期，1937 年，第 143—144 页。
② 张若谷：《一个英雄式的看护》，《中国红十字会月刊》第 28 期，1937 年，第 143—144 页。
③ 《上海公教会战事期内救护事业鸟瞰》，《圣教杂志》第 27 年第 3 期，1938 年，第 164 页。
④ 《上海公教会战事期内救护事业鸟瞰》，《圣教杂志》第 27 年第 3 期，1938 年，第 164 页。

二、吕班路区域、徐家汇区域的难民收容

(一)震旦大学难民收容所

1937 年卢沟桥抗战爆发后,时任中华全国公进会总会长的陆伯鸿一方面未雨绸缪,"业与上海各慈善团体联合会及中国红十字会筹办收容所,已得法租界某大学当局同意,作为将来之收容所及疗养处。"①另一方面筹款购买急救外科器械和药品,准备组织前方救护队。

1937 年 8 月淞沪抗战爆发后,天主教上海教区主教惠济良捐款 10 万元②,由位于吕班路的震旦大学让出大操场成立难民收容所。大操场占地数十亩,陆续搭造大棚 7 座。大棚内每户难民分别居住,互不混杂干扰;无家室的难民则分为男性、女性,分别集中居住。大棚旁建有厨房、厕所、浴室等。身体健壮的男女难民参加难民收容所所内或所外的工作。

难民收容所主要由天主教修士修女负责管理,"又有中西命妇、童子军、救济队等,前来帮助。"③难民收容所职员分为四组:一、收容组,主管搜查、登记、编号及难民出入编遣等事项。二、训导组,主管组织难民、实施教育等事项。三、卫生组,主管难民医药、卫生及伙食等事项。难民的医疗服务方面,由震旦大学医学院的 3 位医师进行义务治疗。四、纠察组,"由童子军负警卫之责。"④

---

① 《陆伯鸿筹办救济事宜》,《我存杂志》第 5 卷第 7 期,1937 年,第 388 页。

② 参见《上海惠主教捐款十万元设立收容所》,《安庆教务月刊》1937 年第 10 期。第 31 页。《上海公教惠主教为国捐款十万元并设立粥厂》,《我存杂志》第 5 卷第 7 期,1937 年,第 387 页。

③ 《抗日战争中上海天主教之救济事业》,《圣心报》第 51 卷第 11 期,1937 年,第 475—476 页。

④ 《上海及徐家汇公教机关难民收容所》,《圣教杂志》第 26 年第 10 期,1937 年,第 638 页。

1937 年 8 月到 1938 年 8 月的一年间,震旦大学难民收容所长期收容难民 2500 名。1939 年 9 月左右,"尚有 1350 名留于收容所内,计儿童 500 名,孤儿居多数,老人 50 名,残废 80 名。"①

(二) 震旦大学儿童隔离所、吕班路托儿所、妇女病院、妇女救济工厂

震旦大学校务长才尔孟,划出一部分校舍,成立儿童隔离所,由仁爱会总院的 2 名修女日夜看护。此外吕班路还有一家托儿所,专收弃养儿童,由松江撤退回沪的 2 名修女负责看护。

仁爱会总院设立伤兵医院一所。仁爱会总院还让出部分房屋,成立妇女病院和妇女救济工厂各一所,"专收不能杂居于难民收容所之青年女子。"②

(三) 徐汇中学难民收容所

1937 年 8 月 18 日,上海总收容所将 400 多名难民送来徐汇中学,徐汇中学难民收容所于是成立。"位于徐汇后街一大操场上,除职员办公室、病房、厨房、教室之外,共扎有大棚 6 座,每舍可容 300 余人。故现住总所者,有 2000 人。其余则分住于 18 分所中。"③徐汇中学难民收容所是徐家汇难民收容所的总所,在当时上海各难民收容所中是规模最大、人数最多的。

徐汇中学难民收容所每舍有舍长,职责是协助难民收容所职员,维护难民收容所规章制度,维护舍内秩序、卫生,引导舍内难民。至于难民的饮食烹饪、分发饭菜,则由挑选出的一部分难民承担。

徐汇中学难民收容所设有卫生股,管理所中的清洁、卫生事

---

① 《震旦大学难民收容所内举行宗教辩护周》,《公教学校》第 5 卷第 9 期,1939 年,第 15—16 页。

② 《上海仁爱会总院于沪战时之仁爱工作》,《安庆教务月刊》1938 年第 2、3 期合刊。第 46—47 页。

③ 蔡维贤:《上海徐家汇徐汇中学难民收容所访问记》,《圣心报》第 52 卷第 6 期,1938 年,第 183—187 页。

务。所中的公共安全初由童子军负责,后来选择了部分优秀难民,施以训练,委托他们负责维护公共秩序和安全。公共秩序一直维持良好,没有意外事件发生过。

徐汇中学难民收容所每天都有中、西医生前来提供医疗服务,病房由拯亡会修女负责看护。"因各医师之竭力诊治,修女之用心照管,因此徐汇收容所之难民死亡率之低,远非其他收容所之比。合计自创设至今,前后 8 个月,共死 520 余人。而此辈死者,大半因在外受尽颠沛之苦,早已得病,因此较为难治,而尤以年老者居多。"[1]

难民的教育。为了不耽误所中难童的教育,徐汇中学难民收容所在所内搭起二三个小棚,进行教学,由徐汇中学圣母会会友及备修院学生"施以识字教育,并乘机为之讲解要理"[2]。另外,安排一部分难童在汇师小学上课,一部分在新业小学上课。1938 年 3月,"共计现在难童学生 1000 多名。"[3]对于成年难民,男性难民和女性难民每天晚上分别聚集,认字、学习公民常识或家政知识等等。

就业。徐汇中学难民收容所为女性难民设立织布厂一所供其就业。其他女性从事做花边、结手套、缝衣服等等工作。但限于经济条件,没有能为成年男子设立工厂。

(四)徐家汇难民收容所

徐家汇"为耶稣会及上海公教事业之中心,因邻近法租界,于中日激战声中,虽有一二流弹,物质方面未受任何损失。"[4]1937 年

---

① 蔡维贤:《上海徐家汇徐汇中学难民收容所访问记》,《圣心报》第 52 卷第 6期,1938 年,第 183—187 页。

② 《上海公教机关收容一万难民》,《圣教杂志》第 27 年第 1 期,1938 年,第52 页。

③ 蔡维贤:《上海徐家汇徐汇中学难民收容所访问记》,《圣心报》第 52 卷第 6期,1938 年,第 183—187 页。

④ 《上海徐家汇公教机关近况》,《公教学校》第 3 卷第 27 期,1937 年,第 560—561 页。

8月20日后,战事越加激烈,江湾、吴淞、太仓及战地后方罗店、浏河、嘉定、南翔等处居民纷纷逃到徐家汇。由于徐汇中学难民收容所无力收容所有难民,难民们群集在徐家汇天主堂前广场上,风吹雨打,饥寒交困。徐家汇天主堂的神父们怜悯难民们的遭遇,将这些难民全部收容。8月25日,收容难民达2500多人。神父们将难民分别安插在徐家汇的天主教各机构中,"徐汇中学之游廊,汇师中学之礼堂与教室,圣母院之工作场,几尽为难民所挤满"。① 徐家汇难民收容所正式建立,总所设于徐汇中学、分所设于汇师中学、圣母院等处。汇师中学约有难民400名,圣母院约有妇孺难民400名②。

1937年11月12日,中国军队撤出上海③。战火开始往南京、杭州延烧,沪宁、沪杭铁路、公路沿线居民被迫大规模逃到上海。而很多上海的居民,害怕日军侵入后大肆屠杀,遂逃入徐家汇难民收容所。"此时连前收容者,共计有23000余人,为收容人数最多时期。"④当时因为事起仓促,徐家汇难民收容所没有准备,所以一时无法安插,以致徐家汇天主堂前的广场、各处街道都挤满了难民。经过紧急调配,两三天后终于将难民全部接收到了收容所中。

此后,战火逐渐远离上海,来自徐汇一带的难民陆续返家或者投奔亲友,所以徐家汇难民收容所的难民数量逐渐减少。1937年底,"常

① 蔡维贤:《上海徐家汇徐汇中学难民收容所访问记》,《圣心报》第52卷第6期,1938年,第183—187页。

② 《抗日战争中上海天主教之救济事业》,《圣心报》第51卷第11期,1937年,第475—476页。

③ 蔡维贤一文中记载为10月12日国军撤出上海,徐家汇难民收容所于是收容23000余人。笔者认为蔡文有误,国军撤出上海的日期应为11月12日。参见《上海徐家汇徐汇中学难民收容所访问记》,《圣心报》第52卷第6期,1938年,第183—187页。

④ 蔡维贤:《上海徐家汇徐汇中学难民收容所访问记》,《圣心报》第52卷第6期,1938年,第183—187页。

住所中者,尚有 13000 人;每日前来领米粮者,亦有三四千人。"①到 1938 年 3 月,"常住本所之难民有 8000 人,及日来领米者 1600 人。"②

1938 年 3 月,徐家汇难民收容所共有 19 所,除了总所徐汇中学难民收容所之外,"分所亦扩增至 18 处矣"③。

徐家汇难民收容所免费供应难民每天二餐,还免费提供衣物、药品等。难民人数众多,经费开支浩大。经费的来源主要有两个方面,一方面是来源于"上海救济总会(后改名为国际难民收容总会),以及存济堂等之竭力帮助。"④另一方面是来源于徐家汇难民收容所主任陆士熙修士"尽量募捐,故自始至终,徐汇收容所未有断炊之一日。而自秋而冬,总计由陆修士设法置买或募得之衣被,各在 1 万套以上。"⑤

由于难民群聚,难民中曾经爆发了鼠疫。耶稣会士与拯亡会修女共同组织扑灭虎疫队,"除打防疫针施行救急治疗外,又日夜侍奉病榻左右。但因难民人数过多,房屋太少,不能为有效的隔离。至今犹未扑灭疫疠云。"⑥

除了吕班路、徐家汇以外,上海天主教还在公共租界苏州河南的新闸小德肋撒天主堂内收容天主教徒难民 500 多人,"皆系浦东及虹口一带难民,各该本堂司铎每主日亦必前往巡视慰问一次。"⑦

---

①　蔡维贤:《上海徐家汇徐汇中学难民收容所访问记》,《圣心报》第 52 卷第 6 期,1938 年,第 183—187 页。

②　蔡维贤:《上海徐家汇徐汇中学难民收容所访问记》,《圣心报》第 52 卷第 6 期,1938 年,第 183—187 页。

③　蔡维贤:《上海徐家汇徐汇中学难民收容所访问记》,《圣心报》第 52 卷第 6 期,1938 年,第 183—187 页。

④　蔡维贤:《上海徐家汇徐汇中学难民收容所访问记》,《圣心报》第 52 卷第 6 期,1938 年,第 183—187 页。

⑤　蔡维贤:《上海徐家汇徐汇中学难民收容所访问记》,《圣心报》第 52 卷第 6 期,1938 年,第 183—187 页。

⑥　《上海徐家汇公教机关近况》,《公教学校》第 3 卷第 27 期,1937 年,第 560—561 页。

⑦　《上海公教机关救济事业》,《圣心报》第 52 卷第 1 期,1938 年,第 31 页。

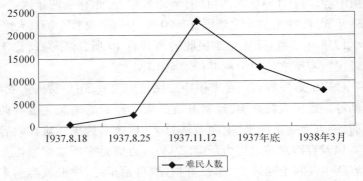

徐家汇难民收容所难民人数示意图①

三、南市难民区

（一）南市难民区的创办

淞沪抗战爆发后，虹口、闸北、沪西、浦东、南市以及吴淞、宝山、大场、罗店、广福一带先后成为战区，当地居民纷纷向租界逃亡。"至上海租界避难者已达百余万人，虽经各善团分别收容遣送，其流浪街头里巷者，为数尚巨。"②我方军队退到沪西作战后，沪西周家桥、北新泾一带居民迫于战火，也群往租界逃命。租界内难民情况十分严峻，"租界难民，益形拥挤；收容所数寡地隘，更无法安插，遂致成群结队，徘徊穷途；兼以无衣缺食，号寒啼饥，若不设法救济，行将尽填沟壑！"③

淞沪抗战爆发后，中国红十字会与中外救济团体及慈善界人

———————————

① 数据参见蔡维贤：《上海徐家汇徐汇中学难民收容所访问记》，《圣心报》第52卷第6期，1938年，第183—187页。

② 航僧：《南市难民区之筹设及战区人民罹劫惨况》，《中国红十字会月刊》第30期，1937年，第73—76页。

③ 航僧：《南市难民区之筹设及战区人民罹劫惨况》，《中国红十字会月刊》第30期，1937年，第73—76页。

士合作,组织成立了中国红十字会上海国际委员会,从事难民伤兵的收容救护工作。天主教神父饶家驹(P. Jaequinot de Besange S.J.)担任该会下设的难民救济委员会主席。

为了救助逃到租界的难民,"红十字会上海国际委员会同人不忍坐视,特发起就南市划出一部为安全地带,开作伟大难民区,以便尽量收容。公推该会难民救济委员会主席饶家驹神父主持其事。"①饶家驹向各方奔走接洽,获得了各方的同情。饶家驹通过英、法、美等国驻沪外交当局,向上海市政府建议设立难民区。上海市政府接到建议后几度商讨此事,认为在不损主权原则下,为了人道和非战斗平民,这个建议尚属可行。并在派要员赴南市视察并调查难民情况后,上海市政府深感设立难民区之必要,当即请示南京国民政府,奉令核准照办。饶家驹也通过英、法、美等国驻沪外交当局,向日军当局提出不要攻击难民区,获得了日方的应允。天主教、基督教等宗教人士也承诺将南市的空闲教堂用作难民收容所。

1937 年 11 月 5 日,"谈判成功,中日双方皆已签字。"②经过前后半个月的努力,难民区的倡议终于实现。上海市政府正式发文给上海戒严司令部,转饬所属警团一体遵照办理。还核发特别许可证,供工作人员入区视察及服务。1937 年 11 月 8 日,上海市政府出示布告,宣告南市难民区自 11 月 9 日中午 12 点起正式实行。

南市难民区管理委员会也发表声明书,说明南市难民区的性质。在各项手续办妥后,上海国际委员会前往南市难民区,在该区

---

① 航僧:《南市难民区之筹设及战区人民罹劫惨况》,《中国红十字会月刊》第 30 期,1937 年,第 73—76 页。同时,从以上引文中可以看出,该文认为南市难民区的创意者和发起者是中国红十字会上海国际委员会,并未点明饶家驹是创意者和发起者。在上海市政府的布告中,也说是根据中国红十字会上海国际委员会的建议,见《沪市成立难民区》,《国际劳工通讯》第 4 卷第 12 期,1937 年,第 117—118 页。但是,天主教报刊认为饶家驹是南市难民区的发起者和创办者。笔者认为,创意者是谁暂不能下定论,但可以肯定的是,从个体角度讲,饶家驹是南市难民区的创办者。

② 《南市设难民区》,《中国红十字会月刊》第 30 期,1937 年,第 50—51 页。

域四周悬挂中国红十字会上海国际委员会旗帜。

南市难民区成立后，先选择区内公共场所，如豫园、城隍庙、面粉交易所、天主堂、小世界、万竹小学等设立难民收容所，不够再使用私人房屋。所有给养等项，规定由各原办善团负责料理。南市难民区"现正设法将滞留难民区以外之难民，悉数运至区内安顿，而难民中尚有孕妇及患病者，刻正设法救济。"①上海各救济团体及同乡会，纷纷来到南市难民区觅取房屋，开始移送及收容大批难民。逃往租界的区内居民，听说成立了难民区也相率返家。

南市难民区刚刚成立，就遭遇了一次严峻的考验。1937年11月6日，日军攻陷金山，沪西、浦东的我国军队不得不向后方撤退，战线因而扩大，同时日军进攻南市，当地居民被迫向租界逃命。数十万难民冲到了法租界边界，法租界当局将界门锁闭，不允许难民进入法租界，难民留滞在民国路一带，无食品、无饮水、无住宿，在寒冷的天气里熬守着。日军进攻南市也造成南市难民区粮食无法输入，水源断绝，难民区内的居民和难民也纷纷群集到民国路，"麇集华法交界路口，以待租界慈善人士之援救；见有以大饼馒头掷入接济者，则舍命争抢，互相践踏，种种悲情苦景，令人惨目伤心！"②饶家驹痛惜万状，极力和法租界当局沟通，法租界当局最终同意"开放老北门铁栅一扇，俾便运输给养，并由法租界接入大号自来水龙头三具，放置新开河、老北门及方浜路，饮料问题予以解决。"③群集在民国路上的难民，大多数也被劝入收容所安顿，留在街头的难民已不多。

---

① 《难民区由居民组团维持》，《中国红十字会月刊》第 30 期，1937 年，第 59—60 页。

② 航僧：《南市难民区之筹设及战区人民罹劫惨况》，《中国红十字会月刊》第 30 期，1937 年，第 73—76 页。

③ 航僧：《南市难民区之筹设及战区人民罹劫惨况》，《中国红十字会月刊》第 30 期，1937 年，第 73—76 页。

（二）南市难民区的性质

在设立南市难民区的交涉中,中国政府和日军当局都有不同程度的疑虑。对中国政府来说,需要确认难民区不会成为又一个租界,不会损害中国主权。对日军当局来说,也需要确认难民区不会成为又一个租界,不会妨碍日军攻占上海。为了打消双方疑虑和澄清新闻报道,1937 年 11 月 5 日,饶家驹发表声明书。声明书指出,南市难民区的设立纯粹出于人道动机,南市难民区不是"中立区"、"特殊区域",也不是"非武装区域"。而是"一非战斗员所居住之平安区域,中、日双方因人道上的原因,皆愿为保护非战斗员。"①"不受任何形式之攻击,不设武装军队及军事机关,亦不作武装的敌对行为,在中国民事行政权之下,由中国警察维持治安,所携武器以警用盒子炮或手枪为限。"②南市难民区绝不损害中国主权,声明书中还说,设立难民区是一次创举,希望今后其他各地不要援以为例。难民区悬挂中国红十字会及上海国际救济委员会会旗。

（三）南市难民区的范围

关于难民区范围,最初本划定安仁街以西,后来经过各界磋商,认为范围太小,于是决定扩大至小北门以西③。最终划定的四至范围有以下三种说法:

1937 年 11 月 8 日上海市政府的布告中说,南市难民区"在本市沪南区,南至方浜路,东西北至民国路之区域,划为难民区。"④

1937 年 11 月 5 日南市难民区管理委员会的声明书中指出,南

---

① 《南市设难民区》,《中国红十字会月刊》第 30 期,1937 年,第 50—51 页。

② 航僧:《南市难民区之筹设及战区人民罹劫惨况》,《中国红十字会月刊》第 30 期,1937 年,第 73—76 页。

③ 《南市难民区明日起实行》,《中国红十字会月刊》第 30 期,1937 年,第 53 页。另一说认为是小东门以西,见航僧:《南市难民区之筹设及战区人民罹劫惨况》,《中国红十字会月刊》第 30 期,1937 年,第 73—76 页。

④ 《沪市成立难民区》,《国际劳工通讯》第 4 卷第 12 期,1937 年,第 117—118 页。

市难民区为"南市城厢南至方浜路,西、东、北至法租界之区域。"①

1937年中国红十字会官方刊物上指出,南市难民区为"民国路以南,方浜路以北,方浜东、西。"②

以上三种说法应该都对。因为民国路就是华界和法租界的交界地段,而方浜的东西也是华界和法租界的交界地段。整个南市难民区包括城隍庙、豫园等处,面积约占旧城址三分之一。

(四) 南市难民区的管理

中国红十字会上海国际委员会经过连日商讨,紧锣密鼓地制定南市难民区办理办法,终于在1937年11月8日早晨,"一切办法,均已商妥"③,决定自11月9日起实施。

按照约定,南市难民区管理委员会"在此区域内享有行使视察权"④。南市难民区成立办事处,设于安仁街北区救火会楼上,办事处由饶家驹、柏韵士等中国红十字会上海国际委员会的6名外籍委员负责主持。饶家驹为南市难民区事实上的最高长官,他"在此安全区域内,一身兼司法官与行政长官。饶铎之一言一行,即为区内人民之法律。"⑤

难民区成立之初,对难民区事务分工如下,(一)清洁卫生,由中国济生会、中国红十字会等担任。(二)食品给养,由柏韵士主管,并有天主教4名神父会同各善团发放。(三)治安秩序,由各神父会同救火会员负责日间巡逻,由法租界当局派中、西警探会同区内住户商号所组成的临时商团负责夜间警卫。(四)医药治疗,由中国红十字会和中华医学会办理。(五)难童收养,由中华

---

① 航僧:《南市难民区之筹设及战区人民罹劫惨况》,《中国红十字会月刊》第30期,1937年,第73—76页。

② 《南市难民区明日起实行》,《中国红十字会月刊》第30期,1937年,第53页。

③ 《南市难民区明日起实行》,《中国红十字会月刊》第30期,1937年,第53页。

④ 航僧:《南市难民区之筹设及战区人民罹劫惨况》,《中国红十字会月刊》第30期,1937年,第73—76页。

⑤ 《上海安全地带之饶司铎》,《圣教杂志》第27年第1期,1938年,第52页。

慈幼协会办理。（六）收殓埋葬，由普善山庄担任。此外，推定陈鹤琴、叶梁露、朱谢文秋及美国教育家芦爱德博士等为教育委员，筹办难童教育。

南市难民区将"该区内所有教会及学校等公共机关一概皆改为难民收容所作收容难民之用"①。据 1937 年 11 月 18 日《新闻报》报道，据中华慈幼协会调查，"难民区内共有大小收容所 118 所，收容难民 88000 余人，住户要求面包救济已登记者 38000 余人，未登记者 60000 余人，尚未收容、餐风露宿之难民约 3000 余人，难民总数不下 200000 人。"②其中 1 岁至 4 岁的难童约有 30000 余人，4 岁至 14 岁的难童约有 50000 人。三分之一的难民还没有棉衣棉被。冻死、饿死的平均每天约 50 人左右，成人、儿童各半③。截止 1937 年 11 月 22 日，难民区已"收容难民二十余万人，经中外各善团及慈善界同人之努力合作，秩序已臻井然，莠民盗窃之徒亦经肃清。"④

起初，为了管理上方便，上海国际救济会将南市难民区划分为 4 个区。1937 年 11 月 26 日，为了管理更加严密，南市难民区办事处又开会决定，将南市难民区重新划分为 9 个区⑤。每区安排俄国籍警察 2 人，中国保卫团团员若干，维持治安。对犯法难民的惩罚措施是游街及罚做苦工，"偷窃罪罚 3 日至 20 日之苦工，此为最重之惩罚。"⑥1938 年 1 月，南市难民区住 25 万人，据估计每日施食

① 《上海南市难民区内教堂改为难民收容所》，《真光杂志》第 36 卷第 12 号，1937 年，第 71 页。
② 《沪市成立难民区》，《国际劳工通讯》第 4 卷第 12 期，1937 年，第 117—118 页。
③ 到 1938 年 1 月，每日死亡约有 10 名以上，由红十字会负责死者之丧葬事宜，见《上海安全地带之饶司铎》，《圣教杂志》第 27 年第 1 期，1938 年，第 52 页。
④ 航僧：《南市难民区之筹设及战区人民罹劫惨况》，《中国红十字会月刊》第 30 期，1937 年，第 73—76 页。
⑤ 参见《难民区内设施一斑》，《中国红十字会月刊》第 30 期，1937 年，第 66 页。
⑥ 《上海安全地带之饶司铎》，《圣教杂志》第 27 年第 1 期，1938 年，第 52 页。

的难民数在 10 万左右。"难民每日分发五角米票,初由中国各慈善会负责筹募,现则改由国际红十字会负责矣。"①

(五) 医疗卫生消防方面

据 1937 年 11 月 27 日统计,南市难民区"由中国红十字会、中华医学会会同主持之临时难民医院,计有万竹小学、流通图书馆及侯家浜叶宅等三处。"②产科医院有得意楼、安仁街、中比游艺会 3 所,由上海国际委员会聘请产科医生及天主堂修女一起办理。"所有孕妇经各产妇医院接生,已达一百余人。患病者经中国红十字会、中华医学会、天主堂姆姆等竭力诊治,为数已渐减少。"③

南市难民区成立不久,即经"国际救济会会同各慈善团,举办大规模清洁运动后,秩序整洁良好。"④平时难民区内各街道每两天打扫一次,难民区还要求各收容所随时注意清洁。

据 1938 年 1 月 24 日报道,南市难民区医院已增加到 4 所,另设施诊所 12 处。又新增了"洗浴池二处,以便居民、难民得有沐浴机会,难民隔一日发给浴券一次,每次三百六十张。"⑤

由于日军进攻南市,"南市除难民区外,经连日大火焚烧后,已成一片焦土。被毁民房达 4 万幢。断墙颓垣,伤心惨目。"⑥在法租界公董局的赞助下,南市难民区的消防工作比较完密。不仅有一批业务熟练的救火员,也有完备的救火车及水龙等消防设备。另外还有大批巡捕分段巡逻维持秩序、侦察火情。1937 年 12 月初,鉴于南市大火并没有延烧到难民区,火势变得微弱,南市难民区为便利住户饮用热水,遂"在九区内先恢复老虎灶二十四处,燃

① 《上海安全地带之饶司铎》,《圣教杂志》第 27 年第 1 期,1938 年,第 52 页。
② 《难民区内设施一斑》,《中国红十字会月刊》第 30 期,1937 年,第 66 页。
③ 《难民区设置临时医院》,《中国红十字会月刊》第 30 期,1937 年,第 66 页。
④ 《难民区设置临时医院》,《中国红十字会月刊》第 30 期,1937 年,第 66 页。
⑤ 《南市难民区卫生状况》,《中国红十字会月刊》第 32 期,1938 年,第 50 页。
⑥ 《上海南市惨遭兵焚》,《国际劳工通讯》第 4 卷第 12 期,1937 年,第 118 页。

料则由难民区办事处供给,约每日二吨之量。"①

(六)南市难民区的经费

"难民每日分发五角米票,初由中国各慈善会负责筹募,现则改由国际红十字会负责矣。"②由于难民人数极多,南市难民区经费开支巨大,"每月救济经费须 30 万元"③。1937 年底,由于天气严寒,难民区的难民死亡率随之增加,中国红十字会国际委员会衣服股连日运送 4 万余件棉衣裤到难民区,仍然不够分配,只好呼吁社会各界给予帮助。

1938 年 3 月,饶家驹到武汉,曾领得中央政府津贴 15 万元,中央政府"并允以后每月津贴 10 万元"④。但是尚有巨额的缺口,因此中国红十字会上海国际委员会公推副委员长饶家驹赴美募捐。1938 年 5 月 2 日,饶家驹启程赴美。5 月 26 日,饶家驹在法国驻美大使的陪同下赴白宫谒见罗斯福总统,面陈上海难民区情形,罗斯福总统表示难民区成绩颇为良好。饶家驹"经在全美各大城市举行'一碗饭'运动,备受热烈应响,成绩至为美满。"⑤8 月 1 日,返回上海。

(七)南市难民区的解散

1940 年,因耶稣会工作需要,饶家驹离开上海返回法国,南市难民区"一则以主持乏人,再则以区内经费奇窘"⑥,被迫于 1940

①　《南市难民区注意消防工作》,《太安丰保险界》第 3 卷第 24 期,1937 年,第 9—10 页。

②　《上海安全地带之饶司铎》,《圣教杂志》第 27 年第 1 期,1938 年,第 52 页。

③　《上海饶司铎赴美筹款》,《公教进行》第 10 卷第 17 期,1938 年,第 483 页。另据上海国际红十字会理事贝克统计,在冬令期间,公共租界和法租界两租界内各难民收容所所需经费,每月至少须 80 万元。每个难民衣食住每月至少须 4 元。每月 4 元的数字是可信的,南市难民区如以 10 万人计,每人每月则为 3 元。

④　《上海饶司铎赴美筹款》,《公教月刊》第 5 卷第 11、12 期合刊,1938 年,第 359—360 页。

⑤　《副委员长饶神父返沪》,《中国红十字会月刊》第 40 期,1938 年,第 42 页。

⑥　《上海南市难民区各收容所职员全部遣散》,《国际劳工通讯》第 7 卷第 8 期,1940 年,第 63 页。

年 6 月底解散。难民区内的难民全部遣散,难民区办事处及各收容所职员数百人则给资遣散。

附表 "八一三"事变后上海天主教办理的伤兵和难民收容机构①

机构名称	地 址	创 办 者	服 务 者	收容成绩
震旦大学伤兵医院	震旦大学	震旦大学	震旦校友、鲍斯高慈爱会修女、方济各传教会修女	有病床 300,先后收容 1500 人
伤兵医院	洋泾浜类思小学及晓明女子中学	中国红十字会、洋泾浜天主堂	中国红十字会	有病床 300
伤兵医院	大通路德肋撒堂	中国红十字会、大通路天主堂	中国红十字会	有病床 400,收容 200 多名
战时伤兵医院	上海	马相伯	北平太和医院	
伤兵医院	上海租界内	国际红十字会	方济各传教会修女	有病床 500
大伤兵医院	浙江兰溪		震旦医师及上海方济各会修女	有病床 900
震旦大学难民收容所	震旦大学	惠济良、陆伯鸿、震旦大学	震旦医师及天主教修士修女	收有难民 2500 名

① 参见《震旦大学伤兵医院结束》,《公教进行》第 10 卷第 13 期,1938 年,第366—368 页。《抗日战争中上海天主教之救济事业》,《圣心报》第 51 卷第 11 期,1937年,第475—476 页。《马相伯筹设战时医院》,《我存杂志》第 5 卷第 7 期,1937 年,第388 页。《上海公教会战事期内救护事业鸟瞰》,《圣教杂志》第 27 年第 3 期,1938 年,第 164 页。《上海及徐家汇公教机关难民收容所》,《圣教杂志》第 26 年第 10 期,1937年,第 638 页。《沪市成立难民区》,《国际劳工通讯》第 4 卷第 12 期,1937 年,第 117—118 页。《上海公教机关救济事业》,《圣心报》第 52 卷第 1 期,1938 年,第 31 页。

（续表）

机构名称	地　址	创 办 者	服 务 者	收容成绩
震旦大学儿童隔离所	震旦大学	震旦大学才尔孟校务长	仁爱会修女	
吕班路托儿所	吕班路	松江撤退回沪之二位修女	仁爱会修女	专收弃养儿童
妇女病院	仁爱会总院	仁爱会总院	仁爱会修女	专收不能杂居于难民所之青年女子
妇女救济工厂	仁爱会总院	仁爱会总院	仁爱会修女	专收不能杂居于难民所之青年女子
徐家汇难民收容所	徐家汇	徐家汇天主堂	耶稣会、拯亡会及各天主教机构	最多时有23000余人
徐家汇妇女收容所		徐家汇圣母院	拯亡会修女	
难民收容所	新闸小德肋撒堂	上海天主教	新闸小德肋撒堂	收容浦东虹口奉教难民500余
南市难民区	南市	中国红十字会上海国际委员会、饶家驹	包括天主教在内的各界慈善团体	最多时有25万人

（作者系上海大学档案馆馆员）

后 记

由现代上海研究中心主办的《现代上海研究论丛》第 14 辑与大家见面了。这一辑主编徐建刚,副主编严爱云、谢黎萍(常务)。《现代上海研究论丛》第 14 辑收录了 34 篇文章,全部都是应编者之约或作者投稿的首发作。

本辑由年士萍初审,谢黎萍复审,徐建刚终审定稿。唐旻红承担文章选编、联络及编辑工作。上海书店出版社领导和编辑对于该书出版给予了支持,在此一并表示感谢。

《现代上海研究论丛》以研究百年上海经济、政治、社会、文化与人物等为主,日常选编工作由现代上海研究中心兼任。编辑部邮编 200030,地址上海市康平路 141 号,电话 021－64716002,邮箱 cmssnet@163.com。限于编辑水平和篇幅容量,本辑所选论文无法全面涵盖现代上海研究领域的诸多优秀成果。同时本书所选论文并不代表选编者的观点,编辑时仅对论文作了一些文字上的技术性处理,错误和不当处在所难免。希望各位专家学者提出宝贵意见,并能参与以后各辑的选题提供、稿源组织与直接送稿等。

2018 年 4 月